漢字敎育과 漢字政策에 대한 硏究

漢字敎育과 漢字政策에 대한 硏究

漢字敎育과 漢字政策에 대한 硏究

韓國語文敎育硏究會

도서출판 역락

∷ 머리말

　우리 겨레는 8·15 光復 이후 우리말과 우리글을 自由로이 쓸 수 있게
되었습니다. 그런데 歷史的인 特殊性으로 말미암아 우리말을 구성하고 있
는 音韻·語彙·文法 가운데 語彙는 固有語보다도 漢字語가 더 많은 比重
을 차지하고 있었습니다. 그리하여 一部 學者들은 우리말 안의 漢字語를
제대로 理解하고 民族文化遺産을 옳게 繼承하려면, 漢字를 通한 우리말
교육이 必要하며 讀書能率을 向上시키기 위하여 漢字語는 漢字로 표기하
는 것이 더 效率的이라고 主張하면서 또 그렇게 실천해 왔습니다.

　한편 다른 학자들은 우리말 안에 아무리 한자어가 많다고 하더라도 우
리말을 한글만으로 적는 것이 정도라고 주장하면서, 한자 교육도 폐지하
고 한글만으로 글을 써 왔습니다.

　이에 아직은 漢字를 教育하는 것이 국어교육의 正常的인 길이며, 漢字
語는 漢字로 적는 것이 合理的이라는 것을 標榜하고 1969年 7月 31日에
韓國語文教育研究會가 成立되었습니다. 그 뒤 30여 년 동안 創立目的을
꾸준히 되풀이해서 主張하고 실천에 옮겨온 本研究會는, 國語教育과 國語
國文學研究에도 힘을 기울여 2000年代에는 國內外에서 認定하는 水準 높
은 學術團體로 發展하였습니다.

　그리하여 社團法人 韓國語文會와 韓國語文教育研究會는 漢字教育을 通
한 國語教育 正常化를 위하여 理論的인 基盤을 마련하느라고 2003年 9月
26日과 27日에 學術會議를 개최하였습니다. 이 회의에서 國內의 中堅學者

30명이 여러 角度에서 깊이 있게 研究한 結果를 발표하고 진지하게 討論을 展開한 바 있었습니다.

　2004年 9月 10日과 11日에는 그 동안 10여 년에 걸쳐서 우리나라 語文政策을 擔當해 온 歷代 國立國語研究院 院長 여섯 분과 本人, 그리고 中國·日本·獨逸의 著名한 語文學者 여섯 분이 參加한 國際學術大會를 개최하고 우리나라 漢字政策과 漢字敎育이 나아갈 方向에 대하여 다시 한번 深層的으로 妥當한 理論을 摸索해 보았습니다. 아울러 本 研究會에서는 이 학술대회에서 발표된 貴重한 論文들을 길이 보존하고 세상에 널리 알리기 위하여 이번에 單行本으로 刊行하기로 하였습니다.

　이와 같은 社團法人 韓國語文會와 韓國語文敎育研究會의 企劃에 欣快히 贊同하고 지난 學術會議에 參席해 주셨던 國內外 學者와 市民 여러분께 다시 한번 衷心으로 고마운 뜻을 表하오며 論文集도 愛讀하여 주시기 바랍니다.

2005年 6月 1日

韓國語文敎育研究會 會長 姜信沆

目 次

漢字와 한글

李 基 文

(Lee, Ki-Moon ; 서울大 名譽敎授, 第3代 國語硏究所 所長)

國文抄錄

　古代의 高句麗, 百濟, 新羅는 文字 記錄을 위하여 中國의 漢字와 漢文을 받아 들였다. 이리하여 세 나라는 그들의 固有語와는 다른 文語를 가지게 되었다. 여기서 두 가지 변화가 일어났다. 한편에서는 文語를 固有語에 가깝게 하려는 노력이 이루어졌고, 다른 편에서는 많은 漢字語가 固有語 속에 들어오게 되었 다. 15세기 중엽에 이루어진 世宗大王의 訓民正音(한글) 創制는 주로 固有語 表 記를 위한 것이었다. 그것은 흠잡을 데 없는 音素文字였지만 世宗大王은 音節 로 모아쓰게 함으로써 漢字와 한데 섞어 쓸 수 있게 하였다. 한 문장 안에서 固有語는 한글로, 漢字語는 漢字로 쓸 수 있게 한 絶妙한 發想이었다. 19세기 말, 20세기 초에 한글만이 우리의 문자이며 固有語만이 참 國語라고 하는 극 단의 國粹主義的 주장이 나타났으나 어느 모로나 容認될 수 없는 편협한 생각 에 지나지 않는다.

核心語 漢字, 새김, 口語, 鄕札, 한글, 가로풀어쓰기

Ⅰ. 世界 文字史의 異端 : 漢字

예나 이제나 東아시아의 文字라면 누구나 漢字를 생각하게 됩니다. 漢 字는 中國에서 만들어졌지만 일찍이 우리의 古代 三國과 日本, 그리고 越

南에 전해져서 名實相符한 東아시아의 文字가 되었던 것입니다.

漢字에 대해서 말할 때 무엇보다도 먼저 이 文字가 처음 만들어진 뒤에 오늘날까지 줄곧 사용되어 왔음을 지적하지 않을 수 없습니다. 3500년에 걸쳐 놀라운 生命力을 발휘해 온 것입니다. 人類의 歷史에서 이런 文字는 漢字밖에 없습니다.

世界 文字史를 보면 文字의 始原은 古代 아씨리아, 에집트 그리고 中國에서 볼 수 있었습니다. 그런데 아씨리아와 에집트의 文字는 처음에는 表語文字(logogram)로 출발했으나 점차 表音文字(phonogram)로 바뀌었습니다. 이렇게 발달한 表音文字들이 오늘날 全世界에서 널리 쓰이고 있음은 우리들이 잘 알고 있는 사실입니다. 漢字만이 이들과 다른 길을 걸어 왔습니다. 漢字는 줄곧 表語文字의 本性을 지켜 온 것입니다. 表語文字는 文字의 數가 單語의 數만큼 늘게 마련이어서 그 동안 불어난 漢字의 數는 상상을 초월하게 되었습니다. 이것이 漢字의 가장 큰 短點입니다.

19세기 이래 西歐 文字學은 表音文字, 그중에서도 一字一音을 원칙으로 하는 單音文字(Alphabet)를 가장 발달한 단계로 보아 왔습니다.[1] 당연히 이 文字學은 漢字를 하나의 骨董처럼 낮보아 왔습니다. 西歐 列强에 눌린 中國의 처참한 처지가 이 文字觀에 힘을 더하여 주었습니다. 漢字가 中國後進性의 元兇으로 규탄을 받게 된 것입니다. 그리하여 한때 中國과 日本의 學者, 文人 사이에 漢字 廢止論이 크게 대두하기도 했습니다.

漢字는 世界 文字史上 類例가 없는 하나의 異端입니다. 보기에 따라서는 巨大한 怪物이기도 하고 엄청난 奇跡이기도 합니다. 어떻게 이런 文字가 존속할 수 있었는가 하는 것을 근본적으로 생각해 볼 필요가 있습니다.

---

1) 一例로 H. Pedersen(1924/1962)의 第6章(Inscriptions and Archaeological Discoveries, The Study of Writing) 참고. I. J. Gelb(1952)도 참고.

Ⅱ. 漢字와 漢語

漢字를 생각할 때 漢語와 떼어서 하는 것은 옳지 못합니다. 漢字는 漢語를 표기하기 위하여 만들어진 文字이기 때문입니다.

漢語는 世界 言語의 類型的 分類에서 孤立語(isolating language)입니다. 孤立語는 屈折語(inflecting l.)나 膠着語(agglutinating l.)와 대립되는 말입니다. 이들이 문장 속에 쓰인 단어들의 관계를 표시하기 위한 形態를 가짐에 대하여 孤立語는 그런 것이 전혀 없음을 특징으로 합니다. 쉽게 말하면 活用(conjugation)이나 曲用(declension)을 모릅니다. 한 마디로 漢語의 단어는 언제나 한 모양입니다. 中國에서 文法學이 발달하지 않은 것은 漢語의 이런 특징 때문이었습니다. 그리고 漢語는 單音節語(monosyllabic l.)입니다. 모든 단어가 한 音節입니다. 이 單音節性은 上古漢語에서는 매우 강했으나 現代漢語에서는 다소 약해졌음을 볼 수 있습니다.

바로 이 漢語의 孤立性과 單音節性이 漢字가 나고 자란 바탕입니다. 漢字가 表音文字로 變身하지 않고 表語文字로 지금까지 버텨옴으로써 世界文字史의 異端이 된 根因을 우리는 漢語와 漢字의 찰떡궁합에서 찾을 수 있습니다. 一語一字의 원칙이 지켜질 수가 있었던 것입니다. 이것은 表語文字만이 이룰 수 있는 長點이요 魅力입니다. 위에서 漢字의 가장 큰 短點으로 엄청나게 불어난 數를 들었습니다만, 이런 短點도 이 長點을 이길 수 없었습니다.

漢字의 魅力은 이에 그치지 않습니다. 表語文字인 漢字는 한 字 한 字가 독립된 圖形을 가지고 있어서 그 各字에 독특한 이미지(image)가 형성되어 왔습니다. 文字에 美的 價値가 덧붙게 된 것입니다. 이에서 書藝가 발달하고 字源에 대한 연구가 깊이를 더하게 된 것입니다. 中國의 思想, 文化는 실상 漢字를 토대로 형성된 것이라고도 할 수 있습니다.

Ⅲ. 漢字, 漢文의 土着化

漢字는 일찍이 漢語의 경계를 넘어 이웃으로 퍼져 나갔습니다. 아마도 中國의 東쪽 이웃이었던 高句麗에 가장 일찍 전해진 것이 아닌가, 그 뒤에 百濟와 新羅에 이르게 된 것이 아닌가 추측됩니다.

이들이 漢字와 漢文을 받아들인 것은 文字 記錄에 대한 절실한 要求가 있었기 때문이었습니다. 西曆 紀元을 전후한 시기에 東아시아에서 文字 記錄의 필요를 느낄 만큼 국가의 體制을 갖추고 있었던 나라로는 위에 말한 古代 三國이 있었을 뿐이었습니다.

그런데 漢字, 漢文을 배워서 자신의 기록을 만들기 위해서는 固有名詞를 비롯한 특유의 단어들을 표기하는 방법을 고안하고 漢文의 틀에 맞추어 文章을 작성하는 길을 택할 수밖에 없었습니다. 『三國史記』를 보면 高句麗는 國初에 『留記』 100卷이 있었는데 嬰陽王 11年(西紀 600)에 『新集』으로 改修하였으며, 百濟는 近仇首王 元年(375)에 『書記』를 편찬했으며, 新羅는 眞興王 6年(545)에 『國史』를 편찬했다고 합니다. 이들은 오늘날 전하지 않지만 위에서 말씀드린 바와 같은 방법으로 기록한 것임에 틀림없습니다. 오늘날 전하는 高句麗의 廣開土大王陵碑(長壽王 2, 414), 百濟의 武寧王陵誌石(6世紀 前半), 新羅의 眞興王 巡狩碑(6世紀 中葉) 등을 비롯한 古代 三國의 遺文들이 모두 이런 표기로 이루어졌음을 미루어 보아 알 수 있습니다.[2]

여기서 한 가지 중요한 사실을 지적할 필요를 느낍니다. 예나 지금이나 洋의 東西를 莫論하고 外國語를 배운다는 것은 그 言語와 文字를 익혀서 그 나라 사람과 意思疏通을 하는 것이 主目的이 되어 왔습니다. 그런데 古代 三國의 漢文・漢字 受容은 이런 常道를 벗어난 것이었습니다. 그들의 主目的은 자신들의 기록을 만드는 데 이용하는 것이었습니다. 이것은 매우 중요한 사실입니다. 지금까지 분명히 지적된 일이 없었던 것 같

---

2) 南豊鉉(2000) 참고.

아서 더욱 힘주어 말씀드립니다. 다시 말하면, 古代 三國에서는 漢語를 口語로서 받아들인 것이 아니라 漢文을 文語로서 받아들였던 것입니다. 이것이 高麗, 朝鮮에 이어졌습니다. 이때에는 中國人과의 通話는 譯官의 몫이었습니다. 文人들은 筆談을 했습니다. 이리하여 文語로서의 漢文의 傳統이 확립된 것입니다. 이 전통이 적어도 1500년을 이어온 셈이니 참으로 놀라운 일이 아닐 수 없습니다.

漢字, 漢文은 분명히 外來의 것입니다. 그런데 이것을 自國의 것으로 만든 것입니다. 漢字, 漢文이 中國의 그것과 다르게 된 것입니다. 한마디로, 土着化가 이루어진 것입니다.

먼저 字音이 달라졌습니다. 中國의 字音은 시대를 따라 변화를 겪어 왔습니다. 方言의 차이도 있었습니다. 古代 三國에 처음 漢字가 알려졌을 때 그 字音이 어떠했는지, 자세한 것은 알기 어렵습니다. 그런데 이 字音은 차츰 土着化의 길로 들어섰습니다. 韓國漢字音(Sino-Korean pronunciation)이라 불리는 것이 이 土着化의 결과입니다. 한국한자음에 대해서는 그 동안도 적지 않은 연구가 있어 왔지만, 아직도 연구해야 할 과제가 많이 남아 있는 형편입니다.

土着化는 더욱 넓어지고 깊어졌습니다. 무엇보다도 漢字의 새김을 들지 않을 수 없습니다. '天 하늘 텬', '地 짜 디'에서 '하늘', '짜'를 새김이라 합니다. 漢字의 뜻에 해당하는 말로 새김을 삼은 것입니다. 漢字를 학습하면서 그 뜻의 기억에 도움을 주기 위해서 붙인 말이었습니다. 그런데 숫제 이것으로 그 漢字를 읽어 버린 것입니다. '天'을 '텬'으로, '地'를 '디'로 읽지 않고 '하늘', '짜'로 읽다니 그야말로 驚天動地할 일입니다. 이런 엄청난 發想이 어떻게 가능했을까요. 漢字를 中國의 文字라 생각했다면 이런 發想은 애당초 싹틀 수조차 없었습니다. 우리의 것이라 생각했기에 우리 마음대로 고쳐 읽을 수가 있었던 것입니다.[3]

---

3) 새김을 訓 또는 釋이라 했습니다. 『三國遺事』(卷1)의 '徐伐' 註에 "今俗訓京字云徐伐以此故也"라 하였고 世宗實錄(卷103)에 "薛聰吏讀雖曰異音 然依音依釋 文字語助元不相離"라 하였으며 訓蒙字會(凡例)에 "凡一字有數釋者 或不取常用之釋"이라 하였음을

漢字를 새김으로 읽는 법이 생길 수 있었던 것은 漢字의 학습이 널리 보급되고 그 社會에서 漢字와 새김의 結合이 정착되고 公認되었음을 전제로 합니다. 특히 自國語의 固有名詞를 표기함에 있어 새김字의 사용이 매우 절실했습니다. 漢字의 곱을 빌어서 적는 것으로는 만족할 수가 없었기 때문입니다.

漢字의 새김이 高句麗에서 형성되었음은 그 人名, 地名 표기에서 확인할 수 있습니다. 이 사실은 이미 오래전에 밝혀진 것이어서[4] 다시 말씀드리기가 새삼스럽지만, 처음 들으시는 분을 위해서 地名과 人名의 예를 하나씩만 들겠습니다. 『三國史記』(卷37)에는 고구려 지명이 많이 보이는데 대개 다음과 같이 二重으로 적혀 있습니다. "泉井郡一云於乙買". 이것은 한 고장에 두 이름이 있었던 것이 아니라 한 이름을 두 가지로 표기한 것입니다. '於乙買'는 字곱을 이용한 표기요 '泉井'은 새김을 이용한 표기입니다. 여기서 고구려어에서는 '泉'의 새김이 '於乙'(어을, 얼)이요 '井'의 새김이 '買'(미)였을 것으로 推定할 수 있습니다. 人名으로는 三國史記(卷49)에 "蓋蘇文 或云蓋金 姓泉氏 自云生水中 以惑衆"이라 하였음이 눈길을 끕니다. 姓은 '泉'이라 하였는데 우리나라에서는 보통 '淵'이라 합니다. 그런데 『日本書記』(卷24)에는 이 이름이 '伊梨柯須彌'(이리가스미)라 적혀 있습니다. 이것은 고구려어의 발음을 듣고 적은 것입니다. 여기서 姓인 '泉, 淵'이 '이리'였음을 알 수 있는데, 이 '이리'는 위의 지명에서 본 '어을, 얼'과 같은 말로 볼 수 있습니다. '가스미'는 '蓋蘇文'과 비슷합니다. 여기서도 '蓋金'의 '金'의 새김이 '소문'(蘇文), '스미'였을 가능성을 보여 줍니다.

現傳 古代 資料의 貧困으로 漢字를 새김으로 읽는 법이 어디서, 언제쯤 시작되었는지 확실성 있는 말을 하기가 어렵습니다. 古代 三國 중 고구려에서 시작되어 신라, 백제로 전해진 것이 아닌가 추측해 볼 뿐입니다. 거듭 말씀드립니다마는, 漢字를 中國에서 전해진 字곱으로 읽지 않

봅니다.

4) 李基文(1968) 참고.

고 自國語 단어로 읽는다는 것은 참으로 奇想天外의 發想이라 아니할 수 없습니다.

한 걸음 더 나아가, 漢文을 自國語로 풀어서 읽는 법이 생겼습니다. 이런 試圖의 첫 시작은 오래 전이었을 것으로 추측되지만 자세한 것은 알 길이 없고 이것이 신라의 薛聰에 의해서 얼추 완성되었음을 옛 기록은 보여 줍니다. 『三國史記』(卷46)에 薛聰이 "以方言讀九經 訓導後生 至今學者宗之"라 하였습니다.5) 그가 생존한 7세기말 8세기초에 신라어로 漢文을 읽는 법을 가르쳤다는 매우 중요한 證言입니다. 지난 1973년에 忠南 瑞山郡 文殊寺의 金銅如來坐像 腹藏物 속에서 舊譯仁王經 다섯 장이 발견된 것이 口訣 硏究史에 하나의 劃을 그었음은 널리 알려진 사실입니다.6) 그 뒤 고려 시대의 구결 자료가 많이 나타나서 古人들이 漢文을 우리말로 풀어 읽은 다양한 방법을 알 수 있게 되었습니다. 지금까지 발견된 구결 자료는 모두 佛經입니다. 『三國史記』에 기록된 '九經'이 발견되기를 기대해 봅니다.

글을 읽는 데 그치지 않고 글을 쓰는 데도 土着化 過程이 진행되었습니다. 이 표기법은 吏讀, 鄕札이라 일컬어집니다. 처음에는 정상적인 漢文 문장에 특이한 몇 字를 끼워 쓰는 데 그쳤던 것이 차츰 語順을 바꾸게 되었고 마침내 鄕歌를 표기하기에 이르렀습니다. 眞聖女王의 命으로 角干 魏弘과 大矩和尙이 『三代目』이란 鄕歌集을 修撰하였다고 합니다만 지금은 그 片貌를 『三國遺事』 所載의 14首에서 볼 수 있을 뿐입니다. 『均如傳』에 均如가 지은 11首가 있음은 고려초까지도 鄕札 표기법이 이어졌음이 확실합니다. 한편 吏讀는 조선 말기까지 계속 사용되었습니다.

여기서 口訣字들에 대해서 한 말씀 드리지 않을 수 없음을 느낍니다. 口訣字는 漢文의 行間에 쓰였는데 얼핏 보면 무슨 記號 같습니다. 이들은 漢字의 극단적인 略體입니다. 이것은 漢字에서 나오기는 했지만 사실상

---

5) 『三國遺事』(卷4, 元曉不羈)에는 薛聰에 대하여 "以方言通會華夷方俗物名 訓解六經文學 至今海東業明經者 傳受不絶"이라 하였습니다.
6) 沈在箕(1975), 南豊鉉 · 沈在箕(1976) 참고.

새로운 文字라고 해도 조금도 지나침이 없습니다. 이야말로 우리 先人들다운 솜씨였습니다.

끝으로 日本에 대해서 한 말씀 드리겠습니다. 위에서 제가 말씀드린 것은 거의 그대로 日本에도 해당됩니다. 日本에서도 漢字를 새김으로 읽습니다. 오늘날까지 이어지고 있음이 우리나라와 다른 점입니다. 漢文을 풀어 읽는 법도 오늘날까지 이어지고 있습니다. 그리고 日本 文字인 假名(가나)는 漢字의 略體에서 나온 것입니다. 이 모든 것은 古代에 우리나라에서 건너간 것입니다. 이와 관련하여 저는 한 가지 추억거리를 가지고 있습니다. 지난 1973년말에 日本에 잠시 머물었을 때 大野晋교수와 韓國과 日本의 言語 및 文字에 관한 對談을 한 일이 있는데 그 때에 위의 사실들을 이야기하면서 모두 일본이 한국의 영향을 받은 것으로 볼 수 있는데 漢文을 풀어 읽는 법만은 日本에서 독자적으로 발달한 듯하다고 말한 일이 있습니다. 그런데 마침 舊譯仁王經이 발견되어 그 연구가 이루어졌습니다. 1976년에 위의 對談이 單行本에 수록되었을 때 그 後記에서 이 사실을 적고 漢文 讀法도 한국의 영향으로 볼 수 있다고 했습니다.[7]

Ⅳ. 國語의 層位

地質學의 한 分野에 層位學 또는 層序學이 있다고 합니다. 국립국어연구원의 『표준 국어 대사전』은 '층서학'에 대하여 "지층의 분포나 층을 이룬 상태, 그 속에 들어 있는 화석의 시대적 관계를 밝혀 지구 발달사를 연구하는 학문. 지질학의 한 분야이다."라고 설명하고 있습니다.

과거에도 이 層位學의 槪念이 言語學에 導入된 일이 있었습니다. 그 예로 19세기말에 일어난 프랑스의 言語地理學(géographie linguistique)에서 볼 수 있습니다. 언어지리학이 대부분 매몰된 단어의 層位들을 현재의 方言

---

7) 大野晋 外(1976) 참고.

形(露頭)을 조사하여 再建하려 한 데서 言語層位學(stratigraphie linguistique)이
라 불리기도 했던 것입니다.[8]

　오늘 저는 이와는 다른 觀點에서 言語層位學을 말씀드리려고 합니다.
한 言語의 歷史를 전체적으로 보아, 그 言語의 形成에 寄與한 層位들을 設
定하고 그 層位의 內面을 검토하려는 것입니다. 이 관점에서 볼 때 우리
국어의 역사에는 다음과 같은 층위들이 설정될 수 있습니다.

　우리 국어의 맨 밑바닥을 이루고 있는 것은 固有語 層位(固層)입니다.
'하늘', '땅', '먹다', '살다' 등의 固有語로 이루어진 층위입니다. 우리가
固有語라고 뭉뚱그려 말하지만, 이것도 한 층위만은 아닐 가능성이 있습
니다. 앞으로 이에 대해서도 연구가 이루어질 날이 오기를 기대해 봅니
다. 우리 국어가 이 固層을 잃지 않고 유지해 온 것은 무척 다행스러운
일입니다. 音韻, 文法의 기본 틀이 유지된 것입니다. 語彙도 核心部는 유
지되었습니다.

　그 위에 덮힌 것이 漢字語 層位(漢層)입니다. 적어도 2千年 이상 文語로
서 漢字, 漢文을 써오는 동안에 쌓인 層位입니다. 처음에는 漢語에서 받아
들인 것들이 主流를 이루었지만 차츰 自國의 필요에 따라 새로운 漢字語
를 만들게 되었습니다. 漢字의 가장 큰 長點은 무궁한 造語力입니다. 이
리하여 이 漢層은 엄청난 넓이와 두께를 가지게 되었습니다.

　이 漢層의 맨 위에 19세기말 이래 日本에서 들여온 漢字語層이 있습니
다. 새로운 文物과 學問을 따라 많은 漢字語가 들어왔습니다. 1945년 이
후에도 이 흐름은 계속되고 있습니다. 제가 몸담고 있는 言語學의 새로운
術語들은 '生成文法'(generative grammar)과 같이 모두 日本에서 漢字語로 만
들어진 譯語가 우리나리에 대량으로 들어오고 있습니다. 이 層은 우리가

---

8) A. Dauzat(1922)의 第2章 참고. 여기서는 佛語에서 암말을 가리키는 단어의 分布를
　들어 설명했습니다. (1) èga. 中央高原등의 외딴 곳에 분포. (2) cavale. 南部 전체,
　이태리 北部 지방에 분포. (3) jument. 北部 전체, 中央部 등 매우 넓은 지역에 분
　포. 이들을 문헌 기록에 비추어 판단할 때 èga(라틴語 equa)는 가장 오랜 층위,
　cavale는 그 다음 층위, jument이 가장 새로운 층위로 볼 수 있다는 결론에 도달합
　니다.

보통 생각하고 있는 것보다 훨씬 넓고 두꺼움을 지적할 필요가 있을 듯
합니다. 日本에서 訓讀하는 것도 音讀으로 받아들인 예들이 많습니다.

여기서 한 가지 사실을 꼭 말씀드릴 필요가 있음을 느낍니다. 얼핏 보
기에는 固層과 漢層은 잘 어울리지 않을 듯하지만 서로의 長點을 살린 調
合이 이루어져 왔다는 점입니다. 우리 국어가 文明語로 자란 것은 이 두
層位의 調合 덕분입니다. 中國을 통해서 들어온 宗敎, 文化, 學問의 새라
새로운 知識을 漢字語로 아무 부담 없이 받아들일 수 있었기에 가능했습
니다. 이와 다른 길을 택했다면 우리나라는 後進國으로 낙후되고 말았을
것입니다.

19세기 후반 이래 英語를 중심으로 한 西歐諸語層(西層)이 새로이 추가
되었습니다. 이 西層은 광복 이후에 그 폭이 급속히 넓어졌습니다. 이제
는 영어를 모르고는 신문조차 제대로 읽을 수 없게 되었습니다. 自然科學
을 비롯한 학문의 전분야에서 그 위세가 날로 커지고 있습니다. 이 西層
은 漢層과 여러 면에서 충돌 양상을 보이고 있습니다. 이 충돌을 어떻게
슬기롭게 해결하느냐가 우리 국어가 직면한 가장 큰 과제라고 할 수 있
습니다.

V. 한글 創制

한글에 대한 연구는 그 創制의 오묘한 原理와 方法에 매료되어 주로
그 文字體系의 優秀性을 밝히는 데 집중되어 왔습니다. 그리하여 한글은
예사로운 音素文字의 경지를 넘어서는 것임이 드러나기도 했습니다.

그러나 文字는 一次的으로는 그 表記 對象인 言語와의 관련에서 연구되
어야 한다고 저는 생각합니다. 우리 국어를 표기하기 위하여 만든 한글
을 우리 국어와 떼어서 연구하는 것은 焦點을 잃은 일이라 아니할 수 없
습니다. 가령, 과거의 연구에서 한글이 音素文字이면서 音節로 모아쓰게

한 것은 하나의 흠이라고 지적되기도 했습니다. 이것은 필경 漢字의 영향을 벗어나지 못한 데 연유한 것이라고 보기 일쑤였습니다. 그러나 이것은 한글을 보는 올바른 視覺이 아니라고 저는 생각합니다. 우리 국어의 표기가 위에서 말씀드린 固層과 漢層을 대상으로 함을 염두에 두고 漢字와 한데 섞어 쓰기에 알맞도록 한 것으로 본다면 이야말로 가장 理想的인 表記體系를 창제했다고 볼 수 있는 것입니다. 한글의 音節合字法은 漢字와 한글의 倂用을 가능하게 한 絶妙한 發想이었던 것입니다. 만약 이 音節合字法을 택하지 않았다면 한글은 처음부터 큰 난관에 봉착했을 것이 뻔합니다. 『龍飛御天歌』, 『月印千江之曲』, 『釋譜詳節』 같은 책이 나올 수도 없었을 것입니다. 이렇게 볼 때 音節合字法이 아닌 한글의 존재는 생각조차 할 수 없는 것입니다.

한글의 주된 대상이 固層이었음은 두 말할 것도 없습니다. 訓民正音 御製序에 "國之語音 異乎中國 與文字不相流通"이라 한 "國之語音"이 주로 固層을 가리킨 것이었음은 "與文字不相流通"을 보아 알 수 있습니다. 御製序에 "愚民"을 위하여 새 文字를 만든다고 한 것을 비롯해서, 鄭麟趾의 『訓民正音解例』 序文과 崔萬理의 上疏에 한글을 吏讀와 견주어 말한 것이라든지, 이 上疏를 보고 世宗이 "汝等云 用音合字盡反於古 薛聰吏讀亦非異音乎 且吏讀製作之本意無乃爲其便民乎 如其便民也 則今之諺文亦不爲便民乎 汝等以薛聰爲是 而非其君上之事何哉"라고 심히 나무랐음을 볼 때 창제 당년에 한글의 주된 목적이 이두를 대신하는 것이라는 생각이 있었습니다. 다시 말하면 한글은 문자생활의 하층부에 국한될 것이라는 인식이 있었던 듯합니다. 이것은 한글로서는 漢層을 감당할 수 없다는 생각에서 나온 것임에 틀림없습니다.

만약 한글이 실제로 '愚民'들의 實用文에 국한하여 선을 보였다면 그 位相은 초라하기 짝이 없었을 것입니다. 그런데 國家的으로 至重한 『龍飛御天歌』와 같은 책에 쓰이고 佛經 諺解를 통해서 보급되었음은 매우 다행스런 일이었습니다. 이들에서 固層의 표기는 한글이, 漢層의 표기는 漢字가 담당함으로써 우리 국어의 全面的 表記의 본을 보여주었던 것입니다. 이리하여 한글은 우리나라의 文字로서 튼튼한 자리를 차지하게 되었습니다.

Ⅵ. 한글 專用論과 가로풀어쓰기

19세기 말엽에 우리나라는 큰 소용돌이에 휘말렸습니다. 그 때에 여러 先覺者들이 꺼져 가는 나라의 命運을 살리려고 일어섰습니다. 그중의 한 분이 周時經님이었습니다. 님은 우리나라를 위하여 국어를 연구하는 일이 중요함을 깨달았던 것입니다. 그런데 그 때의 모든 형세는 님으로 하여금 극단적인 國粹主義者가 되게 하였습니다. 기독교 신자였던 님이 大倧敎로 改宗하였음을 그 한 예로 들 수 있습니다. 1906년 崔益鉉선생 追悼 모임에서 돌아오던 길이었다고 합니다.9) 또 姓名을 한힌샘으로 고쳤음도 들 수 있습니다. 한힌샘은 雅號가 아니었습니다.10) 우리나라 사람들이 漢字로 姓名을 짓는 관습에 대한 저항이었습니다.

한힌샘님의 理想은 우리말을 固層으로 되돌리는 것이었습니다. 漢層을 없애는 것이었습니다.『國語文法』(1910)은 '序'와 '國文의 소리'는 國漢混用으로 되어 있고 '기난갈', '짬듬갈'은 漢字가 더러 있기는 하나 한글專用에 가깝습니다. 그런데 님의 마지막 저서인『말의 소리』(1914)의 본문은 한글로만 되어 있습니다. 그리고 모두 固層에 속하는 말로만 되어 있습니다. 그러자니 '몬'(物體), '노'(空氣)와 같은 낯선 말을 쓰는 억지를 피할 수 없었습니다. 심지어 面數도 'ㄱ, ㄴ'으로 표시했습니다. 이런 책은 그 이전에는 물론 없었고 그 이후에도 없습니다.

그러나 이것은 애당초 무리한 試圖였습니다. 국어에서 漢層을 몰아낸다는 것은 국어를 古代 이전의 原始로 되돌리는 것입니다. 固層의 要素들

---

9) 김윤경(1959), 222面 참고.
10) 金世漢(1974), 185面 참고.

로 新造語를 만든다 해도 한계가 있습니다. 固層만이 참 국어라는 생각은 어느 모로나 용인될 수 없는 편협한 것입니다. 위에서 말씀드린 바와 같이 우리 국어는 固層과 漢層의 調合으로 文明語가 될 수 있었음을 잊어서는 안됩니다.

또하나는 한글의 개혁이었습니다. 한글의 가로쓰기(가로풀어쓰기)를 提案한 것입니다. 한힌샘님의 案은 1909년 3월에 제출한 國文研究所의 最終研究案과『말의 소리』의 맨끝 面에 보입니다. 이 案이 알파벳의 영향을 받아 이루어진 것임은 아무도 부정할 수 없습니다.[11]

한글專用의 주장은 한힌샘님의 제자들에게 이어졌는데 외솔 최현배님이 그중의 한 분입니다. 8·15 광복은 이 운동에 새로운 계기가 되었습니다. 여기서 외솔님이 文敎部(당시의 이름은 學務局)에 자리를 잡고 이 운동을 主導했던 것입니다. 그 첫 성과가 1945년 12월 8일에 채택된 조선교육심의회의 결의입니다. 여기서 (1) 초등, 중등 교육에서는 원칙적으로 한글을 쓰고 한자는 안 쓰기로 했고, (2) 한글은 가로풀어쓰기가 이상적이지만 당장 시행하기 어려우므로 글줄(書行)만 가로로 하기로 결의한 것입니다.[12] 오늘날까지 우리나라의 학교 교육을 지배하고 있는 한글전용은 이 결의에서 시작된 것입니다.

여기서 주목할 사실은 한글전용에 있어 한힌샘님처럼 固層을 고집하지 않은 점입니다. 한자어를 그대로 두고 한글로 적도록 한 것입니다. 이것은 극히 옹색한 彌縫策입니다. 漢字語의 이해는 漢字의 지식을 통해서만 가능합니다. 그런데 漢字를 가르칠 생각은 애초에 하지 않았습니다. 지난 50년 동안의 이런 교육으로 국어는 오늘날 파탄에 직면하고 말았습니다. 대학 교육을 마친 사람이 평범한 漢字語의 뜻도 제대로 모르게 되었습니다. 국어는 生命力을 잃어 가고 있습니다. 국어는 漢層의 풍부한 造語力으

---

11) 1913년에 외솔 최현배님이 받은 「배달 말 글 모듬 서울온모듬」의 「맞힌보람」이 있습니다. 최현배(1970)에 그 사진이 실려 있습니다. 이 證書는 가로풀어쓰기로 固層의 말로만 되어 있습니다. 이것은 한힌샘의 理想이 완전히 실현된 한 본보기입니다.

12) 金敏洙(1978), 863-4面 참고.

로 學問, 藝術의 발전에 副應할 수 있었는데 그 힘을 잃은 것입니다. 저 위에서 요즈음도 日本에서 새로운 學術用語(漢字語)를 대량으로 수입하고 있다고 했는데 이것은 국어의 造語力 상실이 그 원인입니다. 앞으로는 이런 수입도 그만두게 될 듯합니다. 日本의 新造語들을 이해할 수 없게 될 것이기 때문입니다. 이렇게 볼 때, 국어를 살리는 길은 漢字 교육을 통하여 漢層을 회복하는 것임을 깨닫게 됩니다.

한글 가로풀어쓰기도 한힌샘님의 제자들에 이어졌는데 외솔님이 끝까지 이것을 붙들고 있었습니다. 외솔님은 1920년대에 자신의 案을 발표한 일이 있었는데 咸興 감옥에서 數十年來의 연구의 끝맺음을 얻었다고 述懷한 바 있습니다.13) 한힌샘님의 案은 한글의 字體를 거의 그대로 가로 벌여 놓은 것이었는데 외솔님의 案은 '큰 박음'(大正), '작은 박음'(小正), '큰 흘림'(大草), '작은 흘림'(小草), '꼴 바꾼 자'(變形) 등으로 字體를 알파벳과 아주 가깝게 고쳤음을 볼 수 있습니다.

世宗大王의 한글 創制를 가장 위대한 업적이라 하면서 이것을 알파벳과 같게 고치자고 하는 것은 二律背反이라 아니할 수 없습니다. 그럼에도 이것을 기어이 실현하고자 한 이유는 어디에 있었을까요. 표면에 내세운 가장 큰 이유는 '기계화'(機械化)였습니다.14) 그러나 그 뒤에 가려져 있은 진짜 이유는 가로풀어쓰기만이 漢字와의 倂用을 근본적으로 막을 수 있다는 데 있었습니다. 이것이 한글전용을 성공으로 이끌 유일한 길이라고 믿었기 때문이었습니다. 그런데 이제는 아무도 가로풀어쓰기를 말하지 않습니다. 컴퓨터의 발달이 불필요한 것으로 만들었기 때문입니다. 까딱했으면 한글이 큰 재앙을 입을 뻔했습니다.

끝으로 기계화와 관련하여 한 말씀 드리겠습니다. 요즈음 우리나라의 모든 글은 다 橫書입니다. 縱書는 찾아 볼 수 없습니다. 橫書도 할 수 있고 縱書도 할 수 있는 것이 한글, 漢字의 큰 長點인데, 왜 이 長點을 살리지 않는지 이해할 수 없습니다. 橫書를 해서 좋을 때가 있고 縱書를 해서

---

13) 최현배(1983)에 실린 "고친 박음의 머리에" 참고.
14) 최현배(1947), 최현배(1970) 참고.

좋을 때가 있습니다. 현재의 기계가 縱書에 불편하다면 고치도록 노력해야 합니다. 제가 알기에는 현재의 기계로도 큰 어려움이 없습니다. 마음이 문제입니다. 마음이 좁아지고 얕아져서 單一化를 좋아하는 경향이 우리 文化 전반에 퍼져 있음이 문제입니다. 多樣性에의 指向이 되살아나서 우리 文化가 깊이와 넓이를 갖추게 되기를 바라는 마음 간절합니다.

參 考 文 獻

金敏洙(1978), 『國語 政策論』, 高麗大學校 出版部.

金世漢(1974), 『周時經傳』, 正音社.

김윤경(1959), 「주시경 선생 전기」, <나라 사랑> 4, 외솔회.

南豊鉉(2000), 『吏讀 硏究』, 태학사.

南豊鉉·沈在箕(1976), 「舊譯仁王經의 口訣 硏究」, <東洋學> 6, 檀國大學校 東洋學
　　　　　　　　研究所.

沈在箕(1975), 「舊譯仁王經의 口訣에 대하여」, <美術資料> 18, 國立中央博物館.

李基文(1968), 「高句麗의 言語와 그 特徵」, <白山學報> 4, 白山學會.

周時經(1910), 『國語文法』, 博文書館.

＿＿＿＿(1914), 『말의 소리』, 新文館.

최현배(1947), 『글자의 혁명』, 문교부.

＿＿＿＿(1970), 『한글만 쓰기의 주장』, 정음사.

＿＿＿＿(1983), 『글자의 혁명』(개정판), 정음문화사.

大野晋 外(1976), 『日本語の探究』, 集英社, 東京.

A. Dauzat(1922), *La géographie linguistique*, Ernest Flammarion, Paris.

I. J. Gelb(1952), *A Study of Writing*, The University of Chicago Press.

H. Pedersen(1924/1962), *The Discovery of Language, Linguistic Science in the Nineteenth
　　　　Century*. Translated by J. W. Spargo, Indiana University Press,
　　　　Bloomington.

『Abstract』

The Chinese Characters and Hangeul Letters in Korea

Lee, Ki-Moon

The ancient three kingdoms(Goguryeo, Baekche and Silla) introduced the characters from China to meet their urgent needs of making written records. This resulted in a kind of bilingualism : speaking in their native languages and writing in the Chinese language. This bilingualism induced various efforts to make their written language similar to their native languages on the one hand, and to introduce Chinese loan-words into their native languages on the other. The new writing system Hunminjeongeum(now usually called Hangeul) invented by King Sejong in the middle of the fifteenth century was intended primarily to record the native elements in the Korean language. It was an ideal phonemic writing system, but King Sejong provided the rules to group the letters into syllables. These rules were cleverly conceived to use the Hangeul letters together with the Chinese characters. Since the beginning of the twentieth century, some scholars have developed a theory that respects only Hangeul and the native words, rejecting the Chinese characters and Chinese loan-words in the Korean language. Needless to say, they were the adherents of ultra-nationalistic point of view.

한글專用政策과 漢字語

姜 信 沆

(Kang, Sin-hang ; 成均館大 名譽敎授, 韓國語文敎育硏究會 會長)

國文抄錄

韓國語의 語彙는 固有語와 漢字語, 그리고 西歐語系 外來語로 구성되어 있다. 이 중에서 外來語는 총어휘수의 5% 정도이며, 한자어는 50% 이상을 차지하고 있다.

8·15 光復 이후 50년 동안, 우리나라 語文政策 담당자들은, 한국어 안의 漢字語를 한글만으로 表記하도록 정책을 추진하여 왔다. 이 결과 2000年代에는 一部 學術書籍을 제외하고는 대부분의 出版物이 한글로만 표기되고 있다.

그러나 여러 종류의 刊行物 表記를 분석해 보면, 한국어 안의 한자어는 한글로만 表記되었을 뿐, 한국어 안에서 차지하고 있는 수는 조금도 줄어들지 않았음을 알 수 있다. 따라서 表意文字로 구성된 漢字語의 뜻을 정확하게 파악하려면, 漢字의 學習이 必須的이다. 그런데도 우리나라에서는 漢字敎育을 疎忽히 해 왔다. 한자어를 고유어로 대체시키는 노력을 기울이면서, 必要할 때 漢字도 한글과 倂行해서 써야 하며, 漢字敎育도 강화되어야 한다.

核心語 固有語, 漢字語, 語文政策, 漢字敎育, 한글專用

Ⅰ. 語文政策에 대한 回顧

8·15 광복 이후, 우리 겨레는 우리말과 우리글을 마음대로 쓸 수 있

게 되었다.

이때부터 오늘날까지 약 60年 동안 우리 겨레는 '우리글'에 대한 認識差로 因하여 主로 表記問題에만 執着해 온 듯한 面이 없지 않다. '우리글'에 대한 認識差란, '한글'만을 '우리글'로 인식하고 있는 人士들과, 2千年 동안 우리말 表記生活의 相當한 部分을 擔當해 온 '漢字'도, '한글'과 함께 '우리글' 안에 포함시켜야 한다고 인식하고 人士들의 차이를 말하는 것이다.

이러한 '우리글'에 대한 認識差에 따라서 지난 60년 동안, 우리나라 語文政策은 두 갈래로 遂行되어 왔다.

다음에 8·15 光復 以後 우리나라 語文政策이 어떠한 変遷을 거듭해 왔는지 간단히 살펴보겠다.

1945. 8. 15.	光復
1945. 12. 8.	美軍政廳에 設置된 朝鮮教育審議會에서 初·中等學校의 모든 教科書는 必要한 경우에만 漢字를 括弧 안에 쓰고(漢字倂記), 모두 한글만으로 表記하도록 결의. 다만 傳統文化와 이웃나라 文化와의 交流를 생각하여 中等學校에서는 漢文과 中國語를 가르치기로 하였다. 그러나 이 決議로 教科書만 한글專用表記가 되고 新聞·雜誌·公文書는 國漢文混用体로 表記되었다.
1948. 10. 9.	1948年 8月15日에 樹立된 大韓民國政府에서 法律第6號로 '한글專用에 관한 法律'을 公布하여 公文書까지 한글만으로 쓰도록 規定함. 그러나 "다만 얼마 동안 필요한 때에는 한자를 병용할 수 있다."라는 '但書'가 붙어 있어서 公文과 一般刊行物에서는 오랫동안 漢字를 한글과 섞어 썼다.
1949. 11.	國會에서 '국민학교 교육에 있어서 간단한 漢字를 가르치기로 하고 그 구체적인 방법을 문교사회위원회에 맡겨서 實行할 것'을 결의.
1951. 9.	이에 따라 정부에서 教育漢字 1,000字를 制定하고 1957年 11月에 300字를 추가하여 이 중 744字를 국민학교 국어교과서에서 괄호 안에 倂記.
1955.	文教部에서 다시 '한글專用法'을 發表하고 '다만 학술용어로서 부득이한 용어는 한자를 괄호 안에 첨서한다.'고 하였다.

1957. 12. 6. 國務會議에서 한글專用實務要綱을 作成 示達함.
　　　　　　　政府機關의 公文書와 商店의 看板이 한글로 고쳐짐.
1962. 2. 　　政府傘下에 한글專用特別審議會를 設置하고 同年3月1日부
　　　　　　　터 新聞·雜誌·기타 모든 刊行物을 한글만으로 表記시키
　　　　　　　려고 하였으나 民間의 猛烈한 反對輿論에 부딪혀 바로 實
　　　　　　　踐에 옮겨지지 못함.
1963. 8. 27. 교과서의 漢字를 괄호없이 露出하여 교육하도록 함.
1964. 7. 　　국어심의회와 國語敎科書審議委員會의 건의로 1965년부터
　　　　　　　국민학교 상급학생들에게 常用漢字를 가르치기로 함. 국민
　　　　　　　학교 4학년생에게 201字, 5學年生 201字, 6學年生에게 200
　　　　　　　字 모두 602字, 1966年부터는 中·高等學校 국어교과서에
　　　　　　　서 1,300字를 露出시켜 가르침.
1967. 11. 26. 大統領이 한글專用年次計劃을 세우도록 關係部處에 指示.
1968. 1. 15. 公用文書는 한글을 專用토록 指示하여 1968年5月2日 文敎
　　　　　　　部·公報部 등 관계부처에서 1973年까지 한글專用表記가
　　　　　　　實施되도록 한글專用5個年計劃案을 公表.
1970. 3. 　　敎育漢字가 發表되고(1968.10.27 결정) 初·中·高等學校 교
　　　　　　　과서에서 한글전용표기가 단행됨.
　　　　　　　그러나 新聞과 一般刊行物에서는 여전히 國漢文混用表記가
　　　　　　　維持됨.
1972. 8. 　　漢字·漢文敎育復活을 要望하는 輿論에 따라 文敎部에서
　　　　　　　漢文敎育用基礎漢字 1,800字 制定.
1972. 9. 1. 國語敎科 안에 포함되어 있던 中學校 漢文科를 獨立시킴.
1974. 12. 　人文高等學校 교과과정을 改正하여 從來의 漢文을 漢文 I
　　　　　　　(4~6單位)과 漢文 II(4~6單位)로 分類함.
1975. 3. 　　中學校 국어교과서에서는 900字 以內의 漢字를, 人文·實
　　　　　　　業系고등학교 국어교과서에서는 1,800字 以內의 漢字를 倂
　　　　　　　記.
1977. 8. 18 大統領이 '漢字를 더 늘리지도 줄이지도 말고 새 世代를
　　　　　　　念頭에 두고 一貫性있게 語文政策을 推進하라'고 指示.

위에서 개략적으로 살펴본 바와 같이 우리나라 語文政策의 基本的인
方向은, '한글專用表記生活'의 실현이었다.

그러나, 우리나라 語文政策擔當者가 언제나 漢字敎育을 等閑視한 것은

아니었다. 1955年 8月에 文敎部令 第45號로 公表된 '中學校敎科課程'에서
는 중학교에서의 漢字 및 漢文敎育을 다음과 같이 提示하였다.

① 漢字는 중국으로부터 수입되어 근 2,000년 동안 우리의 글에 섞어 쓰
  이어 왔다.
② 동양문화의 연원을 고찰하거나 우리문화의 정수를 연구함에 있어서는
  漢字에 대한 이해가 그 기본이 되고 있다.
③ 현재 우리가 가장 가까이 隣接하고 있는 中國, 日本 등에서는 여전히
  漢字로서 그들의 文化를 維持하고 있다. 우리는 그들과 文化를 交流하
  고 國交를 조정하는데 있어서도 漢字에 대한 理解가 必要한 것이다.
④ 우리의 漢字・漢文의 學習은 과거의 陳腐한 封建的인 事大思想을 가르
  치려는 것이 아니며, 우리 祖上들이 한 것 같이 모든 意思表示를 漢字
  에 依存하려는 것도 물론 아니다.
⑤ 다만 우리의 實生活에 가장 密接한 範圍內의 漢字와 漢文을, 적은 努力
  으로 짧은 기간에 習得하려고 하는 것이다.

이와 같은 目標는 高等學校에 있어서도 마찬가지였으며(1955年 8月1日, 文
敎部令 第46號, 高等學校 및 師範學校 敎科課程 國語・漢文課程), 그 뒤로도 그대로
지켜졌다.

1997년부터 실시하고 있는 교육과정을 보더라도, 교육 목표는 가장 이
상적으로 되어 있다.

'국민공통기본교육과정'의 하나인 중학교 재량 활동 선택 과목 「한문
과」 교육 과정의 목표는 다음과 같다.

한문과는 한자, 한자어, 한문을 익혀 언어 생활에 활용하며, 한문 문장
을 독해할 수 있는 기본적인 능력을 기르고, 선인들의 삶과 지혜를 이해
하며, 건전한 가치관과 바람직한 인성을 함양하고, 전통문화를 계승, 발
전시키는 데 기여하는 교과이다. 또, 한자문화권 내에서의 상호 이해와
교류를 증진시키는 데 토대가 되는 교과이다.
한문과는 국어 어휘의 많은 부분을 차지하고 있는 한자어의 학습을 통
하여 언어 생활을 원활하게 하고, 다른 교과를 학습하는 데 도움을 주는
도구 교과이며, 학문의 학습을 통하여 한자로 기록된 각종 한문을 이해

하는 데 필요한 기본적인 능력을 기르기 위한 교과다.

한문과는 각종 한문 기록과 고사성어, 격언·속담, 명언·명구등의 학습을 통하여 선인들의 삶과 지혜, 사상과 감정을 이해하고, 건전한 가치관과 바람직한 인성을 함양하며, 우리 생활 전반에 면면히 이어온 전통문화를 바르게 계승하고, 창조적으로 발전시키는 데 기여하는 교과이다.

한문과는 과거와 현재는 물론이고, 미래에도 한자 문화권 내에서의 상호 이해 증진 및 조화로운 발전에 기여할 수 있는 교과이다.

중학교 한문은 한문과의 일반적인 성격을 근거로, 중학교 한문 교육용 기초 한자 900자를 중심으로 한자, 한자어, 한문을 익혀 일상 생활에 활용하며, 평이한 한문문장을 독해할 수 있는 능력을 기르고, 우리의 전통문화를 이해하고 건전한 가치관을 함양하는 데 중점을 둔다. 특히, 한문 교과가 학교 교육의 정규 교과로는 중학교부터 시작된다는 점을 감안하여, 학생들이 쉽고 재미있게 접근할 수 있도록 하는 데 유의한다.

■ **내용 체계**

〈한자〉

◉ 한자 익히기	• 한자의 음과 뜻 알기
	• 한자의 짜임을 통해 음과 뜻 알기
	• 자전에서 한자 찾기
	• 필순에 맞게 한자 쓰기
◉ 한자 활용하기	• 언어 생활에 활용하기
	• 문장 독해에 활용하기

〈한자어〉

◉ 한자어 익히기	• 한자어의 음과 뜻 알기
	• 한자어의 짜임을 통해 뜻 알기
	• 한자어를 읽고 쓰기
	• 성어의 속뜻 알기
◉ 한자어 활용하기	• 언어 생활에 활용하기
	• 문장 독해에 활용하기
◉ 가치관 형성하기	• 선인들의 삶과 지혜를 이해하고 가치관 형성하기

〈한문〉

◉ 한문 익히기	• 문장을 읽고 뜻 알기
	• 문장 구조를 통해 문장 풀이하기
◉ 한시 익히기	• 시구 및 한시 풀이하고 감상하기

  ●한문 활용하기   • 격언·속담, 명언·명구를 일상 생활에 활용하기
  ●가치관 형성과   • 선인들의 삶과 지혜를 이해하고 가치관 형성하기
    전통문화 계승· • 전통 문화를 이해하고 계승, 발전시키려는 태도
    발전시키기   지니기

고등학교 '한문과'의 목표와 내용체계도 위에서 인용한 중학교 '한문과'의 목표와 큰 차이가 없다. 다만 고등학교 '한문'도 중학교와 마찬가지로 '일반 선택 과목'이며, 한문 교육용 기초 한자 1,800자 가운데 중학교에서 교육한 900자 이외의 900자를 교육하도록 되어 있다.

이상과 같이 국어 안의 한자어를 교육하기 위한 목표와 내용은 이상적으로 설정되어 있다. 그런데, 이러한 교육목표가 중학교나 고등학교의 선택과목으로 되어 있고, 기본 교과인 '국어'과 교육과정이나 교수 내용에는 국어 안의 한자어 교육에 대한 명확한 규정이 없다.

Ⅱ. 國語 表記生活의 變化

제Ⅰ장에서 槪觀해 본 바와 같이, 우리나라 語文政策은 '한글'만을 '우리글'로 인식하고, 이러한 인식을 바탕으로 한 '한글專用'의 施行이었다.

그러면, 이러한 정책이 施行되어 오는 과정에서, 국어생활이 어떻게 변화해 왔는지, 表記生活을 中心으로 해서 살펴보고자 한다.

Ⅱ.1. 學術書籍과 論說文

이 分野의 글은 專攻에 따라서 조금씩 차이가 있으나, 아직도 漢字로 表記하는 경향이 강하다. 일부 서적은 純한글로 표기하기도 하고, 괄호 안에 漢字를 倂記하기도 하나, 여기서는 漢字를 그대로 露出시켜서 表記한 例를 들어보았다.

Ⅱ.1.1. 金斗憲(1953), 『第四章 標準論—第三節 快樂說과 禁慾俗說』, 『倫理學槪論』, 正音社, p.94

● 漢字語(漢字表記, 人名除外. 숫자는 빈도수임)

禁慾③	權勢	謙下	各各	傾向	克己	規矩	苦行	個人的
根源	傾向	居						
斷念	斷切	等						
無爲	無知	無慾	名利					
排斥	否定	不爭	本來	佛敎②	不食	方丈	不娶嫁	
生活④	生	所謂	性情	小乘	樹下	石上	沙門	禪定　修法
魚肉	衣	雲水	入門	依	我見	慾望②	儒敎	利己的　意志
理想	一切	人間	惡	力說	厭世	飮食	要素	
主義	自然	卽	程度	粗	正常	主義的		
天下	治平	出家						
特								
評價								
虛靜	理想的	顯著	黑染	行脚				

● 漢字語(한글表記)

온전

● 固有語

그③	것②	꽤			
높이					
되어②	또				
모든					
수	생각하여				
있어서③	있다③	이루는	어느	있고	이
한다②	하고	하며	하야		

● 助詞(漢字語 + -하다, -이다, -되다 包含)

고②	가①					
는⑦						
도③	들①					
로서①	를①	로②	라①			
에⑤	의⑩	을⑨	으로①	이②	은③	-이다⑤ -하다⑩ -되다①

漢字語(漢字表記)	79
漢字語(한글表記)	1
固有語	30
助　詞	66

한 面도 안 되는 짧은 글 안에서 漢字語가 固有語보다 2倍 以上 쓰이고 있고, 한글로 漢字語를 기록한 예는 하나뿐이다.

Ⅱ.1.2. 鄭在覺(1956), 「文化의 黎明」, 『思想界』 1956年 11月號, p.18, 思想界社

◉ 漢字語(漢字表記)

記錄	期	個性		
文化③	文字	面②		
複雜相				
先史⑦	時代⑫	生産②	史家	性質
歷史的②	以上	黎明	歷史⑤	人類⑤
地球上	從來	資料		
出現②	超			
豊饒	判讀			
顯著				

先史⑦ 時代⑫ 生産② 史家 性質
歷史的② 以上 黎明 歷史⑤ 人類⑤ 緩慢 人間 一般
地球上 從來 資料
出現② 超
豊饒 判讀
顯著

◉ 漢字語(한글表記)

구별② 감 기록③ 구별
대 돌연
문화③ 물론 민족
발전 비② 비약적 보편적
시대⑤ 소홀 성과 생활 속도
인류⑤ 연구② 의 이전 역사④ 의미 암흑
즉② 직접 중요시 전개 자료
취급 충분
표시
형태 해명 혼돈

◉ 固有語

그리고 곧 것④ 그 그것 그러나
남긴 나타내는②

더불어② 　더욱 　　다시 　　들어와서 되며 　　뚜렷이 　따라서 　또 때②
말하면
볼③ 　　　부르고 　뿐
시작④
수⑤
있다② 　　있는② 　이② 　　있을② 　있어서② 　아닌
알 　　　없지 　　않았다 　어려운데 아니다 　일
한결 　　하나

● **助詞(漢字語 + -하다, -이다, -되다 포함)**
가⑤ 　　　고④ 　　과④
나① 　　　는⑥
들①
부터④
를⑧ 　　　라②
의㉑ 　　　와② 　　을③ 　　은④ 　　에⑥ 　　-이다⑤ 　-하다⑳ 　되다②
이④ 　　　으로② 　으로서②

```
漢字語(漢字表記) ──────────── 59
漢字語(한글表記) ──────────── 54
                    59+54=113
固有語 ───────────────── 58
助  詞 ───────────────── 106
```

이 글에서는 漢字語가 固有語보다 倍나 쓰이고 있으나, 出版社의 編輯
方針이 있었던 지 折半 가량의 漢字語가 한글로 表記되고 있다.

Ⅱ.1.3. 金泰午(1956) :「敎育者의 人格과 理念- 性格心理學的 考察-」, 『思想界』
　　　　 1956年 6月號, p.94

```
漢字語(漢字表記) ──────────── 35
漢字語(한글表記) ──────────── 69
                    35+69=104
固有語 ───────────────── 55
外來語(人名) ───────────── 3
```

이 글에서도 고유어는 漢字語의 半에 지나지 않으나, 한글로 표기된 한자어가 한자로 표기된 漢字語의 倍가 되었다.

Ⅱ.1.4. 金亨錫(1956) : 「야스퍼어스」, 『思想界』, 1956年 6月號, p.56

```
漢字語(漢字表記) ─────────── 53
漢字語(한글表記) ─────────── 116
                  53+116=169

固有語 ──────────────── 108
外來語(人名) ───────────── 2
```

이 글에서도 한글로 표기된 漢字語가 漢字로 表記된 漢字語의 倍 以上이 되었고, 고유어도 꽤 많이 쓰이고 있다.

Ⅱ.1.5. 李洪九(1972) : 「韓國民族主義의 本質과 方向」, 『新東亞』, 1972年 6月號, p.60

```
漢字語(漢字表記) ─────────── 89
漢字語(한글表記) ─────────── 115
                  89+115=204

固有語 ──────────────── 119
外來語 ──────────────── 6
```

70年代初期, 政府의 한글專用政策이 한참 强化되던 時期에도 漢字로 表記된 漢字語가 全體 漢字語의 半 가량을 차지하고 있다.

Ⅱ.1.6. 金宗吉(1972) : 「우리에게 詩란 무엇인가?」 『新東亞』, 1972年 6月號, p.338

```
漢字語(漢字表記) ─────────── 93
漢字語(한글표기) ─────────── 142
                  93+142=235

固有語 ──────────────── 183
外來語 ──────────────── 5
```

文學을 論한 이 글에서도 漢字語가 固有語보다 큰 比重을 차지하고 있다. 그러나 같은 漢字語라고 하더라도 93：142와 같이 차츰 한글로 表記되는 傾向이 나타나고 있다.

Ⅱ.1.7. 許營(2002)：「時論：對北정책의 憲法的 한계」, 『月刊朝鮮』, 2002年 6月號, p.89

```
漢字語(漢字表記) ──────────── 19
漢字語(한글표기) ──────────── 217
                    19+217＝236
固有語 ──────────────────── 110
外來語 ──────────────────── 2
```

이 글에서는 漢字語가 固有語보다 倍 以上 쓰였는데, 漢字로 표기된 단어는 겨우 19뿐이고, 한글로 표기된 漢字語는 217이나 되어, 漢字使用이 急速히 줄어들었다.

Ⅱ.1.8. 李元翼(2002)：「조종사 아파트엔 4층이 없다」, 『月刊朝鮮』, 2002年 6月號, p.366

```
漢字語(漢字表記) ──────────── 6
漢字語(한글表記) ──────────── 159
                    6+159＝165
固有語 ──────────────────── 176
外來語 ──────────────────── 4
```

이 記事에서는 固有語가 漢字語보다 많이 쓰이고 있으며, 漢字로 表記된 漢字語는 전체 한자어 가운데서 25分之1 以下밖에 되지 않는다.

Ⅱ.1.9. 정호훈(2004)：「조선후기 실학의 전개와 개혁론」, 『東方學志』124, 延世大學校 國學硏究院, p.378

● 漢字語(漢字表記)

國家② 　公權② 　君權 　關係 　構成 　君主

內容　　南人　　老論
動態的
變法　　方法
私家　　私門　　私的　　所有　　生産　　社會　　少論
流波
制度
土地

● **漢字語**(한글 표기)

근처　　국가⑤　　고려　　개혁③　구상②　권한⑤　강화②　경제　　경제적
공통적②　구체적②　강　　　근저　　기초　　과정②　군주　　구　　　공통
관련　　계급　　근본적
논의
당연　　동력　　동원
모순③　물론　　문제②　문화적　문화
변혁②　범위　　발동　　보장　　변화　　본질적　배경
실학자　사고②　사회⑥　성격　　사적③　신분제②　사대부　신분　　사상적
이해　　영역　　억제②　유의　　요컨대　양반　　이익　　옹호
전개　　정치적②　전면적　점진적　지향②　전통　　점　　　전반　　집권적
조선④　제반②　정치
채택　　차이③　축소　　철폐　　체제　　차원　　측면　　최대한②
특권　　통
필연적
현실　　행사　　활용②　학문　　형성　　혹　　　현상

● **固有語**

것⑨　　그리고　그②　　그러나　그것③　그런　　가운데　가진②　깔려
그러한
나타나는 누리고
다른②　데
많은　　모두　　마다　　마련　　밑받치고
보일　　보다
서로②　생각
아니면　이들④　위②　　안고　　있는②　있었다②　있었지만　있었음　있었던
이　　　아마　　오랜　　없이　　오는
지니고　지닌
풀어가고자　　풀어간다②
하는④　할②　　힘②

◦ 助詞(体言 +　-하다, -되다, -이다 포함)

과③　　가⑥　　고①
는⑦
들①　　도②
를⑧
서②
의⑲　　에②　　을⑮　　에게①　　으로⑤　　에서⑧
이③　　은⑦　　와④　　-이다㉑　-하다㉔　-되다③

◦ 외래어

프로그램①

```
漢字語(漢字表記) ──────── 24
漢字語(한글표기) ──────── 121
                    24＋121＝145
固有語 ─────────────── 72
助詞(接尾辭) ────────── 137
외래어 ─────────────── 1
```

　學術論文의　性格上　漢字語가　固有語보다　倍가　넘도록　쓰이었으나, 전체 한자어　가운데　漢字로　표기된　漢字語는　5分之　1밖에　되지　않는다.

II.1.10. 황대권(2004) :「조각난 풍경」,『한겨레』, 2004년 5월 24일(월)

◦ 漢字語(한글 표기, 數字 : 빈도수)

건물　　관객　　국내　　관광　　관광객②
도로②　당혹
명소
발상　　방문
사진②　산　　　신속
요금　　역사적　위　　　유명
주범　　정취　　작품　　주의　　　자동차　재개발　작품전　재구성　주차장
초현실(주의)
풍경④　필자
획일적

● 固有語

名詞　　눈　　　담　　　때　　　마찬가지수　　사람　　　어디　　　지

動詞　　노는　　　　　　놓은　둘러싼　맞추기　맞춰　모시겠다

　　　　만다　　　　　　맞추듯이　만들어　모르겠다 맞닥뜨리곤

　　　　볼　　　　　　　보는　　보아야　보게끔

　　　　사로잡는

　　　　알고　　　　　　있기나　없애버리고　　　있다

　　　　조각난　　　　　조각내어 조각내는 짜

　　　　한　　　　　　　한다②

形容詞　멀쩡한

副詞　　깡그리　　　　　더　　　따로　　마치　　많이

外來語　퍼즐②　　　　　칼럼

● 助詞(体言+ -하다, -스럽다, -이다 포함)

　　　　과②

　　　　는④

　　　　를③

　　　　마다①

　　　　이②　은①　을⑧　에②　와②　의④　으로①　-하다⑤　-스럽다①　-이다④

漢字語(한글表記)	36
固有語　名詞	8
動詞	29
形容詞	1
副詞	5
外來語	3
助詞	40

8+29+1+5=43

완전히 한글만으로 표기된 이 글에서도 한자어 36 : 고유어 43으로 나타나, 우리말 안에서 여전히 한자어는 상당한 비중을 차지하고 있다.

Ⅱ.2. 新聞記事

Ⅱ.2.1. 第1面 머리記事

① 1986年10月14日(火), 〈朝鮮日報〉 第1面 머리記事

入場	波瀾	新民④	發言	民正⑥	正統性	對政府 小		對	人	黨
議員	政權	新民黨⑤		民正黨⑨	正當性					
仁川	體制	改憲	國憲	自家	否定	人名⑩	全②	金⑤	李②	

② 1987年6月16日(火), 〈한국일보〉 第1面 머리記事

| 明洞④ | 解産 | 司祭 | 說得 | 警察 | 兵力 | 歸家 | 黎明 | 啓星 | 人名⑤ |

③ 1988年6月21日(火), 〈朝鮮日報〉 第1面 머리記事

| 北韓 | 民族 | 改正 | 初中高 | 敎科書 用 | | 對北 |

④ 1993年12月5日(日), 〈朝鮮日報〉 第1面 머리記事

| 韓 | 美② | 許 |

⑤ 2004年6月29日(火), 〈문화일보〉 제1면 머리기사

| 代 | 무위(無爲) | 고(故) |

⑥ 2004年7月2日(木), 〈東亞日報〉 제1면 머리기사

| 與 | 黨 | 張 | 괄호 안에 人名倂記③ |

　第1面 머리 記事에 쓰인 漢字表記 漢字語數를 보면 다음과 같은 표기상의 변화를 보여 조고 있다.

①	1986. 10. 14	朝鮮日報	61	
②	1987. 6. 16	한국일보	17	
③	1988. 6. 21	朝鮮日報	7	
④	1993. 12. 5	朝鮮日報	4	
⑤	2004. 6. 29	문화일보	1	괄호 속 倂記(2)
⑥	2004. 7. 2	東亞日報	3	괄호 속 倂記(3)

　위의 자료에 의하면 80年代末부터 신문의 標題語나 머리 記事에, 漢字使用이 급속하게 줄어들고 마침내 2·3字밖에 쓰이지 않는 상태에까지 이르게 된 것을 알 수 있다.

　이러한 현상은, 다음에 보일 一般記事에도 그대로 나타나고 있다.

II.2.2. 一般記事

① 〈朝鮮日報〉, 2004년4월14일 수요일 B판 B1에 실린 기사의 예

● 한자어("韓銀"을 제외하고는 모두 한글로 표기됨.)

강화②	관련	개봉	경비원②	가능성	근무	거부	관리	검색
개	경비	기관	가상	검문	가짜			
대폭	대비	당좌	단총	대	당			
모방	명							
본부②	본점②	범죄④	비상②	불가능				
사기④	사건③	상대	수표②	실제	실탄	수	실장	
일	안전	일당	영화⑧	억	요구	인출	이용	
원	은행⑦	위조	위장					
재구성④	지역②	직원	지점	지시	제작사②	장정		
출입자	측							
태세	통제							
韓銀 한은④		한국⑦	현금③	호송원	황명관			

● 고유어

그러나	것	같은	걸렸다	갖고	(가짜)
늘려	늘렸다				
들어가지	다룬	덜미	다뤘다	때문	
말했다					
바꾸려다	밝혔다③				
이름	앞서	일어날	일어날까	있는	않도록
줄거리	잡히는				
한	해달라				

● 외래어

싸이더스①

● 조사(体言＋ -하다, -되다, -이다 포함)

가②	과④	고⑥	-꾼①				
로①	를④	-들②					
이④	의⑦	을⑤	와②	에⑥	은⑥	에서②	으로②
-이다②	-되다①	-하다⑩					
처럼①							

● 수사 7

<table>
<tr><td>한자어</td><td>108</td></tr>
<tr><td>고유어</td><td>29</td></tr>
<tr><td>외래어</td><td>1</td></tr>
<tr><td>조사</td><td>57</td></tr>
<tr><td>수사</td><td>7</td></tr>
</table>

경제 관계 일반 기사에서 漢字는 한 글자로 쓰이지 않았으나 漢字語 108 : 고유어 29로 나타나, 한자어는 고유어보다 3倍 이상 쓰이고 있다.

② 〈朝鮮日報〉, 2004年4月14日(水) B1 「두바이油 32弗 돌파」

● 한자어(모두 한글로 표기)

국제②　개③　가격⑥ 규모　경우　거래　기록　금액　공사　경쟁력
감소②　구조　급-②
년
당④　등②　다(多)　돌파
무역⑦　만②
박사　비용　불안　분석　부담
사상　생산　상승④ 산업　수준　소장　석유　소비형　심　신승관
수출②　수입② 수지③ 상승세　선진국②
유②　이상　연간② 일④　월②　억③　여②　인상　이후　예상
유가④　원유② 우려② 연구　악영향
정도④　증가　작년② 정정　제품　지적　전망② 중동산② 장기화
최고②　충격　추세
타격
평균③
협회③　한국② 흑자③ 하락　호조　현물　현지　현오석

● 고유어

것　걸릴
늘고
들어②　들어오는　더　때문　따라　따른② 따르면
말했다
보다②　보이며 보여온
우리나라⑤ 이　올　이미　오르면② 올　올라　오르지만 있다②
지난④　줄어들 주고
처음　차지하는 치솟았다

```
큰        크다
```

● 외래어

```
달러⑫    두바이④
배럴③    브레이크①
에너지①   (이라크)①
코스트①
```

● 수사 27

● 조사(체언 + -하다, -이다 포함)

```
가⑧     고②    까지①
는④
로③     를②
은⑥     을②   의③   에⑨    이②   으로③   에서①  와①
-만①    -이다③ -하다⑥ -되다②
```

漢字語(漢字表記)	2
漢字語(한글표기)	135
	2＋135＝137
固有語	43
外來語	23
數詞	27
助詞	60

　　이 기사에서도 고유어는 漢字語의 3分之 1밖에 쓰이지 않았다. 그 대신 기사 내용의 특성상 외래어가 상당히 많은 比重을 차지하고 있다.

　　③ 〈한겨레〉 2004년5월24일(월), 제1면 첫머리 기사(인명, 지명, 고유명사 제외)

● 한자어

```
광역⑤    공식③    기①     개혁①    격전①    (영남)권③  기대①
강조①    가능성②   구상①    견제①    기초④    기자①     경제①
결과③    경우①    국장①    관련①
등①     당⑳     돌입②    대②     대표②    등장①     대립
다소②    등록③    단체장⑤   대접전①   대통령③
문제①    민생②    민의①    명④     마감①    마련①
보궐①    본격①    보선①    부활①    분수령①   반면①     방문②
```

복귀①
시장④　　선거전③　　시(市)①　　선거⑬　　상태①　　실시③　　시(時)①
승리②　　속도①　　사상①　　시간②
여야④　　유세③　　일②　　여대①　　야소①　　여당③　　예측①
여전①　　의장②　　의원④　　안전①　　야당①　　여론①　　역전①
인지도①　　인물론①　　우세②　　오전①　　오후①　　일제①
지사⑪　　재②　　재보선②　　지도부①　　집권①　　정치적①　　주장①
진출①　　정국①　　주도권①　　전략①　　접전지①　　집권당①　　전념①
전④　　지명②　　지원②　　지역①　　직전①　　지지도①　　지지①
조사①　　중①　　정당①　　주택①
체제①　　총리②　　총선④　　최대①　　추격전①　　축적①　　첨예①
초반①　　추격①　　치열①
토요일①　　투표②　　특①　　통①
표심①
향후①　　회견①　　혼전①　　현실화①　　후보⑨

● 고유어
곳⑪　　것⑥　　거꾸로①　　같다①　　가운데②
나서①　　나타난①　　나섰다①　　나온①　　나라①　　나타났다①　　높은①
높이고①　　늘어났다①
뒤①　　될①　　둘러싸고①　　달라②　　다시①　　데①　　때②
된①　　들어가기①　　모두①　　몰이①　　만큼①　　말했다①　　몇몇①
비롯해①　　보여①　　보면①　　벌이고②　　벌였고①　　발판①　　뽑는①
발판①　　보이는②
살리는①
이번③　　어느①　　있다⑦　　일꾼①　　있는①　　이뤄①　　이어① 있어①
어려울①　　앞서는①　　앞서나①　　앞서고②
쥔다①　　지키고①　　잡기①　　지금①
처음②　　치러지는①
힘②　　한번①　　힘든①　　한편①

● 조사(체언 + -하다, -이다, -되다, -시키다 포함)
가⑧　　과④　　고②　　까지①
는⑱　　　　　　ㄴ①
들①　　도②
를⑫　　라며①　　로①
며①
보다①　　부터①

을⑬	에서⑬	에⑫	으로⑥	와②	은⑨
이⑨	의⑧	-되다④	-시키다①	-이다⑩	-하다㉖

● 외래어 2

● 수사 29

한자어	————————————	274
고유어	————————————	92
외래어	————————————	2
조사	————————————	167
수사	————————————	29

순한글로만 記事를 표기하고 있는 이 신문에서도, 제1면 첫머리 기사
에서는 漢字語 274 : 고유어 92로 나타나, 한자어가 고유어보다 3배나 쓰
이고 있다. 한글만으로 표기해도, 한자어는 줄어들지 않았다는 것을 보여
주고 있다.

Ⅱ.3. 一般出版物의 記事

Ⅱ.3.1. 『同窓會報』(1967年 9月 1日字 某高校同窓會報)

第1面 첫머리 記事

● 漢字語(漢字表記)

開催②	高等	講堂	結成	決算②	交換	計劃②
幹事②	監事	改選	幹事會			
年度③	年					
同窓會②						
母校②	面貌					
副會長②	反省	發刊				
時	事業②	常任	事項			
月②	日②	有力視	運動	一新	意見	案件
理事	任員	豫算				
中	定期	支部	中央	進路	主要	

總會③   總務②
土   討議
會長③   學校   會報   會則

● **漢字語**(한글表記)
기탄   개정
동창   등③   동창회   대
부의
시   수립   심의   승인
오후②   예정
전개
활발   활동

● **固有語**
동안   다음
및
벌여
세울
오는   이번   앞으로
지난②

● **助詞**(-하다, -되다, -없다 포함)
과①
는②
를②
서①
에③   을③   의④   은①   에서②   -없다①   -이다① -하다⑦
와①

漢字語(漢字表記)	————————	64
漢字語(한글표기)	————————	19
	64＋19－83	
固有語	————————————	10
助詞	—————————————	29

  60年代의 기사이지만, 한자어가 고유어보다 8倍나 쓰이고, 漢字로 表記
된 漢字語도 한글로 표기된 한자어보다 3倍 이상이나 된다. 그 무렵에 漢

字가 얼마나 많이 쓰이었는가 하는 것을 보여 주고 있다.

II.3.2. 비씨카드 개인회원약관(2003. 9. 1)

● 漢字語

개인	가족③	가입②	관①	구분①
대금	등			
본인④	발급	부담		
승인④	신청	승낙		
은행④	약관③	이하	이용	
제	조	지급		
책임				
회원⑧				

● 固有語

것	
모든	말
받은②	분③
이	
함②	

● 外來語

비씨②
카드③

● 數詞 3

● 助詞(体言 + -하다, -이다 포함)

고①	과①				
라고①					
부터②					
이①	은①	으로④	의③	에②	을⑧
으로서①	-이다②	-하다⑦			

漢字語(한글표기)	42
固有語	11
外來語	5
數詞	3
助詞	34

순한글로만 표기된 짧은 약관에서도, 漢字語는 固有語보다 4倍나 쓰이고 있다.

II.3.3. 홍봉근(2004) :「미래의 에너지원으로 다가서는 '핵융합'」,『원우』
한국원자력연구소, 2004년 5·6월호

◦ 漢字語
관련	기여	기술④	고조	관심	고주파	고자장	근원적	고밀도
기초	과학②						
대용량	대출력	등	대				
문제②	무한	미래					
빈국	발전						
산업	사회적	수용성					
의미	양성	육성	원②	인력	안전		
자석	재료	자원	종합				
첨단	초고온	초전도	총동원	초고진공			
환경	확보②	해결	핵분열	핵융합			

◦ 固有語
갖는다	깨끗하고
따라	뛰어난
및	
수②	
잇는	있고	있다②
큰	크게

◦ 外來語
에너지⑤ 레이저   Public Acceptance

◦ 助詞(体言 + -하다, -되다 포함)
과①
는①
를③
이①　　에③　　의③　　을①　　으로②　　으로서③ -하다⑤ -되다①

```
漢字語(한글表記) ──────── 50
固有語 ──────────── 13
外來語(외국어 포함) ─────  7
助詞 ───────────── 24
```

對外弘報用으로 發行되는 이 책 안의 짧은 記事에서는, 한자어가 4倍나 쓰이고, 一般 사람은 이해하기 힘든 '고자장', '초고진공' 같은 專門用語까지 한글로만 표기 되고 있다. 일반 대중이 이해할 수 있도록 漢字併記가 필요한 표기 예다.

II.3.4. 제7차 교육과정(1997년 시행) '국어 과목'

● 한자어

국어과⑥	국어⑲	건전	국민②	교과②	구성	계승	기능	경험
고려	기본적②	공통	기본	교육	강조③	가치	규칙	
능력⑧	내용②	능동적						
대상	대②	다양						
미래	민족	문화④	맥락	목적②	문학⑤	문학적		
발전③	비판적②							
사용③	사회	생활③	심미적	성숙	상황②	시인	실제적	수준②
사상	수용	상상력	성취					
영위	의식	위	양상	이해	유기적	운용	역할	영역
언어⑥	인간②	이해						
정보화	정확④	지향적	정서③	종합적	작품②	중시	중점	적용
지식	작품	존중	자질	자신	중심			
창조적③	창달	창의적②	총체적②	참여	체험			
태도③	탐구	통해	토론	통합	특히	탐구		
표현②	필요							
한국인	효과적③	함양	현상②	활용	확대	해석적	향상②	활동⑥
학습⑪	학습자							

● 고유어

길러②	기르고	기른다②	그리고	기르는
내는	나타난			
다하도록	듣기②	데	둔다	뜻

마음　　　말하기②
배어　　　바탕②　　바르게
삶③　　　세우게　수③　　사랑하는 스스로　쓰기②
있는③　　이바지하려는　　열린　　읽기②　여섯　　이　　　있게　　읽고
찾아②
하기　　　한다④　　하며　　하되　　하는

◦ 조사(体言+ -하다, -되다, -이다 포함)
과⑬　　　가③
는②
도②
를⑨
의⑬　　　이④　　　을㉕　　에⑨　　　으로⑱
에서②　　와　　　으로서　　은⑦　　-이다⑩ -하다㉜ -되다⑤

```
漢字語 ———————————————— 208
固有語 ———————————————— 54
助詞  ———————————————— 146
```

　순한글로만 表記된 政府의 公用文書에서도, 漢字語는 固有語보다 4倍
가까이 쓰이고 있다. 더군다나 이 글은 국가의 중요한 교육과정을 규정
한 글 가운데에서 특히 '국어과목'에 관한 글인데도 한자어가 위에서 보
인 바와 같이 고유어보다 많이 쓰이고 있다.

Ⅱ.3.5. 廣告文의 例

　다음은 2004년 4월 15일 아침에 배달된 어느 광고지의 내용을 분석해
본 것이다. 단어 뒤의 숫자는 2회 이상의 빈도수다. 3자형 합성어도 하나
의 단위로 계산하였다.

◦ 한자어(고유명사 포함)

- 漢字표기
明堂　　　名家②　　新　　　王家　　　絶對

- 한글 표기 461

광화문	광화문-역	가치②	고-품격②	각종	계획	가(街)⑤	개관
교보	개별	건강	가량②	고급	공간②	공용⑥	가능
거실	규모	공원	검침	감각	기존	급	고려
강남	기회	고객③	구성	금융②	건강	귀금속	광활
권장	건설(주)	개발②	건축	고전	감각적	극대화	건설
년(年)	내일	내용②	낙후	냉난방			
동아일보	동선②	다소	대형②	대학생	단연	대한민국	도입②
도심④	동시	다기능	등⑦	대표적	달-		
면적㉑	명당	미국대사관	물론	만(萬)③	맥주전문점	민속주점	만족
문자	미학	문화②	명소②	매점	맥락	마감	
분양⑦	변경②	병원	별	복원	방향	본점	부분
보안	방송						
소문	시행②	사진②	신화	신축	사업	시민②	실제
성공	설치	상기(上記)	세대⑨	사고	시설②	신촌	세종문화회관
선사	생태	상가③	설계③	실내②	상권⑤	시공사②	수송로
세종로	소아과	식당가	시발점	세련미	수영장	소비자	신호탄
성형외과	세련②						
일(日)③	일대	월	일과	영풍	위성	일부	인수
원격	액정	이해	예상②	유동	인구	위치③	예산
이상③	유흥	여(餘)②	억원	업체	입점	업종②	요리
예정②	역	완공·시	양변기	음식물	이용객	역세권②	유학원
어학원	여행사②	음식점	양면성②	안국동	일환	연계③	우아
위③	완벽③	이용②					
중심④	직접	절대	정보	자막	지하	-장(場)④	자유③
주차	제어	정수	전등	제일	전략	증권	주목
전문②	전자	지상	지역②	전용⑥	중간	주거②	제안
정취	종로㉑	주변②	준비②	주점	조성②	재구성	조화
정부종합청사		정보통신부	종로구청	종각역③	제일은행	전통미②	재개발②
재탄생	지하철②	직장인	전통적	제과점			
처리	차이	층	최고	치과	최적	최대한	첨단
초고속	최고급③	최첨단	최중심	청진동②	청계천로	초특급	청계천②
친환경							
투자②	탄생⑥	통신	탁월	특별	투입		
평면	품격	편	필승	평⑦	평형⑨	폭③	피부과
편의점	편리성	품목	편안②				

현장②	-호선(號線)②	황금②	핵심	환경②	향후②	형성②
형②	학원	현재	휴식	향토	활용	학원가	확장
현대식②	흡인력	회원권②	한의원	현대미	회원	해소	확인

● **고유어**

그⑤	곳②	것③	가지고	가장	가지	거리	거듭
걷고싶은	골목	꿈②	끓이지	깨끗하고			
넷②	느낄	누구	늦게	넓고	넓히고	넘치고	넓혀주는
놓치지	높아집니다						
더	둘	돋보이는	두	더욱④	다섯	담겨	돕기
듣던	뛰어납니다	또한					
및⑧	매우	맞물려	마십시오				
밤							
수⑧	서울④	새	셋	속	새벽	새로운④	살리면서
살린							
이제	위	이름	않는	있을	있어②	있고	있는
옛	있으며	있습니다	이러한	아름다운③	이어온		
즐길	자리	정겨운	즐기실	자리매김할			
터	태어납니다						
피맛골⑩	펼쳐지는						
한	하나다	하는	하루	하였습니다			

● **외래어 + 외국어**

골프⑥							
도어·록	디자인	디지털④	더블②				
르·메이에르⑯		로얄·스마트라③	랜드마크②		라이프	라인	
레저	리조트						
모델②							
빌딩⑤	비즈니스	비데②	브랜드②				
스타일②	시스템⑨	쇼핑	센터	스카이	샤워부스	스쿼시	스포츠③
스낵코너	샵②						
오피스②	이미지②	아파텔	인테리어②	업그레이드	에어로빅	오토메이션	
커피	클리닉	클럽④	컨셉	칼라			
타운⑫	터널	트윙					
프로젝트	패션	플라워	포인트	프리미엄			
헬스	하우스②						

◦ 로마글자

A②

B⑤   BATHROOM②   BEDROOM②

CONSTRUCTION   CO. LTD.②   CLINIC②   CLUB

DINING   DRINK   DIGITAL

EDU

FINANCE   FASHION FOOD②   FLOWER   F⑤

HANI   HARBOR

IT

JONG NO②

LE MEILLEUR④   LIVING②

m④   MD

OPEN   OFFICE

P.S.   Pima   PIMAT-GOL   PEARL

ROOM③

SPORTS   SWEET

TOWN⑨

◦ 숫자 : 아라비아 숫자 표기 67

◦ 조사·접미사(-이다, -하다, -되다, -시키다 포함)

가⑧   과⑥   까지②

나②   는③   ㄴ

도③   -들②

로서   로⑧   를⑩

만⑥

부터

이⑧   은⑨   을⑳   의㉛   에⑨   와⑤   와는

으로⑫   에게   에서   -이다⑩   하다㊶   -되다⑪   -시키다② -롭다③

위에서 분석한 것을 통계로 내 보면 다음과 같다

한자어	6+461＝467
고유어	129
외래어	113
로마글자	67
(아라비아)숫자	67
조사·접미사	190

위의 숫자에서 한자어와 외래어, 로마 글자까지 외래어로 계산한다면, 고유어와의 비율은 647 : 129가 되어, 우리가 쓰고 있는 서사(書寫) 언어의 어휘 가운데 고유어가 차지하는 비율은 5분의 1밖에 안 되는 것이다. 엄밀히 말하면 아라비아자로 된 숫자도 외래 글자에 속하므로 외래어의 수는 더 증가하게 된다. 그리고 서구어 계통의 외래어 증가가 두드러진다.

여기에서 표본으로 보인 것은 광고이지만, 이러한 내용의 광고를 널리 각 가정에 돌린다는 것은, 일반 대중들이 이해하니까 가능한 일일 것이다.

Ⅱ.4. 文學作品의 例

訓民正音創制 以後, 우리 겨레의 여러 가지 表記生活 가운데, 散文類의 文學作品은 純한글로 表記되는 것이 보통이었다.

Ⅱ.4.1. 意幽堂日記

다음은 延安金氏가 지은 『意幽堂日記(일명 의유당 관복유람 일긔, 1829)』가운데 「동명일긔(東明日記)」의 한 구절이다.

> 행여 일츌을 못볼가 노심초사하야 새도록 자디 못하고 영재를 불러 사공 다려 무르라 하니 내일은 일츌을 쾌히 보시리라 하다 하되 마음의 믿브디 아니하야 초조하더니 먼듸 닭이 울며 년하야 자초니 기생과 비복을 혼동하여 어서 니러나라 하니 밧긔 급탕이와 관령감관이 다 아직 너모 일즉하니 못떠나시리라 한다하되 고디 아니 듯고 발발이 재촉하여 떡국을 쑤어시되 아니 먹고 밧비 귀경대에 오르니 달빛이 사면의 됴요하니 바다히 어제밤노곤 희기 디히고 광풍이 대작하야 사람의 뼈를 사뭇고 믈결티는 소래 산악이 움즉이며

이 글은 이 글을 짓던 시대상으로 보아 상당히 우리말을 쓰려고 노력한 글이다. 그러나 위와 같은 짧은 글에서도 꽤 많은 漢字語가 쓰이고 있다.

행혀	幸여	일츌	日出	노심초사	勞心焦思
사공	沙工	내일	來日	쾌히	快히

초조	焦燥	년하야	連하여	기생	妓生
비복	婢僕	급탕	及唱	관텽	官廳
감관	監官	사면	四面	됴요	照耀
광풍	狂風	대작	大作	산악	山嶽

Ⅱ.4.2. 신재효(1812~1884) : 판소리 「춘향가」

어사또 분부하되 그 중에 계집 죄인 한편으로 내앉히라 수도안을 펴놓고 각기 죄목 따라가며 차차 사실하여 가니, 본관이 돈 꾸래서, 아니 드린 부민이며, 임출을 뺏으려다 아니 들은 아전이며, 출패 대접 잘못하여 사혐있는 상백성들, 다 원통한 죄인이라, 일백방하신 후에 춘향을 해칼시켜 정면으로 엎지르고, 수도안에 쓰인 죄목 기생의 춘향딴은, 거역수청 능욕관장죄라 하였거늘 그 죄목을 가지고서 엄령 하문하실 적에(맞춤법은 현행대로며, 한자어에 漢字로 쓴 것은 필자가 적어 넣은 것임)

어사또	御使道	분부	吩咐	중	中	죄인	罪人
한편	一便	수도안	囚徒案	각기	各其	죄목	罪目
차차	次次	사실	査實	본관	本官	부민	富民
임출	任出	아전	衙前	출패	出牌	대접	待接
사혐	私嫌	상백성	常百姓	원통	寃痛	하문	下問
백방	白放	후	後	해	解	정면	正面
기생	妓生	거역	拒逆	수청	守廳	능욕	凌辱
관장죄	官長罪	엄령	嚴令				

「춘향가」와 같은 大衆性을 띤 作品에 위와 같이 數많은 漢字語가 쓰이고 있다. 그리고 이들은 한글로 쓰이거나 唱을 하는 사람을 통해서 口頭言語로 쓰이었다. 그런데도 書堂 등에서 學習하여 漢字와 漢文을 基本素養으로 학습하고 이를 기반으로 하여 생활하고 있던 一般大衆은, 위와 같은 漢字語의 뜻을 모두 맡아 듣고 文脈도 理解할 수 있었다.

그러나 오늘날에는 형편이 달라졌다. 漢字敎育을 전연 받지 않았거나 한자에 대한 素養이 매우 不足한 一般大衆이, 漢字語가 상당히 많은 比率을 차지하고 있는 文章을 아무런 거리낌없이 날마다 읽고 있다. 그러면서도 한자어의 뜻을 제대로 파악하고 文脈을 올바로 이해하고 있다고 한다면 참으로 놀라운 일이 아닐 수 없다.

II.4.3. 최명희 (1996), 『혼불』(한길사)에서는 지은이가 고유어를 엄선해서 되도록 고유어를 많이 쓰려고 노력했으므로, 고유어의 비율이 상당히 높게 나타나 있다. 그러나 이해하기 어려운 한자어는 작가가 괄호 안에 倂記하였다.

① 『혼불』 제3부 「아소 님하」

1. '자시의 하늘' 첫머리(pp.11~12).

● 한자어

계곡

난도(亂刀)② 난자(亂刺) 능선　　　 노적봉③

동상(凍傷)

무　　　　 무참(히)

비명　　　 반공

삭도(削刀) 산④　　　 상처　　　 삼동　　　 속수무책

원정(原情) 약수　　　 예리　　　 연(하게)

자시(子時) 종횡　　　 중천　　　 지열　　　 잔광　　　 진군

쾌연

토혈　　　 토(해)

폭　　　　 폭포　　　 피(하게)

훈기②　　 허공　　　 회색　　　 호성암

● 고유어

겨울　　　 골짜기　　 금　　　　 간　　　　 것　　　　 가슴패기 같은　　　 기운다

검은　　　 가를　　　 굽이　　　 검은가　　 긋는　　　 검푸르게 깊이　　　 꺼꾸로

그③

날　　　　 눈　　　　 (산)나리　 놋뙤약볕 내리치는② 내맡기고 내리지　 내려앉은

날카롭게 났나　　　 날리며　　 내는

덩어리　　 둥치　　　 등성이　　 땅　　　　 때②　　　 듯　　　　 달래거나 드리낸

달구어진 더운　　　 두른　　　 드는　　　 뜨는②　　 다　　　　 또한②

머리　　　 맨살　　　 먹금　　　 물살②　　 먹주머니 몸　　　　 먹물　　　 모금

멍든　　　 메마른　　 마시게　　 묵묵히　　 맞은②　　 못하고② 묻어

바람끝　　 벼랑　　　 불우　　　 바위　　　 바람④　　 봄　　　　 봄날　　　 뼈대

뿐　　　　 베어내며 보듬으면서 박히는　　 번져　　　 벌어지고 벗어내　 버리니

버린 받으며　　　 버슬버슬 박혀

섣달	살	살속	소리②	생살	샘	속	숨
소금	송이버섯들	새암	서늘한	시린	쓸어	씻어내려	쏟아지던
소스라쳐	서슬	시키면	솟구쳐	솟아올라	쓰다듬던		
어둠⑥	아래	일	어디③	온몸	얼음	아래	위
이②	에이는	움츠린	언	얼어터지는	일으키며	웅크리어	있었다②
울었다	없이	오히려	어즈러이	오직	어우우우웅	이글거릴	이루어
않았고	오보록한	여름날	얼어붙어	어두어질	있지	없었더라면	
없었을							
저우는	질린	지던	저며들었다	잿빛	지금	저녁	제
자잘히	잠자코	주던	작은				
차라리							
칼날④	칼②	캄캄하게	쾌연하게				
틈바구니	터진	틀다가					
피	풀잎	풀꽃	핏줄	피었다			
허리	하늘	한여름	한	해	한겨울	허옇게	헉헉
후려쳐	후벼들고	헐벗은	하랴	흐르던	휘이잉		

● **조사**

가①	과②	같이③				
는②						
도③						
로⑦	를⑧					
마다①						
이⑪	의⑫	을⑩	은④	에⑧	에서②	으로⑤
처럼①						
-이다⑤	-하다⑦					

한자어(괄호안 併記)	7
한자어(한글표기)	35
	7+35=42
고유어	203
조사	92

　고유어를 될 수 있는 대로 많이 쓰려고 힘을 기울인 작품답게, 고유어가 한자어보다 5倍나 쓰이고 있다. 그러나 괄호 안 속에 漢字를 7개 단어만이라도 併記하고 있는 것이 특이하다.

2.『혼불』「자시의 하늘」(p.35)

한자어	50
고유어	129
조사	83

위에서 보인 1.의 표기에서는 고유어가 한자어보다 5배나 쓰이었으나, 같은 작품 안의 다른 페이지에서는 고유어가 한자어보다 2倍半 정도 쓰이고 있을 뿐이다.

Ⅱ.5. 北韓出版物

北韓에서는 1949年부터 무든 刊行物의 表記를 한글 爲主로 하였으나, 학술서적에서는 괄호 안에 漢字를 倂記하였다. 또 1953年부터 초등학교 5학년부터 漢字敎育을 실시하여 초·중학교에서 기술학교까지 2,000자 정도, 대학에서 1,000자 정도, 합계 3,000자 정도를 가르쳤다.(金敏洙 : 1999 : 99)

그러면 北韓에서의 表記生活은 어떠한지 몇 例를 들어보겠다.

Ⅱ.5.1. 김일성 종합대학(2001), 『정보시대와 언어학-특집 정보처리를 위한 탐구, 언어학의 새로운 전개 (1)』, 「정보 전달적 기능에 기초한 어순의 구분」에서

◦한자어

기능	구분	기초	교시	관련			
동지	대						
리론적	리론						
문제⑤							
발전③	부문	부류	분석				
사업	세계	실천적	수령	산물			
요구	어순②	언어학④	인간	언어②	연구②	안목	위대 위
정보시대	정보처리	전개	정보전달적	진행②	정보자료	진취적	제기
최첨단	창조적						

특집   탐구   태도   특성
폭   포함
활동   학자   현실적

● **고유어**
가지고   같이   그②   깊이   가운데   끌어올리도록   것
나라   노력   넓고
다음   더
맞게   많은②
보다   밝히는
새로운
우리④   여러가지   있다②   있을   이   일하고   있는   있게
하는데서는   해야 하겠습니다   할   하나

● **조사**(체언+ -하다, -이다, -되다, -시키다 포함)
과③   께서
는②
들④   도
를②   로
이   의⑨   을⑥   으로②   에서②   은   와
-이다④   -하다⑨   -되다②   -시키다①

한 논문의 첫머리만을 분석해 보았지만 결과는 다음과 같다.

<table>
<tr><td>한자어</td><td>————————————————————</td><td>60</td></tr>
<tr><td>고유어</td><td>————————————————————</td><td>36</td></tr>
<tr><td>조사</td><td>————————————————————</td><td>53</td></tr>
</table>

이 논문집에서도 한자어가 고유어에 비하여 훨씬 많이 쓰이고 있다.

그리고 「정보시대와 언어학」 안의 다른 논문에는 다음과 같은 외래어
도 쓰이고 있다.

디지털   데이터   디스플레이
모니터   메모리
비트   바이트
스캐나

아날로그　워드프로세서　　　유니코드　인터페이스 인터네트
코드　　　컴퓨터
프린타　　파일　　　프로그람　폰트코드

Ⅱ.5.2. 『조선력사』(1999), 고등중학교 1, 교육도서출판사 제19과 계백장군의 최후결전(고유명사 제외), pp.56~57

◦ 漢字語

결전	감옥②	간곡한	관리	강	간신	군②	과연
년②	농민	내용					
독	당장						
령토							
멸망	명	만②					
반역적	방탕	변					
서	세월	신하③	생활	수	소문③	수도	성②
여	용감	애국적	약	외적	인민	약	왕⑨
왕족	왕궁	의자	아첨				
장군	전	죄악	점점	제일	자기		
최후	침략자	창고	초생③	침략군	충고		
통치배							
편지	평생						

◦ 固有語

거북	글	그게	그③	깜짝	그만	것③	건너
그런데도	그래서	가고	굶주려	가두었습니다		그러자	갇혀
기벌	그러나②	기뻐하였습니다	끌어들여				
난	놀랐으나	늦었습니다	높은③	나서	나누어	났습니다	나라⑧
넓히려고	노래	높은③					
둥근	달⑦	들은	다른	드디어	때③	뜻⑤	둘
되든지	뒤숭숭한	들어가	떼	땅③	또		
막아야	낳은②	먹고	많아지고	밀려②	물	무슨	말
물었습니다②							
바다	밤낮	벼슬②	비였습니다	불러	보냈습니다②		
사람	술놀이	성②	숯고개②	쌀	싸운	써	살자
속	살아온	쓰러졌습니다	씌여져				
이지러지고	아닙니다	이러한	이미	우물	않았다느니		있는②
아주	어느날	이끌어가는	있었습니다②		있다	이②	아랑곳하지
아들	어떻게	않았습니다		왔습니다②	잃은	안②	여우

지켜   죽으면서 주었습니다 저들   잘②   죽이게   자꾸   잔등
점쟁이② 죽였습니다 죽고
치고   춤   쳐들어오면 쳐들어
커지니
텅   타고
피빛   파보니   퍼졌습니다
한겨레   하던   한다   하였더니 하였습니다②   하니

● **助詞**(체언 + -이다, -하다 포함)
가④   같이   고④   과③
는⑰
들⑥   도②   대로
를⑦   로⑤
만
의⑬   에⑨   은⑰   을⑫   에서①   야
이⑪   와③   으로②   에게④   -이다⑯   -하다⑩

● **數詞 4**

```
漢字語 ——————————————— 74
固有語 ——————————————— 165
助詞 ———————————————— 99
數詞 ———————————————— 4
```

초등학교 5학년에 해당하는 '고등중학교' 1학년 교과서에서, 한자어는
고유어의 ¼이 쓰이고 있다. 그러나 '방탕', '통치배'와 같은 어려운 한자
어도 쓰이고 있다.

II.5.3. 『국어』(2001), 고등중학교 1, 교육도서출판사

2. 꼬마보초병(pp.4~9)

● **漢字語만 적어본다.** (인명 제외)
교재   군사②   기색   경애⑥   과수원④ 규율   고지   긍지
기세   군대④   경례
농장③
대장⑩   대답③   대오   단원 대 다정   대원수㉖ 동작   대단②

명령⑭	명	만족	미제④				
보초병⑪	보초③	배낭②	부관②				
소년	승리③	승용차④	산간	선생	소년단	사실④	수행
위엄	은근	아동	인민③	영웅③	의심	육박전	용감
임무	일제(히)	일당백④					
자신	전투②	자동차	자세(히)	점점	전(혀)	적	장
정신	자세	절대(로)	장난	전투	쟁쟁히	전투장	자기②
잠간							
총②	칭찬	천오백	친(히)②	철조망	칭호	철수	
통과							
협동②	호기심	혹시	향	환호	훈장②		

순한글로 표기되어 있으나, 겨우 6페이지밖에 안 되는 교과서의 글에, 한자어가 181이나 쓰이고 있다. 더군다나 어린 학생들에게는 어렵게 느껴지는 '기색', '경애', '보초', '일당백', '철수', '칭호' 등이 많이 쓰이고 있다.

Ⅲ. 맺는 말

Ⅲ.1. 1950年代부터 2004年까지에 걸친 語彙生活 槪要

위에서 우리는 1950년대부터 2004年까지에 걸친 여러 종류의 表記物資料를 분석하여, 오늘날 우리 겨레가 어떠한 어휘생활을 영위하고 있는지 살펴보았다. 그 결과 우리는 다음과 같은 사실을 지적할 수 있게 되었다.

1) 1945年8月15日의 光復 이후 우리 겨레의 表記生活은 一部 學術論著와 法令 等을 除外하고는 거의 한글 爲主가 되었다.

2) 그러나 50년이라는 긴 세월이 흘렀건만, 우리 겨레의 書寫生活, 즉 表記생활에서는 비록 한글로 표기되어 있기는 하나 固有語보다 漢字語가 아직도 훨씬 많이 쓰이고 있다.

3) 새로운 槪念이나 文物을 表現하는 데는, 여전히 漢字語가 쓰이고 있다.

4) 漢字語로 표기되지 않은 新語는, 고유어로 표기되지 못하고 英語 계통의 外來語가 原語대로 표기되거나 한글로 표기되고 있다. 즉 漢字語 대신에 영어 계통 외래어가 밀고 들어 온 것이다.

5) 文學作品을 제외하고 一般的인 文章에서는, 漢字語와 助詞가 많이 쓰이고, 고유어의 형용사나 부사 등은 별로 쓰이지 않고 있다. 用言도 漢字語와 '-하다, -되다, -시키다'가 결부된 것이 많이 쓰이고 간혹 한자어+-롭다 형이 쓰이고 있다.

6) 8 · 15 광복 이후 50여년간 꾸준히 전개되어 온 '우리말 도로찾기' 운동에 의하여 한자어로 된 가족호칭 대신에 고유어 호칭이 널리 쓰이고, '도우미', '알리미', '지킴이', '먹을거리' 같은 새 말이 생기기는 하였다. 그러나 이러한 경향에도 불구하고, 固有語에 의한 學術用語등 高級語彙의 開發은 전연 이루어지지 않았으며 여전히 漢字로 형성된 漢字語 학술어가 널리 쓰이고 있다. 이것은 우리의 언어생활에서, 아직도 한자어가 중요한 槪念을 표현할 때 큰 比重을 차지하고 있음을 보여 주는 것이다.

따라서 현대국어 어휘의 구성은 한자어와 고유어, 그리고 외래어로 되어 있으나, 고유어보다 한자어가 많이 쓰이고 있으며, 외래어는 참으로 미미하게 쓰이고 있다고 할 수 있다.

우리는 위에서 지적한 우리 언어생활의 現實을 근거로 해서, 국어문제 전반에 관해서 생각해 보아야 한다.

우리 주위에는 漢字 대신 한글로 표기하자는 主張을 끈질기게 되풀이만 하느라고, 우리언어생활에서 漢字語가 아직도 긴 生命을 가지고 있다는 엄연한 현실을 外面하려는 사람들이 있다. 우리는 현실을 冷徹하게 받아들이고, 우리 언어생활에 관하여 논하는 것이 좋을 것이다.

Ⅲ.2. 한글專用과 漢字語

여기에서 우리는 한 가지 종요한 사실을 생각해 보아야 한다. 즉 一部 人士들은 表記生活, 書寫言語에 대하여 큰 誤解를 하고 있다는 점이다.

사람의 언어생활은 음성을 이용하는 口頭言語와 文字를 이용하는 書寫言語로 나누어진다. 원래 文字로 기록하는 書寫言語는, 口頭言語인 音聲言語를 永久히 保存하기 위하여 案出된 것이다. 그러나 사람의 思想이나 感情을 表現하는 音聲言語를 文字로 完全히 전부 記錄으로 남기고자 하는 것은 하나의 理想일 뿐, 이른바 言文一致의 언어생활이 그렇게 쉬운 것이 아니다. 오히려 사람들은 口頭言語보다는 文字로 기록된 文章語, 즉 書寫言語를 통해서, 話者인 筆者와 對話를 나누고 文化生活을 누리고 있다. 사람들은 온종일 말을 하지 않더라도 文章言語를 통해서 話者인 筆者의 意見에 共感하기도 하고 對立하기도 한다.

그러므로, 文章言語는 讀者가 文字로 기록된 文章을 읽으면서 文意를 재빨리 파악할 수 있어야 한다. 원래 이것이 文字의 功能이다. 그래서 우리 겨레의 一部 論者들은 우리 국어 안의 漢字語를, 漢字로 表記해 왔으므로 文章을 쉽게 읽을 수 없고, 文意 파악이 어렵다고 해 왔다. 그래서 모든 글을 한글로만 쓰면, 어느 누구든지 쉽게 읽을 수 있고, 재빨리 文意를 파악할 수 있다는 주장을 내세워 왔다. 그러나 이것은 언어 사용자의 교양이나 文化的인 背景을 전연 考慮하지 않고, 어느 글이나 읽을 수만 있으면 文意를 파악할 수 있다고 크게 誤解한 데서 나온 주장이다.

가령 다음과 같은 廣告文을 보고, 읽을 수는 있어도 뜻을 이해할 수 있는 사람이 몇이나 될지 의심스럽다

아이디어   스폰서섹션
서비스센터   주니어플라톤
엔지니링서비스   머니테크
플랜트엔지니어링   텔레마케팅
카페

이런 광고가 버젓이 신문 紙上에 쓰일 수 있는 것은, 이 외래어의 原語를 학습한 一部 계층 사람들이 이해하기 때문일 것이다. 그러나 이러한 外來語의 근원이 되는 原語를 모르는 사람들에게는, 읽을 수는 있어도 개념이 안 떠오르는 하나의 記号일 따름이다. 근래의 우리 언어생활에서, 이러한 現象이 일어나는 것은, 서구어 계통(주로 英語)의 外來語를, 우리 固有語나 漢字語로 飜譯해서 쓰려고 하지 않고, 原語의 발음대로 한글로 표기만 하기 때문이다. 게다가 그 원어조차도 멋대로 축소하거나 절단하여 結合해서 新語로 사용하므로, 정확한 뜻을 더욱 알 수 없게 되는 것이다.

이 세상의 여러 文字 가운데 表音만 表記하는 表音文字는 없다. 현행 한글맞춤법에서 '표준어를 소리대로 적되 어법에 맞도록 함을 원칙으로 한다.'고 한 것은, '어원을 밝혀 적는다'는 뜻이며 한글맞춤법도 表意 的으로 表記하는 面이 있음을 闡明한 것이다.

따라서 위에서 여러 資料를 통해서 알 수 있듯이 오늘날의 우리 언어생활에서, 한자어를 완전히 排除할 수 없다고 한다면, 국어 어휘의 뜻을 제대로 把握하기 위하여 漢字를 學習해야 하고, 文意를 확실히 이해하기 위하여 必要할 때에는 漢字로 표기해야 할 것이다.

다만 우리의 언어생활에서 고유어 사용 확대에 힘써야 되는 것은 두말할 나위도 없다. 우리는 우리가 공부를 안 해서 안 쓰고 있는 고유어나 方言 가운데서, 漢字語 대신에 적절하게 쓸 수 있는 어휘는 될 수 있는 대로 널리 쓰고자 하는 努力도 게을리 해서는 안 될 것이다.

參 考 文 獻

姜信沆(1987), 「韓國の文字政策と漢字敎育」, 『漢字民族の決斷』, pp.427~441, 大修館書店, 東京.

金敏洙(1999), 「북한의 한자교육」, 『새국어생활』, 9-2, pp.93~124, 국립국어연구원.

김문오(2002), 「품목별 설명서 문장의 구체적 사례」, 『제품 설명서의 문장 실태 연구 1』, pp.24~45, 국립국어연구원.

南豊鉉(1999), 「漢字語와 漢字混用」, 『새국어생활』, 9-2, pp.169~180, 국립국어연구원.

朴三緖(1999), 「第7次 漢文科 敎育課程」, 『新漢文科敎育論』, pp.101~120, 石泉 鄭愚相博士 古稀紀念論著刊行委員會.

朴英燮(1986), 『國語漢字語의 起源的系譜硏究』, 成均館大大學院博士論文, p.10, pp.16~37, pp.42~54.

송재소(1999), 「한국의 한자교육」, 『새국어생활』, 9-2, pp.125~144, 국립국어연구원.

양명희(2002), 『북한의 <조선말사전(학생용)> 분석』, p.17, 국립국어연구원.

이한섭(1999), 「일본의 한자 교육」, 『새국어생활』, 9-2, pp.49~64, 국립국어연구원.

최용기(2003), 『남북한 국어정책 변천사 연구』, pp.181~218, 박이정.

『Abstract』

The Exclusive Use of "Hangeul" and the Chinese Characters

Kang, Sin-hang

The Korean vocabulary is composed of Korean words, Chinese ones and western loanwords. The loanwords make up about 5% and the Chinese words about 50% of Korean vocabulary. After Independence in 1945, Korean policies have promoted the Korean language and limited the usage of the Chinese written characters for the last half century. As a result most published materials, except for some academic books, in 2000s are written in Korean only. However, when one analyzes various published materials, one finds out the fact that many Chinese words are written in Korean only and their number has not decreased. In order to understand the meanings of the Chinese words written in Korean clearly, it is necessary to study them and teach them at school. While one tries to replace the Chinese words into the original Korean ones, one has to write the Korean words with their Chinese characters side by side and to educate young students about the Chinese written characters at school.

國漢混用論의 歷史·文化的 背景

沈 在 箕

(Shim, Jae-kee ; 서울大 名譽敎授, 第5代 國立國語硏究院 院長)

國文抄錄

이 논문은 國漢字混用이 왜 우리나라에서 妥當한 文字生活인가를 論證하였다. 한글전용이냐 國漢字混用이냐의 문제는 東洋文化圈이 알파벳文化圈과 접촉한 19세기말 이래의 文明圈衝突의 성격을 갖는다. 英美系 宣敎師들은 한국에 들어와 宣敎活動을 하면서 한글만 써서 聖經을 번역했고 은근히 한자를 敵對視 嫌惡하면서 한글전용을 獎勵하였다.

일제시대에는 한글이 救國·獨立運動과 맞물려 民族守護의 象徵이 되었다. 大韓民國이 樹立된 후, 1960년대에 對外的으로 民族的 自主意識을 鼓吹하면서 한글전용이 制度的으로 確立되었다. 1970년대 이후에는 漢盲世代가 量産되면서 文字生活에 커다란 混亂이 발생하였다. 學術 및 專門用語의 대부분을 차지하는 漢字語를 한글로 쓰면서 意思疏通에 障碍가 발생하였기 때문이다. 따라서 國漢混用이 하루 빨리 實施되어 民族文化의 正體性을 살리는 時代가 와야 한다.

核心語 文字生活, 漢字語, 한글전용, 國漢字混用, 文明圈衝突, 漢盲世代, 民族文化正體性

I. 序 言

오늘날 우리나라의 書寫體系(글쓰기)는 한글만으로도 완전할 수 있다고 믿는 사람들이 늘어나면서 이른바 한글전용이 광범위하게 확대되었다. 아마도 이러한 흐름은 앞으로도 더욱 가속화할 것처럼 보인다. 그러나 이러한 한글전용 현상은 여러 분야에서 여러 가지 부작용을 낳게 되었고 드디어 漢字知識의 必要性을 새삼스럽게 切感하기에 이르렀다. 그리하여 뜻있는 學父母들은 初等學校 子女들에게 漢字課外를 시키는 현상이 벌어졌고 有數의 企業體와 經濟人聯合會는 漢字敎育의 復活을 主張하며 入社試驗에 漢字使用能力을 反映하게 되었다. 또 뒤늦게 몇몇 大學에서 新入生들에게 漢字敎育을 强化하는 敎科課程을 編成하기 시작하였다.

이러한 時點에서 國漢混用論의 當爲性을 論議하고자 하는 이글은 어찌 보면 行次後의 나팔 같은 뒷북치기의 느낌이 없지 않다. 그럼에도 不拘하고 이 글은 國漢字混用이 우리나라 書寫體系의 正道임을 밝혀보고자 한다.

한 나라의 書寫文化는 歷史的 傳統과 社會慣習에 따라 자연스럽게 形成되는 것이어서 거기에 論理的 適否를 따질 수 있는 것이 아닌지도 모른다. 그런데 우리나라는 開化期以來 한글만이 우리나라 文字요, 漢字는 나라의 發展을 沮害하는 남의 文字이므로 하루 빨리 廢棄하여야 한다는 主張이 끈질기게 持續되면서 及其也 그것이 政策과 敎育에 反映되어 오늘날과 같은 漢字文盲世態를 招來하게 되었다.

이 글에서는 이와 같은 文字文化現象을 時代順으로 點檢하면서 우리의 論議를 展開하기로 하겠다.

Ⅱ. 論議의 根據

우리는 이 論議가 발생하게 된 根本 原因이 무엇인가를 確認할 필요가 있다. 다시 말하여 어째서 한글전용론과 한글전용현상이 나타나게 되었는가 하는 것이다.

그 첫째는 '한글'의 文字的 優秀性이다. 한글이 우리말을 表記하는 表音文字로 不足함이 있다면 한글전용이라는 用語조차 나타나지 않았을 것이다. 한글은 우리말을 적는데 完璧에 가까운 表音文字일 뿐 아니라 쓰기도 쉽고 배우기도 쉽다. 이 사실은 한글과 한국어를 아는 모든 사람들이 認定하는 것이요 또한 賞讚하는 점이기도 하다. 더구나 全世界의 모든 表音文字 가운데에서 가장 優秀하고 個性的인 文字라는 점도 看過할 수 없는 점이다.[1]

그 둘째는 '한글'이 英美의 代表的인 表音文字 알파벳과 無理없이 對應된다는 점이다. 물론 알파벳은 子音字와 母音字가 區別없이 線條的으로 連結됨에 反하여 한글은 子音·母音·子音의 順으로 正方形으로 組合되어 音節字를 構成한다는 점이 다르기는 하지만 알파벳에 익숙한 사람들에게 특별한 抵抗感없이 받아들이고 익힐 수 있는 文字體系이다. 이러한 사실은 基督敎 宣敎師들이 우리나라에 들어와 宣敎事業을 벌일 때에 한글에 注目하게 하였고, 나아가 聖書飜譯을 순한글로 刊行하는 端初가 되었다. 바로 이 時點이 '한글전용'이라는 書寫樣式이 광범위하게 日常生活에 나타나기 시작한 때였다.

따라서 우리는 다음과 같은 세 단계로 나누어 한글전용현상과 한글전용론의 확산과정을 살펴보기로 하겠다.

第一期 : 舊韓末 開化啓蒙期　　　1880年～1910年
第二期 : 日帝植民地期　　　　　1910年～1945年
第三期 : 美軍政과 大韓民國　　　1945年～2004年

第一期는 흔히 開化期라고도 부르는 舊韓末에 해당한다. 朝鮮朝의 前近代的 王政體制가 全面的인 挑戰을 받는 가운데 開化改革의 바람이 소용돌이 쳤고 그와 때를 맞추어 美國으로부터 改新敎 宣敎師들이 들어와 活動을 시작한 때였다.

---

1) 李翊燮(1992), 國語 表記法 研究(서울대학교 출판부), p.30.
　　cf. G.Sampson(1995), Writing System chap.7.

第二期 는 日帝植民地期間이고 第三期는 解放이 되고 美軍政을 거쳐 大韓民國政府가 樹立된 以後 지금까지에 該當된다.

Ⅲ. 文字政策의 흐름

Ⅲ.1. 第一期 : 舊韓末 開化啓蒙期 1880年〜1910年

이 時期는 朝鮮王朝 五百年의 傳統이 바야흐로 새 時代 새 機運의 挑戰을 받는 激動과 變化의 期間이었다. 따라서 言語文字生活도 이러한 時代雰圍氣에 따라 激變의 모습을 보였다. 公式的인 文字生活은 純漢文이었고 한글은 婦女子 中心의 內簡이나 內房歌辭의 表記樣式이었다. 이러한 平行線이 甲午更張을 分水嶺으로 하여 言文一致의 表記樣式을 탄생시켰는데 이것이 國漢混用으로 나타났다. 말하듯이 글을 쓴다고 할 때에 그 發話內容속의 漢字語는 漢字로 적을 수밖에 없는 것이 그 當時 文字生活을 主導하던 識者層의 自然스런 反應이었다. 이때부터 純漢文의 表記儀式은 高踏的 知識人의 專有物로 바뀌었고 일반적인 글쓰기는 國漢混用과 한글專用의 두 가지 樣相으로 壓縮되었다. 言文一致의 文章을 쓴다는 大前提는 같으나 하나는 漢字를 섞어 쓰는 것이요 다른 하나는 한글만 쓰는 것이었다. 이때부터 한글전용에 대한 論議가 本格的으로 展開되었다.

이 시대를 주름잡은 한글전용론의 핵심인물은 徐載弼과 周時經이었다. 徐載弼은 독립신문을 通하여 (1) 한글만 쓰기와 (2) 띄어쓰기의 大原則을 滿天下에 闡明하였고, 周時經은 著述과 敎育을 通하여 한글전용이 時代的 召命임을 强調하였다. 徐載弼은 徹頭徹尾한 한글전용론자였고 그 實踐의 化身이었다. 독립신문의 간행 자체가 한글전용의 좋은 본보기였을 뿐만 아니라 독립신문에 실린 논설을 통하여 漢字使用이 獨立을 沮害한다고까지 主張하면서 한글전용을 부르짖었다. 한편 周時經은 한글전용의 必要性

을 力說하기는 하면서도 자기 자신의 文字生活은 國漢混用이 主된 것이었고 때로는 純漢文도 驅使할 만큼 一般知識人의 文字生活을 營爲하였다.[2]

그러나 이들 두 사람은 모두 美國人과 美國文化의 영향을 받았다는 점에서 共通性을 보인다. 徐載弼은 美國에서 敎育을 받고 美國市民이 된 사람이고 周時經은 培材學堂의 美國人 宣敎師를 통하여 新學問과 美國文化를 接했고 獨立協會에서 徐載弼과 함께 일하면서 徐載弼의 영향을 받은 사람이다.

여기에 이르러 우리의 關心은 1880年代 以後 우리나라에 들어와 活動한 英美系 東洋學者 및 宣敎師들에게 향한다. 그들의 言行과 思想은 우리나라 言語 文字生活에 어떤 영향을 미쳤는가? 이제 우리는 이러한 疑問点을 풀기 위하여 그들의 著述을 살펴보기로 한다.

먼저 1882년에 初版이 刊行된 그리피스(William E. Griffis)의 <隱者의 나라 : 韓國(Corea : The Hermit Nation)>에서 한 구절을 뽑아보기로 하자.[3]

> "……자기 민족의 文字體系가 창제되었음에도 불구하고 중국의 완숙한 철학과 문학의 영향력은 너무도 심각하여 한때 조선 사람들은 諺文으로서는 原典과 꼭 같은 自國語本을 만들어 내는 것이 분명히 무리한 것이라고 생각했다. 한글은 감수성이 예민한 지식인들을 자극함으로써 모든 원전을 표기하는 데에 아무런 소용이 없었다. 조선의 학자들은 자기 민족의 言語文化를 卑下했다. 그 결과로 수세기가 지난 오늘날에도 조선에는 이름을 붙일만한 문학 작품이 없다. 다만 극소수의 작품들이 漢文이나 日本語로 씌어 있을 따름이다."(p.435)

> "조선의 어린이들은 25자로 된 간결하고도 아름다운 子·母音과 이를 조합해서 만든 170 또는 그 이상의 글자를 읽고 보고 쓰는 것으로써 교육을 시작한다. 그들은 읽는 법을 배우고 正字와 쓰는 법을 익힌다. 한글

---

2) 沈在箕(2003), "서재필과 한글발전운동"(「서재필과 그 시대」, 서재필 기념회), pp. 250~287.
3) 신복룡이 譯註한 책을 참고하였다. 이 책은 한국에 관심을 갖기 시작한 초기의 연구서여서 잘못된 정보가 무분별하게 섞여 있다. 예컨대 설총의 이두와 한글을 혼동하였다(p.90).

의 음절을 정확하게 분해할 수는 없지만, 눈과 귀로서 기억에 남는다. 조
선어를 공부하는 외국인들에게는 무섭게 여겨질 만큼 다양한 모음변화와
자음접변은 어린 시절에 귀와 예문을 통해 빨리 숙달되기 때문에 철자법
은 거의 알려져 있지 않다. 거의 모든 소녀들과 대부분의 소년들이 배우
는 이와 같은 초보적인 지식으로써 그들은 청년이 되어서도 이야기책,
소설, 입문적인 역사, 시문 그리고 사업상으로나 친구간의 연락에 필요한
통상문서들을 터득한다." (p.437)

위의 글은 19세기 後半 우리나라의 言語·文字生活을 不完全하기는 하
나 거의 있는 그대로 敍述하고 있다. 그럼에도 불구하고 한국인들의 지나
친 漢文崇尙과 지나친 한글 卑下를 은연중에 꼬집고 있다.

다음은 1888년에 간행된 칼스(W. R. Carles)의 <조선풍물지(Life in Corea)>
의 한 구절이다.[4]

"한글을 읽고 쓰기란 너무 쉬워서 한글은 아주 輕視를 받기 때문에 대
개 여자들과 교육수준이 낮은 사람들만 사용하였다. 포고문이나 재판에
관계된 일을 제외하고는 공식적인 문서에서 한글을 사용하는 일이란 거
의 없다. 문학의 발달은 저조했다. 그러나 아주 작은 규모의 순회도서관
이 서울에 존재하고 있다는 사실을 기록하는 것만으로도 가치 있는 일이
다. 인쇄나 서신에서 실제적으로 사용된 언어는 한자다. 그러나 아무리
정확하게 쓴다 할지라도 작문 형식이 아주 오래된 것이다. 漢字는 表意文
字로서 하루아침에 이루어진 것이 아니며 오늘의 한자가 완성되기까지에
는 수천 년의 세월이 걸렸다. 그 당시 중국은 한국에 막대한 영향을 미치
고 있었는데 그 결과가 오늘에 나타나고 있는 것이다."(p.219)

이 글에서도 文面에 직접 나타나지는 않으나 한자 重視와 한글 輕視를
對比시키면서 은근히 그 不當性을 나타내고 있다. 이렇게 시작된 文字文
化에 대한 論議는 헐버트(H. B. Hulbert)의 <대한제국멸망사(The passing of
Korea)>[5]에 오면 英美人들의 견해가 노골적으로 드러난다. 잘 알려진 바

---

4) 原書 Carles. W. R(1888), Life in Corea, (Macmillan Co. London).
　　신복룡 역주(1999), 조선풍물지, 집문당, 서울.
5) H. B. Hulbert(1906), The passing of Korea William Heinemann Co. London.

와 같이 헐버트(1863~1949)는 한국인의 영원한 친구로서 양화진 외국인 묘지에 묻혀있는 한국통의 목사, 교육자, 학자였다. 言語·文字生活과 관련된 내용을 몇 군데서 뽑아본다.

"과거 3천년 동안 중화제국과 굳건한 정치적 유대를 맺어오는 동안에 얻은 것이라고는 두 가지, 즉 그 위대한 상형문자와 조상의 무덤을 만드는 습관밖에는 남은 것이 없다."(p.55)

"한국인들은 중화사상을 받아들이는 길보다 더 좋은 것이 없다고 알고 있는데 이는 중화사상을 받아들이는 것이 자신의 사상을 유지하는 것보다 더 훌륭하다고 믿는 몽매한 사고방식에서 비롯되는 것이다. 그때부터 지금에 이르기까지 한국은 중화사상의 노예가 되었으며 자주성과 독자성을 잃었던 것이다. 한국으로서는 중국의 사상을 모방하는 것만이 지상의 소망이었기 때문에 이 한정된 수평선 너머의 모든 장관을 하나도 볼 수가 없었다."(p.56)

"어떤 사람들은 교재를 순 한글로 인쇄해야 한다고 생각하고 있는 반면에 좀 더 보수적인 사람들은 정부 측과 더불어 國漢文이 混用되어야 한다고 생각하고 있다. 이와 같은 國漢文 混用의 방법에 따른다면 동사, 명사, 형용사 및 부사는 한자로 표기되어야 하고 모든 토씨는 문법적이든 문장론적이든 논리적이든 순 한글로 표기된다. 그렇게 되면 마치 철자를 암시하는 수수께끼 그림같이 되어서 글자는 그림으로 점철된다. 이렇게 되면 그 체제가 맵시 없게 되기는 하겠지만 순 한문에서 순 한글로 옮겨가는 유용한 기초가 될른지도 모른다. 한자가 완전히 없어질 때까지는 광범한 보통교육이란 불가능한 것이다. 이러한 점에서는 일본도 한국과 마찬가지다."(p.403)

"신문에 인쇄되고 있는 소위 국한문 혼용은 그다지 깊은 수준의 한자술어에 관한 지식을 필요로 하지 않기 때문에 대부분의 여성들이 읽을 수 있지만 거기에 사용되는 한자의 수효는 1800자에 지나지 않는다"(p.426)

신복룡 역주(1999), 대한제국멸망사, 집문당, 서울.

西洋人들이 모두 漢字에 대해 無知할 뿐 아니라 敵對感을 갖고 있다고 말하기는 어려울 것이다. 그러나 헐버트의 글에서는 漢字使用이 中華思想의 奴隷가 되어 獨自性과 自主性을 잃는 것인 양 쓰고 있다. 그리고 한걸음 더 나아가 漢字廢止와 普通 敎育을 연결시키고 있다. 이러한 논조는 오늘날 한글전용을 주장하는 사람들에게서도 똑같이 나타나고 있다.

다음은 1909년에 간행된 게일(J. S Gale)(1863~1937)의 <전환기의 조선(Korea in Transition)>에서 뽑은 글이다.6) 게일은 앞에서 언급한 그리피스, 칼스, 헐버트와는 구별하여 검토해야 할 인물이다. 그는 1898년에서 1928년까지 만 30년간 한국에서 宣敎活動을 벌였으며 한국어와 漢字에 能通했을 뿐 아니라 天路歷程, 辭課指南, 韓英大辭典 등을 번역, 편찬, 출판하는 등 우리나라 語文學史에 깊은 발자취를 남긴 분이다. 몇 군데 인용해 보자.

> "한국인들은 한문을 쓰고 또 그것을 배우려고 애쓰고 있다. (중략) 머리가 빙빙 돌때까지 계속해서 2천자 또는 그 이상의 글자를 배운다. 그러면 그들은 그것들이 연결된 데를 따라 일렬로 읽지 않을 수 없다. (중략) 이것은 글자를 통해서 중국과 조선과 일본이 사고의 전쟁을 하고 있음을 보여주고 있다. 얼마나 힘들고 막연한가? (중략) 한글은 정말로 이 세상에서 제일 간단하다. 서기 1445년에 발명되어 조용히 먼지투성이의 시대로 자기의 세월이 오기를 기다리고 있었으니 누가 그것을 알아주었겠는가? 그것이 너무 쉬웠기 때문에 결코 쓰여 지지도 않고 멸시만 당했다. 여자들조차도 한글을 한달 또는 한 달 조금 넘는 기간에 배울 수 있었으니 그렇게 값싼 글자를 무엇에다 쓸 것인가? 하느님의 신비로운 섭리에 의해 그것은 신약성서와 다른 기독교서적을 위해 준비된 채 자기의 날이 오기를 기다리고 있다. 오늘날까지 이들은 이 신비롭도록 단순한 언어7)를 거의 배타적으로 사용하지 않고 있다. 아마 이것은 모든 것 중에서 가장 놀라운 섭리일 것이다. 이 언어는 시간이 시계를 칠 때까지 기다렸다가 그리스도의 모든 놀라운 역사를 일으키고 말해준다."(pp.108~109)

---

6) J. S Gale(1909), Korea in Transition, Jenning & Graham, Cincinati.
   신복룡 역주(1999), 전환기의 조선, 집문당, 서울.
7) '문자'로 되어야 할 듯, 言語와 文字에 대한 無分別한 誤用의 例임.

"한국인들은 이 글자를 諺文이라고 부르는데 이는 '천한글'이라는 뜻이다. 왜냐하면 그것은 자랑스러운 상형문자인 한자와 비교해 볼 때 너무 간단하고 쉽기 때문이다. (중략) 조선에서는 흔히 신약성서가 여인의 허리끈에 매여 있다. 유쾌한 여행길에 있는 등산가의 짐 꾸러미 속에, 작은 마을에 있는 가정의 벽장에, 그리고 거실에 선반에 쌓여 있는 것은 예수를 말하고 구원해 줄 것을 말하고 있는 언문으로 씌어진 이 책들이다. 나는 나 자신이 그 번역에 참여했던 것을 가장 선택된 은총으로 생각한다. 나에게 할당된 것은 「요한복음」 「사도행전」 「로마서」 「갈라디아서」 「에베소서」 그리고 「요한계시록」이다."(p.109)

이처럼 게일도 한자에 대해서는 극단의 嫌惡感과 敵對感을 내보이며 한글의 優秀性을 賞讚하고 있다. 그리고 그 한글로 번역된 聖書에 의해 한국 사람들이 그리스도인이 되는 놀라운 하느님의 攝理를 찬양하고 있다. 마치 한글은 한국 사람들이 그리스도인이 되기 위하여 創制된 것처럼 描寫하고 있다. 宣敎가 最優先이었던 牧師로서 게일의 이와 같은 論調는 어찌 보면 너무나 當然한 것이 아닌가 생각된다. 開化啓蒙이 무엇보다 急先務였던 19세기말 20세기 初의 우리나라에서, 萬一에 한글이 없었다고 假定해 보자. 아마도 저들 宣敎師들의 宣敎事業은 몇 십 년 뒤의 業績으로 밀려났을 것이다. 이러한 時點에서 선교사들의 한글 讚揚은 充分히 理解된다. 그러나 그럼에도 불구하고 이들 英美系 學者와 宣敎師들이 例外없이 漢字에 대한 極度의 反感을 보이는 것은 어떻게 解釋하여야 할 것인가 하는 疑問點은 여전히 남게 된다. 심지어 헐버트는 漢字·漢文 때문에 韓國人이 獨自性과 自主性을 잃게 되었다고 憐憫의 뜻을 나타내고 있다. 그는 물론 客觀性을 유지하는 學者답게 國漢文混用이 한글전용으로 나아가는 過渡期的 現象이 될 수도 있을 것이며 常用漢字는 1800字에 지나지 않는다는 날카로운 觀察도 빼놓지 않았으나, 그들의 글 속에 漢字文明圈에 대한 沒理解와 輕蔑感은 감출 수가 없다. 그들은 果然 漢字를 표현매체로 하는 儒敎와 佛敎의 동양문화를 어떻게 보았던 것일까? 그들은 東洋의 傳統文化를 그리스도敎와 共存해야 할 人類文化의 꽃으로 본 것이 아니라 廢棄해야 할 打倒의 對象으로 본 것은 아닌가? 우리는 이 문제를 여기서 섣불리 論議할 생각은 없다. 다만 書寫體系의 適否를 따지는 이 마당에 이러한 問題가 關聯되어 있다는 事實만을 조심스럽게 指摘해 두고자 한다.

以上으로 우리는 1880년대부터 1910년 이전까지 英美系 學者와 宣敎師들의 言語·文字觀을 살펴보았다. 거듭 言及하거니와 그들은 한글로 성경을 번역하여 普及하면서 놀라운 宣敎效果를 거두었다. 게일에 의하면 1909년에 한국 전체에 세례교인은 5만여 명이고 예비 교인은 11만여 명으로 집계하고 있다.[8]

다음에 알렌(Harace N. Allen)의 「조선견문기」의 일절을 읽어보자.[9]

"오늘날 조선은 선교사업이 성공한 모든 나라 중에서도 으뜸이다. 한국인들은 사실상 자신의 종교를 가지고 있지 않다. 유교는 하느님이 없는 도덕의 제도에 지나지 않으며 불교는 명성이 떨어졌다. 동시에 조선 사람들은 기질적으로 종교에 심취하기 때문에 기독교가 자연히 조선 사람에게 호소력을 갖게 되었다. 그리고 조선에는 인도와 같이 종교적 진리의 전파와 종교 단체의 조직을 방해하는 계급제도가 없는데, 이러한 모든 사실이 종교사업을 위한 길을 널리 개방하는 경향을 보여 주고 있다."(p.156)

이렇듯 1910년 우리나라의 개신교 신자는 폭발적인 증가를 거듭하였고 그들 信者들은 英美系 宣敎師들의 言語·文字觀을 특별한 비판 없이 受容하게 되었다. 다시 말하여 그들 한국의 그리스도교인들은 潛在的 한글전용론자의 性格을 띠게 되었다. 이러한 한글전용의 先鋒에는 앞에서도 言及한 바와 같이 美國文化에 浸潤된 徐載弼과 그의 影響圈 안에서 활약한 周時經이 있었다.

---

8) 게일, 앞의 책 p.171. 이 당시 한국의 총인구는 1천 5백만 정도이므로, 1910년 기준으로 개신교 신자수는 전체 인구비 100분의 1을 넘어서 있음을 보여준다.

9) Horace N. Allen(1908), Things Korean, Fleming H. Revell Co. New York.
   신복룡 역주(1999), '조선견문기', 집문당, 서울.

Ⅲ.2. 第二期 : 日帝植民地期 1910年〜1945年

고요한 아침의 나라, 朝鮮의 太陽은 1910년 8월 29일 드디어 바다 속으로 가라앉았다. 그리고 1945년 8월 15일이 되기까지 滿 35년 동안 그 太陽은 떠오르지 않고 있었다. 그 긴 歲月, 植民地治下의 우리나라 識者들은 무엇을 하였는가? 그들의 國權回復 運動은 크게 두 가지로 나뉜다. 하나는 칼이요, 또 하나는 붓이었다. 前者는 3.1運動, 獨立軍 上海臨時政府 등으로 나타나는 직접적인 獨立運動이었고, 後者는 國學運動, 新文化運動 등 敎育文化事業으로 나타나면서 國史·國語 등 國學硏究의 活性化를 가져왔다. 그중에서 國語硏究의 갈래가 우리의 關心事인 書寫體系 問題와 관련된다.

國語硏究의 싹을 티운 것은 앞에서 言及한 周時經이었다. 그러나 1910년대는 나라 잃은 설움의 衝擊때문이었는지 이렇다할 硏究活動을 보이지 않다가 1921년 12월에 周時經의 영향을 받은 분들이 主軸이 되어 朝鮮語學會를 結成함으로써 國語硏究와 國語運動이 活性化되었다. 朝鮮語學會의 활동은 다음의 몇 가지로 要約된다.

첫째, 한글날을 制定하여 國語意識과 民族意識을 鼓吹하였다.[10]
둘째, 잡지 <한글>刊行을 통하여 國語에 대한 硏究와 理解의 幅을 넓혔다.
셋째, <한글 맞춤법 통일안>을 확정하고 <사정한 조선어 표준말 모음>을 발표하는 등 國語 規範化의 기틀을 마련하였다.
넷째, 國語辭典을 편찬하여 國語整理事業의 決算을 보려하였다.

朝鮮語學會는 위의 네 가지 事業 가운데 네 번째 辭典編纂만 뒤늦은 結實을 보았을 뿐, 다른 세 가지는 1930年代에 相當한 成果를 거두었는데

---

10) 한글날은 1926년에 '가갸날'로 출발하였고 1928년에 한글날로 고쳤으며, 1940년부터 지금의 10월 9일로 확정되었다. '한글날'을 制定하고 이날을 紀念하는 行事가 계속되면서 한글의 優秀性이 民族的 自矜心을 키우는데 크게 寄與한 것은 움직일 수 없는 眞實이다. 그러나 이러한 肯定的 側面이 있는 한편 '한글 곧 國語'라는 잘못된 認識이 擴散되어 한글만 쓰기와 한글로만 표기가 가능한 固有語만 사용해야 좋다는 생각을 擴大시켰다.

그 成果의 흐름을 타고 1920年代부터 한글전용을 주장하는 목소리가 점점 그 波長을 擴張시켰다. 이때의 한글전용론을 여기에 일일이 擧論할 여유가 없다. 다만 그 무렵의 모든 主張들을 간단히 정리하면 다음과 같이 要約할 수 있다.[11]

첫째, 漢字를 常用하는 周邊 國家의 움직임에 영향을 받고 있다. 즉 中國의 簡字化 運動과 일본의 漢字制限論에 발맞추려면 한글을 갖고 있는 우리는 얼마나 幸運인가 하는 論調를 펴고 있다.

둘째, 漢字 및 漢字語의 弊端을 벗어나려면 漢字를 안 쓰면 된다는 생각이다. 가령 漢字語를 쓰게 되면 우리말(固有語)을 잃어버리게 된다든가 同義語가 너무 많아서 煩雜하고 배우기 힘들다든가, 글 자랑을 하느라고 窮僻한 漢字를 즐겨 써서 읽는 이를 골탕 먹이는 나쁜 風潮가 있음을 指摘하면서 "그러므로 골치 아픈 漢字를 내버리자"는 논조를 편다.

셋째, 文盲을 退治하고 一般大衆이 모두 文字生活을 즐기려면 한글전용 외에 다른 길은 없다고 主張한다.

한글전용의 論理的 根據로 내세우는 위의 세 가지는 1930年代에 오면 그 基本骨格을 그대로 維持하면서 조금 더 多樣한 解說과 豊富한 例證으로 潤色된다. 여기에서 첫 번째 主張은 民族的 自主性을 回復하자는 論理와 相衝된다. 民族的 自主는 他民族 他國家의 움직임과 關係없이 獨自的이고 自主的 理由와 目的으로 이루어져야 되는데, "이웃나라가 하고 있으니 우리도 해야 한다"는데 焦點이 맞추어지면 그것은 新版事大主義이지 純粹한 의미의 自主性의 回復이라고 보기 어렵다. 또 둘째, 글자랑 風潮를 批判한 것은 論旨를 흐린 것이다. 글자랑의 窮僻한 漢字使用은 '漢文' 文章을 짓고 쓸 때의 문제이지 國漢文混用의 言文一致의 글에서는 問題되는 것이 아니기 때문이다. 물론 不必要한 漢字語, 특히 僻字가 들어간 新造 漢字語의 使用을 禁하자는 취지라면 옳은 主張이나 漢字는 골치 아프니까 내버리자고 하는 것은 正當한 주장이 될 수 없다. 同義語가 많다는 것은

---

11) 沈在箕(1998), "國漢字混用의 妥當性에 關한 硏究, 관악어문연구 23집, p.10에서 재인용.

오히려 區分을 위하여 배워야 할 것이지 빼버려야 할 理由는 되지 않는다. 셋째, 文盲退治를 위해 한글전용을 해야 한다는 것은 文字生活의 大衆化만을 생각했다는 면에서 씻을 수 없는 短見이다. 모든 國民이 모두 쉽게 읽고 쓰고 사용할 수 있는 文字를 아는 것이 한 國家 社會가 文化生活을 영위하는 最終目的이 아니기 때문이다. 大衆化라는 것은 下向平準化로서 그것이 低級한 段階의 普遍化에는 寄與하지만 文化는 本質的으로 高級化하려는 上向性을 갖고 있어서 平準化 段階 以後에는 必然的으로 高級化와 專門化 문제가 발생하는 것이기 때문이다. 그러나 ① 이웃나라와 발맞추기 위하여 ② 고유어를 살리고 귀찮은 것은 피하기 위하여 ③ 모든 사람이 똑같은 文化生活을 전제로 하는 文字生活을 누리기 위하여 한글전용론은 1930년대와 1940年代 初까지 持續되었다. 더구나 國語를 硏究하고 한글을 지키는 것은 곧 民族을 守護하는 가장 좋은 方便이라는 認識下에 一種의 救國運動으로 자리매김이 되었다. 國語를 연구하는 限, 그리고 한글전용을 主張하며 한글의 優秀性을 再確認하고 한글普及으로 民族意識이 눈뜨며 擴散되어 가는 것을 지켜보는 限 그 運動에서 사람들은 나라 잃은 설움을 달랠 수 있었고 祖國光復의 希望을 가질 수 있었기 때문이었다.

그런데 이러한 文字文化改革을 통한 獨立運動에 보이게 혹은 보이지 않게 全幅的인 支持를 보내는 勢力이 있었다. 그것은 19세기 末 以後 우리나라에서 活動한 英美系 改新敎 宣敎師들이었다. 己未年 三一運動 當時에 그 運動의 아지트 구실을 한 곳이 數많은 禮拜堂이었듯, 文盲退治를 위한 한글 普及의 據點이 되었던 곳도 역시 禮拜堂이었다. 1900년부터 1905년 乙巳 保護條約이 締結되기까지 高宗皇帝의 顧問으로 活躍하며 激動期 人韓帝國의 衰亡하는 모습을 지켜본 美國의 外交官이요, 學者였던 샌즈(William F. Sands)의 朝鮮備忘錄(Undipolomatic Memories)에서 우리는 다음과 같은 記錄을 만날 수 있다.

"미국의 선교사업은 병원과 학교에서 서양지식을 가르쳤을 뿐 아니라 조선 사람의 서구화와 자유화를 시도했다. 따라서 모든 진보주의적 개혁

운동에는 늘 기독교도를 볼 수가 있을 정도가 되었다. 당시 조선에서 그
러한 교육은 반란이나 혁명과 같은 의미로 이해되고 있었다. 일본의 합
병노력에 어느 정도 걱정거리를 준 민족주의자 집단은 이와 같은 학교
출신이었다."12)

이 글은 1900년대의 상황을 말해주고 있으나 이것은 1910년대 말에
일어난 3.1 운동에도 그대로 연결될 뿐 아니라 더 나아가 우리나라 근대
화의 정신적 뿌리가 어디에 있는가를 분명하게 밝히는 증언이라고 아니
할 수 없다.13)

---

12) William F. Sands(1930), Undiplomatic Memories. McGraw-Hill Book Co. Inc. New
York.
신복룡 역주(1999), 朝鮮備忘錄, 집문당, p.191.
13) 미국 선교학교를 졸업한 조선 사람들의 개혁적이고 민족주의적 성향에 주목한
샌즈의 관찰은 매우 정확한 것이었다. 그는 독실한 가톨릭 신자였으므로 개신교
보다 일찍 우리나라에 들어와 선교활동을 펼친 프랑스 외방선교회 신부들의 활
동도 날카롭게 살피고 있다. 샌즈는 다음과 같이 쓰고 있다.
"프랑스 신부들은 조선의 국민을 기독교도로 만드는데 일차적인 관심이 있었을
뿐 그들은 조선 사람들을 서구화하거나 서구 언어에 전문가가 되도록 하는 데에
는 관심이 없었다. 오히려 그들은 스스로 가능한 한 토착풍습에 가까이 순응함으
로써 그들 자신의 언어를 거의 잊어버리는 예가 많았다."(샌즈(1930), 앞의 책,
p.100)
그러나 프랑스 선교사들의 이와 같은 선교방식과는 정반대의 정책이 월남에서
이루어졌다. 근세에 프랑스 식민지가 된 월남에서는 식민통치의 효율성을 높이기
위해 1910년부터 20년 내지 30년에 걸쳐 한자를 폐지하고 월남어의 로마자화를
시도했다. 교과서와 국가시험에서 한자를 폐지하고 로마자화한 문자생활을 강제
하였던 것이다. 이러한 정책이 큰 반발 없이 추진된 이유는 식민정부와 독립운동
세력간에 이해관계가 일치했기 때문이다. 식민정부는 통치의 효율성을, 독립운동
세력은 프랑스어를 강요당하는 것보다는 월남어의 로마자화가 더 낫다는 대목에
서 전략적 이해가 맞아 떨어진 것이다. 당시 월남은 문맹률이 대단히 높았다. 독
립운동세력은 문맹퇴치라는 목적에서 한자폐지와 고유어의 로마자화라는 카드를
수용했다. 월남어는 단어의 60% 정도가 한자어로 구성되어 있었다. 이것을 하루
아침에 로마자로 바꾸다 보니 기대했던 것만큼 지식수준이 올라가지 않았고 면
학의욕도 떨어지게 되었다. 그 결과 광범위한 지식 부재현상이 발생하기 시작하
였다. 한자를 몰아내기에만 바빴지 고급학문을 위한 교재를 새로 만들 방법론도
제대로 세우지 못했고 시간적 여유도 없었기 때문에 고등교육은 심한 타격을 받
았다. 이러한 고등교육의 붕괴는 권력층과 부유층을 대거 프랑스로 유학을 보내
는 동기가 됐고 하류층은 극심한 지적 빈곤현상에 처하게 되었다. 1975년 월맹이
공산통일에 성공한 후에도 학문부재 현상은 쉽게 해결되지 않았다. 하노이 종합

日帝植民地治下에서도 다소의 起伏은 있었으나 改新敎 宣敎師들의 宣敎 活動은 지속되었고 한국내의 기독교 신자는 增加一路를 걸었다. 信者數의 增加는 한글전용론의 확산을 뜻하는 것이기도 했다. 새로운 신자는 한글로 번역된 성경을 통하여 신앙생활을 이어갔으며 그 한글 성경을 통하여 救國의 민족주의와 자유민주사상을 키울 수 있었다. 이러한 時代雰圍氣에서 한글은 곧 민족이요 민주요 자유였다. 그리하여 하나의 文字體系 '한글'이 民族正體性의 象徵이요 救國運動의 手段으로 定着하였다. 이제 '한글전용'은 문자생활 속에 자연스럽게 나타나는 表記樣相이 아니라 民族守護를 위한 信仰行爲가 되었다. 다시 말하여 '한글'은 信仰의 對象이 되었고 '한글전용'은 信仰을 지켜나가는 宗敎行事의 性格을 띠게 되었다. 植民地 狀況은 이러한 宗敎的 信念을 强化하였다. 더구나 日帝末의 '國語常用[곧 日本語常用]'정책과 '創氏改名'정책이 强行되는 時點에서 한글 지키기와 한글전용은 움직일 수 없는 信仰의 一部가 되었다. 한글은 이렇게 植民地 時代를 거치면서 理念的 道具로 굳어졌다. 그러나 當代의 文字生活의 慣行은 여전히 國漢字混用이었고 한글전용론은 理念으로의 길로 계속 치달았다. 이러한 때에 言語·文字는 그 言語의 文化的 基盤 위에서 客觀的이고 科學的인 자세로 運用되어야 한다고 主張한 글이 없지 않았다. 洪起文의 <朝鮮語硏究의 本領>이라는 글인데 排他的 國粹的 國語愛護는 國語 硏究의 正道가 아니며 外來語의 柔軟한 包攝이 오히려 한 言語를 豊富하게 하는 것임을 强調하면서 지나친 醇化運動과 規範化를 경계하고 있다.14)

한글전용론이 하나의 理念으로 굳어가는 時期에 이글은 우리에게 明澄한 文化意識과 學問的 良識을 일깨우는 淸凉한 言語文字觀이 아닐 수 없다. 이와 같은 論爭의 소용돌이 속에서 日帝時代는 幕을 내렸다.

대는 1985년까지 교수가 없어서 法科大學을 설치하지 못할 정도였다(1998년 9월호 月刊朝鮮, p.375 참조).
14) 沈在箕(1998), 앞의 논문, pp.13~14.

Ⅲ.3. 第三期 : 美軍政과 大韓民國 1945年~2004年

1945년 8・15 解放을 起點으로 하는 第三期의 文字文化 時代는 편의상 크게 둘로 갈라 볼 수 있다. 前期는 1945年부터 1969年까지이고 後期는 1970年 1月부터 現在까지이다. 前期는 한글전용론과 國漢字混用論이 尖銳하게 대립하여 一種의 理念論爭으로까지 번지면서도 日常의 文字生活에서 漢字의 使用이 그런대로 維持되고 있던 時期이나, 後期는 實際의 文字生活 곧 모든 敎科書와 一般書籍에서 한글전용이 普遍化되면서 이른바 漢字文盲이 생기고 여러 分野에서 副作用이 發生한 時期이다. 勿論 漢盲의 量産과 現實的 한글전용의 擴大가 1970年을 境界로 確然하게 갈라지는 것은 아니고 매우 漸進的 過程을 보인 것이지만 1970년을 起點으로 한글전용이 實效를 거두고 漢盲世代가 나타나기 시작하였기 때문에 이 時点을 境界로 삼고자 하는 것이다. 그러면 前期에 일어난 重要한 文字政策과 文字文化 現象을 點檢해 보자.

解放直後 美軍政 命令 6號에서 公式的으로 한국어 존중시책을 발표하면서 한국어가 公用語로서의 法的地位를 確保한다. 그리고 그해 12월 8일 漢字廢止決議案이 나온다. 그 決議案은 다음과 같다.

> "漢字使用을 廢止하고 初等・中等學校의 敎科書는 전부 한글로 하되, 다만 必要에 따라 漢字를 도림(괄호)안에 적어 넣을 수 있음."

이 決議案은 美軍政 傘下의 朝鮮敎育審議會의 敎科書分科委員會(최현배・장지연・피천득・조윤제)에서 決議하여 軍政當局에 提出되고 그것이 敎育施策으로 받아들여진 것으로 大韓民國이 樹立되기 前에 公布된 唯一한 文字生活規範이다. 이 決議案을 規範이라고 바꾸어 말하는 까닭은 이 決議案이 1948年 10月 9日 法律 第 6號로 발표된 이른바 '한글전용법'의 母胎 구실을 한 것이기 때문이다. 決議案을 起草하고 確定한 사람들은 물론 朝鮮敎育審議會의 敎科書分科委員들이다. 그런데 이것은 두말할 것도 없이 軍政當局의 뜻에 符合하는 것이었다. 그리고 더 나아가 舊韓末부터 改新

敎 宣敎師들이 宣敎活動의 一環으로 推進했던 한글전용론에 脈이 닿은 것
이기도 하다.15) 이 決議案은 新生獨立國 "大韓民國"이 탄생하자마자 다음
과 같은 한글전용법으로 탈바꿈한다.

> "대한민국의 공문서는 한글로 쓴다. 다만 얼마동안 필요한 때에는 한자
> 를 병용할 수 있다."

엄격하게 말한다면 이 법의 명칭을 한글전용법이라고 말하는 것 자체
가 잘못이다. 왜냐하면 공문서의 한글화만을 규정한 것이기 때문이다. 그
런데 오늘날까지 이 法을 公文書以外의 모든 文字生活을 支配하고 規制하
는것인양 확대해석했고 또 실제로 그러한 效果를 거두어왔다. 그러나 그
效果를 거두는 過程은 常用漢字를 制定하여 漢字使用을 줄이고 初·中·
高等學校 敎科書에 漸進的으로 漢字의 露出을 制限하는 作業을 거친 후의
일이었다.

大韓民國이 樹立된 1948년부터 1960年까지 執權한 初代 大統領 李承晩

---

15) 이것은 마치 20세기 초 월남에서 월남어의 로마자화를 시도할 때에 프랑스 식민
당국과 독립운동세력간의 의견의 일치를 본 것과 매우 흡사한 현상이었다.
한편 이 決議案은 二次大戰 終戰 後 美國이 日本을 民主化하는 過程에서 美國敎育
使節團이 作成한 日本의 敎育改革을 위한 報告書와도 脈을 같이하고 있다.
<미국 교육 사절단 보고서>에서 몇 구절을 옮겨 보자.
"글자로 쓰는 일본말(漢字와 カナ)은 학습에서 엄청난 장해가 된다. 일본말은 대
개 한자로 쓰는데 그 한자를 익히는 것이 학생에게는 지나치게 무거운 부담이
되고 있다고 하는 것을 거의 모든 지식인이 인정하고 있다. 초등학교 교육기간을
통해서 학생들은 글자(漢字)를 익히고 쓰기에만 공부시간의 대부분을 할애하고
있는 형편이다. 교육의 이 최초의 기간에 광범하게 유익한 어학이나 수학의 기
술, 자연계나 인간 사회에 관한 기본저인 지식 등의 습득에 쓰여야 할 시간이 그
러한 글자(漢字)익히기를 위한 고생에 허비된다."<미국 교육 사절단 보고서>(日
譯 講談社 1979, p.54)
"……지금이야말로 국어 개혁의 기념할 만한 첫 걸음을 내디딜 절호의 시기이다.
…(중략)… 이 세상에 영구 평화를 이루고 싶다는 생각이 깊은 사람들은 장소를
가리지 않고 남녀의 구별 없이 국가의 고립성과 배타성의 정신을 지탱하는 언어
적 지주를 될 수 있는 한 극복해야 한다는 생각이 있다. 로마 글자의 채용은 국
경을 넘은 지식과 사상의 전달을 위하여 크게 공헌할 수 있을 것이다(앞의 책
pp.58~59)."

은 漢文知識이 豊富한 분이었다. 그러나 舊韓末의 開化思想과 美國에서의 亡命生活을 通하여 몸에 익힌 表音文字 至上主義 곧 한글전용에 대한 생각은 그의 執權期間 내내 一貫된 것이었다. 심지어 '한글 波動'이라고 이름 붙여진 表記法 論爭까지 일으키며 한글에 대한 愛着을 보여주기도 했었다.16) 그리고 드디어 1957년 12월에 '한글전용실천요강'이 國務會議를 통과하여 발표되기에 이른다. 그러나 실제의 文字生活은 여전히 國漢混用이 지켜지면서 10여년의 세월이 흘러갔다.

1961년에 5·16 軍事쿠데타로 執權한 朴正熙 大統領의 時代는 全般的으로 民族自存의 旗幟를 내걸고 政治·經濟·文化·社會의 모든 分野에서 上意下達式의 官權統治가 支配한 때였다. 言語·文字分野도 例外일 수 없었다. 1962년 1월에는 '한글전용특별심의회'를 설치하고 그해 5월부터 1963년 7월까지 심의회의원 40여 명이 '한글전용 특별심의회 회보'를 발행하며 14159개의 낱말을 심의하여 우리말 도로 찾기를 시작하였다. 한글전용은 한자어를 줄이고 토박이말을 살려 써야만 가능하다는 인식에서 출발한 운동이었다. 1963년 7월에는 '학교문법통일안'을 마련하였다. 그래도 1965년 3월에는 초등학교 교과서에 600字의 한자가 노출되도록 했고, 1966년 3월에는 중학교 교과서에 1000字(600+400), 고등학교에 1300字(1000+300)가 노출되게 하여 漢字使用의 命脈이 維持되었다. 그러다가 1968년에 오면 漢字抹殺이 本格的으로 이루어지게 되는데 1968년 初부터 그해 末까지 시행된 一聯의 措置를 보면 漢字使用消滅策이 얼마나 急激하게 進行되었는지를 한 눈에 살펴 볼 수 있다.

---

16) 한글파동은 한글맞춤법통일안이 마련한 형태음소주의의 표기법(곧 어간의 기본형을 밝히는 현행법)을 버리고 받침을 대폭 줄여 쓰는 것을 골자로 하는 '한글간이화안'을 놓고 온 나라가 크게 반발하여 한바탕 소동을 벌인 사건으로 1953년 4월 27일 '현행 철자법 폐지와 구식 표기법의 사용'이란 총리 훈령이 발단이 되어 온 국민의 거센 반발을 받고 1955년 9월 19일 대통령이 그 간이화안을 철회함으로써 일단락 된 우리나라 現代 文化史의 헤프닝이었다. 이 파동은 어문 정책이 비록 대통령이라 하더라도 비전문가의 고집으로 좌우될 수 없음을 보여준 좋은 본보기였다.

1968. 1. 15   大統領, 公文書에 한글전용을 강력지시
1968. 5. 2   한글전용 5개년 개획안 발표
                 ―총무처, 각종 공문서에 한글 전용
                 ―법원행정처, 호적 등에 한글표기 확대
1968. 10. 9   大統領, '한글전용에 관한 담화'(한글날 담화문)
                 1970년부터 모든 분야에서 한글전용
1968. 10. 25   大統領, '한글전용 7개항' 지시
                 ―70.1.1부터 행정·입법·사법의 모든 문서 및 민원서
                   류에 한글전용, 한자사용서류 접수 금지
                 ―한글타자기 개량 급속 추진
                   말단 기관까지 보급 사용하도록 조치
1968. 11. 17   한글전용 연구 위원회 구성
                 (1968.11.5 대통령령 제 3625호)
1968. 11. 27   상용한자 폐기
1968. 12. 24   국무총리 훈령 제 68호 하달(1970.1.1부터 시행)
                 ―공문서, 법규문서, 기타 표현물의 완전한글화
                 ―한자용어의 통일 및 한글화

 이와 같이 한글만으로 나라 안의 문자생활을 통일하자는 정책은 당시의 대통령의 강력한 統治體制 때문에 가능한 것이었다. 1969년에는 한글 타자기의 자판이 통일되었고 1970년 3월 1일에 드디어 초·중·고등학교 교과서에서 한자가 완전히 자취를 감추었다. 그리하여 1970년부터 漢字文盲 世代가 出現하여 모든 印刷·出版物이 한글전용을 앞 다투어 실행하기에 이르렀다.

 1970년 이후의 문자정책은 우리의 論議에서 蛇足에 불과하다. 漢字使用의 불씨는 써저깄고, 漢盲에 대한 憂慮가 漢文과목을 독립시킨다든가 漢文敎育用 基礎漢字 1800字를 制定한다든가 하는 彌縫策이 實施되었으나 急激한 漢盲의 增産은 막을 길이 없었다. 1975년 3월에 다시 中·高等學校 국어교과서에 ( ) 안의 漢字併記가 실시되었지만 이미 그것은 漢子實力을 復活시키는 데에는 效力을 잃었고 社會各界各層에서 漢字를 모르는 사람에 의한 弊端이 나타나기 시작하였다.

1970년 이후의 文字政策의 흐름은 다음 말로 간략히 정리할 수 있다.

"한자문제는 원래 김영삼, 김대중 대통령 모두 선거 공약에서 한자 초
등학교 교육실시를 공약한 것이라 당선 후 대통령이 의지만 가지면 시행
할 수 있었다. 그러나 교육부는 초등한자교육은 부정하고, 한문과목을 중
학교에서부터 가르치면 된다는 1970년 이래의 정책기조를 그대로 두기를
원하고 있어, 대통령의 초등학교 한자교육 도입공약은 관료들부터 설득
하지 않으면 실천이 어려운 것이다. 실제로 공약실천 때문에 담당 관리
들은 공청회를 열고 의견수렴을 거치는 과정을 겪지만 한글 운동 단체들
의 반대에 부딪히면 지지부진한 상태로 보류되다가 총선을 의식하여 한
표라도 더 얻으려는 정치인들의 논리에 따라 흐지부지되곤 하였다."17)

이렇게 세월을 보내며 오늘에 이르렀다. 그동안 한글전용을 주장하는
분들은 漢字混用論者들을 마치 民族文化를 죽이는 賣國奴처럼 打倒하고
또 國漢字混用을 주장하는 분들은 한글전용론자들을 硬直된 民族主義者로
몰아붙이면서 敵對感情에 치우친 論爭을 거듭하며 1970年代부터 오늘에
이르기까지 30餘年을 虛送하여 왔다.

그러나 이제는 冷情하게 事態를 直視하고 더 以上의 消耗的인 論爭에서
벗어날 때가 되었다. 민현식 교수는 다음과 같이 論爭의 終熄을 호소하고
있다.

"한글 전용론자들의 경우, 초등학교 한자교육을 반대하고 중학교 한문
교육을 제대로 하라는 것이고, 혼용론자들의 경우, 중학교 한문교육이 교
육과정상에서 파행 상태라 초등학교부터 국어교육 안에서 한자교육을 시
작하여야 한다는 차이만 두 파의 핵심 쟁점일 뿐이다. 따라서 한자논쟁
은 앞으로 한자교육을 중학교부터 하느냐, 초등학교부터 하느냐에 대해
서만, 즉 한자교육 시행시기 문제로만 제한해야 논쟁을 효율적으로 이끌
수 있다."18)

---

17) 민현식(2003), '국어정책 60년의 평가와 반성'(先淸語文 第 31輯 서울師大 國語敎
育科), p.56 참조.
18) 민현식, 앞의 논문, p.59.

Ⅳ. 文化主義 復歸論

Ⅳ.1.

以上으로 우리는 그동안의 '한글전용론'이 어떻게 힘을 얻으며 오늘에까지 이르렀는가를 槪觀하였다. 舊韓末에는 開化·啓蒙思想의 옷을 입고 文盲에서 벗어나는데 寄與하였고, 日帝强占期에는 民族主義의 옷을 입고 民族精神을 高揚하고 民族을 守護하는데 寄與하였다. 그리고 8.15 解放後 大韓民國이 樹立된 후에는 역시 民族正氣를 드높이고 民族文化를 발전시키자는 論理속에 '한글전용'이 現實的으로 加速化되었다. 그러나 1968年에 强壓的인 獨裁雰圍氣에서 일어난 一聯의 措置가 없었다면 '한글전용'이 오늘날처럼 廣範圍한 擴散은 없었을지도 모른다.[19] 그런데 한 世紀에 걸친 '한글전용화'의 길에는 그 밑바탕에 도도히 흐르고 있는 西歐人들의 漢字嫌惡 내지 漢字 忌避思想을 注目하지 않을 수 없다.

Ⅳ.2.

19世紀末 以來 東洋三國은 여러모로 西歐文化(특히 英美文化)의 挑戰을 받았다. 日本은 그 보다 일찍 西歐의 衝擊에 비교적 유연한 態度를 보임으로써 東洋三國 가운데에서는 가장 일찍 西歐化의 길을 걸었고, 그 힘으

---

[19] 최근에 발생한 한글전용론은 이른바 민주화운동과 接木한 현상을 보인다. 거의 모든 權威的 旣成體制 또는 旣得權 集團에 無分別하게 抗拒하면서 한글전용을 主張하는데, 그 論調는 國漢字混用論者들이 한글을 賤待하고 있다고 斷言하면서 한글만으로 글자살이를 해야 하는 이유를 "① 쓰기 쉽고 배우기 쉬워야 ② 하이테크정보화에 능률을 위하여"라는 두 가지로 압축하고 있다. 한편 한글을 賤待하는 부류는 다음의 셋으로 要約한다. ①中華事大主義의 殘滓들 ②日帝式 言語文化에 同化된 親日 殘滓들 ③ 知識과 情報를 獨占하여 旣得權을 固守하려는 旣得權 保守 殘滓들.
cf. 한상범(1999), 한자숭배 나라 망친다, 푸른세상, 서울.

로 1910年에 우리나라를 植民地化하는데 成功하기까지 하였다. 이러한 過程에서 세 나라는 새로운 文字政策을 세울 수밖에 없었다.

中國은 簡體字를 開發하여 準表音文字 機能을 감당케 함으로써 中國式 東道西器의 文字政策을 펴나갔다. 우리나라는 알파벳에 버금가라면 서러울, 참으로 아름다운 表音文字 '한글'이 있었으므로 漢字를 버리고 한글만 쓰자는 論爭 속에서 어정쩡한 東道西器의 文字政策을 펴다가 점차 한글전용이 得勢하게 되었다. 한편 日本은 表音文字 가나(カナ)가 있다는 점에서 韓國과 같았으나 日本의 漢字運用은 音讀과 釋讀이 복잡하게 얽혀 있어서 한국처럼 漢字를 버리고 '가나'만으로 文字生活을 營爲할 수 없는 處地였다. 그야말로 월남처럼 로마字 알파벳으로 바꾸거나, 그대로 維持하는 兩者擇一밖에 없었다. 이때에 日本은 日本式 眞劍勝負를 試圖하였다. 다시 말하여 舊態依然, 漢字가 流入되고 '가나'가 開發되어 '漢字 + 가나'가 混用되던 일천년 이상의 歷史的 傳統을 지켜나갔다. 萬一에 우리나라에서도 漢字에 釋讀하는 傳統이 살아 있어서 日本처럼 하나의 漢字가 몇 개의 音讀과 몇 개의 釋讀으로 읽혔다면 우리도 별수 없이 日本이 취한 길을 택했을 것이다. 그러나 우리는 일찍이 釋讀을 漢字學習에만 利用하고 音讀하는 傳統을 確立하였다.[20] 그러므로 漢字는 音讀하는 單音節 한글로 읽히게 되었고 그렇게 한글로만 적을 수도 있게 되었다. 바로 이것이 한글전용을 가능하게 한 源泉이었다.

거듭 말하거나와 우리에게 한글이 없었다면 西歐文化의 衝擊으로 漢字에 대한 再點檢이 要求되었을 때, 中國式으로 갈 수도 없는 것이요, 日本式으로는 더 더구나 不可能한 것이고, 결국 越南이 취했던 것과 같은 로마字式의 길을 걷게 되었을지도 모른다. 그만큼 西歐文化의 壓力은 거센 것이었고 漢字는 그 나름의 問題가 있었다.

---

20) 鄕歌가 生産的으로 創作되던 統一新羅나 高麗初期만 해도 우리에게 漢字釋讀의 慣行이 있었다. 釋讀口訣 資料가 발견되는 高麗末 12세기에도 아직 漢字釋讀의 痕迹이 있으나 訓民正音의 創制는 釋讀口訣조차 音讀口訣로 單純化시키면서 漢字의 釋讀은 學習用 意味把握으로 急激하게 萎縮된 것으로 보인다.

Ⅳ.3.

먼저 漢字의 問題點을 짚어보자.

첫째, 漢字는 劃數가 많고 字數가 數萬에 이를 만큼 尨大하여 學習하는 期間이 오래 걸린다.

둘째, 漢字는 이미지 文字이므로 그 이미지의 表象을 通하여 새로운 意味를 끊임없이 創出하는 魔力을 지닌다. 따라서 배울수록 神秘에 빠진다.

漢字는 形·音·義의 세 가지 要素로 갈라 볼 수 있는데, 위의 첫째는 形(外表)의 문제이고 둘째는 義(內容)의 문제이다. 複雜과 神秘라는 이 두 가지 要素는 表音文字만을 文字로 생각하는 사람들에게는 분명한 弱點이요 嫌惡對象이다. 그러나 또 다른 觀點에서 보면 그것은 魅力이요. 文化的 特性이다. 따라서 西歐文化의 衝擊을 吸收하면서 그 나름의 特性을 살려 나가는 文化的 共存은 果然 不可能한 것인가? 결론부터 말하자면 國漢字 混用論은 결국 이와 같은 文化的 共存을 追究하는 中庸의 길이다.

Ⅳ.4.

現在 國漢字混用을 주장하는 사람들은(勿論 筆者가 여기에 包含된다) 위에서 言及한 漢字의 弱點 곧 複雜과 神秘에 대해 너무나 잘 알고 있다. 따라서 그것을 最小限으로 줄이면서 지금까지의 文字文化를 슬기롭게 지켜 나가자는 것이다.

첫째, 複雜한 漢字

劃數가 많고 字數가 數萬에 이르는 글자를 大幅으로 制限한다. 지금까지 數千年에 걸친 많은 古典에 나오는 漢字의 頻度調査를 通하여 大略 2000字 內外면 그 많은 典籍을 90% 以上 읽을 수 있다는 結論을 얻었다. 現在 日本은 1945字의 常用漢字만을 사용하며, 우리나라는 1972년에 문교부에서 「한문교육용 기초한자 1800자」를 選定하여 公布한 이래, 1999년에 국립국어연구원에서 200字를 추가한 2000字案을 연구하여 교육인적자원부에 보냈다. 國漢混用을 主張하는 사람들은 日常生活漢字로 이 1800字 또는 2000字만을 가르치고 사용하자고 主張하는 것이다. 흔히 한글전용을 주장하는 분들이 즐겨 공격하는 것은 '글자 하나를 읽히겠다고 몇 년 몇 십 년씩 허송하는 것은 무슨 어리석은 짓인가?'라고 言聲을 높인다. 이것은 참으로 문제의 본질을 흐리고 攻擊을 하기 위한 惡意에 찬 攻擊에 지나지 않는다.

分明히 2000字의 漢字를 익히는 데에는 一定期間의 時間을 必要로 한다. 그것은 알파벳이나 한글 字母 24字와 그 조합으로 構成된 音節字를 익히는 時間의 數十倍에 아니 數百倍에 達할 것이다. 그러나 또한 分明한 事實은 2000字의 漢字는 單純히 글자만을 익히는 것이 아니라, 그 글자가 表象하는 낱말을 익히는 것이요 그 낱말의 意味가 만들어 내는 열린 概念들을 익히는 것이다. 어떤 言語敎育에서 語彙力 擴大를 위한 낱말 익히기 敎育을 排除하는가?[21] 2000字의 漢字를 익히는 것은 2000個의 活用度 높은 基本語彙素를 익히는 것이라는 思考의 轉換이 있어야 할 것이다.

둘째, 神秘의 漢字

글자의 意味가 二重三重으로 감싸여 있어서 배워도 배워도 또 모르는

---

21) 가령 高所恐怖症 이라는 다섯 字의 한자를 가르친다고 하자. 이때에 우리는 높다(高), 장소·곳(所),두렵다(恐), 떨다(怖), 병·증세(症)라는 다섯 개의 낱말과 그 漢字가 가리키는 意味를 알게 될 뿐만 아니라 그 글자들이 다른 곳에서 다른 글자와 결합하여 만들어 내는 未知의 意味가지도 알게 된다. 다시 말하면 語彙力의 開放的 擴大라는 效果를 얻는다. 이 高所恐怖症의 'acrophobia'인데 'acrophobia'를 다섯 개의 概念으로 分析하여 說明할 수 있는가? 고작해야 'acro-'와 'phobia'를 갈라낼 수 있을 것이다. 낱말 하나하나를 다른 낱말과 연관시키지 않고 독립적으로 암기하고 그 뜻을 사전에서 확인해야 하는 英語 專門用語보다 우리나라 漢字語 專門用語를 익히는 것이 얼마나 쉬운 일인지 모른다. 만일에 한자를 전혀 모르는 사람에게 한글로만 적은 낱말 '고소공포증'의 뜻을 이해시키려면 英美人에게 acrophobia를 가르치는 것과 꼭 같이 그 意味를 통째로 理解시켜야 할 것이다. 한글전용은 결국 우리文化 속에서 이처럼 이미 확보한 文化資産을 포기하고 알파벳을 쓰는 것과 같은 次元으로 轉落하자는 것이다.

부분이 있다. 이 神秘의 베일 때문에 權力層이 知識과 情報를 獨占했으며 支配者의 統治手段으로 惡用하였다. 이러한 指摘은 어느 정도 事實일 수 있다. 連이어 적은 古典 漢文은 실제의 말과는 다르기 때문에 解釋上의 重義性이 發生하는 것도 사실이다. 그러나 이러한 문제는 日常生活에 必要한 實用漢字 2000字를 배워서 活用하는 것과는 아무 相關이 없다. 漢字를 모를 때에 그 글자를 變形시킨 符籍文字가 邪術을 부릴 수 있었고, 漢文을 읽지 못할 때에 그 解釋의 重義性을 惡用하여 愚民을 籠絡할 수 있었다. 그러나 우리가 지금 2000字로 國漢字混用을 하려는 것은 漢字語를 漢字로 씀으로써 그 意味를 오히려 明澄하게 밝히려는 것이요 混亂을 없애려는 것이다. 어떠한 文字이건 그 文字에 이미지를 賦與하고, 그 이미지를 통해 神話를 生産하면 그 神話는 곧 이데올로기를 創出하게 되어 있다.22) 한글도 여기에서 例外일 수 없다. 한글의 表音文字로서의 優秀性, 특히 우리 韓國語를 完璧에 가깝게 轉寫할 수 있다는 한글 讚揚論은 한글이 곧 國語全般을 表象하게 되고, 더 나아가 民族을 象徵하게 되었다. 그것은 한글만이 民族文化요, 民族文化의 꽃이라고 하는 이데올로기를 만들어내기에 이르렀다. 그래서 日帝時代에는 한글이 民族이었고 獨裁政權時代에는 한글이 곧 民主主義의 表象으로 해석되며 旣得權 保守勢力에 抵抗하는 自由·民主·改革의 核心으로 해석된다.23)

IV.5.

그러므로 이제 우리가 國漢字混用을 하려는 것은 漢字의 弱點을 弱點으로 認定하면서 우리 文化의 正體性에 充實하자는 眞正한 意味의 文化主義 復歸論이라고 할 수 있다.

文字生活은 言語生活과 表裏關係에 있다. 言語生活은 광범위한 文化生活의 一部이다. 따라서 우리의 文字生活은 우리의 言語生活의 거울이요, 우

---

22) 김근(1999), 한자는 중국을 어떻게 지배했는가, 민음사, 참조.
23) 한상범(1999), 한자숭배, 나라망친다, 푸른세상, 참조.

리 文化生活의 表徵이다. 그런데 文化는 오랜 歷史的 傳統을 凝縮한 것이요, 그 歷史的 傳統 속에서 養成된 것이다. 다시 말하여 言語는 우리의 손에 잡히는 最終的 文化遺産으로서 우리와 함께 살아가는 精神的 民族共同體라고 할 수 있다. 이러한 우리의 言語를 國語라 또는 韓國語라 말한다. 이 韓國語의 語彙資産에서 漢字로 적을 수 있는 낱말이 한글로 적을 수 있는 낱말보다 더 많다. 아마 한글로만 적을 수 있는 것의 두 倍가 훨씬 넘을 것이다. 그것은 일단 漢字로 적을 때에 제 값을 分明히 드러낸다. 그러나 國漢混用淪者들은 그 漢字語를 모두 漢字로 적자고 아니한다. 2000字에 限해서 그것도 꼭 必要한 경우로 制限하자고 한다. 그 制限은 文化遺産에 대한 正當한 待遇는 아니지만 漢字로 表記된 文化遺産(이번엔 이것을 言語資産으로 바꾸어 부를 수도 있다.)을 最小限으로 지키겠다는 苦肉策이요 折衷案이다. 그것은 文化를 大衆文化와 高級文化로 兩分할 경우, 大衆文化에 迎合하는 方案일 수밖에 없다.

한글전용론자들은 사실상 大衆文化만을 文化로 생각하는 경향이 있다. 어떤 한글전용론자는 다음과 같이 斷言하여 말한다.

> "대다수 국민이 우리말과 글을 바르게 쓸 줄 알아서 자기 필요를 충족
> 해 쓰면 그것이 문화생활이다"24)

물론 이 말은 한글만 사용해서도 충분히 문화생활을 할 수 있다는 취지의 글로써 이때의 문화생활은 곧 대중문화를 뜻하는 것이다. 이와 같이 대중문화만을 고집하는 것은 대중문화에 연결되어 있고 대중문화로부터 발전하는 고급문화 내지 전문문화를 인정하지 않음으로써 결과적으로 愚民化를 촉진하는 매우 위험한 思想이요 獨善이 아닐 수 없다.25) 모든

---

24) 한상범, 앞의 책, p.57.
25) 대중문화와 전문문화와의 연계와 상관성을 교육의 차원에서 생각해 볼 수 있다. 가령 우리가 세계적인 예술가를 배출하고 올림픽 메달리스트를 얻기 위하여 어떻게 해야 하는가? 초등학교에서부터 예술과 체육과목을 개설하여 모든 어린이가 일정수준의 예술적 재능과 체육활동을 할 수 있게 한다. 그러한 저변확대와 안목 키우기가 전제되었을 때 그 속에서 세계적인 예술가와 올림픽 메달리스트

文化는 大衆性과 專門性을 함께 지닌다. 모든 事物이 細密化, 精巧化, 高級化의 길을 모색하고 있다. 言語도 例外일 수 없다. 表現을 纖細하게 하려 하고 槪念을 精密하게 規定하려하며 可能한 限 細分하고 分析하여 追究하는 對象을 正確하게 說破하려 한다. 이것이 語彙의 微細한 意味差異를 요구하게 되고 用語의 分化를 促進한다. 이렇게 發生한 專門用語는 그 大部分이 漢字語로 되어 있다. 모든 學問, 모든 技術分野에서 漢字語는 지난 數世紀동안 增加一路를 걸었다.[26] 이렇게 生成된 漢字語를 어떻게 대중문화에서 완전히 배제하여 專門化·高級化의 길을 遮斷한단 말인가?

Ⅳ.6.

國漢字混用을 主張하는 사람들은 '한글전용'으로 가능한 文字生活 자체를 否定하려고 하지 않는다. 한글전용을 해도 되는 영역은 한글전용이 시행되어야 한다고 생각한다. 그러나 모든 文字生活에 한글전용을 주장하며 初等學校에서 漢字敎育을 反對하는 것에 대하여는 뜻을 함께 할 수 없다고 말한다. 앞에서 言及한 바와 같이 常用漢字를 敎育하는 것은 그 글자 數만큼의 語彙力 增大를 圖謀하는 것이요, 그것은 專門用語를 익히기 위한 基礎敎育의 性格을 갖는 것이다. 이것이 國漢字混用을 文化主義라고 이름을 붙이는 까닭이다.

이와 같은 文化主義的 見解가 國語敎育을 생각하는 사람들 사이에 널리 퍼지고 있다. 다음 글을 읽으며 우리의 논의를 마무리 하자

"주지하다시피 우리의 근대학문의 역사는 매우 짧은데 그 학문언어가

가 배출되는 것이다. 한자교육도 마찬가지다. 초등학교 저학년부터 100字, 200字를 가르쳐 고등학교 때까지 2000字를 배우게 된다면 그 뒤에 더 깊이 있는 國學 分野 漢文原典을 읽고자 하는 사람은 아주 편하게 專門家의 素養을 갖출 수 있을 것이다.

26) 最近에 발전을 거듭하는 情報通信分野의 技術用語도 韓·中·日이 끊임없이 英語로부터 自國語로 번역작업을 벌이고 있는데 그 大部分이 漢字語로 바뀌고 있다. cf. 한국정보통신기술협회 편(2004), 정보통신용어사전.

100년 전까지만 해도 漢文体였으므로 한문을 알아야 전문인의 생활을 할 수 있었다. 그 후 일제하에 서구학문이 유입되면서 우리의 학문 언어는 國漢混用體가 主流를 이루었고 해방 후 1980년대 초 까지만 해도 학위 논문체가 국한혼용체였으며 신문·잡지 등의 언론자료가 대부분 국한혼용체로 되어있다. 따라서 우리의 학문과 전통문화를 발전시키려면 이들 학문언어를 이해하기 위한 한자이해 능력이 당연히 필요하다."27)

V. 結 語

우리는 19세기 말부터 오늘에 이르기까지 장장 120여년에 걸쳐 한글 전용론과 國漢字混用論을 가지고 입씨름을 하여 왔다. 그리고 '한글'의 우수성 때문에 한글은 開化의 象徵으로 民族의 象徵으로 民主의 象徵으로 이념화하면서 한글전용론이 득세하였다. 참으로 아이러니컬하게도 獨裁政權의 爲政者가 民族自主의 旗幟를 내걸고 한글전용 정책을 果敢히 밀어붙임으로써 한글전용의 全面的인 擴大가 實現되었다. 그 過程에서 '國語 곧 한글'이라는 잘못된 認識이 퍼져갔고 漢字는 우리의 文字體系에 包含되지 않는다는 생각을 굳히게 되었다.

한 民族의 言語가 外來要素의 流入이 없이 健康하게 發展한 例가 없다. 文字 또한 마찬가지이다. 우리 民族은 적어도 二千年以上 漢字를 우리 文字로 使用해 왔다. 한글이 創制된 후에는 그 두개의 文字가 서로 調和를 이루며 共存하여 왔다. 이러한 歷史的 傳統과 文化的 傳統을 지켜 나가자는 것이 國漢字混用論의 基本趣旨이다. 國語를 온전하게 保存하고 發展시킨다는 것과 한글과 漢字를 아울러 사용한다는 것은, 하나는 言語를 말하고 하나는 文字를 말하는 것일 뿐 그 內容은 같은 말이요, 그것이 곧 民族文化의 正體性을 지키는 길이다. 따라서 지금까지의 논의는 모두 民族文化의 正體性을 지키는 方便으로 國漢字混用이 必須的이라는 것을 이야

---

27) 민현식, 앞의 논문, p.61.

기한 것이다.

民族文化의 正體性은 자연스럽게 東洋文化圈의 特殊性속에서 논의되는 것이고 東洋文化圈의 特殊性이 東洋文化圈의 正體性으로 確立될 때에 東洋文化가 世界化의 一翼을 擔當하는 것이 아니겠는가? 世界化의 도도한 흐름에 우리가 우리 목소리, 우리 色彩를 分明히 할 때에 그것이 참다운 世界化가 될 것이다.

우리는 이제 더 이상 消耗的인 文字生活 論爭으로 歲月을 虛費하지 않아야 되겠다. 이제 어떻게 하면 그동안의 잘못된 言語文字政策을 바로잡아 漢字文盲을 退治하고 正常的인 國語教育의 세상을 펼칠 것인가? 그 治癒方案에 마음 쓰는 것이 우리 앞에 놓인 課題일 뿐이다.

參 考 文 獻

고영근(1995), 최현배의 학문과 사상, 집문당.

金文昌(1984), 국어문자표기론, 문학세계사.

金敏洙(1973), 國語政策論, 고려대학교 출판부.

金敏洙 外(1990), 國語와 民族文化, 집문당.

김수업(1989), 국어교육의 원리, 청하, 서울.

金容三(1998), "漢字 死亡 5분 前의 한국사회", 月刊朝鮮 1998년 9월호.

남광우(1970), 現代國語國字의 諸問題, 일조각.

남광우(1996), 東北亞時代와 漢字·漢字敎育, 한국어문교육연구회.

민현식(2003), 국어정책 60년의 평가와 반성, 先淸語文 第31輯, 서울師大 國語敎育科

박문기(2001), 한자는 우리글이다, 양문, 서울.

박정서(1968), 國語의 將來와 漢字의 再認識, 壯文社.

申昌淳(1992), 國語正書法硏究, 집문당.

沈在箕(1998), "國漢字混用의 妥當性에 關한 硏究", 冠岳語文硏究 第23輯, 서울대 國文科.

안수길(1998), 言語정보의 效率개선과 漢字혼용의 필요성, 語學硏究 34권 3호, 서울大學校 語學硏究所.

李基文 外(1983), 韓國語文의 諸問題, 일지사.

전통문화연구회(2003), 漢字敎育立國, 전통문화연구회, 서울.

河東鎬(1986), 한글 論爭論說集 上·下 歷代韓國文法大系 第3部 10·11冊, 塔出版社.

한국어문교육연구회(1997), 한글과 漢字, 一潮閣, 서울.

한상범(1999), 한자숭배, 나라망친다, 푸른세상, 서울.

許善道(1989), "韓國傳統文化傳承의 問題點", 「北岳史論」 創刊號, 國民大 國史學科.

Allen, Horace N. M. D(1908), Things Korean, Fleming H. Revell Co. New York.
신복룡(역주, 1999), 조선견문기, 집문당.

Gale, James S.(1909), Korea in Transition, Jenning & Graham, Cincineti.
신복룡(역주, 1999), 전환기의 조선, 집문당.

Hurbert, Homer B.(1906), The passing of Korea, Willam Heineman Co. London.
신복룡(역주, 1999), 대한제국멸망사, 집문당.

MeKenzie, F. A.(1908), The Tragedy of Korea, E.P. Dutton & Co. New York.
신복룡(역주, 1999), 대한제국의 비극, 집문당.

Sands, William F.(1930), Undiplomatic Memories, McGraw-Hill Book Co. Inc. New
    York.
    신복룡(역주, 1999), 조선비망록, 집문당.
Savage-Landor, A. Henry(1895), Corea or Cho-sen : The Land of Morning Calm,
    William Heineman, London.
    신복룡·장우영(역주, 1999), 고요한 아침의 나라, 조선, 집문당.

「Abstract」

A Historical and Cultural Background to the Hangeul-Hanja Mixed Script

Shim, Jae-kee

This paper demonstrates the logic behind the appropriateness of the Hangeul-Hanja mixed script in Korea. The issue of whether to adopt a strictly Hangeul script or the traditional Hangeul-Hanja mixed script has been subjected to cultural clash since Korea came into rigorous contact with western cultures that use Roman alphabets in the 19th century.

The British and American missionaries who came to Korea toward the end of the 19th century were covertly hostile to Hanja and detested the use of Chinese characters in their missionary work, which included the translation of the English bible into Korean. Hangeul was a sound-based script for which English sounds to be linked up directly and therefore it was considered useful in overcoming illiteracy and propagating the belief of Christianity.

Hangeul was a symbol of enlightenment for Korea during the 19th century modernization period. During the Japanese colonial period, Hangeul was heavily utilized in the efforts toward independence and thus became closely linked to the concept of national protection. In the 1960s, Hangeul was emphasized as a symbol national identity. Eventually it led to continued proposals for the Hangeul-only policy, and in 1968, the government implemented the policy against the use of Hanja. As a consequence, the number of people who were Hanja illiterate increased exponentially, and the situation inevitably produced serious confusion in the literacy culture of Korea. The bulk of the academic terminology, which was made up of Hanja words were simply written in Hangeul, and the result was a severe breakdown in communication. Now, many scholars are concerned about the cultural crisis that has been brought about by the Hangeul-only policy. It is virtually impossible to revive the identity of the Korean national culture without an understanding of Hanja and Hanja words.

Therefore the thesis of this paper is that the policy for the Hangeul-Hanja mixed script should be reinstated as soon as possible so that a new era of national culture and identity would begin for Korea.

Key words
literacy, Hanja words, Hangeul-only, Hangeul-Hanja mixed script, cultural clash, Hanja illiterate, national identity, cultural identity

직관과 논리
한글전용론과 국한혼용론의 허실

南 基 心

(Nam, Ki-shim ; 現 國立國語院 院長)

國文抄錄

반세기가 넘도록 치열하게 논전을 벌여 온 한글 전용론과 국한 혼용론은 아직도 합의점을 못 찾고 평행선을 긋고 있다. 이처럼 오랜 논쟁이 아직도 아무런 일치점을 찾지 못한 것은 양쪽이 주장을 전개하는 방식에 문제가 있기 때문이라고 할 수밖에 없다. 언어는 자의적인 음성 기호의 체계이다. 이것은 움직일 수 없는 언어학의 기본 公理인데 이 원리를 도외시한 주장, 직관이나 관습적 사고의 틀에 얽매인 주장이 주류를 이루고 있는 사실을 문제로 지적하지 않을 수 없다.

직관은 논리가 아니다. 직관으로 일관된 주장은 반증 가능성을 허용하지 않고, 그러한 주장은 옳고 그름을 가릴 수가 없다. 양쪽 주장은 실증적 자료와 실험적 증거로 보완을 해야 할 필요가 있다.

核心語 직관, 반증, 전용론, 혼용론, 음성언어, 문자

I.

국어의 생활언어 표기를 한글만으로 하자는 한글 전용론과 한글과 한자를 섞어 쓰자는 국한 혼용론은 해방 이후 지금까지 반세기 이상 대립

을 해 오면서 치열한 논전을 거듭했으되 아직도 결론을 못 얻고 있다. 그렇게 오래 동안 대립을 해 오면서 어느 한 쪽도 상대방의 주장을 압도할 수 없었던 것이다. 그것은, 양쪽이 모두 이른바 반증 가능성이 없는 주장으로 일관하고 있었기 때문은 아니었을까? 어느 사람이 지난밤에 자기가 도깨비하고 씨름을 했다고 주장을 한다면 그것을 믿을 수도 믿지 않을 수도 없다. 닐 암스트롱이 아폴로11호를 타고 달에 가서 돌덩이를 가져오기 전에는 누군가가 달은 밀가루로 반죽한 것이다 하고 주장을 했다 해도 그 주장을 옳다 할 수도 그르다 할 수도, 믿을 수도 믿지 않을 수도 없었다. 그것은 증명된 것이 아니고 따라서 반증도 할 수 없었기 때문이다. 그 동안의 한글 전용론이나 국한문 전용론이 바로 이와 같았던 것은 아닐까? 아무런 실험적 증거, 실증적 근거가 없는 주장, 직관에 가까운 주장만을 반복하는 까닭에 그것을 그렇다고도, 아니라고도 할 수 없고, 그런지 아닌지도 알 수 없기 때문에 아무런 결정적인 결론을 얻을 수 없었던 것은 아닌가?

옛날에는 누구나 땅은 평평하고, 하늘은 둥근 활꼴이라고 믿었다. 그것은 직관이었는데 직관은 논리가 아니다. 해방 후 지금까지의 한글 전용론, 국한 혼용론은 대부분 이런 직관에 의존한 주장들은 아니었을까? 우리가 반드시 실증적이거나 실험적 증거가 있는 주장, 반증 가능한 주장만을 하고 살 수는 없다. 그러나 치열한 논전을 벌이고 있는 문제는 증거나 실험을 가지고, 반증 가능한 논리를 가지고 접근을 하지 않으면 아무런 결론에 이를 수가 없다.

이 글은 그 동안의 양쪽 주장에 어떤 문제가 있었는지를 살펴보고자 하는 데 목적이 있다.

Ⅱ.

전용론이나 혼용론('한글 전용론'과 '국한 혼용론'을 줄여서 각각 '전용론'과

'혼용론'이라 하기로 함)은 그 이론 전개를 위한 전제나 용어의 개념이 잘못되었거나 불분명한 것이 있어 그 주장의 타당성이 보장되지 않는 점이 적지 않다.

Ⅱ.1.

"언어는 자의적인 음성기호의 체계이다."라고 하는 것은 언어학의 기본 공리이다. 언어는 문자 기호의 체계가 아니다. 그런데 그 동안의 전용론이나 혼용론은 마치 이러한 공리가 없다는 듯이, 또는 이러한 공리를 모른다는 듯이 자기 주장을 펴는 경우가 대부분이었다. 언어는 문자 기호의 체계가 아니며, 문자는 입말의 표기 수단에 불과한 것인데, 언중의 형태소 분석, 어휘의 습득이 오로지 문자를 통해서만 이루어지는 것이라고 전제하는 듯한 주장, 마치, 입말과 무관한 문자 언어의 차원이 별도로 존재한다는 것을 전제로 한 듯한 이론의 전개가 주류를 이루고 있다.

글말은 입말의 시간적 제약, 공간적 제약을 극복하기 위한 보조적 수단일 뿐이다. 글말은 입말을 표기한 것이므로 그것을 다시 입말로 바꾸었을 때 그대로 듣고 이해될 수 있는 것이어야 하며, 그것이 어떻게 표기되느냐 하는 것과는 상관없이 듣고 이해할 수 있는 것이다. 예컨대, 입말 속의 '많이'는 그것이 '많이'로 표기된다는 사실과 상관없이, '버스'는 '버스'나 'bus'로 표기될 수 있다는 사실과 상관없이, 그리고 '학교'는 '학교'나 '學校'로 표기된다는 사실과 상관없이 듣고 이해한다.

그리고 언어의 습득은 음성언어를 통해서 이루어지는 것이다. 곧, 입말을 입력 지료로 히어 음운 체게, 소리와 의미가 결합된 형태소나 단어, 조어 능력이나 문장 생성 능력을 포함한 문법을 습득한다.

일부 경상도 지역에서 'ㅆ' 소리 발음을 못하는 것은 모어 습득 기간에 이 소리를 음소로 파악하여 들을 기회가 없었던 탓이며, 이 소리를 나타내는 글자가 없어서가 아니다. 어린이가 말을 배우는 과정에서 '(밥) 먹니?'를 '(밥) 머그니?', '(밥) 먹는다'를 '(밥) 머근다'라고 하는 것은 동사

어간 '먹-'이 '먹니, 먹는다'에서 '멍-'으로 변하여 '먹-'과 달라지는 것을 인정하지 않고, '먹-' 하나만을 인정하려는 것으로서, 내면적으로 형태소 분석을 행하고 있다는 것을 보여 주는 것이다. 어린이들이 이렇게 형태소를 분석하고 조합하면서 차츰 형태 음소 규칙을 습득하고, 이러한 과정의 연장선상에서 새 단어를 만들어낼 수 있게 되는데, 언어 습득 과정의 어린이들의 이러한 끊임없는 형태소 분석과 형태 음소 규칙의 습득은 문자를 통한 것이 아니라 입말을 입력 자료로 해서 이루는 것이다. 입말이 아니면 형태 음소 규칙의 습득이 불가능하다. 어린이들이 제 누이 또래의 여자 아이면 아무나 '누나'라고 한다. 언어 상황 속에서 의미 학습을 하는 것이다. "동쪽에 산다."에서는 조사 '-에' 대신 '-(으)로'를 쓰면 안 되는데 "동쪽으로 간다."에서는 반대로 '-(으)로' 대신 '-에'라고 하면 안 된다. 통사 요소의 이와 같은 용법도 문자를 매개로 해서 학습하는 것이 아니다.

세계에는 문자가 없는 언어가 문자를 가진 언어보다 더 많다. 만약 어휘의 습득을 문자를 매개로 해서 하는 것이라면 이들 문자가 없는 언어는 습득할 수 없는 것이어야 한다.

마치 문자를 매개로 해서 언어를 습득한다는 것을 전제한 듯한 주장을 전개하는 것은 잘못이다.

Ⅱ.2.

단어의 의미는 항상 그 구성 성분이 가지는 의미를 단순히 합해서 얻어지는 것이 아니라는 것은 상식이다. '밤낮'이 [늘], [항상]의 뜻을 나타낼 때, '春秋'가 [어른의 나이]의 뜻을 나타낼 때 그 의미는 '밤'과 '낮'이나 '春'과 '秋'의 의미의 합으로 얻어지지 않는다. '노래, 놀이, 노름'의 의미 차이, '學校, 學堂, 學院, 學園'의 서로 다른 뜻, '旅館, 旅人宿, 旅舍'의 각기 다른 쓰임이, 이들 단어를 구성하고 있는 형태소가 아무리 익숙한 것이라도 그들의 의미의 합만으로 도출되지 않는다.

단어는 반드시 그 구성 형태소의 학습을 전제로 해서, 또는 그 어원에 의지해서 학습하는 것도 아니다. '幼稚園', '自動車', '(세 발)自轉거', '乳母車' 같은 말들을 어린이들은 입말, 곧 음성언어를 매개로 해서 학습한다. 다시 말하면 '幼稚園'을 그 구성 요소인 '幼', '稚', '園'의 세 형태소에 관한 지식이 전혀 없이 학습한다. '自動車'와 '自轉거'의 '動'과 '轉'의 차이가 무엇인지, 그 다름이 어찌해서 서로 다른 물건을 지칭하게 되었는지 모르는 채 이 말들을 모두 배워서 쓴다. 요즘 초등학생들이 '稀꾼하다'를 구성하고 있는 형태소가 '稀'와 '꾼'이라는 꽤 어려운 글자라는 것을 전혀 모르고 쉽게 배워서 아주 흔하게 쓴다.

어휘는 음성언어를 통해 현장 언어 상황 속에서 습득하는 것이 원칙이지만 문자로 표기된 자료를 통해서 어휘를 습득하는 경우도 있다. 그러나 그것은 음성언어를 쉽게 접할 없는 외국어의 경우에 그러하거나, 한자어의 경우에 저빈도 전문용어나 글말 등의 낯선 어휘를 한자 지식을 가지고 이해할 수가 있다. 이러한 말들은 특수 환경에서가 아니면 음성언어로서의 기능이 없으며 따라서 일반 용어로 정착하는 일도 드물다. 그리고 문자를 통해서 습득한 언어는 그 용법이 완전하게 습득되지도 않는다.

단어는 각기 자기 나름의 역사가 있고 개성이 있다. "남편 구실도 제대로 못한다." 등의 '구실'이란 말이 그 본래의 의미에서 많이 달라져 있고, '奉事'가 이러저러한 연유로 '소경'이라는 뜻을 가지게 되었다는 것은 단어가 각기 자기의 역사를 가지고 있다는 뜻이다.

별로 특별한 역사가 없을 듯한 단어도 제 독특한 개성이 있다. 예컨대, '道路'는 '논길', '들길', '산길'의 '길' 자리에 쓸 수 없으며, '移動하다'는 주로 '陣地', '部隊', '人事', '地層' 등 흔히 집단이나 덩치가 큰 대상을 지칭하는 단어를 주어로 하여 쓰인다. "이삿짐을 移動합시다.", "더 좋은 회사로 移動해야겠는데…" 등으로는 쓰지 않는다. '父親'은 호격어로 쓰이지 않으며, '破壞하다'는 "공을 잘못 던져서 유리창을 破壞했다."와 같이 쓰지 못하는데 '破'에서도 '壞'에서도 그러한 뜻은 나오지 않는다. 단어의 이와 같은 의미 특성은 어원적 지식, 그 구성형태소에 관한 지식만으로 자동 학습되는 것이 아니며, 무슨 글자로 표기되고 있느냐 하는 것과는 더욱 무관하다는 것을 뜻한다.

한자어는 대부분 두 자 이상이 모여서 이루고 있거니와, 단어를 구성하고 있는 한자의 訓으로부터 그 단어 전체의 의미를 쉽게 추정 또는 이해할 수 있는 것과, 설사 구성 한자의 훈을 알더라도 그 단어의 의미는 따로 학습해야 알 수 있는 것이 있다. 예컨대, '矛盾, 經濟, 主張, 工夫, 人物, 境遇, 膳物, 經驗, 科學, 先生…' 등은 각 단어를 구성하고 있는 요소들의 의미로부터 그 단어의 의미가 도출되지 않는 말들이요, '大會, 道路, 地圖, 住民, 計算, 兄弟…' 등은 그 구성 요소 하나하나의 의미를 앎으로서 단어 전체의 의미를 비교적 쉽게 추정해 알 수 있는 말들이다. 앞의 것을 불투명어라 하고, 뒤의 것을 투명어라 한다면 우리 한자어의 불투명어와 투명어의 비율은 어떻게 될까? 이를 알기 위해서는 국어의 어휘 중에서 모든 한자어를 추출하여 그 투명성을 판정해야 하는 힘든 작업이 선행해야 할 뿐 아니라, 투명도의 판정 기준을 개관적으로 정해야 하는 어려움이 있다. 국립국어연구원의 위탁 연구 중의 한 조사[1])에서 초등학교 교과서에 쓰인 한자어 총목록 중의 전체 빈도 300위까지의 단어를 대상으로 검토한 결과 60퍼센트 가량이 투명한 것으로 보고하고 있다. 그러나 이 수치는 투명도의 판정 기준 여하에 따라, 그리고 조사자가 누구냐에 따라 상당히 달라질 수 있어 대단히 유동적이다. 어느 한자의 훈이 여럿일 때 그 복수 훈 모두, 즉 파생 훈까지 다 인정할 것이냐, 그 중의 대표 훈 하나만을 인정하고 그에 근거해서 단어의 의미를 추정하는 것으로 판단할 것이냐에 따라 계산이 달라진다. 예컨대 '革命'의 '革'의 훈을 '가죽'으로만 안다면 '革命'은 불투명어요, '革'이 '바꾸다'라는 훈도 있다는 것을 학습자가 인지하고 있다고 가정하면 투명어에 가까워진다. '模樣'과 '模範'은 '模'의 훈을 어느 것으로 보느냐에 따라 이 둘 중 하나는

---

1) 민현식 외, 「초등학교 교과서 한자어 및 한자 분석 연구」(국립국어연구원, 2004) 참조

불투명어로 계산된다. '箱子'도 '子'의 훈을 어떻게 보느냐에 따라 투명어가 될 수도 있고 불투명어가 될 수도 있다. '注意' 같은 말은 '동사+목적어'의 순서를 국어와 다른 것으로 볼 것인지 아닌지에 따라 역시 투명도가 달라질 수가 있어 초등학교 교과서에 실린 한자어의 투명성은 50퍼센트 정도가 되는 것으로 판단된다.

어찌되었거나 혼용론의 근거가 한자어는 한자로 표기해야 한자어의 학습과 의미 파악이 쉬워진다는 데 있다면 한자어의 이러한 투명도 조사가 그러한 주장의 선행 조건의 하나가 되어야 할 것이며, 그것은 유리한 조건이 될 수도 있고 불리한 것이 될 수도 있다. 불투명어는 한자로 적을 필요가 없다는 주장이 쉽게 성립할 수도 있기 때문이다.

위에서 언급한 바와 같이 초등학교의 모든 과목 교과서에 실린 한자어의 5, 60퍼센트가 투명어라고 한다면, 그리고 이러한 말들은 당연히 한자로 표기해야 쉽게 어휘를 습득해서 학력 신장에 도움을 줄 수 있다는 주장이 성립하려면, 한자어가 한자로 표기되지 않은 현행 교과서로 수업을 하는데 있어서 학생들의 교과 학습이나 교사의 수업 진행 속도가 어느 정도 느려지고, 어느 정도 장애를 받고 있는지 등에 대한 교육 현장에서의 조사가 이루어져 이 주장을 뒷받침해야 하는데 아직 믿을만한 조사가 없다. 더 나아가 4, 50퍼센트에 이르는 불투명어는 한자로 표기할 필요가 없다는 것에 대한 반론도 있어야 한다.

전술한 국립국어연구원의 위탁 연구에 의하면 초등학교 전 학년, 전 과목에 쓰인 한자어는 12,787개로서, 10번 이상 나타나는 한자어만 2,573개이며, 이들 한자어를 구성하고 있는 한자의 수는 2,687자로서 교육용 한자 1,800자에 들지 않는 자도 많다. 교과서를 편찬할 때는 학생들의 어휘력이 어느 정도인가를 감안해서 저학년에서는 고빈도의 기초어휘, 곧 쉬운 말로 교과서를 만들고, 학년이 높아갈 수록 차츰 사용 빈도가 낮은 어휘, 곧 어려운 어휘를 사용한다는 것이 상식이다. 그런데 한자를 가르치지 않는 초등학교 교과서에 2,687개의 한자로 이루어진 12,787개의 한자어가 한자로 표기되지 않고 쓰이고 있다는 것은 이들 어휘가 굳이 한자를 통해서 습득하지 않아도 될 것들, 더 나아가서 한자의 매개 없이 학습되어 초등학생들 수준의 어휘로 입력되었다고 판단된 것들이기 때문이기도 하다는 것이 된다. 다시 말하면 상용한자 1,800자를 초과하는 한자로 구성된 한자어까지도 그 상당수가 굳이 한자를 통해서 습득하지 않아도 될, 음성언어로 습득이 가능할 만큼, 사용 빈도가 높은 기초 어휘 부류라는 것이 된다. 음성언어로 학습된다는 것은 문자와 관련 없이 음성만으로 인지되고 이해될 수 있는 말들이라는 뜻이다. 혼용론으로서는 이에 대한 반론이 준비되어 있어야 한다.

Ⅱ.3.

국립국어연구원에서 조사한 바에 의하면 2002년에 새로 만들어져 쓰인 말이 408개, 2003년에 새로 생긴 말이 656개이다.[2] 이 조사는 동아일보와 매일경제신문 각 7개월분, KBS의 9시 뉴스와 문화방송의 뉴스데스크 각 7개월분을 대상으로 조사한 것이므로 실제로는 이보다 몇 배의 훨씬 많은 수의 새말이 만들어지고 있다고 보아야 한다. 이들 중 얼마가 생명을 얻어 자리를 굳힐는지는 알 수가 없다. 대개는 일시 유행하다가 없어질 것이나 새말은 끊임없이 만들어지고 있다. 어느 언어에서나 필요에 따른 새말의 조어는 아무 제약이 없이 이루어진다. 이른바 언어의 생산성, 창조성으로 인한, 모든 언어의 공통된 기능으로서 언어에 따른 조어력의 우열은 없다.

위의 조사에서 수집된 2002년, 2003년의 두 해 동안의 새말 1,064개를 그 구성 자료의 종류별로 분류하면, '새내기', '도우미', '맞춤아기', '먹거리' 등과 같이 고유어로만 만들어진 것이 4%, '강패'(强牌), '무뇌충'(無腦蟲) 등과 같이 한자로만 만든 말이 26%, '돈맹'(돈+盲), '엉큼족'(엉큼+族) 등과 같이 고유어와 한자의 배합으로 만든 말이 10.9%, '묻지마 테러(묻

---

2) 박용찬, 「2002년 신어」(국립국어연구원, 2002), 박용찬, 「2003년 신어」(국립국어연구원, 2003) 참조.

지마+terror)’, ‘거울 폰’(거울+phone) 등과 같이 고유어와 외래어의 합성어가 4,3%, ‘게임광(game+狂), ’악티즌(惡+netizen) 등과 같은 한자와 외래어의 합성으로 이루어진 말이 16.6%, ‘슬림화하다’(slim+化+하다) 등과 같이 고유어, 한자, 외래어의 합성으로 만든 말이 0.8%이며, ‘안티즌’(antizen ← anti+netizen), ‘샐러던트’(salaried man+student) 등과 같이 서양외래어를 자료로 하여 만든 말과 이 37.4%이다.

외래어만으로 조어된 것이 37.4퍼센트로 나타나 있으나 이 중의 대부분은 미국이나 일본에서 만들져 유입한 것인지 국내에서 만들어진 것인지가 확인되지 않은 것이 대부분이어서 정확한 수가 아니나 외래어만의 합성으로 국내에서 새말이 조어되고 있다는 것은 충격적이라 할 만하다. 그러나 이러한 현상을 한자 사용의 퇴조로 인한 것이라는 주장은 성립하기 어렵다. 전이나 다름없이 한자를 사용하는 일본에 서양 외래어가 범람하고, 나날이 그 수가 폭발적으로 증가하고 있는 사실이 이를 반증한다. 오래 동안 방치하고 있던 일본이 외래어의 무분별한 유입에 제동을 걸기 위한 방안을 강구하게 되고, 국립국어연구소가 이들 외래어를 순화하기에 이르렀다.[3] 서양 외래어의 범람은 서양 문화와의 제약 없는 접촉과 유입, 영어 능력의 신장과 더불어 진부한 표현을 참신하게 표현하고자 하는 심리가 작용한다는 사실을 아울러 고려해야 한다.

그보다는 한자만으로 만든 말은 물론 한자가 일부 들어간 말까지 모두 합하면 한자 형태소가 쓰인 새말이 위 통계의 54.3퍼센트가 된다는 사실에 주목할 필요가 있다. 아직도 새말을 만드는 재료로 한자가 주류를 이루고 있는 것이다. 이른바 한글세대에 의해 조어되는 말들의 재료로 한자가 가장 많이 쓰인다는 것은 한자 학습의 퇴조와 반비례하고 있는 현상으로 입말만으로도 한자어를 구성하고 있는 형태소의 습득이 이루어진다는 것을 보이는 것이다. 한자어는 한자로 표기해야 한다는 주장에 대한 반증이 될 수 있다.

---

3) 지난 3월에 바로 이 문제를 가지고 일본의 국립국어연구소에서 토론회의가 있었다.

Ⅱ.4.

‘학교’, ‘학생’, ‘학원’, ‘학기’, ‘학용품’, ‘학비’, ‘방학’, ‘입학’, ‘휴학’, ‘수학’ 등이 입말로 주어지면 언중, 특히 언어 학습기의 연령층에서는, 이 말들이 한자어인지 아닌지의 인식에 관계없이 ‘학’을 형태소로 분석하여 새말을 합성해내거나, 이 형태소가 구성요소로 쓰인 낯선 단어를 이해할 수 있게 된다. 언중의 형태소 분석은 표기된 자료가 아닌 입말을 입력 자료로 하여 진행하기 때문에 음소 한 개로 이루어진 형태소도 인식을 하는 것이다. 형태론의 이론이 이렇게 해서 성립한다. 한자어는 한자어로 표기하여 익혀야만 한자 형태소를 인식해서 어휘를 학습할 수 있다거나 조어를 할 수 있다는 주장이 성립하려면 일반언어학의 형태론 이론이 허구라는 반증을 할 수 있어야 한다.

앞에서 초등학교 전교과목의 교과서에 한글로 표기된 한자어가 12,787개로서 이들을 구성하고 있는 한자가 2,678개인 것으로 조사되었다고 하였거니와 이들 한자어를 한글 표기로, 곧 음성언어로 인식한다는 것은 2,678개의 한자 형태소의 상당 부분이 한글 표기로도 형태소로 분석 인식되고 있다는 뜻이 된다. 혼용론은 이것이 사실이 아니라든가, 이들 한자어를 제대로 인식하기 위해서는 초등학교 입학 전에 2000자 이상의 한자를 교육해야 한다든가, 그랬을 경우에 그 학습이 지금보다 훨씬 더 효과적이라든가, 아니면 이들 한자어를 한자로 표기해서 한자를 교육하면서 교과를 진행하는 것이 더 효과적이라든가 하는 것을 가급적이면 실험을 통해서 증명하지 않으면 혼용 표기 주장의 근거가 약화된다.

새말은 그에 앞서 다른 말의 형태소의 분석이 필수적이다. ‘먹거리’는 그 문법적 적법성이야 어떠하던지 ‘먹는다’의 ‘먹-’과 ‘일거리, 찬거리’, 논문거리… 등의 ‘-거리’를 형태소로 인식하여 이 둘을 합성한 것이며, 앞서 보인 예 중의 ‘돈맹’ 같은 말의 ‘盲’도 단독으로 독립해서 쓰이는 일이 없으나 형태소로 인식되어 새말의 재료로 쓰인 것이다. 위에서 언급한 조사에서 새말의 54.3퍼센트에 한자가 쓰였다는 것은 유행어를 만

들어 내는 젊은 세대가 한자에 어두우면서도 새말의 재료로 한자를 가장 비중 있게 쓰고 있으며, 그것은 그들이 입말을 자료로 하여 한자 형태소를 분석, 이들을 이용해 새말을 만들어내는데 부족함이 없다는 보이는 것이 된다. 혼용론이 성립하려면 이에 대한 실증적 반증을 해야 한다.

II.5.

국어에는 수많은 한자어가 있다. 그리고 이들은 국어의 일부임에 틀림 없다. 이에 따라 한자도 국어의 표기 문자의 하나라는 주장이 있다.

한자어가 국어의 일부라는 것은 각 한자어를 구성하고 있는, 한자에서 유래한 형태소가 국어의 입말의 일부를 이루고 있기 때문이다. 입말의 '천지, 천하, 천벌, 천문, 인심천심…' 등의 어휘나 관용구 속의 '천'이라는 소리가 하나의 형태소 구실을 하고 있다.

그런데 한자의 학습은 이른바 '訓'과 '音'을 익혀야 한다. 그래서 '天'은 '하늘 천'하는 식으로 학습한다. 일종의 對譯式 외국 문자(혹은 철자) 학습 방법이다. 예컨대 영어의 'sky'는 그 뜻이 '하늘'이고 그 음이 '스카이'인 것을 익힌다. 'tobacco'는 '담배'로, 'pen'은 '펜'으로 국어의 일부가 되었으나 'tubako'나 'tabaco'가 아닌 'tobacco', 'pan'이나, 'pin'이 아닌 'pen'이어야 하는 외국어이며, 외국 문자이다. '天'을 뜻 따로, 소리 따로, 대역식으로 습득해야 한다는 것은 그것이 우리 것이 아닌 외국 문자이기 때문이다. 국어의 '하늘'에 대해서 '훈'은 하늘이고, '음'도 '하늘'이라고 하지 않는다. 한자가 국어 표기문자의 일부라는 주장은 이러한 사실을 반증할 수 있어야 힌다.

말을 소리로만 인식한다면 그 많은 동음 한자어를 구분할 수 없으므로 한자로 표기해야 한다는 주장이 있다. 예컨대, 동음어 '士氣, 史記, 砂器, 詐欺, 事記, 社旗…' 등은 한자로 표기하지 않으면 의미 파악에 혼란이 일어난다는 것이다.

이에 대해서는 이미 반론이 있었다.[4] 사전에서 동형어가 두 개인 것

3000종, 세 개인 것 700종, 네 개인 것 210종 등 약 1만여 단어 중에서 다시 동음어를 추려내어 한글만으로 표기했을 때의 문제점을 점검해 본 것이 있다. 이들 중의 대부분은 문맥 제약, 공기제약으로 해소된다고 하였다. 예를 들면, '士氣'는 "士氣가 높다/높인다."와 같이 동사 '높다/높이다'와 같이 쓰이지만 그 외의 동음어들은 그렇지 않으며, '史記'는 '읽다, 집필하다, 기록하다'등의 동사와 함께 쓰이지만 다른 동음어들은 그렇지 않다. '社旗'는 '꽂다, 달다, 휘날리다' 등의 동사와 함께 쓰이지만 다른 동음어들은 그렇지 않다. 이와 같이 각 단어가 가지고 있는 공기제약의 특성과 문맥적 특성, 빈도의 차이로 인해 혼동의 우려가 없는 것이 대부분이고, 그렇지 않은 동음어들도 있으나 이들은 예외 없이 흔히 쓰이는 대체어가 있어서 혼동될 우려가 없다는 것이다. 예컨대, '舌戰 : 雪戰'은 '말다툼 : 눈싸움' 등으로, '軍備 : 軍費'는 '軍費'를 '군사비(용)' 등으로, '童謠 ; 動搖'는 '動搖'에 '-하다'를 붙여 바꾸어 씀으로써, … 등으로 자연스럽게 혼란을 피할 수 있게 되어 있다는 것이다. 입말은 귀로만 듣는다. 사실상 사용빈도가 비슷한 동음어들이 귀로만 듣는 입말에서 사실상 의미의 혼란을 일으키지 않는다는 사실이 이를 뒷받침하고 있다. 동음어를 구분하기 위해 한자 표기를 해야 한다는 주장은 이를 반증해야 한다.

Ⅱ.6.

혼용론은 어느 수준의 혼용이 적합한 것인지를 규정할 필요가 있다. 국한혼용은 이른바 西遊見聞의 '현토식 국한문체'를 한 쪽 끝으로 해서 수많은 등급이 있을 수 있다. 일상 용어화한 고빈도어까지 모두 한자로 표기하는 방법, 투명어만 한자로 표기하는 방법, 투명성 여부와 관계없이 저빈도어만 한자로 표기하는 방법, 저빈도어 중에서 투명어만 한자로 표기하는 방법, 상용한자의 범위 안에서 한자로 표기를 하는 방법, 상용한

---

4) 허웅, "현대 국어의 동형어에 대한 연구", 「한글」 145호(한글학회, 1970) 참조.

자와 관계없이 한자 표기를 하는 방법 등 여러 가지가 있다. 그리고 그 중의 어느 한 가지를 선택하든지 그것을 뒷받침이 이론적 근거가 있어야 한다. 어느 단계의 혼용을 주장하느냐 하는 것이, 어느 수준의 동양 삼국간의 문화적 교류, 어느 정도의 전통 한문 문화의 계승을 성취할 수 있느냐 하는, 혼용론 주장의 한 근거인 동양 삼국간의 문화적 교류, 전통 한문문화의 계승의 문제와 바로 연결되기 때문이다.

　나아가 동양 삼국간의 문화적 교류를 논할 때의 '동양 한자문화권'이란 용어는 '동양 한자사용권'이란 용어와 어떻게 다른지에 대한 정의, 전통 한문문화의 계승을 논할 경우에도 국내 한문 문적을 읽고 이해할 수 있는 수준에서부터 전부터 써오던 한자어 어휘의 이해 정도까지 중의 어느 수준을 일컫는 것인지가 규정되어야 명쾌한 논리의 전개가 이루어질 수 있다.

Ⅱ.7.

　한자어 중에는 문자 표기를 통해서만 접할 수 있는 이른바 글말, 전문 분야의 전문용어 등이 있다. 즉, 음성언어로서는 듣고 습득할 기회가 없어서 눈으로만 볼 기회가 있는 것들이 있다. 이러한 말들은 한자로 표기되었을 때 이해와 기억이 쉬울 수 있다. 다만, 이들은 일반적으로 사용 빈도가 낮아서 어렵지 않게 쉬운 표현으로 바꾸어 쓸 수 있고, 전문용어는 한자 표기만으로 그 전문적인 정의까지 파악할 수가 없는데 이러한 말들의 학습을 위해서 고빈도의 일상용어까지 한자 표기를 해서 한자 학습이 용이하도록 할 필요가 없다는 주장에 대한 효과적인 반론을 펼 수 있어야 한다.

Ⅱ.8.

　오늘의 한글 전용론은 개화기의 선각들, 박영효, 서재필, 유길준, 윤치호, 이승만, 주시경 등의 민족, 민본, 평등, 법치주의적 개화사상으로부터 비롯한다.5) 한글만 씀으로써 모든 국민이 문맹이 없이 온갖 지식, 정보를 공유할 수 있어야 민주, 법치, 평등 사회를 이룰 수 있고, 쉽게 선진 사회의 지식을 흡수하여 후진성을 탈피하고 발전할 수 있다는 것이 그 밑바탕에 깔린 생각이다. 오늘의 전용론의 여러 주장도 그와 맥락을 같이한다. 한자는 배우기 어렵고, 따라서 많은 시간을 할애해야 하는데 그 시간에 다른 것을 더 많이 배울 수 있다는 주장, 한자는 국어의 기계화에 장애가 되고, 정보화에 뒤지게 한다는 등의 주장이 그러한 맥락에서 나오는 것이다. 그런 점에서 전용론은 두 눈이 다 앞을 보고 있어야 한다는 관점이다. 한편, 혼용론은 과거와의 연계에 초점을 맞추고 있어 적어도 눈 한 짝은 뒤에 있어야 한다는 관점이다. 이 두 관점의 공통된 부분과 서로 다른 부분을 가려내어 접합점을 찾지 않는 한 논쟁은 끝없이 이어질 것이다. 두 주장에는 실증하기 어려운 논점들이 있어 더욱 그러하다.

Ⅲ.

본고는 결과적으로 혼용론의 주장에 초점을 맞추어 그 논리상의 문제점과 보완이 필요한 점을 짚어본 것이 되고 말았다. 마감 시일에 쫓기었기 때문이다. 남겨진 부분은 뒤로 미루어 둔다.

---

5) 김인선, "갑오경장(1894~1896) 전후 개화파의 한글사용", 「周時經學報」 8 (周時經研究所, 1991), 김인선, 「개화기 이승만의 한글 운동 연구」(박사학위논문, 연세대 대학원, 1999) 등 참조

參 考 文 獻

김인선(1991), "갑오경장(1894-1896) 전후 개화파의 한글사용", 「周時經學報」 8. 周
　　　　時經研究所(1999).
＿＿＿(1999), 「개화기 이승만의 한글 운동 연구」, 연세대 박사학위논문.
南廣祐(1970, 1977), 「現代 國語 國字의 諸問題」, 一潮閣.
남윤진(1998), 「한자 사용 빈도 연구(국어사전), 국제 문자 코드 제안 한자의 표준
　　　　화에 대한 연구」, 문화관광부.
민현식 외(2004), 「초등학교 교과서 한자어 및 한자 분석 연구」, 국립국어연구원.
박용찬(2002), 「2002년 신어」. 국립국어연구원(2003), 「2003년 신어」, 국립국어연
　　　　구원.
서덕현(1990), "基本語彙의 槪念과 基礎語彙의 位相－敎育用 語彙를 中心으로－",
　　　　「국어교육」 71・72, 한국국어교육연구회.
沈在箕(1998), "國漢字混用의 妥當性에 關한 硏究", 「冠嶽語文硏究」 23, 서울대 국
　　　　문학과.
吳之湖(1958), "漢字廢止論 批判", 「自由公論」, 11월호(1971), "國語에 對한 重大한
　　　　誤解", 「中央」 4월호.
李應百(1985), "學校에서 漢字의 早期敎育이 必要한 까닭", 「한글과 漢字」, 一潮閣
　　　　(1988), 「資料를 통해 본 漢字・漢字語의 實態와 그 敎育」. 亞細亞文
　　　　化社.
최현배(1970), 「한글만 쓰기의 주장」, 정음사.
허　웅(1980), 「우리말과 글에 쏟아진 사랑 (국어정책론)」, 문성출판사.

『Abstract』

Intuition and Logic

Nam, Ki-shim

The argument for exclusive use of Hangeul, and the argument for mingling Hangeul with Chinese Characters are the controversial matter which is not yet settled over a half century. The reason that we cannot reach any conclusion, in spite of the long-lasting controversy, lies in the ways both sides develop their arguments. Language is a system of arbitrary phonetic symbols. This is the unchangeable basic axiom in linguistics. The problem is the fact that the arguments ignoring such an axiom, and based on intuition and narrow minded thoughts, play an important part in that issue. Intuition differs from logic. These arguments made only on the basis of intuition do not accept counterarguments, and fail to be justified due to lack of logic. The arguments of both sides, therefore, need to be supplemented with substantial data and empirical evidence.

漢字의 독서 능률

李 翊 燮
(Lee, Iksop ; 서울大 名譽教授, 第4代 國立國語研究院 院長)

國文抄錄

漢字는 오랫동안 시대에 뒤떨어진 불편한 문자로 평가 받아 왔다. 그러나 근래에 들어 漢字를 이처럼 부정적인 시각으로 보아 오던 潮流가 크게 바뀌고 있다. 이것은 무엇보다 文字의 기능에 대한 인식이 새로워진 것과 맥을 같이 한다. 우리가 글을 읽을 때 그것을 音聲言語로 바꾸지 않고 직접 의미를 파악한다는 연구 결과가 쌓이게 되면서 漢字의 效用에 대한 평가가 달라지게 된 것이다.

문자는 문자대로의 독자성이 있다. 그 독자성은 독서의 능률과 직결된다. 表音에는 얼마간 불충실하더라도 讀解에 더 유리한 길이 있다면 그 길이 바로 文字의 길이다. 漢字는 그 길을 어느 문자보다도 충실히 걷는 문자라고 할 수 있다.

漢字와 같은 表意文字를 관장하는 뇌의 부위와 한글이나 일본의 카나 및 로마자와 같은 表音文字를 관장하는 뇌의 부위가 다르다는 연구도 일본을 중심으로 활발히 이어져 오고 있다. 이 연구의 추론이 맞는다면 漢字 混用은 뇌를 최대한 활용하는 理想的인 길이라는 결론도 이끌어낼 수 있다.

核心語 맞춤법, 漢字, 表意文字, 表音文字, 文字言語, 音聲言語, 表記法

I.

漢字는 여러 면에서 우리에게 중요한 문자다. 우선 그것은 現存하는 문자 중 거의 유일한 表意文字라는 점에서 그러하다. 세계 대부분의 문자는 기원적으로 單語文字, 곧 表意文字로부터 출발하였다. 그러나 그것들은 한 시대의 召命을 마치고 音節文字를 거쳐 字母文字로 발전하는 과정을 거치면서 이 세상에서 자취를 감추었다. 즉 表意文字 時代를 마감하고 表音文字 時代를 살아가는 것이 세계 문자들의 정상적인 흐름이다. 그런데 다만 漢字만이 文字發達史의 초기 단계라고 할 표의문자(및 단어문자)의 모습을 그대로 유지하고 있고, 그 모습 그대로 제 기능을 당당히 수행하고 있다.

漢字가 우리에게 중요한 문자인 다른 한 이유는 그 문자가 바로 우리의 문자 생활에 큰 비중을 차지하고 있다는 점에서다. 漢字 내지 漢文만으로 문자생활을 하던 때나 漢字 混用率이 지금보다 훨씬 높던 때는 말할 것도 없고, 오늘날 표면적으로 漢字의 露出이 거의 없는 이 時點에서도 漢字가 우리 문자생활에 미치는 비중은 결코 적지 않다.

이것은 한글 專用을 한다고 해서 크게 달라지지 않는다. 당장 아이들 이름을 지을 때도 우리는 아직 항렬자를 알아야 하고, 또 좋은 의미를 가진 한자를 골라 이름을 짓는다. '고운 한글 이름'이 얼마간 자리를 잡아가지만 그것은 아직 施賞의 대상이 될 정도로 미미하다. 회사 이름이고 어떤 새 조직이나 법률의 이름도 한자를 바탕으로 만들어지는 것이 일반적이다. 그리고 가령 왜 '궁민'이나 '궁녁'이라 표기하지 않고 '국민'이나 '국력'으로 쓰느냐고 자식들이나 외국인이 질문하면 뭐라고 대답하겠는가. 漢字를 끌어들이지 않고서는, '國民'과 '國力'을 동원하지 않고서는 설명할 도리가 없다. '국익', '필요하다', '불안하다'를 왜 '구긱', '피료하다', '부란하다'로 표기하지 않느냐는 질문을 받아도 마찬가지다. 漢字는 고우나 미우나 우리와 함께 살고 있다.

어떤 면에서든 漢字는 세계 문자 중에서 비중이 큰, 특히 우리에게는 중요한 문자다. 漢字 문제에 접근하려 할 때 무엇보다 이 점에 대한 올바른 인식이 필요하다. 엄연한 현실을 두고 감정적으로 접근하는 일은 더욱 삼가야 하겠지만 漢字를 비롯한 文字 一般에 대한 理解를 도외시한 채 이 문제에 접근하는 일도 경계하여야 할 것이다.

이 글에서는 당장 우리가 漢字를 써야 하느냐 쓰지 말아야 하느냐의 문제보다 漢字가 문자로서 어떤 특성을 가지는지를 그동안의 文字論 일반과 한자에 대한, 西歐 및 日本에서의 연구 성과를 중심으로 검토해 보고자 한다. 이상하게도 우리나라에서는 치열할 정도의 論爭은 많았으면서도 정작 한자 문제를 文字論的으로 풀어 보려는 성과는 거의 全無한 상태였던 것이 아닌가 한다.

II.

앞에서 지적한 漢字의 특성과 관련하여 提起될 물음 하나는, 漢字는 과연 시대에 뒤떨어진, 버릴 수 있다면 빨리 버려야 할 낡은 遺産인가 하는 점이다.

사실 漢字는 그 막강한 세력에도 불구하고 오랫동안 제대로 평가받지 못해 왔다. 정신적인 賤待를 받아 왔다는 것이 더 옳은 표현일지 모른다. 근원적으로 表意文字로서의 非能率性을 안고 있는 문자, 시대에 뒤떨어진 原始的 문자라는 구박을 받아 온 것이 그것이다. 실제로 한자는 중국에서도 몇 번인가 버리려고 한 바 있다. 그리고 그동안 끊임없이 주로 그 不便한 면이 부각되어 왔다.

여기에는 文字의 본질에 대한 잘못된 인식이 작용하여 왔다. 오랫동안 언어학자들은 문자는 소리를 위해서 존재하는 것으로 인식하여 왔다. 소리가 못하는 어느 한 부분을 보완해 주기 위해 창안해 낸 것이 문자고, 우리가 문자를 사용하는 것도 그러한 목적으로 하는 것이므로 문자는 어디까지나 소리에 충실하여야 한다고 믿어 왔던 것이다. 문자론의 古典이 되다시피 한 Gelb(1963)이 문자의 발달은 한결같이 字母文字(alphabet)를 향한 前進이었고 그 자모문자가 最上의 상태라고 한 것도 오랫동안 지배하여 온 이러한 인식의 한 집약이라 할 만하다.

이것은 결국 문자는 一次 記號인 소리를 보좌해 주는 副次 記號, 또는 일종의 '음성의 그림(peinture de la voix)'에 불과한 것이라는 인식을 낳았다.[1] 문자언어는 말하자면 음성언어의 侍從과 같은 존재로만 인식되어 온 것이다.

영어 철자를 개정하려는 試圖가 16세기 이래 여러 차례 있었던 것이[2] 이러한 인식이 發露된 대표적인 예라 할 만하다. 이 운동은 이를 위해 The Simplified Spelling Society(1908)를 비롯하여 The Simpler Spelling Association, The Spelling Reform Association(1876), The Simplified Spelling Board(1906) 등과 같은 학회가 결성될 정도로 매우 적극적이었다.

현행 영어 철자는 사실 소리와 문자 사이의 乖離가 가장 큰 것 중의 하나다. 한 예로 <a>라는 글자 하나가 나타내는 발음, 즉 音素만 보아도 다음 열 가지에 달한다.

---

1) 이러한 인식의 뿌리는 Aristoteles까지 거슬러 올라간다고 한다. 즉 Aristoteles는 spoken word는 사물의 symbol로서 의미와 직접적인 관계에 있지만 written word는 그 spoken word의 symbol일 뿐이어서 의미와 직접적인 관계에 있지 않다는 것이다. 이를 그림으로 보이면 다음과 같다(Henderson 1982 : 86).

script $\rightleftarrows$ speech sound $\rightleftarrows$ lexical meaning

그리고 이러한 文字觀은 그 후 Saussure를 필두로 하여 Sapir, Bloomfield 및 Hockett로 이어졌다. 즉 구조언어학을 主導하던 학자들의 생각이었고 따라서 이 文字觀이 특히 구조주의 언어학 시대를 지배했던 생각이었던 셈이다(Vachek 1973:10~11).

2) 영어 철자법 개정 운동에 대해서는 Sampson(1985), Coulmas(1989), Crystal(1997) 등을 참조할 것.

(1) 영어 a字가 나타내는 여러 음소

/eɪ/   cake
/ɑː/   arm
/e/   many
/ɔ/   equality
/ɔː/   all
/æ/   adult
/i/   village
/ei/   patient
/ə/   company
/ø/   distance

반면 [ʃ]라는 발음을 나타내는 철자를 보아도 sugar의 <s>, issue의 <ss>, mansion의 <si>, mission의 <ssi>, conscious의 <sci>, ocean의 <ce>, chaperone의 <ch> 등 열 가지 방법이나 동원되고 있다.[3]

이 결과 발음은 똑같은데 철자는 다른 be / bee, by / buy를 비롯하여 right, rite, write, wright 등과 같은 예가 쌓이게 되었다. 나아가 영어 철자에는 debt, knight, science, psalm 등에서 보는 바와 같이 발음에 전혀 관여하지 않는 철자들도 가지고 있다. 그 결과로 당장 발음 하나를 알려고 하여도 일일이 사전을 찾아야 하는 등 불편이 생기게 되었다.

여기서 철자법 개정(spelling reform) 운동이 움트는 것은 어쩌면 자연발생적인 현상일지 모른다. 물론 너무 어렵다, 너무 불편하다는 것이 그 이유였고, 좀더 쉽게, 좀더 편리하게 고쳐야 한다는 것이 기본 방향이었다.

문자란 소리를 충실히 視覺化해 주는 것이 그 본연의 임무라는 視角에서 보면 이 방향은 옳은 것이었다. 그런데 사실은 그들이 기대고 있던 이론은 옳은 것이 아니었다. 기이하다면 기이하게도 영어 철자 간소화 운동은 아무 결실을 얻지 못하고, 어떻게 보면 너무나 참담하게 실패로 끝나고 말았다. 거기에는 물론 因襲의 힘이 작용하여 좋든 나쁘든 이미 익

---

3) 이것과 앞의 예는 Coulmas(2003 : 186~187)에서 인용하였다.

숙하게 된 것을 버리고 낯선 것을 다시 익히는 불편을 사람들이 받아들이지 않으려 한 면도 있었을 것이다.[4] 그러나 무엇보다 큰 이유는 그들이 무기로 삼았던 이론이 잘못된 이론이었기 때문이 아닌가 한다. 言衆들은 이미 直觀的으로 표기법이 발음에 충실할수록 좋다는 이론이 어딘가 맞지 않는 것 같다는 것을 알고 있었고, 그래서 그 방향으로 고치려는 개정안을 받아들이지 않으려고 했을 가능성이 컸으리라고 보는 것이다.

Ⅲ.

　우리 맞춤법의 역사에서도 비슷한 경우를 찾아볼 수 있지 않을까 한다. 한글이 창제된 후 그 출발점에서부터 우리 맞춤법은 말하자면 '소리대로'와 '어법에 맞도록'의 줄다리기였다고 할 수 있다. 되도록 소리에 충실하려고 한 쪽과 거기에서 멀어지려고 한 다른 한 쪽의 끊임없는 줄다리기였던 것이다.

　龍飛御天歌, 특히 月印千江之曲은 받침도 되도록 원형을 살려 표기하고 分綴에도 적극성을 보여 '어법에 맞도록' 쪽을 지향하였다. 그러나 전체적으로는 이른바 八終聲法과 連綴을 채택하여 '소리대로' 쪽을 택하였다. 그 후에 우리 맞춤법은 어떤 국가적인 統制 없이 흘러오면서도 이 줄다리기는 계속되어 가령 分綴은 늘면서 받침은 七終聲法으로 바뀌는 식이었는데, 開化期에 와 國文研究所에서 통일안을 만들면서는 劇的으로 '어법에 맞도록' 쪽으로 방향을 잡았다. 그러나 그것도 잠시 「보통학교용 諺文綴字法」(1912)에서 다시 '소리대로' 쪽으로 되돌아갔다가 그 이후 결국 현행 맞춤법대로 '어법에 맞도록' 쪽으로 방향을 잡았다.

---

4) 이를 비롯하여 漢字 등을 버리지 못하는 것을 因襲과 관련시키려 한 것 하나로 Gelb(1963)을 들 수 있다. 이러한 방향의 해석에 대한 비판으로는 Coulmas(1989)가 있다.

그런데 본인은 여기서도 어떤 言衆의 直觀 같은 것을 생각하게 된다. 우리 맞춤법을 오늘날의 것과 같은 '어법에 맞는', 말하자면 表意的(形態 音素的)인 맞춤법이 되게 한 데는 周時經 선생의 '本音'의 이론이 바탕이 되었다는 것은 周知의 사실이나 맞춤법 제정에 참여한 학자나 그 맞춤법을 받아들이는 言衆들이 그 이론을 바로 이해하고 있었다는 흔적을 찾기는 어렵다. 근래에까지도 우리 맞춤법과 관련하여 그쪽으로 이론을 편 것은 거의 全無하다시피 한 것이다. 그럼에도 우리는 결국 '잘된' 맞춤법을 가지게 되었는데 이렇게 된 데는 맞춤법이 소리에 충실할수록 좋은 맞춤법이라는 이론이 言衆들에게 받아들여지지 않았던 것이 한 바탕이 되지 않았나 한다.

Ⅳ.

문자가 소리의 侍從이 아니라는, 충실한 表音만이 그 존재이유가 아니라는 이론이 대두된 것은 그 역사가 그리 길지 않다. 일찍부터 이 방향의 이론이 없었던 것은 아니나 그것은 이렇다 할 反響을 불러일으키지 못하였다. 그러다가 이 이론을 본격적으로 주창하기 시작한 것은 Vachek(1945~1949)가 아니었나 싶다. 소리에 충실한 것은 轉寫記號(phonetic transcription)일 뿐, 그리고 그것은 그야말로 소리의 侍從과 같은 것이나 표기법은 그와는 다른 獨自性을 가진다는 점을 논하고, 그 후에도 일련의 논문을 통해 이를 강조하였던 것이다. 다시 말하면 轉寫記號는 한 다리를 더 거치는 副次 記號(the sign of the sign of the outside world, the sign of the second order)에 불과하지만 문자는 음성과 마찬가지로 의미와 직접적인 관계를 가지는 一次 記號(the sign of the world)라는 것이다. 그러나 Vachek의 목소리조차 그리 널리 퍼지지는 못하였던 듯하다.

한 전환의 계기는 Chomsky and Halle(1968)에서 마련되었던 듯하다.

어지럽기만 한 것처럼 보이는 영어 철자가 其實 영어 단어의 基底形 (underlying form)을 보여. 주는 좋은 표기법, '가장 바람직한 正書法(optimal orthography)'이라고 옹호하고 나선 것이 이들의 충천하던 영향력을 타고 문자 및 표기법에 대한 사람들의 인식을 바꾸어 가는 한 轉機를 마련했던 것이 아닌가 싶다.

이 새 방향의 문자론을 가장 적극적으로 수용한 문자론 論著로 필자의 주목을 끈 것은 Henderson(1982)였다. 여기에는 우리가 얼마나 오래 表音 第一主義의 도그마에 갇혀 있었는지를 史的으로 조명하면서 그 부당성을 치밀히 분석하고 있어 어떤 통쾌감까지 느끼게 해 준다. 漢字나 일본의 카나(假名)가 원시 단계의 문자로 격하될 것이 아니라 그 장점이 바로 부각되어야 한다든가, 한글의 모아쓰기가 독서에 능률적일 수 있다는 긍정적인 방향으로 해석하려 한 것5) 등 우리 주변의 문자에 대해 이처럼 深度 있게, 그리고 이처럼 긍정적인 시각으로 보려 한 논저는 일찍이 없었던 것이 아닌가 한다.

漢字는 늘 그 많은 글자 數 때문에 나쁜 평가를 받아 왔다. 한글 전용론자들은 그걸 배우느라 아까운 청춘을 다 버려야 하겠느냐고도 한다. 그러나 Henderson(1982)는 이 점에 대해서도 명쾌하다. 5만 자니 6만 자니 하며 그 글자 數의 많음을 부각시키는 것은 사람들을 誤導한다는 것이다. 중국에서조차 1,000 字가 현대 중국어 문헌의 90%를 담당하고,6) 거기다가 그 글자들이 뿔뿔이 따로 만들어진 것이 아니고 形聲과 같은 방식으로 만들어져 그렇게 대단한 부담이 아니라는 것이다. 그리고 사람들이 실제로 사물을 수천 가지를 분별해 인식하고 있는데 그 각각을 나타내는

---

5) 이는 주로 Taylor(1980)에 근거한 것이긴 하다.

6) 이 통계는 Martin(1972)에 인용된 V. Alleton(1970), L'Éciture chinoise ("Que Sais-je?")의 것을 인용한 것이다. 근래 중국 國家語言文字工作委員會에서 펴낸 『現代漢語字頻統計表』(北京 : 語文出版社, 1992)에 의하면, 사회과학과 자연과학의 13개 분야의 한자 빈도를 보면, 누적빈도 90%(이해도)를 보이는 한자는 1,057자이고, 누적빈도 99%를 보이는 한자는 2,851~2,859로 나와 있다. 중국 사람들조차 1천 자만 알고 있어도 큰 불편을 안 겪고 識者層이 평소 알고 있어야 할 한자의 수도 3,000자를 넘지 않는다고 할 수 있다.

기호를 만들어 기억하는 일이 이상하지도 않고 별나게 어려운 일도 아니지 않느냐고 참으로 투명한 목소리도 들려준다.7)

인식의 전환이 우리를 자유롭게 한다고 하겠다. 사실 漢字 1천 자를 익히는 것은 1천 개의 어휘, 곧 시각화된 어휘(visual vocabulary)를 익히는 것이다. 그것은 영어 단어 1천 개를 외우는 것과 비교될 일이지 영어 자모 24자를 익히는 것과 비교될 일이 아니다. 영어 단어 1천 개를 외우는 것은 아무리 힘들어도 해야 할 일이고 한자 1천 자를 익히는 일은 어려우니 하지 말아야 한다는 것은 논리가 서지 않는 것이다.

Henderson(1982) 외에 좀더 입문적인 논저로서 Coulmas(1989)도 이 새 방향으로 視角을 열어 주는 데 기여하는 바가 크다. 물론 Coulmas(2003)에서도 같은 태도를 볼 수 있다8). 근래 문자론 쪽에서 가장 활발한 활동을 펴고 있는 학자가 문자론의 방향을 이쪽으로 잡은 것은 매우 고무적이라 할 만하다. 그리고 심리학 쪽에서의 좀더 확실한 논거를 집중적으로 제시한 것으로는 Ellis(1984/1993)를 들 수 있을 것이다.

이들의 새 이론의 핵심은 숙달된 讀者들은 글을 읽고 거기에서 직접, 그러니까 그것을 소리말로 바꾸지 않고 바로, 의미 내지 개념으로 갈 수 있다는 것이다. 앞의 각주 1의 그림에서 음성(speech sound)의 介在 없이, 다시 말하면 이른바 '음운 통로(phonological route)'를 통과하지 않고 문자(script)에서 곧바로 의미(lexical meaning)로 가는 통로, 말하자면 직항 통로(direct lexical route)가 있다는 것이다. 아래 그림도 바로 그것을 보여 주기

---

7) 근래 필자의 손녀를 비롯한 초등학교 학생들이 쉽고 재미있게 한자를 익히는 것을 보면 글자 數의 많음을 과상되게 이야기해서는 안 될 것이다. 더욱이 漢字가 아니라 漢文을 배우는 상황을 끌어들여 "청춘을 다 바친다" 따위의 과장을 떠는 일은 없어야 할 것이다.

8) Coulmas(2003)은 한글에 대해 지금까지의 西歐의 어떤 논저보다도 깊이 있는 이해를 보여 주는데 그중 흥미를 끄는 것은 한글 字母 및 모아쓰기를 두고 쓰기와 읽기 면으로 나누어 해석한 일이다. 즉 한글 자모를 기본자에 획을 더하여 만든 방식은 쓰기에 좋도록 만든 것이며, 모아쓰기는 讀解에 좋게 만든 것이라는 해석이 그것이다. 우리 先人들이 모아쓰기를 기계화 등 쓰기 면에서 불편한 점만 부각시키려 했던 것과는 대조적으로 읽기 쪽에 초점을 맞추어 그 장점을 바로 잡아낸 것은 각별히 유의해 보아야 할 대목이라 생각된다.

위한 그림인데 좀더 정밀성을 더한 그림이다.

(2) **문자언어가 의미로 연결되는 통로**(Ellis 1993 : 25)

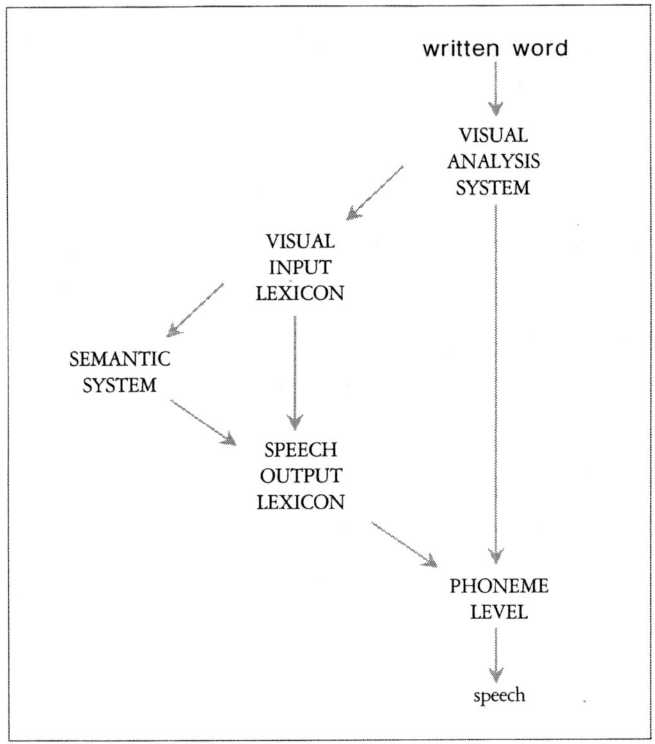

이 그림에서 첫 단계 VISUAL ANALYSIS SYSTEM은[9] 가령 '꽃잎'이라
는 단어를 보면 그게 무슨무슨 글자로 되어 있다는 것을 인식하는 한편
그것이 '춫읽'이나 '잊꿏'이 아니고 각 글자의 자리가 어디어디여서 바로
'꽃잎'을 이루고 있다는 것을 인식하는 단계다. 두번째 단계 VISUAL
INPUT LEXICON은 '꽃잎'이 자주 보던 낯익은 단어라는 것을 인식하는
단계다.

---

9) 이 그림의 각 단계를 Ellis(1994 : 24)는 module로 설명한다. 그래서 가령 뇌의 손상
   등으로 어느 단계가 파괴되어도 나머지 단계는 작동하는 현상을 이 module의 개
   념으로 설명하려 한다.

그림은 이 단계에서 두 갈래로 갈리는데 왼쪽으로 이어지는 SEMAN-TIC SYSTEM이 '꽃잎'이 어떤 의미의 단어인지를 아는 단계다. [꼰닢]이라는 소리의 도움 없이 '꽃잎'이라는 글자 단어(written word)를 보고 직접 그 의미를 아는 단계인 것이다.[10]

사실 이 이론이 맞지 않는다면 현재의 우리 문자 생활은 크게 모습을 바꾸어야 할 것이다. 漢字 混用도 그 설 자리를 잃을 수밖에 없을 것이며, 당장 아래와 같은 표기법 중 (3b)와 같은 현행 맞춤법을 채택해 쓸 이유도 없을 것이다. 어차피 소리로 환원하고라야 의미를 파악하는 것이라면 (3a)와 같은 맞춤법이 당연히 더 유리하고 따라서 이것을 마다할 이유가 없는 것이다.[11]

(3) a. 흘글 발브면 조타니 흥만 밥자.
     b. 흙을 밟으면 좋다니 흙만 밟자.

그러니까 앞에서 言衆의 直觀을 자주 내세웠지만 우리는 이론이 定立되기 전에 이미 그것을 실천하고 있었던 셈이다. 이 점에서 새 이론은 우리의 문자 생활의 방향을 바꾸어 주기보다는 지금까지의 우리들의 선택이 올바른 것이었다는 것을 확인해 주는, 우리로 하여금 安堵의 숨을 쉬게 해 주는 구실을 한다고 해야 할지 모른다.

V.

표기법과 관련된 論議에서 우리들이 흔히 看過하여 온 것이 있다. '쉽

---

10) 이 그림의 나머지 단계에 대한 설명 및 좀더 상세한 설명은 Ellis(1994)에서 볼 수 있다.
11) 이 점에서 우리가 그동안 가장 기본적인 이론의 追求를 젖혀 둔 채 한자 혼용 문제며 한글 맞춤법 문제를 云謂해 온 것이 얼마나 부질없는 일이었는가를 반성케 된다.

다'고 할 때 무엇이 쉬운가 하는 것과 누구에게 쉬운 것이냐 하는 것에 대한 것이 그것이다. 한 예로 앞의 (3b)와 같은 현행 우리 맞춤법을 어렵다고 하여 (3a)와 같이 '쉽게' 고쳐야 한다는 주장은 거의 오늘날까지도 사라지지 않고 있는데 그때 '어렵다'와 '쉽다'의 기준은 무엇인가?

우리들은 으레 쓰는 쪽에 초점을 맞추어 왔다. 그래서 (3b)와 같은 현행 맞춤법이 어렵다는 것을 증명하기 위해 동원되는 것은 받아쓰기였다. 이것은 어느 나라에서나 공통되었던 현상으로 보이는데 中國에서 簡化字(簡體字)를 만들어 쓰게 된 동기도 쓰기에 간편한 글자를 만든다는 것이었다.12) 우리의 모아쓰기를 두고 기계화의 불편 등을 들어 부정적으로 본 것이나 받침을 제대로 살리고 分綴을 하는 현행 맞춤법을 두고 인쇄의 불편과 관련시켜 부정적으로 몰고 가려 한 것 등이 다 쓰기 쪽에 초점을 둔 처사였다.

그런데 이것은 사실 크게 잘못된 방향이었다. 물론 쓰기에 쉽다는 것이 나쁠 리가 없다. 그러나 좀 극단적으로 말하면 문자는 쓰이기 위해서 있기보다 읽히기 위해 있다. 이것은 우리의 문자 생활을 잠시만 들여다보면 이내 드러난다. 여러분 스스로를 관찰해 보는 것이 더 좋을지 모른다. 한 여름 동안 소설을 몇 권씩 읽기도 하고 하루에도 신문이며 잡지며 읽는 것은 몇 만 자씩 쉽게 읽는다. 그런데 쓰기는 몇 자나 쓰는가. 그 100분의 1도 안 되기 쉽다. 인쇄의 경우도 植字工이 몇 사람이라면 읽는 사람은 수천 수만이다. 읽기 쪽의 비중이 절대적으로 높은 것이다. 그런데 이 단순한 사실을 우리는 너무도 오랫동안 看過해 온 것이다.

문자는, 그리고 표기법은 무엇보다 읽기 쉬워야 한다. 물론 이때 '읽는다'는 것은 讀解를 의미하여야 한다. 단순히 그 발음을 알고 잘 낭독한다는 것은 의미가 없다. 글을 읽는 목적은 그 글에 담긴 내용을, 그 의미를 알기 위해서이기 때문이다.

---

12) 簡化字의 이러한 방향에 대한 얼마간의 비판을 이익섭(1998)에서 한 바 있다. 讀解라는 시각에서 보면 簡化字는 繁體字에 비해 나아진 것이 있다고 하기 어렵고 특히 '讠'이나 '灬' 따위의 簡化 방향은 改惡이었다는 인상을 지울 수 없다.

쓰기에도 쉽고 읽기에도 쉽다면 물론 그것이 가장 좋을 것이다. 그런데 어느 한쪽을 살리면 다른 한쪽이 희생되는 상황이라면 읽는 쪽에 비중을 두어야 한다는 인식을 바로 할 필요가 있다. 그 점에서 우리가 (3b)와 같은 맞춤법을 채택해 쓰게 된 것은 행운이라 할 만하다. 이에 대해서는 곧 부연해 논하고자 한다.

누구에게 쉬운가의 문제에 대해서도 우리는 그리 철저한 태도를 가져본 적이 없다. 글을 막 배우는 사람에게도 쉬우면 좋고 며칠에 한번 겨우 편지 정도나 읽는 사람에게도 쉬우면 좋을 것이다. 그러나 여기에도 앞에서 쓰기와 읽기에 적용된 比重의 원칙을 적용하여야 할 것이다. 西歐의 연구들이 으레 '숙달된 독자'(skilled reader)를 대상으로 삼는 것은 바로 그 비중을 감안한 조처일 것이다.

'쉽다'의 기준으로 '배우기에' 쉬워야 한다는 것도 흔히 내세우는데 배우는 것은 잠시고 그것을 쓰는 것은 평생이다. 헤엄을 배울 때 배우기 쉽다고 개헤엄을 배우면 평생 손해를 본다, 어려워도 바른 泳法을 배워야 한다. 배우기 쉽다는 것에 큰 비중을 두는 것은 쓰기 쉬워야 한다는 것에 그러는 것처럼 문자의 기능을 바로 보지 못한 처사가 아닐 수 없다.

'어린 백성'을 너무 강조할 일이 아니다. 정상적인 독서 생활을 하는 사람, 숙달된 독자에게 어느 쪽 표기가 더 좋은지를 선택의 기준으로 삼아야 한다는 것도 바로 인식해 두어야 할 일이다.

'어린 백성'과 관련하여 새 이론에서 부각되는 문제를 하나 더 지적해 둘 것이 있다. 우리 맞춤법을 쉽게 고치자는 측에서 내세우는 주장 중에 자주 나온 얘기로 일반인이 가령 '앉는다', '앉아서', '앉았다', '앉고' 등에서 語幹과 語尾를 구별할 능력이 있겠느냐 하는 것이 있었다. 言衆들은 그것을 하나로 묶어 인식하는 것을 괜히 학자들이 學理에 얽매어 공연히 맞춤법을 어렵게 만들었다는 것이다.

그런데 근래의 연구들은, 물론 외국에서의 연구이지만[13] 언중들이 놀

---

13) 주로 실험심리학자나 신경언어학자들의 연구인데 그 대표적인 성과를 정리한 것을 Caplan(1992)에서 볼 수 있다.

라울 정도로 接辭와 같은 작은 단위의 形態素까지 분석하고 있다는 보고
를 내놓고 있다. 앞에서 언중들의 직관을 높이 사는 듯한 발언을 계속하
여 왔지만 언중은 생각처럼 그렇게 '어린' 백성이 아닌 것이다.

그들은 가령 '앉는다' 등에서 '앉-'이 주위 환경에 따라 어떻게 변하든,
그 일부가 떨어져 나가든 同化로 다른 소리가 되든 머리 속에 '앉-'으로
저장하는 능력도 가지고 있다 한다. 형태소의 분석력이 의외로 높은 것
이다. 周時經 선생이 '本音'의 이론을 펴고, Chomsky and Halle(1968)에서
基底形을 云爲했던 것도 언중들의 이러한 분석력을 염두에 둔 것이었을
것이다.

이상의 새 성과를 종합하면 표기법이 나가야 할 방향은 저절로 잡히는
것으로 보인다. 그것은 결코 맹목적으로 表音에 충실한 쪽이 아닌 것이
분명하다. 그 반대쪽을 본인은 表意的 表記法 또는 表意主義 表記法이라
불러 오고 있는데 말하자면 진정한 표기법은 이 방향의 표기법이어야 한
다는 결론이 얻어지는 것이고, 실제로 많은 나라의 표기법이 어떤 연유
에서였든 결과적으로 이 방향의 표기법을 취하고 있다.

VI.

漢字 문제도 이상에서 본 文字論 一般의 틀에서 접근하여야 할 것은
두말할 필요도 없을 것이다. 만일 새 이론이 성립하지 않는다면, 다시 말
하면 옛 이론대로 문자란 소리로 가는 길목일 뿐이라면 漢字야말로 만고
에 쓸모가 없는 문자라고 하지 않을 수 없을 것이다. 소리만 알려 주면
되는데 무엇 때문에 그 많고도 많은 쉬운 길을 두고 그처럼 어려운 길로
가겠는가. 漢字 混用의 명분도 찾을 길이 없고, 漢字 混用을 이론적으로
반박하기 위해 쓴 허웅(1969)의 다음 一節도 그 점에서는 옳다고 해야 할
것이다.

(4) a. 표음문자를 읽고 이해하는 과정은, 먼저 글자를 소리로 환원하고,
       그 소리는 다시 개념과 연결된다(p.33).

    b. 글자를 소리로 환원하고, 그 소리에 개념을 연결시키는 과정이 독서
       인데 이 과정은 훈련과 습관에 의해서 빨라질 수 있는 것이다. (중
       략) 글자의 시각적 효과는 훈련에서 얻어지는 것이지, 그 이외의 아
       무것도 아니다(p.37).

　그런데 앞에서 이미 지적하였듯이 이 이론은 이제 설득력이 없다.[14] 漢字 混用 반대론이 이만한 이론이라도 갖추고자 한 것은 드문 일인데 사실 이 이론은 거기에 기대면 기댈수록 스스로 수렁에 빠진다. 단적인 예로 앞의 이론에 따르면 우리 맞춤법도 (3a)처럼 소리나는 대로 적는 쪽을 지지해야 하는데 허웅(1970)에서는 정반대의 입장을 표명한 것을 들 수 있다. 즉 한글맞춤에서 '웃으니', '값과'를 '우스니', '갑과'로 개정하자는 주장에 대해 "한심한 주장"이라 하면서 "대표형태로 고정시켜 한 꼴로만 표기하여 표음문자를 표의화"(p.189)하여야 한다고 주장하고 나선 것이다. 自家撞着이 아닐 수 없다.[15]

　세상이 漢字에 유리하게 발전한 사실에 눈을 돌려야 한다. 그러니까 漢字는 이제 表音에 불편한 문자라는 이유 하나로 그 존재이유를 부정당하는 상황에서는 벗어났다고 할 수 있다. 表音에 불편하고 表音에 불충실할지라도 讀解에 우수성을 발휘한다면 환영받을 수 있는 立地를 얻게 된 것이다. 문자론의 저작물에서 근래 漢字에 대한 평가가 달라지고 있는 것도 이러한 맥락에서인 것이다.

---

14) 허웅(1969)에는 이 이론이 누구의 것인지, 어느 때의 이론인지 전혀 그 출진을
    밝히지 않았다. 흔히 그러듯 그게 움직일 수 없는, 의심의 여지가 없는 이론이라
    고 믿고 있었기 때문이었을지도 모른다. 그렇더라도 문자 내지 표기법과 같은 학
    술적인 과제에 대해 "그 이외의 아무것도 아니다"와 같은 발언은 우리의 거친
    풍토의 한 단편을 보여 주는 것 같아 안타깝다.
15) 비슷한 현상은 그 반대쪽에서도 있었다. 한 예로 남광우(1970)는 한글 맞춤법을
    소리대로 적자는 주장을 담고 있는데 한자 혼용은 누구보다도 열렬히 옹호하였
    던 것이다. 이들에 대한 비판은 이익섭(1992)에도 되어 있다.

Ⅶ.

그런데 과연 漢字는 讀解에 유리한 문자인가. 당연히 그럴 것이다. 表意文字의 특성상 漢字는 어쩔 수 없이 의미와 묶여 있고 그만큼 의미 전달, 곧 讀解에 유리한 문자일 것은 自明한 이치일 것이다.

한자의 특성을 아이콘(icon)과 관련시켜 생각해 보면 쉬울지 모른다. 요즈음 컴퓨터에서 문자 대신 아이콘을 쓰는 일이 많다. 그림 모양의 아이콘은 확실히 재빨리 의미를 전달해 주는 힘이 있다. 그것은 어떤 소리를 전혀 매개로 하지 않는다. 어느 나라 사람이 어떤 식으로 읽느냐는 전혀 문제가 되지 않는다. 그러면서 동일한 의미를 훌륭히 전달해 준다.

아라비아 숫자도 이와 비슷한데 한자도 기본적으로 이와 같다. 가령 '功'이라는 한자는 중국, 한국, 일본에서 어떻게 읽히든 그것은 별 문제가 되지 않는다. 어떻게 읽히든 그 뜻을 전달해 주는 것이 이 글자의 주된 임무다. 물론 이 점에서 한자는, 또 아라비아 숫자는 表意文字다.[16]

이러한 표의문자의 특성은 말하자면 표의문자의 聖域이다. 표음문자는 이 점에서 사뭇 다른 성격을 지닌다. 가령 '공'이라 하면 정확히 어떤 의미를 나타내는지 모른다. "공을 찬다", "공과 사를 구별하지 못한다", "혁혁한 공을 세우고", "그것은 한마디로 공(空)의 사상이다" 등 상황에 따라 각각 다른 의미를 나타낼 수 있기 때문이다. 물론 표음문자도 '밥'이나 '흙'처럼 형태소 단위로 묶이면 한 개념만을 대표하는 것이 있을 수 있으나 이것은 어떤 결과일 뿐 표음문자의 본질은 아니며, 이들도 형태음소적인 추구를 통해 음운 통로를 거치지 않고 직접 통로로 의미와 연결될

---

16) '표의문자'라는 용어에, 표의문자라면 마치 대표하는 소리가 없는 듯한 인상을 준다는 점을 들어 거부감을 나타내는 경우를 보는데 表音이 부차적이라는 점, 表意가 주된 임무라는 점에서 表音文字와는 엄연히 구분되므로 表意文字는 사실 다른 무엇으로 대체할 수 없는 그만의 기능이 있는 매우 유용한 용어라고 해야 할 것이다. '表意的 표기법'이라는 용어도 이 맥락에서 역시 유용하게 쓰일 수 있다고 생각된다.

수 있으나 표의문자만한 수준은 아닌 것이다.

Chao(1968 : 112)는 "영어 글에서 무얼 찾으려면 우리가 그걸 '찾아 들어가야' 하는데 漢文에서는 제 놈들이 스스로 우리 눈으로 뛰어 들어온다"고 좀 익살스럽게 論破한 바가 있는데 얼마간 과장된 면도 없지 않으나 표의문자의 특성을 한 斷面 잘 드러낸 것이라 생각된다. 한 눈에 바로 의미를 알아보게 하는 점은 확실히 표의문자가 표음문자에 앞서는 특성일 것이다.[17)

그런데 Chao(1968)의 이야기는 漢字만으로 된 글을 두고 한 말이다. 만일 한자와 한글, 또는 한자와 일본의 가나(假名)를 혼용한 경우를 두고 말한다면 어떻게 될까.

그때는 좀더 강력하게 같은 말을 하게 되지 않을까 싶다. 한글에 아라비아숫자가 혼용되어 있거나 CD나 YMCA, UNESCO 같은 로마자가 혼용되어 있을 때도 마찬가지인데 너무 한 종류의 문자만 있을 때보다 다른 종류의 것이 섞여 있을 때 눈에 더 잘 띌 것은 自明할 것이기 때문이다. 마치 모두 교복을 입고 있을 때 사이사이에 私服을 입은 사람이 섞여 있는 형국이라고나 할까 漢字 混用이 적어도 이만한 효과가 있을 것은 의문의 여지가 없을 것이다. 거기다가 표의문자의 특성까지 발휘한다고 할 때 "눈으로 뛰어 들어온다"는 특성은 최대한 발휘된다고 보아야 할 것이다.[18) 굳이 예가 필요하지 않겠으나 다음 세 예문을 비교해 보면 이해가 빠를 것이다.

(5) a. 미 구명 사망 … 화 독 곳곳 교통 두절
    b. 美 9명 사망 … 和 獨 곳곳 교통 두절(동아일보 1994 1. 30.)

---

17) 다른 한 중국 언어학자는 '馬'를 예로 들어 중국인들은 굳이 이 글자의 발음이 /ma/라는 것을 떠올리지 않고 그 형상이 너무나 뚜렷하여 그대로 말(馬)을 떠올리게 된다는 이야기도 하고 있다(Henderson 1982 : 209). 이 이야기의 원전은 W. S-Y. Wang (1973), "The Chinese Language", *Scientific American* 228.

18) 여기서 하나 제기될 문제는 한자의 混用率 문제다. 漢字語는 모두 한자로 써야 한다는 주장도 있는데 지나친 혼용은 사복 입은 사람이 너무 많을 때처럼 효과를 줄일 수 있을 것이기 때문이다.

(6) a. 앳되기만 한 이 미완의 대기에 대한 관중들의 기대는 가히 광적이
　　　라 할 만하였다.
　　b. 앳되기만 한 이 未完의 大器에 대한 관중들의 기대는 가히 狂的이
　　　라 할 만하였다.

(7) a. 무에서 유로, 극에서 극으로.
　　b. 無에서 有로, 極에서 極으로.

VIII.

　漢字 및 表意文字에 대한 최근의 가장 큰 관심은 한자가 우리 腦에서
어떻게 받아들여지는가 하는가에 대해서인 듯하다. 표음문자와 구별되는
어떤 방식으로 지각되는 것이 아닌가에 대해 이 방면에 종사하는 학자들
(주로 신경언어학자 및 실험심리학자들)의 관심이 집중되어 있는 것이다.
　여기에서의 한 假設은 한자를 비롯한 표의문자를 관장하는 뇌는 한글
이나 일본의 가나 및 로마자와 같은 표음문자를 관장하는 뇌와 다른 부
위의 뇌일 것이라고 하는 설이다. 이는 주로 뇌를 다친 失語症(aphasia) 및
失讀症(dyslexia) 환자들의 관찰에서 얻은 결론인데 특히 일본에서의 연구가
그 主流를 이루어 왔다.[19)]
　일본에서는 이미 1910년대부터 이 방면의 보고서가 본격적으로 발표
되기 시작하였는데 그 양도 대단하지만 그 종류도 여간 다채롭지 않다.[20)]
그중 한 예로 33세의 남자 실어증 환자는 漢字의 경우는 소리내어 읽지
는 못하면서 어려움 없이 이해는 하고 또 쓰는 것도 '三十三歲'나 '京都商

---

19) 일본에서의 이 방면의 연구는 워낙 널리 알려져 각종 문자론 이론서에도 자주
　　인용되고, 드문 경우이긴 하나 Akmajian et al.(1995)와 같은 개설류에서도 다루어
　　지고 있다.
20) 일본에서의 이 방면의 연구를 종합 정리해 놓은 것으로 Paradis et al.(1985) 및
　　Kess and Miyamoto(1999)가 있다. 특히 Paradis et al.(1985)의 제3장에서 해 놓은
　　이 방면의 대표적인 논문 69편에 대한 요약은 이 방면의 이해에 큰 도움이 된다.

業學校’ 등을 훌륭히 쓴 반면 일본 문자인 가나는 한 글자 한 글자를 소리내어 읽을 줄은 알면서 쓰지는 거의 못했고 이해도 몇몇 친숙한 단어 외에는 하지 못했다는 것이다(Paradid et al. 1985 : 73~74 및 Kess and Miyamoto 1999 : 169).[21] 글자의 종류에 따라 아주 다른 양상을 보인 예로 한 전형적인 예라 할 만하다.

이와 비슷하면서도 대조적인 보고도 있다. 즉 61세의 한 환자는 전체적으로 읽기 능력이 크게 손상된 중에도 일본 글자는 전혀 읽지 못하고 어쩌다 바로 읽은 것도 다시 물으면 자신이 없어 하였는데 漢字는 더 잘, 더 안정되게 읽고 의미도 알았다고 한다. 그래서 신문을 읽을 때에도 일본 글자는 무시하고 한자로 된 부분은 바로 읽어 나갔다 한다. 그리고 쓰는 것은 더 못했는데 거기서도 일본 글자로는 전혀 못 쓴 데 반해 한자로는 ‘日本’과 자기 이름은 쓸 줄 알았다고 한다(Henderson 1982 : 204 및 Paradis et al. 1985 : 118).[22]

Sasamuna(1975)는 378명의 실어증 환자를 관찰한 결과 그들 대부분이 이른바 Broca 씨 증세로 말을 무척 더듬는 환자였는데 이들이 한자는 읽을 줄 알면서 일본 글자로 된 문법형태들은 말하지도 쓰지도 못하였다고 한다.

반대로 이것은 좀 드문 예이지만 한 환자는 한자는 잘 못 읽으면서 가나는 100% 맞게 받아쓴 사례도 보고된 바도 있고, 일본 글자로 된 단어는 거의 모두 소리내어 읽으면서 한자 단어는 반도 못 읽는 환자도 보고된 바 있다. 그런데 이들 환자는 일본 글자로 된 단어를 읽고 쓰기는 하여도 그 의미는 몰랐다고 한다. 말하자면 失意症 환자인 셈인데 앞 환자는 한자를 20%는 받아쓰면서도 이때에도 한자의 의미는 몰랐다고 한다.

---

21) 이 보고의 원전은 T. Asayama(1914), “Über die Aphasie bei Japanern”, *Deutche Archive für Klinische Medizin* 113. Yamadori(1998)에도 인용되어 있다.

22) Yamadori(1975)를 인용한 것이다. 우리나라에서도 비록 정식으로 연구 보고된 일은 없으나 이와 비슷한 사례가 있다는 것을 필자도 들은 바 있다. 고향의 초등학교 교장을 지내신 분으로서 말은 못하고 筆談만 가능한데 한자만 쓸 줄 알고 한글은 못 쓴다는 것이다.

이 환자에게는 한자도 표음문자 구실밖에 못한 것이다.

영어와 중국어를 다 능통하게 하는 환자한테서도 비슷한 사례가 보고된 것이 있다. 말은 여전히 두 언어를 잘 하면서 간단한 한문을 제시했을 때는 겨우 두 字만 읽은 것에 비해[23] 20개의 영어 단어 중 19개를 읽었다 한다(Henderson 1982 : 205).[24]

정상적인 사람들을 대상으로 한, 순간노출기(tachistoscope) 실험에서도 비록 실어증 환자들에서처럼 극명한 구분은 아니나 가나와 같은 문자의 처리에는 왼쪽 半球가 優位를 보이고, 한자의 처리에는 오른쪽 半球가 優位를 보인다는 보고가 계속 발표되어 오고 있다. 가나에 대한 처리 능력이 오른쪽 視野(즉 왼쪽 半球)에서 왼쪽 視野(즉 오른쪽 半球)에서보다[25] 72.1% 대 66.8%로 높았다든가, 漢字의 경우 한 字로 된 한자어 중 ‘海’(umi)나 ‘河’(kawa)와 같은 具象語가 ‘比’(hi)나 ‘忠’(chuu)과 같은 抽象語보다 바르게 반응하는 비율이 더 높은데 왼쪽 視野에서 具象語 대 抽象語의 비율이 81% 대 76%, 오른쪽 視野에서 66% 대 61%로서 전체적으로 오른쪽 半球가 優位를 보였다고 하는 보고가 그것이다(Kess and Miyamoto 1999 : 169~170).[26]

이상과 같은 관찰에서 얻어지는 하나의 推論은 일본 문자 가나와 같은 표음문자를 관장하는 뇌는 왼쪽 半球며, 한자와 같은 표의문자를 관장하는 뇌는 오른쪽 半球가 아닐까 하는 것이다. 그것은 空間 視知覺 능력(visuospatial skill)에 뛰어난 오른쪽 半球의 기능과 한자의 圖形的인 특성이

---

23) 숫자나 £과 같은 한자 이외의 표의문자는 잘 읽었다고 한다. 한자와 아라비아 숫자에 대해 반응이 달리 나타난 사례는 자주 보고되고 있다. 이에 대해서는 다 같은 표의문자라도 한자는 劃의 수가 많고 짜임새가 있어 이러한 차이를 내는 것이 아니겠느냐는 해석하는 듯하다.

24) 이 보고서의 원전은 R. S. Lyman, S. T. Kwan and W. H. Chao (1938). Left Occipito-Parietal Brain Tumoure with Observations on Alexia and Araphia, *Chinese Medical Journal* 54.

25) 뇌의 半球와 座右 視野의 관계를 비롯하여 뇌와 언어에 대한 전반적인 해설은 Akmajian et al.(1995), Caplan(1992) 등에서 쉽게 볼 수 있다. 특히 失語症 등에 대한 깊이 있는 설명은 후자에 잘 되어 있다.

26) 이 보고의 원전은 Sasamuna et al. (1977), Sasamuna et al. (1980) 및 Hatta(1977).

맞아떨어지는 것이라는 해석으로 이어졌다.

만일 이 추론이 맞는다면 漢字 混用은 우리의 뇌를 최대한 이용하는 것이어서 더없이 理想的인 표기 방식이라는 결론으로 이어진다. 그야말로 모두 똑같은 교복을 입힌 것과 같은 단조로움에 변화를 줌으로써 얻는 利點에 더하여 이렇듯 뇌를 더 폭넓게 활용하는 혜택까지 얹혀지는 것이 사실이라면 漢字 混用이 讀書 能率에 이바지하는 바가 크리라는 것은 너무나 自明한 일이 아닐 수 없을 것이다.

IX.

다만 여기서 但書를 달아야 할 것은 아직 어떤 확실한 결론을 내릴 단계는 아니라는 점이다. 앞의 1977년 무렵의 成果가 워낙 매력적이어서 큰 脚光을 받아 오고는 있지만, 이를 뒷받침하는 괄목할 만한 연구가 계속 이어져 오는 것은 아니라는, 말하자면 그에 대한 反論도 만만찮기 때문이다. 더욱이 같은 漢字의 경우라도 한 字로 된 單一語 때와 두 字로 된 複合語일 때가 다른 결과를 보여 준다는 등 그 내용이 그리 단순치만 않다(Kess and Miyamodo 1999 : 171~192).

그러나 하나 확실한 것은 漢字가 독서 능률에 부정적이라는 방향의 연구는 보기 어렵다는 점이다. 어떻게든 어떤 효과를 준다는 쪽으로 연구의 방향이 잡히고 있다는 것은 示唆하는 바가 크다고 생각된다. 그리고 꼭 어느쪽 뇌가 어느 일을 한다고 극명하게 결론은 내리지 못하여도 적어도 언어의 여러 분야가 각각 다른 뇌에 의해 관장되며 그 일환으로 문자의 종류에 따라 그것도 다른 뇌에 의해 관장된다는 추론은 강하게 이어지고 있다.

오랜 기간 漢字 混用을 해 온 경험에서 漢字가 어떤 특별한 寄與를 하고 있다는 것을 몸으로 느껴 왔기 때문에 연구의 방향도 자연히 그쪽으로 가고 있는 것일 것이다. 앞에서 필자는 우리 한글 맞춤법에 대해서도 言衆이 은연중 좋은 방향을 잡고 있었던 점을 논한 바 있다. 한자에 대해서도 가령 우리는 한자로 된 출석부를 썼을 때의 학생 이름이 더 잘 기억되던 일을 이야기하곤 한다. 한자에 대한 연구가 그 效用을 캐는 쪽으로 쏠리는 것은 일차적으로 이러한 소박한 경험들이 그 바탕을 이루고 있으리라는 것이 필자의 생각이다. 아니 무엇보다도 그 長久한 세월 살아남아 있다는 사실 자체가 漢字의 어떤 효용을 이미 증명하고 있는지도 모른다. 단순히 因襲이라는 것으로는 설명키 어려운 부분인 것이다.

결론은 앞으로의 연구를 좀더 기다려 보아야 하겠지만 漢字는 이제 긍정적인 면에서 보는 時期를 맞고 있다는 점이다. 그리고 또 하나의 결론이라면, 우리 스스로가 이 문제를 좀더 연구하는 자세로 임하여야 한다는 점일 것이다.

參 考 文 獻

南廣祐(1970), 現代國語國文의 諸問題, 一潮閣.

李基文(1963), 國語 表記法의 歷史的 研究, 서울 : 韓國研究院.

______(1972), 改訂 國語史 槪說, 서울 : 民衆書館.

______(1996), 현대적 관점에서 본 한글, 새국어생활 6(2), 국립국어연구원.

李翊燮(1971), 文字의 機能과 表記法의 理想, 金亨奎 博士 頌壽紀念論叢.

______(1977), 思考面에서 본 文字言語의 機能, 語學研究 13(2).

______(1985), 한글의 모아쓰기 방식의 表意性에 대하여, 국어생활 3, 국어연구소.

______(1986/2000), 國語學 槪說, 서울 : 學研社.

______(1992), 國語 表記法 研究, 서울 : 서울대학교 출판부.

______(1994), 모아쓰기와 한글맞춤법, 도수희 선생 화갑기념논총.

______(1998a), 국어 사랑 나라 사랑, 서울 : 문학사상사.

______(1998b), 文字史에서 본 東洋 三國 文字의 특성, 이익섭(1998a).

______ · 이상억 · 채완(1997), 한국의 언어, 서울 : 신구출판사.

허 웅(1969), 한자는 폐지되어야 한다, 한글 143.

______(1970), 한심한 主張에 대한 見解, 月刊 中央 4.

Akmajian, A., R. A. Demers, A. K. Farmer and R. M. Harnish (1995), *Linguistics : An Introduction to Language and Communication*, 4th ed. Cambridge, MA : MIT Press.

Coulmas, F.(1989), *The Writing Systems of the World*, Oxford : Blackwell.

__________(1996/1999), *The Blackwell Encyclopedia of Writing Systems*, Oxford : Blackwell.

__________(2003), *Writing Systems : An Introduction to Their Linguistic Analysis*, Cambridge : Cambridge University Press.

De Francis, J.(1989), *Visible Speech : The Diverse Oneness of Writing Systems*. Honolulu : University of Hawaii Press.

Gelb, I. J.(1963), *A Study of Writing*, Rev. ed. Chicago : University of Chicago Press.

Caplan, D.(1992), *Language : Structure, Processing, and Disorders*, Cambridge, MA : MIT Press.

Chao, Y. R.(1968), *Language and Symbolic Systems*, Cambridge : Cambridge University Press.

Chomsky, N. and M. Halle(1968), *The Sound Pattern of English*, New York : Harper and Row.

Coppens, P., Y. Lebrum and A.Basso eds.(1998), *Aphasia in Atypical Population*. Mahwoh. NJ : Lawrence Erlbaum Associates.

Crystal, D.(1997), *The Cambridge Encyclopedia of Language*, 2nd ed. Cambridge : Cambridge University Press.

Ellis, A. W.(1993), *Reading, Writing and Dyslexia : A Cognitive Analysis*, 2nd ed. Hove, East Sussex, UK : Psychology Press.(초판, 1984)

Hatta, T.(1977), "Recognition of Japanese Kanji in the Left and Right Visual Fields." *Neuropsychologia* 15.

Henderson, L.(1982), *Orthography and Word Recognition in Reading*, London : Academic Press.

Kavanagh, J. F. and I. G. Mattingly, eds.(1972), *Language by Ear and Eye*. Cambridge, MA : MIT Press.

Keller, E. and M. Gopnik eds.(1987), *Motor and Sensory Processes of Language*. Hillsdale, NJ : Lawrence Erlbaum Associates.

Kess, J. F. and T. Miyamoto(1999), *The Japanese Mental Lexicon : Psycholinguistic Studies of Kana and Kanji Processing*, Philadelphia : John Benjamins.

Leong, C. K. and K. Tamaoka eds.(1998), *Cognitive Processing of the Chinese and the Japanese Languages*. Dordrecht : Kluwer.

Martin, S.(1972), "Nonalphabetic Writing Systems : Some Observations." Kavanach and Mattingly(1972).

Paradis, M., H. Hagiwara and N. Hildebrandt(1985), *Neurolinguistic Aspects of the Japanese Writing System*, Orlando, FL. : Academic Press.

Park, S. and T. Y. Arbuckle(1977), "Idiograms vs. Alphabets : Effects of Scripts on Memory in 'Biscriptual' Korean Subjects", *Journal of Experimental Psychology* 3.

Sampson, G.(1985), *Writing Systems*, Stanford : Stanford University Press.

Sasamuna, S.(1975), "Kana and Kanji Processing in Japanese Aphasics." *Brain and Language* 2.

__________(1984), "Can Surface Dyslexia Occur in Japanese?", L. Henderson ed. *Orthographies and Reading*. Hillsdale, NJ : Lawrence Erlbaum Associates.

__________ and O. Fujimura(1971), "Selective Impairment of Phonetic and Non-phonetic Transcription of Words in Japanese Aphasic Patients : Kana vs. Kanjinin Visual Recognition and Writing." *Cortex* 7.

______________ and O. Fujimura(1972). "An Analysis of Writing Errors in Japanese Aphasic Patients." *Cortex* 8.

______________, M. Itoh, K. Mori and Y. Kobayashi(1977). "Tachistoscopic Recognition of Kana and Kanji Words." *Neuropsychologia* 15.

______________, M. Itoh, Y. Kobayashi and K. Mori(1980), "The Nature of the Task-stimulus Interaction in the Tachistoscopic Recognition of Kana and Kanji Words." *Brain and Language* 9.

Taylor, I.(1980), "The Korean Writing System : An Alphabet? A Syllabary? A Logography?" Kolers, P.A., M.E.. Wrostad and H. Bouma, eds. *Processing of Visible Language* 2. New York : Plenum Press.

Vachek, J.(1973), *Written Language : General Problems and Problems of English.*, The Hague : Mouton.

______________(1976), *Selected Writings in English and General Linguistics*, The Hague : Mouton.

______________(1989), *Written Language Revisited*, Amsterdam : John Benjamins.

Yamatori, A.(1975), "Ideogram Reading in Alexia." *Brain* 98.

______________(1998), "Aphasia in ideograph Readers : The Case of Japanese." Coopens, Leburn and Basso(1998).

'Abstract◢

Efficiency of *Hanja*(漢字) in the Mixed Systems

Lee, Iksop

There has been the notion that the alphabet is optimally efficient writing system. This notion was derived from Aristotle's words "Spoken words are the symbols of mental experience and written words are the symbols of spoken words." Under the assumption, it is natural that they believe Chinese logography *Hanja*(漢字) as an old and inefficient writing system.

According to recent reading research, there is a direct route (direct lexical route) from print (script) to meaning (lexicon) which dose not depend on letter-to-sound conversions (phonological route). It means that words and morphemes are the crucial units for the skilled reader, whereas grapheme-phoneme correspondences seem to be of lesser importance.

The hemispheric asymmetry between *Hanja(Kanji)* logographs and the *Kana* syllabary found in Japanese aphasic patients is noticeable. Many aphasic patients showed major impairment in handling either scripts. However, *Hanja* sparing (i.e. much greater impairment of performance with *Kana*) occurred more commonly than Kana sparing. Results from these studies give rise the impression that phonemically encoded *Kana* are processed exclusively in the left hemisphere, while visuospatially oriented (configurational) *Hanja* are processed in the right hemisphere.

It is fact that the logograph refers directly to the meaning, and the graphemes in these forms of script are also semantically informed, that is, each grapheme has meaning on its own. Its direct route to meaning has to reveal the efficiency especially in the mixed systems. The fewer a script is constrained by correspondences with speech, the more the distinctive advantages of writing over speech.

우리나라 漢文敎育에 대하여

安 秉 禧

(Ahn, Pyong-hi ; 서울大 名譽敎授, 初代 · 第2代 國立國語硏究院 院長)

國文抄錄

이 글의 目的은 우리나라 中高等學校에서 1972년부터 獨立된 敎科로 施行되고 있는 漢文敎育의 實相을 檢討하고 改善策을 論議하려는 데 있다. 먼저 敎育部의 敎育課程에 規定된 漢文敎科의 性格을 確認한 뒤에 漢文敎育의 實相에 대한 檢討로써, 問題點으로 첫째 基礎漢字 1800자의 選定이 實用的인 文簿의 漢字使用이 아니라 漢文古典과 관련되어 이루어진 점, 둘째 字音에 字釋을 冠形語로 한 傳統的인 漢字의 이름이 無視되고 있는 점, 셋째 漢字와 漢字語의 學習이 國漢文混用의 文章으로 되지 못한 점 등을 指摘하였다. 이들 問題點은 效率的인 漢文敎育을 위하여 時急하게 改善되어야 함을 提議하였는바, 그 改善의 當爲는 北韓이 施行하고 있는 漢文敎育으로써도 相當한 部分 뒷받침된다는 것이 이 글의 結論이다.

核心語 漢文敎育, 한글專用敎育, 漢文, 漢文敎育用 基礎漢字, 俗字, 字釋, 國漢文混用

I. 머리말

解放 이후 우리나라 初中等學校의 모든 敎科書는 한글專用으로 編纂되어 使用되었다. 그러나 社會에서는 여전히 國漢文混用의 文字生活이 행해

졌을 뿐 아니라 國語의 主要한 語彙가 漢字語이기 때문에 法的으로 國語科 敎育內容의 한 領域에서 漢字와 漢字語에 대한 敎育을 施行하도록 規定되어 있었고, 실제로 敎育現場에서도 日常生活에 가장 많이 活用되는 漢字語, 格言, 古事成語 등을 反復 學習시키도록 되어 있었다. 나아가 일반 敎科書에도 括弧 안에 漢字가 併記되어 漢字語 敎育이 補助的이지만 행해지도록 되어 있었다. 그러나 學校現場에서는 敎師의 無關心과 無知로 말미암아 漢字와 漢字語의 學習이 제대로 이루어지지 않았다. 그러다가 1968년 10월 국민교육헌장이 宣布되자 교육부는 국민교육헌장의 理念具現과 한글專用政策을 구체적으로 교육과정에 反映하기 위하여 1972년 제2차 교육과정의 1차 부분개정을 행하여 다른 敎科와 마찬가지로 國語科에서도 한글專用敎育을 實施하여 補助的으로 施行되던 漢字敎育을 그만두게 하였다. 이에 대한 補完策으로 中高等學校의 독립된 敎科로 한문교과가 設定되어 中學校와 高等學校에서 漢文敎育이 正式으로 施行하게 된 것이다.

　이러한 經緯로 中高等學校에서 독립된 敎科로서 漢文敎育이 비로소 實施된 것인데, 그 法的인 뒷받침은 1972년 2월 28일 교육법시행령 109조의 '우리의 고전 문화를 계승하고 한자문화권 안에서 주체적이며 조직적인 문화 발전을 위하여'라는 條項에 根據한다. 교육부(당시 문교부)는 이 條項에 따라 1972년 5월 8일 문교부령 제300호를 통하여 교육과정을 부분적으로 改正하고, 1972년 8월 16일에 '한문교육용 기초한자 1,800자'를 確定하여 中高等學校에서 각각 900자씩 가르치도록 公表하는 한편, 1972년 2학기부터 중등한문교육연구회에서 開發한 檢認定 敎科書로써 一線 學校에서 가르치게 하였던 것이다(鄭載喆 1998 : 44). 그 뒤로 교육과정의 몇 차례 改正으로 敎科의 性格이 약간 달라지기는 하였으나 中高等學校의 漢文敎育은 오늘날까지 계속되고 있다.[1]

---

[1] 이 글에서 말하는 漢文敎育은 中高等學校에서 獨立된 敎科인 한문교과로 행해지는 敎育에 局限한 것이다. 제7차 교육과정에서는 初等學校에서도 재량활동 시간에 漢文敎育이 가능하게 되었지만, 여기서는 다루지 않는다. 물론 大學에서의 漢文敎育

1996년부터 착수된 제7차 교육과정 한문교과의 改正과 관련하여 漢文敎育學과 漢文學의 專門家는 關係機關에 建議文을 提出하고 學術會議도 開催하여 漢文敎育의 發展을 위한 深度 있는 論議를 행한 바 있다.[2] 그러한 建議와 論議의 妥當性에 대하여 非專門家인 필자로서는 말할 처지에 있지 않으나, 교육과정의 改正에서 그 建議나 論議가 충분히 反映되지는 않은 것으로 보인다. 따라서 제7차 교육과정과 현행 漢文敎育에 대하여 專門家가 首肯하지 못하는 사실이 尙存하는 것으로 생각된다. 필자는 그와 전혀 다르게 國語學과 國語政策의 觀點에서 우리나라 漢文敎育에 대하여 나름대로 關心을 가지고 注目하여 왔다. 거기에서 얻은 약간의 所見을 披瀝하고 改善策을 論議하려는 것이 이 글의 目的이다.

Ⅱ. 교육과정으로 본 한문교과

교육과정은 敎育機關에 의하여 意圖된 敎育目標와 그것을 達成하기 위한 敎科活動과 그에 관한 計劃이다. 具體的으로 말하면, 각 교과의 敎育目標, 敎育內容, 運營과 制度 등의 要素가 포함된다. 따라서 우리나라의 漢文敎育을 알아보기 위해서는 먼저 1997년 12월 30일에 確定, 告示된 현행 제7차 교육과정에서 規定한 한문교과의 內容과, 필요한 경우에는 그에 이르게 되기까지의 變遷過程을 살펴보지 않을 수 없다.[3]

도 論外로 한다.

2) 韓國漢文學會, 韓國漢文敎育學會, 韓國漢字漢文敎育學會 公同名義의 1996년 10월 21일자 '신 교육과정 총론(안)' 중의 한문교과에 관한 建議文(『漢文敎育硏究』 11(1997) : 289~292) 및 제16회 韓國 漢文敎育學會 學術發表大會의 硏究論文(『漢文敎育硏究』 12(1998) : 5~59) 참조

3) 여기서 행한 제7차 교육과정에 대한 說明은 別途의 引用이 없는 한, 중학교 한문교과는 교육부 고시 제 1997-15호(1997년 12월 30일)『별책 16』, 고등학교 한문교과는 동 『별책 17』에 주로 의한다. 그런데 이 교육과정을 비롯하여 한문교과와 관련된 그 이전 교육과정의 모든 資料는 서울대사범대의 尹希苑 교수와 閔賢植 교수의 도움으로 손에 넣을 수 있었다. 그밖에도 漢文敎育에 관한 問題에 대하여 閔 교수는

제7차 교육과정의 가장 큰 特徵은 供給者 중심, 敎授 중심, 情報知識 중심의 日帝式 敎育課程이 아니라[4] 需要者 중심, 學習 중심, 多元的 問題解決 능력을 강조하는 水準別 敎育課程으로 轉換한 것이라 한다. 이에 따라 初等學校 1학년부터 高等學校 1학년까지 10년 간을 國民共通 敎育期間으로 設定하고, 이 期間에 適用할 10개의 國民共通 基本敎科를 정하고 있다. 이러한 體制上의 變化에 따라 제6차 교육과정에서 選擇敎科의 하나였던 한문교과가 中學校에서는 새로 설정된 裁量活動의 選擇科目으로 轉換되었다. 高等學校에서는 2, 3학년의 選擇科目 가운데 一般選擇科目으로 한문, 深化選擇科目으로 한문고전으로 調整하였다. 이러한 編制上의 變化는 아무리 水準別 교육과정에 따른다고 하나, 裁量敎育이나 選擇科目으로 體系的이며 一貫性 있는 漢文敎育이 效果的으로 實施될 수 있을지 疑問이다. 특히 國民共通 基本 敎育課程 期間인 高等學校 1학년에 選擇科目인 한문이 포함되기는 힘든 상황이다. 따라서 中學校에서 배우던 한문을 1년 간의 空白期間을 두고 學習하게 됨으로써 高等學校 2, 3학년의 한문교과가 제대로 학습되기 어려울 것이다(朴英鎬 2000 : 15~16). 거기에다 만일 中學校에서 裁量活動의 選擇科目인 한문을 履修하지 않은 학생이 일부라도 있을 경우에는 한문교과의 授業이 圓滑하게 이루어지지 않을 것이다. 우리로서 바라는 바는 이러한 問題가 高等學校에서의 敎育現場에서 克復되어 한문교과의 授業이 효과적으로 이루어졌으면 하는 일이다.

위에 말한 제7차 교육과정의 編制에 따라 中高等學校 한문교과의 性格, 目標, 內容, 方法, 評價 등에서 많은 변화가 일어나게 되었다. 먼저 科目의 性格부터 보기로 하는데, 그것은 다음과 같이 세 項目으로 規定되어 있다.

忌憚 없는 意見을 제시하여 주어 큰 參考가 되었다. 여기에 적어 두 분에게 깊은 謝意를 표한다.

4) 제7차 중학교 재량과목의 解說書인 『중학교 재량활동의 선택과목 교육과정』(별책 16 : 137) 참조. 나라의 公的인 文件에서 제6차 교육과정까지를 '일제식 교육과정'이라 貶下한 것은 매우 遺憾된 일이다. 간혹 종전의 慣行을 고치면서 '日帝의 殘滓'를 떨쳐버린다는 말을 하는 일이 있지만, 解放 이후로 거의 50년 간을 日帝式 敎育을 행하여 왔음을 나라가 公的으로 自認한 셈이기 때문이다.

첫째, 한문 과목은 국어 어휘의 많은 부분을 차지하고 있는 한자어의 학
　　　습을 통하여 언어 생활을 원활하게 하고, 다른 교과를 학습하는 데
　　　도움을 주는 도구 교과이며, 한문의 학습을 통하여 한자로 기록된
　　　각종 한문 전적을 이해하는 데 필요한 기본적인 능력을 기르기 위
　　　한 교과이다.
둘째, 한문 과목은 각종 한문 기록과 고사 성어, 격언·속담, 명언·명구
　　　등의 학습을 통하여 선인들의 삶과 지혜, 사상과 감정을 이해하고,
　　　건전한 가치관과 바람직한 인성을 함양하며, 우리 생활 전반에 면
　　　면이 이어 온 전통 문화를 바르게 계승하고, 창조적으로 발전시키
　　　는 데 기여하는 교과이다.
셋째, 한문 과목은 과거와 현재는 물론이고, 미래에도 한자 문화권 내에
　　　서의 상호 이해증진 및 조화로운 발전에 기여할 수 있는 교과이다.

　첫째 項目은 한문 과목의 基礎的인 性格을 말한 것으로 漢文敎育이 言
語生活과 가지는 關聯性을 强調하고 다른 교과에 주는 實用性을 言及한
것이다. 漢文敎育의 窮極的인 目標가 이 項目의 중간 이하에서 漢文의 讀
解力을 伸張시키고 둘째 項目 이하에서 傳統文化의 繼承, 發展과 漢字文化
圈 내에서의 相互理解의 增進과 發展에 기여하는 데 있다고 강조하고 있
다. 그러나 國語語彙의 다수를 점할 뿐 아니라 抽象的인 語彙의 絶對多數
를 점하는 漢字語의 學習을 통하여 원활한 言語生活과 다른 교과의 學習
에 도움을 주게 되는 道具科目임을 지적한 것이 이 첫째 項目의 內容이
다. 이는 한문교과가 국어교과의 固有語 語彙가 아닌 漢字語의 學習을 비
롯하여, 윤리, 사회 및 과학과 기술교과의 漢字語로 된 用語의 學習과 불
가피하게 겹쳐지는 性格이다. 그러나 다른 교과에서의 語彙指導가 漢字語
의 語源과 構造를 學習하는 한문교과와 달리 用語의 槪念을 學習시키는
점에서 漢文敎育에서의 漢字語 學習과 差別性이 인정된다. 그런데 한문교
과에서 이러한 漢字語 學習이 指摘된 것은 제5차 교육과정인 문교부 고
시 제88-7호(1988년 3월 31일)『고등학교 교육과정』부터이다.5) 그에 의하면,
한문교과의 敎科目標의 제2항에서 漢字語를 알고 文章과 言語生活에서 活

---

5) 이에 대하여는 송병렬(2002 : 238~241)을 참조할 것.

用하게 한다고 하고서, 敎科內容을 漢字, 漢字語, 漢文으로 나누고 제2항 漢字語에서 구체적으로 그 指導方法을 說明하였다. 이는 국어교과에서 제외된 漢字와 漢字語의 敎育을 한문교과가 補完한다는 뜻이다. 한문교과 獨立의 經緯를 생각하면 당연한 目標라 하겠다. 그러나 指導上의 留意點에서 中學校의 경우에 漢字語는 漢文의 基本構造를 理解하는 데 도움되는 것에 한하여 簡易한 文章과 관련지어 指導한다고 하고, 高等學校에서는 漢文에 收斂하여 指導한다고 하여 漢字語의 獨自的인 敎育을 止揚하도록 하였는데, 한글專用敎育을 意識한 結果로 보인다. 제6차 교육과정인 교육부 고시 제1992-19호(1992년 6월 30일)『중학교 교육과정』에 이르러서는 指導方法에서 漢字語는 가능한 한 言語生活이나 文章讀解와 關聯지어 指導한다고 하여 言語生活과 關聯지어 지도할 項目을 追加하였다. 그리하여 漢字語로 된 學術用語를 理解하는 데 필요한 能力을 길러 일반 교과의 學習에 기여하는 道具敎科의 性格도 지니는 것임을 비로소 闡明하였다. 따라서 제7차 교육과정에서 規定한 위 제1항의 性格이 이루어진 經緯를 理解할 수 있고, 나아가 漢字語에 대한 指導의 올바른 方向이 잡혀진 사실을 알게 된다.

둘째 項目은 한문교과의 核心的인 性格을 規定한 것이다. 漢文敎育의 窮極的 目標라 할 수 있는 漢文의 讀解能力을 伸張하도록 함으로써 첫째 先人들의 삶과 知慧, 思想과 感情을 이해하여 건전한 價値觀과 바람직한 人性을 涵養하며, 둘째 傳統文化를 繼承, 發展시키려는 態度를 지니게 하려는 것이 한문교과의 性格이라는 것이다. 이 性格은 이미 제3차 교육과정의 一般目標에서 漢文解讀의 能力을 길러 漢文으로 된 典籍의 理解로써 傳統文化의 바탕 위에 새로운 民族文化를 創造하려는 態度를 기른다고 한데서 그 骨格이 이미 이루어졌다고 할 수 있다. 제6차 교육과정에서 規定한 한문교과의 性格과 目標에서는 올바른 價値觀을 가지게 한다고 하여 제7차 교육과정에서 건전한 價値觀과 바람직한 人性의 涵養이라는 위 둘째 項目의 첫째 性格으로 改正되는 기틀이 마련되었다.

셋째 項目은 한문교과가 過去와 現在에 이르도록 漢文이 漢字文化圈 안에서의 相互理解와 조화로운 發展에 寄與하였음을 認識하고 앞으로도 그러한 寄與를 할 수 있는 性格임을 規定하였다. 이러한 性格은 제6차 교육과정에서 東洋文化圈과의 紐帶强化와 조화로운 發展에 寄與할 수 있는 特殊性을 지닌 교과로 비로소 規定된 것인데, 그 規定의 字句修正으로 이루어지게 되었을 뿐이다.[6] 이러한 性格이 한갓 字句修正의 結果라 하였지만 東洋文化圈을 漢字文化圈이란 用語로 바꾸었다는 점에서 주목된다. 漢字文化圈이란 存在하지도 않는다고 하는 이른바 한글專用論者들은 결코 받아들일 수 없는 用語이기 때문이다. 그들이 이에 대하여 아직껏 아무런 反應을 보이지 않는 것은 이러한 國家機關에서 고시한 교육과정의 性格을 전혀 모르는 데 있을 것이다. 한글專用論者들의 생각이 어떠하든 우리나라와 中國, 日本의 세 나라가 歷史的으로 오랜 기간에 걸쳐 漢字, 漢字語와 漢文을 共用해 왔을 뿐 아니라 現在와 未來에도 그러한 共用이 縮小되는 傾向은 있을지 몰라도 상당한 기간 持續되리라 생각되므로 이 性格 規定은 正當한 것이 아닐 수 없다. 다만 이 性格이 宣言的 規定에 그치고 高等學校 한문교과의 目標와 內容에서만 다루어진 것은 유감이 아닐 수 없다. 中學校의 한문교과의 目標와 內容에서도 당연히 다루어져야 할 것이다. 앞으로 교과과정의 改正에서는 이러한 사실이 補完되기를 바란다.

한문교과의 目標는 위의 性格에서 제시된 內容에 따라 設定되어 있다. 대부분의 內容이 위의 性格을 敷衍한 것인데, 예컨대, 中學校와 高等學校에서 각각 교육용 기초한자 900자를 바르게 읽고 쓰며 言語生活에 活用하도록 한다고 한 따위다. 그것은 제7차 교육과정에서 다음과 같이 設定한 中學校 한문과목의 敎育目標에서 確認된다. 곧 漢字, 漢字語, 漢文을 익혀 言語生活에서 바르게 읽고 쓰며, 漢文을 讀解할 수 있는 基礎的인 能力을 기르고, 漢文 記錄에 담긴 先人들의 삶과 知慧를 이해하여 건전한 價値觀과 바람직한 人性을 涵養하며, 傳統文化를 理解하고 繼承, 發展시키려

---

6) 鄭載喆(1999 : 70)에 의하면, 1972년 2월 28일 교육법 시행령 109조의 '우리의 고전문화를 계승하고 한자문화권 안에서 주체적이며 조화적인 문화 발전을 위하여'라는 條項에 이미 提示되어 있다고 한다.

는 態度를 지니게 한다고 하여 다음과 같이 條目으로 제시한 사실이 바로 그러한 것이다.

가. 중학교 한문 교육용 기초 한자 900자의 음과 뜻을 알고 쓸 수 있다.
나. 한자어를 바르게 읽고 쓰며 언어 생활에 활용한다.
다. 간이한 한문을 독해할 수 있는 기초적인 능력을 기른다.
라. 선인들의 삶과 지혜를 이해하고, 건전한 가치관과 바람직한 인성을
  함양한다.
마. 한문 기록에 담긴 전통문화를 이해하고 계승, 발전시키려는 태도를
  지닌다.

高等學校 한문의 目標는 漢字, 漢字語, 漢文을 익혀 言語生活에서 바르게 읽고 쓰며, 漢文을 讀解할 수 있는 能力을 기르고, 漢文 記錄에 담긴 先人들의 삶과 知慧를 理解하며 건전한 價値觀과 바람직한 人性을 涵養하며, 傳統文化를 繼承, 發展시키려는 태도를 지니고, 漢字文化圈 내에서의 相互理解와 交流增進에 寄與한다고 規定한 다음에, 中學校 한문교과와 같이 다음의 條目으로 提示하였다. 위의 性格을 敷衍, 說明한 內容이다.

가. 고등학교 한문 교육용 기초 한자 900자의 음과 뜻을 알고 쓸 수 있다.
나. 한자어를 바르게 읽고 쓰며 언어 생활에 활용한다.
다. 한문을 독해할 수 있는 기초적인 능력을 기른다.
라. 선인들의 삶과 지혜를 이해하고 건전한 가치관과 바람직한 인성을
  함양한다.
마. 한문 기록에 담긴 전통문화를 계승 발전시키며, 한자문화권 내에서의
  상호이해와 교류 증진에 기여한다.

이상과 같이 中學校와 高等學校의 한문교과의 目標는 水準에서 若干의 差異가 있으나 內容에서 一致한다. 다만 高等學校 한문교과에서 漢字文化圈 내에서의 相互理解와 交流增進에 이바지한다고 한 句節이 追加되었을 뿐이다. 위에서도 言及한 바와 같이 中學校 한문교과의 目標에서도 이 구절은 包含되어야 할 것이다.

中學校 한문교과의 內容體系는 그 內容 要素들이 한문교과에서 敎授, 學習되어야 할 核心的인 內容이다. 따라서, 內容體系의 內容 要素들은 한문교과의 學問的 體系와 일치한다고 볼 수 있다. 한문교과의 內容 領域은 漢字·漢字語·漢文의 3분 體系로 이루어져 있는데, 그 內容體系가 다음과 같이 제시되어 있다.

1. 한자 영역

⑴ 한자 익히기 : 한자의 음과 뜻 알기, 한자의 짜임을 통해 음과 뜻 알기, 자전에서 한자 찾기, 필순에 맞게 한자 쓰기
⑵ 한자 활용하기 : 언어생활에 활용하기, 문장독해에 활용하기

2. 한자어 영역

⑴ 한자어 익히기 : 한자어의 음과 뜻 알기, 한자어의 짜임을 통해 뜻 알기, 한자어를 읽고 쓰기, 성어의 속뜻 알기
⑵ 한자어 활용하기 : 언어생활에 활용하기, 문장독해에 활용하기
⑶ 가치관 형성하기 : 선인들의 삶과 지혜를 이해하고 가치관 형성하기

3. 한문 영역

⑴ 한문 익히기 : 문장을 읽고 뜻 알기, 문장구조를 통해 문장 풀이하기, 허자의 쓰임을 알고 활용하기, 문장의 형식을 알고 활용하기
⑵ 한시 익히기 : 시구 및 한시 풀이하고 감상하기
⑶ 한문 활용하기 : 격언, 속담, 명언, 명구를 일상 생활에 활용하기
⑷ 가치관 형성과 전통문화 계승, 발전시키기 : 선인들의 삶과 지혜를 이해하고 가치관 형성하기, 전통문화를 이해하고 계승, 발전시키려는 태도 지니기

제7차 교육과정은 漢字, 漢字語, 漢文 領域의 內容을 水準과 體系를 동시에 把握할 수 있도록 構成하였다. 또 한문교과의 3대 領域의 각 領域別 內容 要素들을 抽出하고, 이 內容 要素들에 根據해 位階性과 連繫性을 고려하여 領域別 內容을 한 段階 더 詳細히 하여 제시하였다. 그리하여 漢字 領域의 內容體系는 '① 한자 익히기, ② 한자 활용하기'로 下位項目을, 漢字語 領域은 '① 한자어 익히기, ② 한자어 활용하기 ③ 가치관 형성하

기'로 下位項目을, 漢文 領域은 '① 한문 익히기, ② 한시 익히기, ③ 한문 활용하기, ④ 가치관 형성과 전통문화 계승, 발전시키기'로 下位項目을 設定하였다. 이러한 領域의 구분, 특히 漢字, 漢字語의 領域에 대하여는 異見이 있을 수 있다. 漢字語가 漢字에 기초한 多音節語로 規定하고 있으나 單音節語인 '江, 曲, 山, 詩' 등등도 엄연한 漢字語이기 때문이다. 그러나 모든 漢字가 基本的으로 일정한 意味를 가진 形態素 내지 單語文字의 性格일 뿐 아니라, 形聲字와 會意字에서 보는 바와 같이 다른 漢字와 形音義에서 有緣性을 가지고 있으므로 漢字語와 달리 指導하여야 할 獨自性이 있는 領域이다.

또 제7차 교육과정은 한문교과의 敎育內容을 設定하면서 각 領域別 比重, 內容 要素의 先後 學習 關係를 考慮하여 각 領域과 內容 要素 간 學習의 位階性과 連繫性이 이루어지도록 하였다. 그리고 漢文敎育의 內容을 設定할 때에 漢文敎育의 必要性에 대한 理論的 根據나 漢文敎育 方法論에 대한 科學的인 硏究를 바탕으로 어느 水準에서 어떤 內容이 學習되어야 하는가를 最大限 考慮하였다고 한다. 따라서, 제7차 교육과정에서 領域別 敎育內容은 각 학년별 水準을 考慮하여, 中學校 1학년에서는 漢文을 처음 접한다는 점에 留意하여 基礎的인 漢字, 漢字語, 漢文 學習에 重點을 두도록 하였고, 상급 학년으로 올라갈수록 각 학년별 水準을 考慮하여 보다 進展된 內容을 自律的으로 學習하도록 하였다.

高等學校 한문교과의 內容도 中學校 한문교과와 똑같이 漢字, 漢字語, 漢文의 세 領域으로 나뉘어 說明되었을 뿐 아니라, 具體的인 內容도 거의 同一하다. 다만, 學習의 水準을 높여 漢字에서 그 構造를 통하여 形音義를 理解한다고 한 것과 漢文에서 漢詩의 形式과 特徵을 理解하고 漢文의 學習을 통하여 漢字文化圈 내에서의 相互理解와 交流增進에 이바지한다고 한 것 등이 追加되었다. 그러나 漢字文化圈 내에서의 相互理解와 交流增進은 비단 漢文의 學習을 통해서 가능할 뿐 아니라, 되풀이하여 말하지만 漢字와 漢字語의 學習으로도 이바지할 수 있는 일이다.[7] 漢字의 構造와 漢字語의 構成, 나아가 그 使用에서도 漢字文化圈 내에서는 같은 傳統이

現在까지 이어져 오고 있기 때문이다. 따라서 漢字, 漢字語, 漢文의 學習은 똑같이 漢字文化圈 내에서 相互理解와 交流增進에 橋梁的인 役割을 遂行하게 되는 것이다.

교육과정에 제시하여 說明된 한문교과의 위 性格, 目標, 內容 등으로 우리나라 漢文敎育이 指向하는 바를 알 수 있다. 이러한 豫備知識을 가지고 우리나라 漢文敎育의 實相과 問題를 살펴보기로 한다. 교육과정에는 이밖에도 方法과 評價가 더 있다. 이 方法과 評價에는 漢文敎育의 具體的인 遂行에 반드시 필요한 內容이 담겨져 있다. 그러나 國語政策의 觀點에서 漢文敎育을 다루는 이 글에서는 굳이 다루지 않아도 무방하리라 생각된다.

Ⅲ. 漢文敎育의 實相과 問題

우리나라에서 한문교과가 獨立되어 敎育된 지도 30여 년이 되었다. 高等學校의 경우에『漢文 1』,『漢文 2』의 교과서가 교육과정의 개정으로『漢文』,『漢文古典』으로 바뀌게 되었으나 교육과정에 따른 基本的인 敎育에서는 큰 差異가 없다. 물론 그 사이에 編纂이 되풀이되면서 敎科書의 體裁와 內容이 充實해지고 洗練되었다. 大學의 漢文敎育科에서 漢文敎育을 전공한 敎師가 배출되어 敎育現場에 투입되면서 漢文敎育의 質的인 向上을 가서 왔다. 그 방면 專攻者에 의한 漢文敎育學會가 설립되어 꾸준한 硏究와 努力으로 漢文敎育의 學問的인 水準이 向上된 것도 사실이다. 위에서 살펴본 교육과정도 그러한 成果를 일정 부분 反映한 것으로 생각된다. 그러나 專攻이 다른 우리의 眼目으로는 漢文敎育에는 아직도 상당한 問題

---

7) 지난해 經濟五團體에서 會員社의 新入社員 採用試驗에 漢字를 보도록 勸告한 사실도 이를 말한다. 漢字에 대한 어느 水準의 知識을 가진다면, 漢文을 모르더라도 中國이나 日本과의 交易에 有益하다는 判斷에 근거한 일이다.

가 있지 않은가 한다.

　우선 한문교과의 세 領域 중 漢字領域에 대하여 살펴보기로 한다. 漢字는 무엇보다 한문교육용 기초한자 1800자가 문제된다. 이 기초한자가 이루어진 經緯는 1951년에 당시의 문교부가 국어교과에서 가르칠 교육한자(『상용일천자표』) 1000자를 制定하고, 1957년에는 문교부 국어특별심의위원회 한문분과위원회의 審議로 위 교육한자에 300자를 追加하여 임시제한한자(『임시제한한자일람표』. 뒤에 '상용한자'라 개칭)를 制定하여 1964년부터 初中高等學校에서 가르치게 하였는데, 1968년 10월 25일 당시의 박정희 대통령이 「한글전용촉진 7개 사항」을 指示하여 모든 教科書에서 漢字를 削除하였으나 反對輿論에 부딪쳐 中高等學校에서 한문교과를 두면서 1957년의 상용한자 1300자에 500자를 追加하여 기초한자 1800자가 된 것이다(金相洪 외, 2000 : 132~133). 따라서 한문교육용 기초한자는 半世紀 전에 制定된 1000자와 두 번의 追加字로 이루어져 積立式의 方式으로 制定되었다. 時間 上으로도 마지막 追加가 30여 년 전의 일이다. 이에 교육부에서 韓國漢文教育學會에 1999년도 政策研究課題로『한문교육용 기초한자 1800자 조정에 관한 연구』를 委託하여 1999년 12월에 그 報告書(위의 金相洪 외 (2000)은 그것을 要約한 것이다)가 제출되었다. 이보다 앞서 民間學會에서 基礎漢字 또는 常用漢字에 대한 論議가 있었지만, 정부기관인 문화관광부에서 1999년 여름에 한문교육용 기초한자의 調整案을 마련하여 교육부에 移牒한 일이 있었다. 이 調整案은 政府機關에서 마련하였으나 金相洪 외 (2000 : 178~187)의 指摘과 같이 誤字, 脫字, 重複字가 있어서 字數도 맞지 않는 등 매우 부실할 뿐 아니라 初中高等學校의 學校 級別로 字種을 나누지 않아서 한문교육용으로 사용할 수 없게 되어 있다. 調整案이라기보다 하나의 參考資料가 될 정도의 性格이다. 반면에 政策研究課題의 報告書는 漢文教育의 專門學者가 대거 참여하여 民族文化의 創造的 繼承, 發展과 21세기 새 文化의 創造에 積極的으로 對處할 수 있도록 學校 級別에 맞추어 字種을 나누고, 나아가 中國, 日本, 臺灣과의 相互理解와 文化交流를 配慮하였으므로 가장 信賴할 內容으로 되어 있다. 이에 교육부에서는 보고서의 제1안인 2000자는 일단 保留하고 제2안인 1800자를 受容하되 報告書를 주로 참고하여 종전의 기초한자 중에서 44자를 除外하고 새로이 44자를 交替, 包含하여 全體 字數는 여전히 1800자로 하여 2000년에 공표하였다. 마지막 追加로부터 거의 30년 만에 이루어진 修正이다. 그러나 이 公表가 시기상으로 제7차 교육과정에 의한 敎科書의 編纂이 着手된 뒤에 이루어졌기 때문에 현재의 漢文敎育에는 反映되지 않았다.

기초한자에서 提起되는 첫 번째 問題는 字種에 관한 것이다. 기초한자 1800자를 一瞥하여 받는 印象은 모든 字種이 漢文古典의 讀解와 關聯되어 選定되지 않았나 하는 것이다. 字種의 選定基準으로 漢文敎育, 漢字文化圈과의 交流 및 國語生活의 必要(金相洪 외, 2000 : 188~189)를 들고 있으나, 國語生活의 必要라는 條件은 附隨的인 것으로 생각된다. 만일 國語生活의 필요가 考慮되었다면, 숫자의 갖은자 곧 大字인 '壹, 貳, 參, 肆, 伍, 陸, 柒, 捌, 玖, 拾, 佰, 仟'이 모두 選定되었어야 한다. 이들은 교육용 기초한자가 選定되던 初期는 말할 것도 없지만 오늘날에도 우리나라 實用的인 文簿에 常用되는 漢字이다. 그런데 기초한자에는 '壹, 貳, 參, 陸, 拾, 佰'만 選定되고, '肆, 伍, 柒, 捌, 玖, 仟'은 除外되어 있다. 따라서 선정된 이들 '壹, 貳' 등은 숫자의 大字이기 때문이 아니라 國語生活과 아무런 관계 없이 다른 根據에서, 具體的으로 말하여 漢文古典의 讀解를 考慮하여 選定되었다고 보아야 한다. 선정된 '參, 陸, 拾, 佰'은 숫자와 無關하게 사용될 수 있으나, '壹, 貳'는 實用的인 文簿에서 주로 숫자의 大字로 사용되고 다른 用法으로는 相對的으로 아주 적게 사용된다. 이에 政策課題의 報告書나 문화관광부 調整案이 똑같이 그 제1안과 제2안에서 이들 두 漢字를 제외하였던 것이다. 2000년 교육부에서 수정하여 제외한 44사 안에 '壹, 貳'가 包含된 사실도 같은 脈絡에서 이루어진 것으로 把握된다. 이러한 일은 우리나라 俗字가 選定에서 排除된 점으로 더욱 뚜렷이 드러난다. 널리 알려진 바와 같이 우리나라는 오랜 漢字使用의 歷史에서 독특한 俗字를 만들어 사용하였다. 實用的인 文簿에는 漢文古典과 달리 위 숫자의 大字와 함께 그 俗字를 常用하였다. 그런데 기초한자 중에는 오직 '畓'자만

包含되었다.8) 다른 俗字 '娚, 垈, 狀, 媤, 頉' 등은 국어 漢字語의 理解와 實用的인 文簿의 讀解에 꼭 필요하지만, 한 글자도 選定되지 않았다. 이는 기초한자의 字種 選定이 國語生活이 아니라 漢文古典의 讀解, 바꾸어 말하면 古典에 사용된 漢字에 焦點이 맞추어져서 이루어졌음을 말한다. 이것은 한문교과의 性格을 規定하는 주요한 要件이 될 것이다.

여기에서 우리는 傳統的인 우리나라 漢字初學書인 『千字文』과 『類合』을 생각하지 않을 수 없다. 잘 알려진 바와 같이 전자는 중국의 周興嗣가 漢字 1000자로써 中國의 故事를 4言 古詩로 編纂한 책이다. 이 책을 읽으면 基本的인 漢字를 習得하면서, 동시에 中國 古典을 讀解할 수 있는 素養도 얻는다. 후자는 우리나라에서 編纂된 책으로 基本的인 漢字 1500여 자를 字義의 部類別로 나누어 收錄하였다. 古典의 讀解보다는 漢字의 정확한 理解와 實用的인 使用을 考慮하여 편찬한 책이다. 일찍이 丁若鏞이 『雅言覺非』에서 指摘한 바와 같이 새김이 同音語인 '가지, 다리'의 '茄·枝, 橋·脚' 등은 部類別로 수록된 『類合』으로 배우면 정확히 그 뜻을 이해할 수 있는 長點이 있다.9) 곧 '茄·枝, 橋·脚'은 각각 菜蔬部의 '茄苽'와 草卉部의 '枝條', 都邑部의 '橋梯'와 身體部의 '脚足'에 나타나서 同音語가 文脈으로도 뚜렷하게 구별되는 것이다. 더욱이 첫머리의 數目部에는 '壹, 貳, 參, 肆, 伍, 陸, 柒, 捌' 등과 같이 大字가 모두 수록되어 있고, 眷屬部에는 '夫妻娚妹'와 같이 '娚'이란 俗字도 收錄되어 있다. 古典의 讀解보다는 實用的인 文字生活을 配慮한 初學書인 것이다. 字種의 選定이란 觀點에서 본

---

8) 이 '畓'자가 選定된 經緯에 대하여 알지는 못하나, 유일한 例外란 점에서 처음 選定하였을 때에는 俗字가 아닌 '畓'자가 아니었을까 한다. 俗字에는 '畓'과 같이 文簿에 상용되는 '娚, 垈, 狀, 媤' 등이 더 있는데도 그 漢字만 選定될 理由가 이해되지 않기 때문이다. 문화관광부 조정안의 제1안에서 제외자의 하나로 기초한자 1800자의 '畓'자 대신에 字音이 같고 字形이 비슷한 '畓'자를 잘못 포함한 사실이 그 推測을 가능하게 한다.
9) 『雅言覺非』에서는 전자를 '同訓가지', 후자를 '同訓다리'라고 하여 同音語로 보고 있다. 그러나 후자인 '橋·脚'은 널리 유포된 『類合』에 의하면, '드리고, 허틔각'이라 되어 同音語가 아니다. 丁若鏞이 '다리고, 다리각'이라 한 것은 당시의 실제 語形으로 새김을 삼은 데 있는 것이 아닌가 한다.

다면, 우리 한문교과의 기초한자는 『類合』이 아니라 『千字文』에 좀더 偏
向되어 있다고 할 것이다. 이 사실은 한문교과의 性格과 關聯性이 있는
것으로 생각된다.

　　두 번째 問題는 기초한자의 새김에 관한 것이다. 기초한자의 고시에서
字音은 처음부터 일정하게 規定되어 있다. 한자 1800자가 字音의 한글 순
서로 配列되어 있고, 또 이들 字音에 대하여는 異見의 提起도 없었다. 그
러나 字釋인 새김에 대하여는 고시에서 아무런 言及이 없었다. 敎科書 編
纂者에게 一任하였던 것이다. 매우 무책임한 處事가 아닐 수 없다. 제6차
교육과정에 의한 8종의 檢認定敎科書에서 '醫'는 敎科書에 따라 '의원 의,
의사 의, 병고칠 의'와 같이 '의원, 의사, 병 고치다'의 세 가지 字釋이 있
고, '空'은 '빌 공, 하늘 공'과 같이 '비다, 하늘'의 두 가지 字釋이 있다고
한다(崔泰淵 2000 : 111~112). 이러한 現象은 제7차 교육과정에 의한 敎科書
에서도 달라지지 않은 것이 아닌가 한다. 이와 結付되어 일어나는 더욱
큰 問題는 漢字 이름의 統一이다. 漢字의 이름은 『千字文』과 『類合』의 大
字로 된 漢字의 아래에 小字로 쓰여진 '하늘 텬(天), 출 한(寒)'과 같은 예
이다(安秉禧 1992 : 408). 이를 흔히 한자의 訓音 또는 釋音이라 부르는 일이
있지만,[10] 그것은 正確한 名稱이 아니다. 字釋이 體言의 경우는 별 問題가
없으나, 用言의 경우는 '츠다 한'이라 하더라도 한자의 訓音이 아니라 하
지 못하기 때문이다. 이름인 訓音은 전통적으로 字釋을 冠形語로 하고 字
音을 被修飾語로 하는 語句로 이루어진다. 字音으로만 이름을 삼는다면
同音字에서 混亂이 일어난다. 이러한 混亂을 피하기 위하여 字釋을 冠形
語로 하여 辨別力을 가진 漢字의 이름이 이루어진 것이다.

　　그리하여 漢字를 직접 써서 字形과 字音으로 알릴 경우가 아니면, 곧
口頭로 말하거나 한글만으로 쓸 경우에는 이 이름으로 나타내게 된다. 이
방법은 오늘날의 言語生活에서도 漢字를 口頭로 말할 경우에 通用되고 있
지만,[11] 15세기 후반의 文獻에서도 實證된다. 世祖 때의 『救急方諺解』(상,

---

10) 한문교육용 基礎漢字의 訓과 音을 선정한 報告書, 『敎育漢字 代表訓音 選定(案)』(社
　　團法人 韓國語文會, 2000)의 名稱에서 그 대표적인 用例를 본다.

16b)와 成宗 때의 『救急簡易方』(권 1, 48b-49a)에는 동일한 '以上好朱砂細硏
於舌上書鬼字'란 方文이 收錄되어 飜譯되었는데, 같은 原文 漢字 '鬼字'의
諺解가 다음과 같이 다르게 나타난다.

  ᄀ장 됴ᄒᆞᆫ 朱砂ᄅᆞᆯ ᄀᆞᄂᆞ리 ᄀᆞ라 혀에 鬼ㅈ字ᄅᆞᆯ 쓰고
  ᄀ장 됴ᄒᆞᆫ 쥬사ᄅᆞᆯ ᄀᆞᄂᆞ리 ᄀᆞ라 혀 우희 귓것 귀ᄍᆞᄅᆞᆯ 스고

  이 差異는 전자가 國漢文混用의 飜譯이어서 漢字를 직접 提示한 데 대
하여 후자가 한글만으로 飜譯되었기 때문에 이름인 '귓것 귀'로 漢字를
알려준 데 있다. 이러한 이름은 部首를 가리킬 경우에도 똑같이 使用된
다. 그 예가 16세기 후반의 『七大萬法』(12a)에 다음과 같이 나타난다.

  仁字는 사ᄅᆞᆷ 인변니 두 일字ㅣ니 두 사ᄅᆞ미라 혼 마리니

  여기에서 漢字의 이름뿐 아니라 部首의 이름도 오랜 歷史를 가진 것임
을 알게 된다. 이러한 이름은 資料에서 文證을 하지는 못하나 한글創制
전부터 存在한 것으로 推測된다. 그러므로 이 이름으로 漢字를 이해하고
남에게 알리는 방식은『千字文』이나 『類合』과 같은 漢字初學書 이전부터
있어 온 오랜 우리나라 固有의 것이다. 같은 漢字文化圈에 속하는 中國과
日本에는 없는 일이다. 이 固有한 漢字의 이름은 오늘날의 漢文敎育에서
되살려야 할 훌륭한 傳統이다.

  그런데 漢文敎育의 現場에서는 이 漢字 이름의 槪念도 가르치지 않을
뿐 아니라, 現行 8종의 敎科書에서 1종만 傳統的인 方法으로 訓音을 읽도
록 되어 있고, 나머지 7종은 '敎(교) 가르치다, 大(대) 크다, 木(목) 나무'와
같이 '字音＋字義'의 方法으로 지도하도록 되어 있다고 한다(崔泰淵 2000 :
114).[12] 修能試驗을 대비한 放送講義敎材인『수능특강 한문』(2004. 5, 한국교

---

11) 이 이름은 오늘날 商業用으로도 이용되고 있다. 예컨대 어떤 證券會社가 商號를
    '큰 대, 믿을 신'이라 하여 公信力의 宣傳에 이용하고, 어떤 酒造會社가 自社 商品
    을 '참 眞, 이슬 露'와 같이 약간 變則的으로 하여 製品의 純粹性을 알리려 한 것
    등이다. 이러한 사실에서 漢字 이름의 敎育은 너무나 당연한 것이다.

육방송공사)의 「꼼꼼자전」에서도 '恭(공) 공손하다, 濟(제) 건너다, 怪(괴) 괴이하다' 등등으로 되어 있다. 교육과정의 漢字領域에 指摘된 바에 따라 漢字 공부는 音을 정확히 알고 뜻을 정확히 알게 하는 데만 焦點이 맞추어져 있다. 이러한 學習 方式이 과연 이름으로 字釋과 字音을 가르치는 傳統的인 方式보다 合理的이고 能率的일까. 우리의 생각으로는 결코 合理的이지도 않고 能率的이지도 않다고 생각한다. 가령 語頭에서 本音의 初聲 ㄴ, ㄹ이 脫落하는 '年, 落' 등을 字音과 字釋으로 指導할 경우의 '년해, 락 떨어지다' 등보다 이름인 '해 년, 떨어질 락' 등으로 指導하는 일이 本音의 理解를 合理的으로 할 것이다. 또 '恭, 濟' 등을 '공손할 공, 건널 제' 등과 같이 하나의 이름으로 字釋과 字音을 暗誦하는 것이 '공 공손하다, 제 건너다' 등과 같이 字音과 字釋을 따로따로 배우는 것보다 能率的이다. 나아가 이 方式으로 익힌 漢字가 오늘날 한글專用의 글에 사용된 漢字語에 대하여 굳이 漢字를 써 보이지 않더라도 이름으로써 그 漢字를 바로 밝히고 漢字語의 槪念도 이해하게 할 수 있는 利點도 있다. 교육과정에서 한문교과의 目標 중 하나로 傳統文化의 繼承, 發展을 들고 있다. 이 目標는 漢字의 음과 뜻을 따로따로 가르칠 것이 아니라 이름으로 字釋과 字音을 동시에 가르치는 學習으로부터 이루어져 할 것이다.

한문교과의 두 번째 問題는 漢字語와 漢文의 敎育에 관한 것이다. 현재 中學校 한문 敎科書의 本文은 基礎的인 漢字를 提示하여 익히게 하고, 漢字가 結合하여 이루어진 漢字語를 提示하여 배우는 것으로 시작되어 있다. 本文에는 漢字와 漢字語는 나타나지만, 國漢文混用의 文章은 나타나지 않는다. 高等學校의 한문 敎科書와 한문고전 敎科書의 本文에서도 똑같이 國漢文混用은 철저히 排除되어 있다. 다만 本文에 附加된 '탐구, 연구' 또는 '보충학습, 심화학습'에서 國漢文混用의 文章을 提示하고서 漢字語를 指導하도록 編纂되었다. 이 文章의 漢字語는 本文에서 學習한 內容의 活用

---

12) 崔泰淵(2000 : 114, 각주 6)에 의하면, 실지로 1987년의 大邱 시내 漢文指導敎師 124명 중 41명(33.1%)이 用言 '敎'를 '가르치다 교'와 같이 指導하고 있다고 하였는데, 지금도 그렇게 指導하는 敎師가 있다고 한다.

을 위한 측면이 없지 않으나, 中學校와 高等學校에서 가르쳐야 할 기초한 자 900자의 消化를 위한 측면도 없지 않아 보인다. 그 文章이 韓國語文會의 月刊誌『語文 생활』의 固定欄 '漢字가 있는 글의 香氣'와 같이 이미 발표된 國漢文混用의 훌륭한 文章에서 拔萃된 것이 아니라 교과서 編纂者의 간단한 作文으로 되었기 때문이다. 그 作文이 本文과 직접 關聯이 없기 때문에 學習者의 注意力을 分散하게 하고 나아가 한문교과의 魅力을 느끼지 못하게 하는 要因으로도 作用한다고 한다. 국어교과의 敎科書에서 첫 單元에 單語를 羅列하여 가르치는 일은 이미 지난 시기의 일이다. 現行의 外國語敎科書의 경우도 國語敎科書와 마찬가지로 아무리 첫 單元이라 하더라도 單語를 羅列하는 일은 없다. 간단한 文章을 통하여 外國語의 單語를 學習하고 나아가 文章構造를 익히도록 編纂되어 있는 것이다. 이것이 言語學習의 올바른 方法이기 때문이다. 한문 敎科書가 이와 다른 것은 한글專用敎育의 補償에서 출발한 胎生的인 理由에 말미암은 것으로 생각된다. 이에 한문교과의 各級 敎科書에 대하여 根本的인 改善이 있어야 할 것으로 생각된다.

이와 관련하여 우리나라 文章의 歷史와 種類에 대하여 살펴볼 필요를 느낀다. 그 文章은 國語敎科書와 漢文敎科書에 수록되어야 할 對象이기 때문이다. 表記手段에 따른다면 크게 漢文, 國漢文混用의 글, 한글專用의 글의 세 가지로 나뉠 것이다. 漢文은 古代中國語의 文法에 따라 漢字로만 쓰여진 글이다. 그 使用期間을 본다면 가장 오랜 歷史를 가진 글이다. 한글創制 전은 말할 것도 없지만, 創制 이후로도 開化期까지는 文字生活의 主流가 이 漢文인 것이다. 이들 漢文은 中國의 일부 유명한 漢文古典과 함께 中高等學校의 한문교과에서 가르쳐야 할 對象의 文章임에는 異論의 여지가 없다. 그런 점에서 한문교과의 最終目標가 漢字와 漢字語의 學習 段階를 거쳐 漢文의 讀解에 둔 것은 일단 首肯된다. 漢字만으로 된 글에는 鄕歌를 포함한 吏讀文이 있으나 이는 國語를 직접 表記한 점에서 위의 漢文과 구별된다. 現行과 같이 國語敎科書에 收錄되어야 할 것이다. 한글專用의 글은 國語敎科書에 收錄되어 있고, 여기에 대하여도 다른 意見이 있을 수 없다. 問題는 國漢文混用의 글이다. 國漢文混用의 글이 登場하기 시작한 것은 한글創制 이후부터이다.13) 한글創制 後로 開化期까지『龍飛御天歌』,『釋譜詳節』,『杜詩諺解』,『松江歌辭』 등과 같이 高等學校의 국어나 고전문학의 敎科書에 수록된 國漢文混用의 名文이 없지는 않다. 그러나 國漢文混用의 그것은 質과 量에서 漢文에 비할 바가 아닐 정도로 劣勢이다. 그런데 開化期 이후에 오면 이러한 狀況은 완전히 逆轉된다. 國漢文混用으로 된 글이 質과 量에서 漢文을 壓倒한다. 새로 輸入된 近代印刷術로 國漢文混用의 글은 쏟아져 나오다시피 하였다. 더욱이 이들 文章은 現代文體의 先驅的인 形式을 보인다는 점에서 國語文體史에서 중요한 位置를 가지고 있다. 글의 內容으로도 일찍이 볼 수 없었던 것으로서 開化期 이래 우리 先人들의 삶과 知慧, 思想과 感情이 배여 있다. 다시 말하면 國漢文混用인 開化期의 初期 文章은 西歐文物의 接觸에서 일어나는 先人들의 苦惱가 反映되어 있다. 西歐文物을 어떻게 受容하여 새로운 나라와 時代를 세우고 열어갈 것인가에 대한 苦悶이 드러나 있다. 그 段階를 지나면서는 人文社會科學, 自然科學을 비롯하여 文學藝術의 모든 分野에서 西歐文物의 受容으로 얻은 값진 成果를 보여준다. 그 成果를 바탕으로 現代의 우리 文化는 이루어진 것이다. 요컨대 이들 開化期 이래의 國漢文混用의 글은 形式과 內容에서 近代 이전과 現代를 이어주는 橋梁的인 역할을 하고 있다. 그런데 이들 글은 漢字와 漢字語의 敎育이란 觀點으로는 漢文敎科書에 收錄될 수 있고, 국어의 表記란 觀點으로는 國語敎科書에 收錄될 수 있는 兩面性이 있다. 그럼에도 오늘날 國語敎科書가「己未獨立宣言書」를 제외한 國漢文混用의 글을 外面하다시피 하고, 漢文敎科書도 똑같이 漢文이 아니라는 이유로 그것을 外面하고 있다.

　이러한 現象은 하루 빨리 是正되어야 한다. 그것은 약 1세기에 걸친 文

---

13) 최근 學界에서 漢文에 吏讀로 토를 달기 시작하면서 國漢文混用이 시작되었다는 意見이 있는 것으로 알고 있다. 그러나 國漢文混用은 國文 곧 한글과 漢字의 混用을 뜻하는 것이지, 固有語와 漢字語의 混用을 뜻하는 것이 아니다. 오늘날 한글專用의 글이 固有語와 漢字語가 混用되었더라도 國漢文混用이라 하지 못하는 것도 같은 뜻이다.

字生活, 傳統社會와 現代社會의 연결고리가 되는 文字生活의 貴重한 成果
物을 無視하는 일이다. 오늘날 大學敎育에서, 특히 人文社會科學의 敎育에
서 學生들의 漢字實力의 低下를 憂慮하는 論議가 頻發하고 適切한 對策을
講究하려는 試圖가 곳곳에서 행해지고 있다. 이는 바로 그러한 成果物을
讀解하지도 못할 뿐 아니라 無視하는 傾向에 대한 反省에서 나온 것이다.
비록 文字生活이 한글專用으로 나아간다고 하더라도 國漢文混用의 文章을
外面하는 敎育은 우리의 近代化過程을 反映하는 文字生活과 그 成果에 學
生의 눈을 막게 하는 無謀한 '實驗'이라 할 수밖에 없다. 그런 데도 우리
의 敎育은 그것을 恣行하여 왔고 아직도 그것을 踏襲하고 있다. 참으로
안타까운 일이다. 이를 止揚하는 方法은 매우 간단하다. 國語나 漢文敎科
書의 本文에 國漢文混用의 대표적인 文章을 收錄하여 傳統의 斷絶을 막을
뿐 아니라 國語 語彙의 주요한 資源인 漢字語를 正確하고 能率的으로 學
習하도록 해야 할 것이다. 이러한 敎科書의 改善은 빠르면 빠를수록 좋으
리라 생각된다.

그 改善은 國語敎科書에서 이루어지는 일이 가장 바람직하다. 그러나
그것이 現實的으로 이루어지기는 어려워 보인다. 解放 이후로 거의 60년
에 이르는 동안 한글專用의 敎科書가 계속 使用되어 온데다가, 그 改善이
文字政策과 관련된 것으로 생각하는 한글專用論者들의 强力한 反撥이 豫
見되기 때문이다. 次善策으로 漢文敎科書에서 그 改善이 있어야 할 것으
로 생각된다. 한문교과는 교육과정에서 되풀이 설명된 바와 같이 漢字와
漢字語의 敎育이 漢文과 함께 그 主要한 領域이다. 國語生活과 관련된 漢
字와 漢字語의 效果的인 敎育은 漢文보다는 國漢文混用의 文章으로써 쉽
게 달성될 수 있다. 거기에 漢文敎育에 종사하는 專門家 사이에는 文字政
策에 대하여 合理的인 見解를 가진 분들이 많은 것으로 생각된다.[14] 사실
한문교과의 獨立이 한글專用政策과 한글專用敎育의 補償으로 이루어졌을
때에 이 方針이 眞摯하게 論議되었어야 하는 아쉬움이 있다. 그 때에 國

---

14) 한 예로 許捲洙(1999)가 그 대표적인 論文이다.

漢文混用의 文章이 漢文과 함께 敎科書의 本文에 收錄되었다면, 한글專用
敎育의 완전한 補完이 이루어질 수 있었을 것이고 한문교과의 두 領域인
漢字와 漢字語 敎育의 跛行이 일어나지도 않았을 것이다. 이러한 한문 敎
科書의 改善은 北韓의 예를 고려할 때에도 適切한 것이 아닐까 한다. 뒤
에 설명하는 바와 같이 그들은 日常의 文字生活이나 國語敎育에서는 徹底
하게 한글專用을 施行하면서 漢文敎育에서는 國漢文混用의 文章으로 漢字
와 漢字語를 가르치고 있다. 그 成果의 一端은 1997년에 越南한 金光戶
군이 같은 또래인 江南의 어떤 初等學校 5학년 반을 訪問하여 자신의 이
름을 漢字로 정확히 써 보인 데서 確認하게 된다(金敏洙 1999 : 101). 漢文敎
育의 專門家들은 漢文敎師가 漢文敎育科 出身者라야 한다는 主張을 펴고
있다(朴英鎬 1999 : 126). 이는 當然한 主張이다. 한문 敎科書에 國漢文混用의
文章이 收錄되더라도 漢字에 대한 專門的인 知識을 가진 敎師가 指導하여
야 한다는 主張은 여전히 有效할 것이다. 이러한 점에서 漢文敎育의 專門
家들은 國語政策의 立案者와 함께 교육과정의 改正을 비롯하여 한문교과
內容의 改善에 대하여 眞摯하게 考慮하여줄 것을 감히 要請하는 바이다.

Ⅳ. 北韓의 漢文敎育 - 맺음말을 겸하여

北韓은 解放 이후로 出版物에서 漢字廢止를 施行하고 필요한 경우에 括
弧 안에 漢字를 倂記하는 것을 許容하였으나, 1948년부터는 완전한 한글
專用을 實施하였다. 따라서 국어교육도 한글專用으로 實施되었다(최용기
2003 : 213~214). 그러나 한글專用의 敎育만으로는 우리나라의 古代 典籍을
읽지 못하며 語彙 곧 漢字語의 語源과 語根을 똑똑히 理解하지 못하며 中
國이나 日本의 文化를 學習하는 데 便益을 주기는커녕 障碍가 되기 때문
에 1953년부터 초급중학교 이상 곧 우리의 初等學校 5학년 이상의 학생
들에게 한문과목을 學習하도록 하였다고 한다(金敏洙 1999 : 95~96). 이 施

策은 1964년 1얼 3일과 1966년 5월 14일의 金日成교시로 統一을 對備하여 南韓의 出版物을 읽도록 하여야 한다는 要件 하나가 追加되어 더욱 强調되었다. 실제로 이 교시 사이에 학생들이 漢字語를 잘못 아는 사례로 回答을 解答, 改悛을 改進, 精通을 全通, 混同을 混沌 등으로 사용한다고 하면서 國語語彙의 混亂, 具體的으로 漢字語의 混亂이 招來되고 있다는 報告가 發表되기도 하였다(金敏洙 1999 : 97). 그리하여 北韓의 漢文敎育은 오늘날까지 一貫되게 强力히 實施되고 있다.[15] 우리의 漢文敎育이 參考하여야 할 대목인 것이다. 이제 그 內容을 살펴보기로 한다.

北韓의 교육용 한자는 中學校의 1500자와 大學을 비롯한 上級學校의 1500자, 모두 3000자이다.[16] 그 漢字의 選定에 나타난 特徵은 俗字가 다음과 같이 들어 있는 점이다.

娚(처남 남)   畓(논 답)   垈(터 대)   洑(보둑 보)
媤(시집 시)   頉(탈 탈)   太(콩 태)

마지막 예의 '太'는 字釋이 '크다'로서 漢文古典에서 사용될 뿐 아니라 우리의 기초한자의 字釋으로 指導되고 있어서 俗字라 하지 못하나, 北韓의 교육용 한자에서 '콩 태'라 하였으므로 俗字가 된다. 字釋 '콩'은 우리나라 漢字에만 사용되는 固有한 用法이기 때문이다. 위에 제시한 이들 俗

---

15) 北韓의 한문교과인 한문은 우리의 漢文과 槪念에서 差異가 있다. 北韓 言語學硏究所 편『조선말대사전』(사회과학출판사, 1992)에서 올림말 '한문'은 "(1) 고대 중국 말 문법에 따라 한자로 적은 말, (원뜻에서 갈라진 뜻으로)한자를 이르는 말 (2) 한자 지식을 주는 학과목의 하나. 보통교육 또는 일부 고등교육기관에서 가르친다"고 풀이되어 있다. 첫 풀이는 국어사전에서도 볼 수 있으나 둘째 풀이는 우리의 사전에서 볼 수 없을 뿐 아니라 한문교과의 해석과도 어긋난다. 우리 한문교과는 漢字와 漢字語를 가르치지만 궁극적으로는 漢字로 적은 文章의 讀解를 指導하려는 것이기 때문이다. 물론 北韓의 한문교과에서도 漢字로 된 文章을 가르치지만 漢字를 가르치는 한 方便으로 이해된다. 따라서 南北韓의 漢文은 同義語가 아니다. 同音語라야 할 것이다.
16) 이들 漢字의 字種과 字釋 및 字音에 대하여는 南廣祐 편저(1995 : 資料 (3), 北韓 敎育用 漢字)와 金敏洙(1999 : 부록, 북한 교육용 3천자표)를 참조할 것. 후자에는 현재 중학교에서 敎育하고 있는 漢字 1500자가 따로 표시되어 있다.

字는 中國이나 日本에서는 使用되지 않으나, 우리의 지난날 實用文書에 빈번하게 使用되었고 現代國語 漢字語의 한 成分으로도 사용된다. 當然한 選定이라 생각된다. 그뿐 아니라 '畓, 太'는 중학교에서 가르치도록 選定되었다. 한편 숫자의 大字인 '壹, 貳, 參, 肆, 伍, 陸, 柒, 捌, 玖, 拾'도 모두 선정되어 있다. 이 字種의 選定은 北韓의 한문교과가 指向하는 바가 우리와 같지 않음을 단적으로 말하는 일이다. 앞에서 우리의 傳統的인 漢字初學書 『千字文』과 『類合』을 들고 우리의 교육용 기초한자의 選定이 『千字文』에 偏向되어 있다고 한 바 있다. 그런데 北韓의 漢字 選定은 『類合』의 編纂과 一脈相通한다고 하지 않을 수 없다. 이 사실은 北韓의 한문 敎科書의 檢討로도 뒷받침될 것이다.

　敎科書에 나타나는 漢字의 이름은 우리나라의 固有한 傳統을 그대로 繼承하였다. 字音 앞에 字釋을 冠形語로 하여 '佳 아름다울 가, 假 거짓 가'와 같이 가르치고 있다. 그러나 冠形語인 字釋이 體言인 경우에는 낡은 語形을 現代語로 修正한 예가 많다. 修正은 親族語彙에서 두드러진다. 예를 들면, '姑 시어머니(←시어미) 고, 母 어머니(←어미) 모, 父 아버지(←아비) 부, 嫂 아주머니(←형수) 수, 叔 아저씨(←아재비) 숙, 祖 할아버지(←할아비) 조, 婆 할머니(←할미) 파, 爺 아버지(←아비) 야'가 그러하고, 같은 범주의 예로 '夫 사나이(←지아비) 부, 婦 부인(←지어미 / 며느리) 부'가 있다. 그밖에 '입겻' 또는 '어조사'란 字釋으로 불리던 '哉, 乎, 也, 耶, 於, 焉, 于'는 모두 '토'로 統一하였다. 이는 北韓의 文法體系에서 助詞와 活用語尾를 통틀어 '토'라 부르는 것과 步調를 맞춘 것이다. 그러므로 이상의 修正은 肯定的인 측면이 있다. 그러나 다음의 두 修正에는 同意하기 어렵다. 理念의 影響으로 된 예인 '倭 왜놈(←나라이름 / 예) 왜'와, 분명히 잘못된 예인 '甥 처남(←오라비) 남'이 그것이다. 전자는 그들의 政治理念이 드러난 것인데, '讐 원쑤 쑤(수)'와 함께 漢字의 이름까지 政治色을 띠게 하는 일은 지나친 것으로 생각된다. 후자는 오누이를 뜻하는 '甥妹'란 용례로 보아서 적절한 字釋일 수 없다. 북한의 『조선말대사전』은 우리의 일부 국어사전과 같이 올림말 '처남'의 語源인 漢字를 '妻娚'이라 하고 '남매'의 漢字는 '男

妹'라 하여 '처남 남'의 이름과 一貫性을 유지하였다. 그러나 『朝鮮語辭典』
(朝鮮總督府, 1920)과 같이 '남매'의 漢字도 '娚妹'라야 한다. 新羅의 金石文
에도 세 娚妹의 용례에서 '오라비'의 뜻으로는 '男'이 아닌 '娚'이 사용되
었었다. 『類合』에서도 '娚妹'란 용례가 있는 것이다. 이러한 잘못이 있지
만 우리의 대부분의 교과서가 音訓으로 漢字를 가르치도록 된 점에 비추
어 볼 때에 漢字의 이름을 傳統的인 方式으로 통일하여 가르치는 일은 바
람직한 현상이다.

　北韓의 중학교용 漢文敎科書의 本文은 漢文이 아니다. 國漢文混用의 文
章으로 되어 있다. 그 文章은 開化期 이래의 實在한 것이 아니다. 모두 새
로이 作文된 것으로서 內容은 金日成수령의 偶像化에 기여하며 主體思想
과 社會主義體制의 優越性을 강조하고 南韓革命의 鼓吹를 주장하는 文章
인 것이다. 한문이 漢字와 漢字語를 가르치는 敎科이지만 社會主義思想敎
育의 한 道具科目으로 徹底하게 機能하고 있다(南廣祐 1989 : 41~42 및 陳在
敎 2000 : 46~47 참조). 그러나 이러한 理念이나 思想에 관한 內容을 除外하
면 國漢文混用의 文章으로 漢字와 漢字語를 가르치는 방법은 國語敎育이
나 外國語敎育에 비추어서 올바른 것으로 생각된다. 敎科書의 뒤에 附錄
으로 '1. 새 한자표, 2. 한자와 한자말'을 싣고, 학년이 높아지면 '부수이
름, 2. 새 한자표, 3. 한자와 한자말'이라 하여 部首 이름까지 실었다(南廣
祐 1989 : 42~46). '한자와 한자말'이라는 附錄에는 漢字를 앞에 提示하고서
括弧 안에 部首를 보인 뒤에, 漢字의 이름과 그 漢字를 構成要素로 한 漢
字語를 提示하여 漢字와 漢字語의 效果的인 學習을 可能하도록 배려하였
다. 그들의 한문교과는 社會主義思想敎育의 道具科目이란 性格과 함께 徹
底하게 漢字와 漢字語를 가르치는 데 焦點이 맞추어져 있는 것이다. 그러
나 最近에는 우리나라의 傳統的인 漢文古典도 適切하게 收錄하여 民族의
文化遺産을 繼承, 發展시키려는 意圖도 드러내고 있다. 選定된 漢文이 그
들 나름의 愛國心과 人民性, 그리고 民族의 自主性을 浮刻하는 內容을 중
심으로 『三國史記』, 『文宗實錄』, 『北學議』 등에서 拔萃되어 主體思想과 일
정 부분에서 聯關된 점은 인정된다(陳在敎 2000 : 53~54). 더욱이 儒敎經典

이나 중국의 古典이 排除된 사실도 北韓 한문교과의 限界點으로 지적되어야 할 것이다. 그러나 從前의 政治色 一邊倒의 한문교과에 대한 反省이란 점에서 肯定的인 變化로 評價된다.

이상에서 北韓의 漢文敎育에 대한 特徵的인 사실을 살펴보았다. 政治的인 側面을 排除한다면, 그들의 한문교과는 實用的인 漢字初學書인 『類合』의 傳統과 漢字 學習法을 繼承하면서 우리나라 固有의 俗字를 포함한 교육용 漢字를 가르치되 國漢文混用의 文章으로 漢字와 漢字語를 學習하도록 하는 長點을 가지고 있다. 우리의 한문교과도 이러한 長點은 受容하여야 할 것이다. 다만 政治色이 강한 國漢文混用의 文章은 開化期 이래로 先人들이 남긴 같은 國漢文混用의 文章으로 代替하여야 한다. 거기 사용된 漢字는 물론 한문교육용 기초한자 限度 안에서 調整할 일이다. 그 文章은 거의 1세기에 걸친 우리 文字生活의 精髓이면서, 동시에 文章의 形式과 內容이 모두 現代의 文章으로 이어주는 橋梁의 役割을 하는 대표적인 것으로 選擇되어야 할 것이다. 우리의 傳統文化의 斷絶을 止揚하기 위하여도 開化期 이래의 文字生活을 敎育現場에서 外面하거나 無視하는 일은 시급히 止揚되어야 한다. 偏狹한 愛國心으로 한글專用敎育의 崩壞를 憂慮한다거나 한문교과의 ‘純粹性’에 대한 執着으로 民族文化의 斷絶이 더 이상 放置되어서는 안 된다. 우리 모두 大乘的인 見地에서 漢文敎育이 漢字와 漢字語의 效果的인 敎育을 위할 뿐 아니라 民族文化의 連綿한 歷史의 중요한 部分을 學習할 수 있도록 하는 方向으로 한문교과의 轉換이 이루어지게 되기를 간절히 바라는 바이다.

이러한 所望은 다음의 여러 측면에 비추어 반드시 이루어져야 할 것이다. 첫째 오늘날 점차 擴大되고 있는 日本, 中國을 비롯한 東南亞 여러 나라와의 交流를 위한 측면이다. 근래 大企業에서 社員에게 漢字學習을 권장하는 한편, 新入社員의 銓衡에 漢字試驗을 과하는 것이 經濟交流에서의 漢字知識이 얼마나 중요한가를 입증하고 있다. 둘째 위의 나라에 대한 일반 國民의 旅行과 觀光을 도와주는 측면도 있다. 그 나라에 갔을 때에 비록 初步的인 漢字知識이지만 여간 큰 도움이 되지 않았다는 體驗談에서

漢字學習 필요성의 일면을 본다. 자유로운 海外旅行으로 이러한 필요성은 더욱 커질 것이다. 셋째로, 가장 중요한 것은 文字生活의 機械化로 漢字의 중요성이 인식되는 측면이다. 컴퓨터의 모니터에 나타나는 漢字는 한글을 포함하여 世界의 어떤 文字보다 正確, 迅速하게 意味傳達이 가능하다고 한다. 畵像에 가장 가까운 문자가 漢字이기 때문이라는 것이다. 國語의 표기도 漢字入力이 한글에서 변환하는 결점이 있으나, 讀者에게 주는 便宜는 그것을 상쇄하고도 남는다. 약 30년 전 서울대학교 語學研究所(현 言語教育院의 前身)의 漢字問題에 대한 세미나에서 한글專用을 주장하는 한 先輩가 구체적인 숫자를 들면서 한글만으로 글을 쓰는 時間과 勞力은 漢字混用보다 훨씬 덜 든다는 주장을 하였다. 그때 筆者는 한 사람에게 읽히는 편지가 아니라 不特定 多數의 讀者를 대상으로 하는 印刷物의 경우는, 讀者의 정확하고 신속한 理解度를 감안하면 그 時間과 勞力은 몇 倍의 補償을 받는다고 反論을 제기한 바 있다. 이 反論은 처음 제기된 것으로 생각되는데, 당시 印刷媒體의 讀者는 거의 모두 어느 정도의 漢字知識을 가지고 있어서 그 反論은 성립되었고, 그에 대한 反駁은 없었던 것으로 기억된다. 그러나 오늘날의 讀者는 그때와 사정이 아주 다르다. 이른바 '漢盲'이 대부분이다. 商業出版社의 出版物이 거의 한글專用일 뿐 아니라, 專攻書籍의 著者에게도 되도록 漢字使用을 줄여 달라고 종용하는 실정이다. 이러한 실정에서는 아무리 漢字의 長點을 늘어놓더라도 空念佛이 되고 말 것이다. 이를 지양하고 出版物의 簡明한 表現과 정확하고 신속한 讀解를 가져오게 하기 위하여 漢字學習의 중요성은 강조되어야 한다. 이러한 상황을 고려하여 우리는 學校에서의 철저한 漢文教育의 施行을 촉구하지 않을 수 없다. 漢文教育에 直間接으로 관여하는 분들의 奮發을 감히 기대하고자 한다.

參 考 文 獻

金敏洙(1999),「북한의 한자 교육」,『새국어생활』9-2 : pp.93~124.

金相洪 외(2000),「漢文敎育用 基礎漢字 1800자 調整에 관한 硏究」,『漢文敎育硏究』 14 : pp.125~193.

南廣祐(1989),「北韓의 漢字敎育」,『語文硏究』61 : pp.39~60.

南廣祐 편저(1995),『古今漢韓字典』, 仁荷大出版部.

송병렬(2002),『새로운 한문 교육의 지평－한문교육의 이론과 실제－』, 문자향.

朴英鎬(1999),「제7차 중·고등학교 한문과 교육과정의 의의와 과제」,『漢文敎育硏究』 13 : pp.103~127.

朴英鎬(2000),「韓國에서의 漢文敎育의 現況과 課題」,『漢文敎育硏究』14 : pp.9~26.

安秉禧(1992),『國語史 資料 硏究』, 文學과知性社.

鄭載喆(1998),「제7차 한문과 교육과정의 개발 방향」,『漢文敎育硏究』12 : pp.41~ 59.

鄭載喆(1999),「제6·7차 한문과 교육과정의 비교연구」,『漢文敎育硏究』 13 : pp.61~79.

陳在敎(2000),「北韓의 語文政策과 漢文敎育」,『漢文敎育硏究』14 : pp.27~58.

최용기(2003),『남북한 국어정책 변천사 연구』, 박이정.

崔泰淵(2000),「漢文敎育 內容의 標準化 問題」,『漢文敎育硏究』14 : pp.109~124.

許捲洙(1999),「한자 한문은 꼭 배워야 하고 배우기 어렵지 않다」,『漢文敎育硏究』 13 : pp.81~102.

『Abstract』

Teaching Chinese Writing in Korea

Ahn, Pyong-hi

The purpose of this paper is to examine the current education of Chinese writing adopted one of Korean middle and high school courses since 1972, point out its problems, and suggest feasible solutions of the problems. The reviews on some properties of the Chinese writing course defined in the description of the curricula of the Education Department and on the current way of teaching Chinese writing course show us the problems as follows. First, the basic Chinese Characters, which consist of 1,800 characters, are selected not from the authentic examples of the everyday Chinese characters but from the Chinese Classics. Second, many teachers do not use the traditional way of teaching the meaning and sound of the basic Chinese characters simultaneously. Lastly, the education of the Chinese characters and words was not accompanied by the change of Korean education policy which bans the use of sentences written in both Korean alphabets and Chinese characters. Referring to the current way of teaching Chinese characters in North Korea, this paper proposes that these urgent problems are reconsidered in order to have a better educational methodology of Chinese writing than the current one.

Key words

education of Chinese writing, education of Korean, basic Chinese characters, sound and meaning of Chinese Characters, using Korean alphabets with Chinese characters

漢字와 國語語彙의 近代化

宋　敏

(Song, Min ; 國民大　名譽敎授,　第3代　國立國語研究院　院長)

國文抄錄

조선왕조 말엽의 개화 과정에서 국어는 서양개념을 나타내는 일본식 신생 번역어를 많이 차용하였다. 그러한 史的 과정에서 한자는 신생어 생산의 기반 으로서 결정적인 역할을 수행하였다. 그 결과, 국어의 어휘체계, 특히 한자어 체계는 광범위한 改新을 경험하였다. 우리는 『獨習日語正則』(鄭雲復, 1907)과 같은 對譯資料를 통하여 그러한 증거를 찾을 수 있다. 이 책에는 다양한 신생 한자어와 파생어에 이용된 접사용 한자형태소가 나타나기 때문이다.

한편, 전통적 한자어 가운데에는 일본어의 간섭에 저항한 것들도 있다. 그 러한 한자어의 대부분은 현대국어에서 그 모습을 찾아보기가 어렵다. 그들은 모두 일본식 한자어로 대치되었기 때문이다.

결론적으로 개화기의 국어어휘체계가 겪은 改新은 한자에 기반을 둔 일본식 신생어의 전면적인 영향으로 이루어졌다. 이러한 의미에서 한자는 개화기 국 어의 어휘체계에 일어난 근대화의 토대가 되었다고 볼 수 있다.

核心語 新生漢字語, 傳統漢字語, 日本語의 干涉, 國語의 抵抗, 漢字語体系, 語彙 体系의 近代化

I. 머리말

日本軍艦　雲陽號의　江華島　侵犯(1875년)에　이은　朝日修好條規(1876)의　체

결로 朝鮮朝廷의 鎖國이 풀리면서 불어닥친 開化의 물결은 舊韓末의 社會 全般에 엄청난 충격과 함께 變革을 가져왔거니와, 그 여파는 開化期의 語彙體系에도 급격한 革新을 몰아왔다. 이 과정에서 결정적인 위력을 발휘한 존재가 바로 漢字와 漢字語였다. 漢字의 잠재적 效用性은 그만큼 國語의 語彙史的 측면에서도 도외시하기 어려운 저력을 과시한 것이다.

近代化 과정에서 漢字의 效用性을 적극 활용한 사람들이라면 日本의 선각적 지식인들을 꼽을 수 있다. 그들은 西洋文物을 받아들이고 소화하는 과정에서 漢字의 造語力을 창조적으로 극대화함으로써 새롭게 가다듬어진 語彙體系로 신시대의 문물을 자국어로 표현할 수 있는 길을 열어놓았다. 그 덕분에 日本은 漢字의 본적지인 中國보다 앞서 東洋에서는 처음으로 近代化를 달성할 수 있었다. 말하자면 日本의 近代化는 語彙體系의 近代化와 불가분의 관계 속에서 이루어졌다고 보아도 과언이 아닐 것이다. 이 과정에서 새 시대의 日本語에 모습을 드러낸 新造語나 新生語는 뒤늦게 문호가 열린 舊韓末의 開化期 國語나 淸末의 中國語, 특히 語彙體系에 적지 않은 영향을 끼쳤다. 말하자면 日本은 漢字라는 原資材를 독자적으로 再加工하여 그 原産地에까지 逆輸出한 셈이다.

舊韓末인 1876년 제1차 修信使 金綺秀가 일행 70여 명과 함께 일본에 다녀온 후, 1880년에는 金弘集이 제2차 수신사로서, 그 이듬해인 1881년에는 朴定陽을 비롯한 紳士遊覽團 12명 등 일행 60여 명이 연달아 일본을 돌아보았다. 이에 따라 현지에서 한창 일렁이고 있던 '文明開化'의 여파도 부지불식간에 국내로 파급되기 시작하였다. 이러한 상황 속에서 국내외의 새로운 정보와 지식을 옮겨준 수단이 바로 漢字와 漢字語라는 편리한 媒介體였다.

당시의 日本語에는 새로운 文物이나 槪念을 표현하고 전달하기 위한 도구로서 각 분야의 선각자들이 創案해내는 漢字語가 넘치고 있었다. 日本과의 관계가 날로 밀접해지면서 그들이 창안한 漢字語는 人的往來, 言論媒體, 留學生, 書籍과 같은 수단을 통하여 점진적으로 국내까지 전파되기 시작한 것이다. 漢字語의 경우, 당시의 지식인이라면 비록 처음 대하거나 약간 낯선 語形일지라도 그 槪念이나 意味를 어느 정도 이해할 수 있었다. 동양인의 공용 문자로 구성된 漢字語는 그만큼 쉽사리 國語에 유입되면서 자리를 잡을 수 있는 조건을 처음부터 갖추고 있었다고 말할 수 있다.

여기서 필자는 開化期를 대상으로 하여 漢字語가 國語語彙體系의 近代化에 끼친 역할을 살펴봄으로써, 그 기반이 된 漢字의 效用性을 다시 한 번 되새겨보려고 한다. 검토대상 자료로서는 統監府 시대(1905~1910)에 간행된 일본어 학습서 『獨習日語正則』(鄭雲復, 京城 廣學書舖, 1907)을 택한다. 이 자료에 반영된 國語語彙의 실상에 대해서 필자는 이미 語彙史的 관점에서 기본적인 검토를 행한 바 있다(宋敏 2001ㄱ, 2002ㄱ, 2003). 다만, 거기에는 開化期의 漢字語에 반영된 日本語의 干涉, 그러한 干涉에 대하여 抵抗으로 맞선 傳統的 國語語彙의 윤곽과 성격에 초점이 맞추어져 있었다. 그러나 이번에는 동일한 資料를 대상으로 삼되 조건에 맞는 일부항목만을 가려 뽑은 후, 漢字와 漢字語의 效用性이라는 별도의 관점에서 開化期의 語彙에 대한 재조명을 꾀하게 될 것이다.

Ⅱ. 對譯資料에 반영된 漢字의 效用性

開化期의 國語에 일어난 改新과 變革의 主軸은 漢字語體系였다고 볼 수 있다. 시대의 변화와 더불어 날로 급증하는 新式文物의 槪念이나 의미를 기존의 固有語나 전통적 漢字 어휘만으로 수용하기에는 부족한 경우가 많았기 때문에 자연히 새로운 수단이 요구되었는데, 그 대표적 수단이 開化期에 새로 태어난 漢字語彙였다. 그런데 新生漢字語의 주된 供給源은 日本語였다. 日本語에서 쏟아져 나오는 漢字語들이야말로 새 시대, 새 文物의 의미를 전달하는 수단으로 적절했기 때문이다. 그 실상은 日本語學習書 『獨習日語正則』(이하 『正則』으로 약칭함)과 같은 對譯資料에 단적으로 잘 반영되어 있다.

　이에 본고는『正則』을 대상으로 삼아 두 언어에 공통으로 쓰인 바 있는 한자어와 더불어 서로 차이를 보이는 한자어를 한 자리에 정리함으로써 당시의 일본어와 국어의 근대화 과정에 깊이 개입되어 있는 漢字의 역할과 효용성이 구체적으로 어떻게 실현되었는지, 그 사실을 뒷받침하는 한자어의 윤곽이나 범위가 어느 정도인지를 다시 한번 확인하는 계기로 삼을 것이다.

Ⅱ.1. 국어에 수용된 일본어식 신생어

　우선,『正則』에는 다음과 같은 漢字語가 두 言語에 同形同義로 함께 쓰이고 있는데 이들은 일본어식 신생어의 대표적 사례로 판단된다. 의미파악이 필요한 경우에 한하여 예문을 곁들이기로 하며, 띄어쓰기는 원문을 따른다. 배열은 국어의 '가나다'순을 따른다. 이하도 모두 같다.

Ⅱ.1.1. 經濟(104상단-하단).[1]　共和國(102상단).[2]　勞働者(64하단).　代議政體(113상단).　民權(102상단).　博覽會(73상단-하단).　商標(182상단).　巡査(105하단, 107하단-108상단, 114하단, 119상단, 125하단).　新聞(56하단, 109상단, 112하단, 162상단, 263상단, 244상단, 260하단, 264상단, 265상단, 265하단, 267상단), 新聞紙(240상단-하단), 新聞社(234상단).　演說(50하단),[3]　演說會(111상단).　演習(85하단).[4]

---

1) 중국고전에 쓰인 '經世濟民'의 축약형. 일본어에서는 '經世濟民, 處世, 儉約'과 같은 전통적인 뜻으로 쓰이다가 점차 economy의 對譯語로 굳어졌다. 宋敏(2000ㄷ) 참조 이하에 제시되는 사례들도 비슷한 성격을 보이기 때문에 특별한 경우를 제외하고는 일일이 설명을 덧붙이지 않을 것이다.
2) 이 단어와 함께 바로 다음에 나오는 '합중국'의 성립과정에 대해서는 宋敏(2001ㄹ) 참조
3) 본래 敎義나 道理를 '말로 풀어낸다'는 의미.『法華經』序品의 '演說正法'이나『周書·熊安生傳』의 '皆爲——演說 咸究其根本'에 그러한 전통적 의미가 나타난다. 일본에서는 福澤諭吉이 처음으로 이 '演說'을 speech의 대역어로 轉用하였다. 惣鄕正明·飛田良文(1986).
4) 본래 學問이나 技芸의 '復習, 練習'을 뜻했으나, 명치시대에 '軍隊의 操鍊'이라는 의미로 바뀌었다.

(12)優勝劣敗. 現今ノ 世ノ 中ハ 優勝劣敗デス/只今世上은 優勝劣敗올시다
(48하단).5) 郵便(164하단-165상단, 165하단, 259상단, 261상단, 261하단), 郵便局
(257상단, 258상단, 258하단, 260상단, 261하단). 運動, 運動-(58하단, 136하단,
207하단, 209상단, 209하단, 213상단, 221하단), 運動會(139하단, 151하단). 銀行
(56상단, 159하단, 178하단, 179상단, 179하단). 義務(120하단-121상단, 127하단).
議員(111상단). 衆議院ノ議員ニ 當選シマシタ/衆議院議員에 被薦되엿습니다
(111상단). 議會(122하단). 日曜日(84상단, 85상단, 140상단). 雜誌(267하단, 109상
단, 267상단). 電報(165하단, 257상단, 260상단, 260하단-261상단, 261상단). 停車
場(253상단). 蒸汽船(20하단, 252상단), 滊船(172하단),6) 汽船(255하단). 鐵道(106
상단, 122하단, 172하단, 185상단, 252상단, 253하단, 261하단). 總理大臣(121하
단). 合衆國(30하단-31상단). 憲兵(110하단, 125하단). 顯微鏡(241하단). 化學(190
상단). 活動寫眞. 東大門內ニ 活動寫眞ガ アルサウデスガ 一度 見物ニ 往カ
ウヂヤ アリマセンカ/東大門內에 活動寫眞이 잇다ㅎ니 한번 구경가지 안
으랴오(189하단).7) 會社(103하단, 162상단, 168하단). 會議. 議政府會議ニ 廻シ
マス/議政府會議에廻附ㅎ옵니다(97상단), 今度ノ會議ニ 可決セラレテ…/이
번會議에可決되여…(118하단).

新生語에 대한 판정기준이 확립되어 있는 것은 아니지만, 이들을 일본
어식 신생어로 볼 수 있는 근거로서는 그 의미가 새로운 시대의 문물 나
타내고 있다는 점, 惣鄕正明(외)(1986)에 '明治의 말', 곧 신생어로 올라있다
는 점, 『한불ㅈ뎐』(1880)이나 『한영ㅈ뎐』(1897)에는 보이지 않거나, 더러는
'顯微鏡, 滊船'처럼 채록되어 있을지라도 전통한자어로 보기는 어려운 경
우 등이 될 것이다.8)

---

5) 進化論 용어인 survival of the fittest의 대역어. 加藤弘之의 신조어로 알려져 있다.
   惣鄕正明(외)(1986) 참조. 그 후 이 단어는 '適者生存'으로 대치되었는데, 文世榮의
   『朝鮮語辭典』에는 두 語形이 모두 실려있다. 여기에 대해서는 宋敏(2000ㅁ) 참조.
6) 이때의 '滊'는 일본에서 태어난 이른바 '國字'로 한동안 '滊船, 滊車'처럼 쓰인 바
   있다. 이 어형은 『한영ㅈ뎐』에도 등록되어 있는데 그 출처는 일본어임에 틀림없
   다. 여기에 대해서는 宋敏(1999ㄷ) 참조.
7) 이 단어의 출현에 대해서는 宋敏(2001ㄷ) 참조.
8) 상식적인 이야기지만, 辭典에 등재된 목록이 모두 言語現實을 나타내는 것은 아니
   며, 반대로 등재되지 않았다 해서 어떤 항목이 실제로 없었다고 말할 수도 없다.
   따라서 辭典으로 言語現實을 판단하는 일은 어디까지나 잠정적인 중간보고에 지나
   지 않는다.

그밖에도 『正則』의 국어문장에 나타나는 다음과 같은 단어들은 惣鄕正明(외)(1986)에 '明治의 말'로 올라있다는 점에서 新生語로 추정된다. 괄호에 보인 =표 또는 -표는 해당단어에서 2차적으로 발전한 複合語, 派生語 구성요소임을 뜻한다.

Ⅱ.1.2. 間接. 經驗. 警察署. 空氣. 觀兵式. 交通. 國事犯. 機關(通商=, 通信=). 氣象(-臺, =觀測支所). 內閣. 多神敎, 一神敎. 團體, 團體. 大學校. 圖書館. 獨立國, 獨立權. 妄想(架空=). 反射. 發明. 寫眞(-집).9) 生産力. 生活費. 世界. 鎖國(=主義). 紳士. 握手. 衛生. 維新. 印刷(-所). 一般(人民=, =人民). 自由港.10) 財政. 祭日. 組織. 蒸汽, 水蒸氣. 進步. 處分. 處置. 出版. 態度.

이들 가운데에는 특히 '交通, 發明, 世界, 衛生, 一般, 處置'처럼 본래는 傳統漢字語였으나 개화기 이후 의미변화를 거쳤기 때문에 新生漢字語로 간주되는 사례들이 있는가 하면, '觀兵式, 國事犯, 大學校, 圖書館, 獨立國, 獨立權, 生産力, 自由港'의 핵심적 구성요소인 '觀兵, 國事, 大學, 圖書, 獨立, 生産, 自由'처럼 그 유래는 傳統漢字語에 속하나 점차 의미변화를 겪으면서 새로운 派生語로 발전하였기 때문에 新生漢字語로 판단되는 사례도 있다.

한편, 惣鄕正明(외)(1986)에는 등재되어 있지 않으나, 『正則』에 보이는 다음 단어들도 개화기부터 국어에 등장한 新生語로 판단된다.

Ⅱ.1.3. 閣議. 監獄. 健康. 檢事. 經營. 競爭. 工兵. 公園. 公判. 官報. 廣告. 國權. 國旗. 國民. 國債. 國會. 軍艦. 機械.11) 滊車, 汽車. 論說. 擔保. 當籤. 動物. 望遠鏡. 面會. 目的. 文法. 文章. 民事. 博士. 發見. 發達. 發表. 方法. 配置. 伯爵. 法廷. 別莊. 病院.12) 步兵. 本店. 事件. 事業. 司法. 商法. 商業. 商店. 商品. 商況. 宣告. 船便. 歲入. 消毒. 消防. 訴訟. 訴狀. 速力. 手術. 授

---

9) 이 단어에 관해서는 宋敏(2001ㄷ) 참조.
10) 전통한자어 '自由'와 그 의미변화에 대해서는 宋敏(2001ㄴ) 참조.
11) '器械'에서 '機械'로 바뀌기까지의 과정에 대해서는 宋敏(1999ㄹ) 참조
12) '病院'의 출현에 대해서는 宋敏(2002ㄴ) 참조.

業. 收入. 輸入. 輸出. 時間, 分, 秒. 時計.[13] 時代. 視察. 植物. 信用. 洋服.
洋行. 漁業. 言文一致. 旅行. 軟骨. 硏究. 鉛筆. 列車. 營業. 影響. 往診. 外科.
曜日. 郵送. 原告. 委任. 委員. 留學. 議案. 理科. 引力. 立法. 入學. 資本. 作
用. 財源. 裁判. 銓考. 電線. 電信. 電車. 電話. 政治. 注射. 株式. 竣工. 支店.
懲役. 車掌. 彩票.[14] 天井.[15] 聽診. 體操, 體操. 逮捕. 出發. 出張. 打診. 託送.
探偵. 通貨. 特赦. 判事. 被告. 學校. 學徒. 學齡. 學位. 寒暖計. 行星. 刑法.
刑事(경찰직). 刑事(형사사건). 貨物. 貨幣. 會話. 勳章. 徽章. 休刊. 休日. 休職.

당시의 국어에 쓰인 이들 단어가 모두『正則』에 처음으로 나타난다는
뜻은 아니다. 이들 중『한불ㅈ뎐』에 標題語로 등재되어 있는 사례는 극소
수에 지나지 않으나,『한영ㅈ뎐』(이하에서는 각기『한불』,『한영』으로 약칭함)
에는 상당수의 사례가 標題語로 등록되어 있기 때문이다. 하여튼 19세기
말엽의 사전류에 올라 있건 올라 있지 않건 위에 예시된 단어들은 甲午
更張(1894)을 전후로 한 어느 시기에 日本語의 干涉에 따라 意味의 改新이
나 轉用을 거쳐 국어에 정착된 단어들로 해석된다.

II.2. 派生語와 複合語의 형태로 국어에 수용된 일본어식 신생어

『正則』에 나타나는 단어 중에는 接辭用 漢字形態素와의 결합에 의한 派
生語와 單語끼리의 결합에 의한 複合語가 많다. 먼저, 接辭에 의한 派生語
를 들어보면 다음과 같다.

---

13) '時計'의 출현에 대해서는 宋敏(2000ㄹ) 참조.
14) 중국에서 기원한 일종의 賭博券으로 일본어에서는 보통 富圖[tomi-kuzi], 富籤
[tomi-kuzi]の札[huda], 富札[tomi-huda]라고도 불렸다. 金澤庄三郎(1936, 新訂 314
版),『廣辭林』(三省堂) 'とみ'[富] 項 참조.
15)『한불』에는 '텬쟝 天藏 La voûte de ciel ; plafond, grenier, voûte. 입=Ip, *Palais de
la bouche, la voûte du palais*'가 나타나며,『한영』에는 '텬쟝 天藏 The roof of the
mouth'와 '텬쟝 天幛 The ceiling. *See* 반즈'와 '반즈 天障 The ceiling. *See* 텬쟝'이
올라있다. 그러나 이때의 '天藏'이나 '天幛'은『한영』의 또 다른 표기 '天障'의 잘
못으로 보인다. 그런데『正則』의 저자인 鄭雲復의 개인적 사전에는 '天障'이라는
국어단어가 없었을 것이다. 그 때문에 '天井'이라는 단어를 썼겠지만, 이는 분명
한 일본어형이다.

II.2.1. 接辭에 의한 派生語

II.2.1.1. 접두사에 의한 파생어

假-, 假事務所(105하단). 金-, 金時計(234상단-하단). 未-, 未墾地/末('未'의 잘못)墾地(185상단-하단). 不-, 不公平(81하단), 不動産(159하단). 小-, 小爲替(258상단),16) 小學校(152상단). 新-, 新宗派(93하단), 新規ナ學問/新學問(155하단). 中-, 中學校(152상단).

II.2.1.2. 접미사에 의한 파생어

-家, 財産家(65상단), 實業家(79상단), 政治家(115상단), 外交家(155상단). -官, 地方官(97상단, 107상단-하단, 121상단, 126하단), 補佐官(99상단), 參與官(99하단), 警務官(100상단). -課, 訊問課(134하단). -科, 專門科(142하단), 尋常科(146하단, 151상단-하단), 高等科(151상단-하단), 速成科(152하단), 外科(248하단). -舘, 圖書舘(156하단). -敎, 一神敎(92하단-93상단, 93상단), 多神敎(92하단-93상단, 94상단), 耶蘇敎(93상단, 94상단), 猶太敎(93상단), 韋陀敎 婆羅門敎 印度敎(93하단), 回回敎(94상단). -國, 半島國(25상단), 猶太國(94상단), 共和國(102상단). -局, 造幣局(110상단), 質屋/典當局(174상단-하단), 郵便局(257상단, 258상단, 258하단, 260상단, 261하단), 通信管理局(260하단), 參謀局(98상단-하단). -軍, 駐箚軍(112하단). -權, 三大權(121상단), 獨立權(122하단), 專賣權(181상단), 鑛業權(204하단). -券, 株券/株式券(159하단-160상단), 第一銀行券(179하단). -金, 賠償金(120상단), 報酬金(131상단), 義捐金(151하단), 寄附金(151하단-152상단), 月謝/月謝金(152상단), 申込金/申請金(170하단), 所持金(182상단), 罰金(214하단). -器, 噴水器[ponpu](123상단). -黨, 革命黨(119상단, 127상단). -隊, 守備隊(101하단), 討伐隊(105하단), 測量隊(106상단). -臺, 氣象臺(122하단). -欄, 雜報欄(265상단). -力, 記憶力(155상단), 生産力(184상단). -料, 診察料(248하단). -錄, 議事錄(119하단). -文, 法律文(133상단). -物, 天産物 人造物(111하단), 抵當物/典當物(159하단-160상단), 僞造物(173하단-174상단), 農産物(186상단-하단), 收穫物(186하단), 鑛物(204하단), 汚穢物(208상단-하단), 毛織物(219상단), 滋養物/補氣物(225상단-하단), 飾物/粧飾物(236하단), 建築物(242상단). -發, 伯林發(260하단-261상단). -犯, 窃盜犯(130상단), 國事犯(130하단). -法, 登用法(103상단-하단), 刑法(132상단), 商法(168하단), 調劑法/製藥法(247하단). -兵, 守備兵(107하단), 騎兵 步兵 砲兵 工兵 輜重兵(115하단-116상단), 斥堠兵(114상단). -病, 心臟病(248하단). -部, 東北部(25상단), 內部(98상단, 99하단), 軍部(98상단-하단), 外部(98하단), 法部(99상단,

---

16) 단, '爲替'만은 '환'(260상단)으로 대역되었다.

132상단), 度支部(99상단), 農商工部(99하단, 189상단-하단, 204하단), 學部(99하단). -婦, 看護婦(245하단, 246하단). -費, 生活費(74하단). -碑, 紀念碑(120상단-하단). -士, 辯護士(131상단), 藥劑士(251상단-하단).[17] -師, 印判師(188상단), 理髮人/理髮師(188하단). -社, 新聞社(234상단). -舍, 寄宿舍(145하단). -産, 米國産ノ木綿モ　適當デアリマス/米國産의綿花도　適當ㅎ오(187상단). -賞, 優等賞(138하단). -商, 骨董商(182하단-183상단). -生, 官費生(144상단), 三年生(146하단), 一年生(146하단), 卒業生(152상단), 留學生(154하단). -書, 請求書/請願書(75상단-하단), 通知書(111하단), 敎科書(142상단, 183상단-하단), 寸法書/見樣書(215상단), 診斷書(251상단). -署, 監獄署(100상단), 警察署(114상단, 132상단). -石, 金剛石(203하단-204상단, 218상단, 240하단), 花岡石(205하단). -線, 哨兵線(114상단), 支線(172하단), 京義線(256상단). -稅, 海關稅(165상단). -所, 裁判所(99상단, 131하단, 132하단-133상단, 134하단), 假事務所(105하단), 測候支所(110하단), 交番所(118상단), 代書所(133하단), 製造所(176상단), 交換所(259상단), 印刷屋/印刷所(263상단, 265상단-하단). -水, 點眼水(249하단). -術, 人身解剖術(150하단), 劍術(156상단, 157상단), 柔術(167상단). -式, 觀兵式(104상단), 落成式(153상단), 進水式(255상단). -室, 應接間/應接室(235하단), 治療室(248상단-하단). -心, 奮發心(100하단). -語, 外國語(155하단). -業, 商業(158상단), 事業(171하단, 180하단, 181상단, 184상단), 漁業(175상단-하단), 料理屋/料理業(177하단), 農業(123하단, 184상단, 185상단, 185하단). -院, 中樞院(98상단), 衆議院(111상단, 115상단), 貴族院(115상단), 平理院(131상단, 133하단), 孤兒院(156상단). -園, 幼稚園(147하단). -日, 誕生日(33상단, 94하단). -者, 傍聽者(50하단, 131상단), 請負者/都給者(54하단), 購讀者/購覽者(56하단), 勞働者(64상단), 戰死者(64상단-하단), 有志者(72상단, 151하단-152상단), 志願者(99하단), 當局者(113상단), 債權者(129상단-하단, 131하단, 133하단), 債務者(129상단-하단, 133하단), 加害者　被害者(129하단), 首犯者(129하단-130상단), 土地所有者(243상단). -長, 師團長(100상단-하단), 學務局長(106하단-107상단), 隊長(118상단-하단), 校長(138하단). -狀, 招待狀(72상단), 委任狀(131상단). -場, 開港場(24하단, 25하단), 勸業模範場(123하단, 185하단), 敎場(138상단), 擊劍場(156상단), 停車場(164상단, 253상단). -的, 永久的(53상단), 競爭的(101상단).[18] -前, 紀元前(94상단), 維新前(103히단). 店, 特約店(162상단), 支店(162상단, 179상단-하단), 雜貨店(183상단). -艇, 水雷艇(252상단). -制, 自治制(112상단). -組, 消防組(123상단). -座, 京城座(63상단). -罪, 侮辱罪(130상단-하단), 重罪　輕罪　違警罪(133상단). -酒, 日本酒(224상단), 朝鮮酒

---

17) 경우에 따라서는 '-士/-手'. 運轉士/運轉手(253하단).
18) '-的'의 출현에 대한 논의는 宋敏(1985) 참조.

(224상단). -證, 受取書/領受證(176하단), 收取證/領受證(177상단). -地, 所在地(76하단), 共有地(120상단), 軍港地(124상단), 未墾地/末('未'의 잘못)墾地(185상단-하단), 一等地(240상단). -紙, 新聞紙(240상단-하단). -質, 石灰質(205상단). -車, 汽鑵車/機關車(253상단). -廳, 警務廳(116하단, 132상단, 134하단), 理事廳(177하단). -彈, 爆裂彈/爆發彈(127상단). -坪, 一坪(240상단). -表, 貿易調査表(160상단). -品, 輸出品(159상단, 182하단), 食料品(161상단), 商品(174하단-175상단), 工藝品(190상단), 重要品(254상단). -學, 地理學(76상단), 農學(142하단), 醫學(143상단), 語學(155상단). -艦. 軍艦, 戰鬪艦, 巡洋艦, 海防艦, 砲艦(252상단), 旗艦(254하단). -貨, 補助貨(178하단). -會, 追悼會/追掉會(64상단-하단), 送別會(66하단), 親睦會(67상단), 博覽會(73상단-하단), 紀念會(88하단), 委員會(97상단, 107상단-하단), 歡迎會(103상단), 聯合演說會(111상단), 運動會(139하단, 151하단).

여기에 보이는 사례들은 접사용 한자형태소를 통하여 다양한 방식으로 발전한 파생어들로서 전통한자어에 없었다는 점에서 위에 예시한 신생어나 다름없는 존재에 속한다.

이때의 派生語 형성에 接頭辭로 이용된 漢字形態素는 원칙적으로 名詞性 語根에 국한되어 있으나 더러는 그렇지 않은 경우도 있다. '伯林發, 米國産, 消防組, 自治制'와 같은 派生語에 포함된 '-發, -産, -組, -制'는 動詞性 語根에 속하며,19) '永久的, 競爭的'과 같은 派生語에 나타나는 '-的'은 形容詞性 語根이라고 할 수 있기 때문이다. 하여튼『正則』에 나타나는 派生語들은 接辭用 漢字形態素가 造語成分으로 폭넓게 활용된 실상을 잘 보여주는데, 그와 같은 구성을 보이는 派生語들은 傳統漢字語에 거의 나타나지 않는다는 점에서 新生漢字語나 다름없는 존재로 간주된다. 물론, 漢字形態素 하나하나는 어느 것이나 기본적인 造語力을 지니고 있기 때문에 이들 派生語 중 극히 일부는 傳統漢字語로 해석될 수 있는 경우도 없지 않을 듯하다.20) 그러나 위에 보인 漢字形態素들이 국어에서 점차 활발

---

19) 이와 비슷한 성격을 보이는 動詞性 語根으로는 현대국어에서 '부산行 (열차)'처럼 쓰이는 '-行'을 들 수 있다. 이때의 '-行' 또한 일본어에서 차용된 결과인데『正則』에는 그 실례가 나타나지 않는다.

20) 가령,『三國史記』에는 '非常者(권20, 14뒤), 視聽者(권5, 10뒤), 信奉者(권4, 4뒤), 有

한 조어력을 발휘하게 된 계기는 개화기에 비롯된 일본어와의 접촉과 간섭을 통한 借用의 결과로 해석된다.

Ⅱ.2.2. 二音節 漢字語가 다시 한번 다른 二音節 漢字語와 결합되면 보통 四音節 複合語로 발전하며, 거기에 다시 한번 接辭用 漢字形態素가 결합되면 四音節 또는 그 이상의 複合派生語로 발전한다. 이들의 일부를 모아보면 다음과 같다.

價格表記. 假事務所. 高等學校. 官立學校. 國定教科書. 軍部大臣. 勸業模範場. 氣象觀測支所. 農林學校. 登錄訴狀. 萬國聯合葉書. 謀殺未遂. 貿易調査表. 物産會社. 法務補佐官. 辨濟期限. 普通學校. 師範學校. 私人團體. 商業視察. 商業學校. 生存競爭.21) 鎖國主義. 授業時間. 殖産事業. 言文一致. 聯合演說會. 熱帶地方.22) 厭世主義. 外交問題. 郵船會社. 郵船會社. 郵便電信. 郵便電信局所. 郵便電信事業. 運輸會社. 運輸會社. 音樂學校. 移民條例. 人身解剖術. 貯金通帳. 銓考委員會. 全權公使. 全權委員. 專門技師. 第一銀行券. 調査委員. 株式會社. 創業時代. 拓殖事業. 土木建築. 土地所有者. 通商機關. 通信管理局. 通信機關. 寒帶地方. 海底電信. 貨物列車. 活字製造所.

이상과 같은 四音節 또는 그 이상의 複合語나 派生語는 당시의 새로운 文物이나 制度, 새로운 학술 思潮 등을 나타내는 단어들로서 開化期부터 국어에 활용된 新生語들이다. 요컨대 이들이 국어에 수용되기까지는 직접적이건 간접적이건 日本語의 干涉이 있었으리라고 추정된다.

결국, '明治의 말'에 해당하는 신생어에 속하건, 접사용 형태소에 의한 파생어에 속하건, 거기서 다시 2차적으로 생성된 복합어에 속하건, 국어

功者(권8, 1뒤), 有罪者(권8, 1뒤), 溺死者(권5, 13앞), 自立者(권10, 21앞)'를 비롯하여 '緣坐罪(권11, 3뒤), 外國人(권47, 6앞)'과 같은 파생어가 나타난다. 여기에 보이는 '-者, -罪, -人' 등은 일찍부터 파생어 형성에 쓰인 한자형태소임을 알려주고 있으나, 그 활용도는 개화기 이후 더욱 확대되었다고 볼 수 있다.

21) 『한불』, 『한영』에 다같이 '싱존ᄒ다 生存'가 나타나기 때문에 '生存'은 전통한자어에 속하나 '競爭'은 보이지 않는다. '生存競爭'의 성립과정에 대해서는 宋敏(2000ㅁ) 참조.

22) '熱帶地方'의 '熱帶'와 함께 바로 뒤에 나오는 '寒帶地方'의 '寒帶' 그리고 '溫帶'와 같은 일련의 단어출현에 대해서는 宋敏(2001ㅁ) 참조

에 간섭을 일으킨 일본어는 거의 모두가 한자어라는 범주를 크게 벗어나지 않는다. 그처럼 한자어가 별다른 저항감이나 이질감 없이 국어에 수용될 수 있었던 원인으로는 한자라는 문자의 창조적 조어력과 효용성, 나아가 동양의 공통문자라는 보편적 편리성을 들 수 있을 것이다.

II.3. 일본어의 간섭에 저항한 국어의 전통한자어

『正則』에 나타나는 국어의 한자어 가운데에는 어형상 일본어와 다른 경우도 적지 않다. 이들은 일본어의 간섭에 맞서 한동안 저항력을 발휘한 국어의 傳統漢字語나 新造語들이기 때문에 더욱 주목된다. 이처럼 국어의 저항을 겪은 일본어 단어 가운데에는 음독되는 한자어가 절대적으로 많으나 훈독되는 한자어도 얼마간은 보이므로 이들을 구분하여 모아 보면 다음과 같다.

II.3.1. 음독한자어에 저항한 국어단어

脚絆/行纏(220하단). 感情/情誼, 日韓人間ニ 感情ヲ惡クシテハ イケマセン/日韓人間에 情誼를 損傷케ᄒ여셔는 안되옵니다(173상단). 鑑札/認許(177하단). 缺乏/絕乏(178하단). 景氣/시세, コノ頃商賣ノ景氣ハ 全ク詰リマセン/이사이 쟝사시세는 아조 볼것업습니다(181상단·하단).[23] 計畵/計策(109하단). 拷問/刑訊(132상단). 棍棒/棒子(65하단). 控所/申訴. 平理院ニ 控訴シマシタ/平理院에 申訴ᄒ얏습니다(133하단). 交際/相從(42하단, 154상단·하단), /交接(77하단). 購讀者/購覽者, 本社ノ新聞ハ 大イニ 好評ヲ 得マシタカラ 購讀者ガ 日ヲ逐フテ 增加致シマス/本社新聞은 크게소문이 낫으니購覽者가逐日增加ᄒ옵('니다'의 訛脫이 있는 듯)(56하단). 極東/東洋(24하단). 金融/錢政(159하단, 171하단, 172상단, 180하단). 當選/被薦, 衆議院ノ議員ニ 當選シマシタ/衆議院議員에 被薦되엿습니다(111상단). 物品/物貨(174하단). 配達夫/分傳人, 配達夫ハ 方方 廻リナガラ 新聞ヲ 配リマス/分傳人은 各處로 도라든기면셔 新聞을

---

[23] 이에 대하여 일본어 '不景氣'는 국어 대역문에 '時勢, 시세(가) 없다'로 나타난다. 不景氣デゴザイマス/時勢가 업습니다(158상단), 不景氣デス/시세업습니다(173하단). 不景氣デス/시셰업습니다(173하단).

分傳ᄒᆞ옵니다(260하단).[24]　　不具/癈人(208하단-209상단).　　費用/經費(152상단-하단),　/浮費(175하단).　非常ニ/大段히(51하단,　153상단),　/大端히(145하단),　/더단히(62하단,　196하단,　210하단),　/대돈히(246상단),　/대단히(249하단),　非常ナ/大段ᄒᆞᆫ(26상단-하단).[25]　相談/相議(70상단,　188상단),　/議論(72상단).　上陸/下陸,　乘組員ハ　皆　無事ニ　上陸シマシタ/船人은　다　無事히　下陸ᄒᆞ얏습니다(255상단).　稅金/稅錢(69상단).　小作人/作人(184하단),　/半作人(186하단).　水害/水災(159하단).　失策/낭피(80상단).　失敗/逢敗,　儲ガ　少イ代リニ　失敗[siqpai]ガナイデセウ/남는거시　적은더신에　逢敗가　업지오(158하단).　/良貝ᄒᆞ-,[26]　世間ノ　事ヲ　誤解シテヲルカラ　事每ニ　失敗[sikuzi]リマス/世間事를　誤解ᄒᆞ닛가　每事를良貝ᄒᆞ오(81하단),　商賣ニ　失敗[siqpai]シテ　身代限迄致シマシタ/쟝사에　良貝ᄒᆞ여셔　판셰음ᄭᅥ지ᄒᆞ엿습니다(174하단).[27]　/랑피ᄒᆞ-,　商賣ニ　失敗[siqpai]致シマシタカラ/장사에　랑피ᄒᆞ얏스니(178하단).　案內/引導(47하단).　年末/歲末(91하단-92상단,　177하단,　179하단-180상단).　營業/生涯,　公ハ何ノ營業ヲナサイマスカ/老兄은　무슨生涯를　하시옵닛가(50하단).　例年/平年(186상단).　外出/出入(33하단-34상단,　246상단).　料理/飮食,　料理ヲ　拵ヘル　方法ヲ/飮食　믄드ᄂᆞᆫ法을(223상단),　日本料理ハ　淡泊シテ　好イデス/日本飮食은　淡泊ᄒᆞ여　돗스외다(224하단),　コノ料理ヲ/이飮食을(226상단),　コノ料理ハ/이飮食은(234상단).[28]

---

24) 같은 예문의 동사 配リマス/分傳ᄒᆞ옵니다(260하단)로 볼 때에도 일본어 ‘配る’[kubaru](나누어 주다, 배포하다, 배달하다)를 국어에서는 ‘分傳’이라는 신조어형으로 번역하고 있음을 알 수 있다.

25) 일부의 ‘非常-’은 국어로 쓰이기도 하였다. /非常히(62상단, 172상단, 227하단-228상단, 247상단), /非常이(101하단).

26) 이 단어는 『한영』에 나타나지 않는 대신 『한불』에는 ‘낭피되다 狼敗’로 나타난다. 한자표기가 전통한자어 ‘狼狽’와는 다르지만, 그 뜻은 ‘失敗’와 같았다. 또 다른 표제어 ‘실피ᄒᆞ다 失敗’에 ‘faire un 낭피’라는 풀이가 보이기 때문이다. 한편, 『正則』에 나타나는 ‘良貝’의 유래에 대해서는 알 길이 없으나, 어원적으로는 ‘狼狽’로 소급될 것이다.

27) 다만, 이 문장의 ‘失敗’가 다른 자리에서는 국어로 쓰인 적도 있다. 商賣ニ　失敗シテ　身代限迄　致シマンタ/장사에　失敗ᄒᆞ고　파셰음ᄭᅥ지　ᄒᆞ엿습니다(180상단). 실상, 『한불』에는 ‘失敗’가 ‘낭피’의 동의어로 실려있고, 한자표기는 다르나 『한영』에도 ‘실패ᄒᆞ다 失牌’가 나타나기 때문에 ‘失敗’를 일본어라고 단정하기는 어렵다. 그러나, 보통 ‘逢敗, 良貝, 랑피’로 대역되었던 ‘失敗’의 경우, 당시의 국어에서는 자연스럽게 쓰일 수 있는 단어가 아니었다고 생각된다.

28) 다만, 일본어 ‘料理’가 국어에 쓰인 경우도 있다. コノ料理ニハ/이料理에는(229상단), コノ料理ハ淡泊デ/이料理는　淡泊ᄒᆞ야(229상단). 또한, 洋食ニハ/洋料理는(242상단), 料理屋/料理業’(177하단)과 같은 대역에 나타나기도 한다. 한편, 『한불』에는 ‘뇨리 科(‘料’의 잘못)理 Compter et gouverner. ‖ Supputer la gain. Revenu ; gain ;

運搬/移運, コノ荷物ヲ 荷車デ 運搬スレバ/이짐을 구루마로 移運ㅎ면(175하단). 月末/月終(164상단, 173상단). 流行スル/時體로 닙다, 近頃ハ 日本ノ絹物モ 流行[ryukau]シマス/近來는 日本絹屬도 時體로 입습니다(161하단). /時體다, 近頃ハ 縞ガ 流行[ryukau]シマス/近來는 줄잇는 것이 時體올시다(166하단).29) 衣裳/衣服(219하단). 意匠/心巧, コノ畵ハ 餘程 意匠[isyou]ヲ 凝シテ井マス/이그림은 미오 心巧가 드럿습니다(263하단).30) 利子/利息(174상단), /邊利(181상단). 一割/拾一條(163하단),31) 二割/十分之二(186상단). 自由-/任意-, 洋服ヲ 着レバ 體ガ 窮屈デ 自由ニ ナリマセン/洋服을 입으면 몸이 거복ㅎ여셔 任意롭지 안소(221상단), 祖父ハ 今年八十五歲ニナリマスガ 自由ニ 外出モ 出來マセンデス/祖父는 今年八十五歲가 되는디 任意로 出入도 못ㅎ옵니다(33하단-34상단). /임의-, 官署ニ 使ハレルヨリモ 私人團體ノ方ヘ 使ハレル方ガ 樂デ 體ガ 自由デス/官廳에셔 벼슬ㅎ는것보담 私人團體에셔 從事ㅎ는것이 편안ㅎ고 임의럽소(97상단).32) 帳簿/置簿(173하단, 182상단). 抵當/典當(159하단, 174상단).33) 株金/股金, 株金ハ 一株ニ 幾何デスカ/股金은 一股에 얼마오닛가(168하단).34) 注文-/긔별ㅎ-, 東京ニ 注文シタ 品物ガ 未

---

manière de gagner sa vie’, 『한영』에도 ‘료리ㅎ다 料理 Food ; fare. *See* 음식, 료리ㅎ다 料理 To manage ; to control ; to put in order’가 나타나지만 그 사이에는 의미변화가 있었음을 보여준다. 『한불』에는 ‘음식을 조리한다’는 뜻이 없었는데, 『한영』에 와서는 ‘음식’이라는 새로운 뜻이 추가되었음을 보여주기 때문이다.

29) 다만, ‘流行[haya]ル/셩ㅎ다’와 같은 대응을 보일 때도 있다. 夏ニナルト 田舍ノ方デハ 蚊遣ガ非常ニ 流行マス/녀름(‘름’의 잘못)이되면 村落에셔는 모긔불(‘불’의 잘못)이 비샹이셩ㅎ옵니다(89상단).

30) ‘意匠’의 본래 의미는 ‘착상, 깊이 생각함’이었으나 명치시대에 영어 design의 역어가 되어 ‘장식적 고안, 취향’의 의미로 바뀌었다(惣鄕正明·飛田良文 1986 : 13).

31) 이때의 ‘十一條’는 문자 그대로 ‘10분의 1’을 나타낸다. 그러나 현대 국어에서는 ‘십일조’가 기독교에서 ‘수입의 십분의 일을 교회에 바치는 것’이란 뜻으로만 쓰이고 있다. 따라서 용례에 나타나는 당시의 의미는 현대 국어와 다르다. 다만, 그 한자 표기는 ‘十一租’가 옳으나 ‘十一條’로 표기되더라도 같은 뜻으로 통한다.

32) 일본어는 다르나 勝手ナ/任意의(59상단), 御隨意ニ/任意로(75하단)와 같은 대역으로 볼 때 ‘任意’가 국어에 전적으로 허용될 수 없는 단어는 아니었음을 알 수 있다. 한편, 言葉ガ 分ラナクツテ 万事不自由デス/말을 몰나셔 萬事가不便ㅎ니(65하단), 日本ノ着物ハ 袖ガ 廣クテ 運動スルニハ 不自由デス/日本옷은 소미가 넓어셔 運動ㅎ는디는 不便ㅎ오(221하단)처럼 일본어 ‘不自由’는 ‘不便’으로 대역되어 있다.

33) 다만, 일본어 ‘質’도 국어에서는 ‘典當’으로 대응된다. 質/典當. 時計ヲ 質ニ入レテ 酒ヲ飮ム奴ガ アルカ/時計를 典當잡혀셔 술을먹는단말이나(78상단), 質屋/典當局. 韓國ニ 來タ日本人ハ 質屋ヲ 設ケタ 者ガ 多イデス/韓國에 온 日本스룸은 典當局을 設立ㅎ者가 만습니다(174상단-하단).

34) 단, 數量詞로서의 ‘-株’는 국어에서 ‘-股’로 대역되었다. 一株/一股(168하단, 169상

ダ 參リマセンが ドウイフ譯デセウ/東京에 긔별홀('혼'의 잘못인 듯)物品이
아직도 오지안이ᄒ니 엇지된 ᄭ닭인지오(181하단).35) 住所氏名/居住姓名(97
상단-하단). 注意/操心(23상단, 173하단-174상단, 215상단-하단), /조심(62상단, 78
하단).36) 職工/工匠(166하단). 眞相/實狀(76하단). 滯在/逗留(71상단).37) 推測/斟
酌(171상단). 出勤/仕進(89상단, 91상단, 101상단). 親切-/多情-, アノ御方ハ 何
時モ 親切ニシテ吳レマス/져량반은 언제든지 多情시럽게구옵니다(71하
단).38) 品行/行實(52상단), /힝실(152하단), /行爲(73상단). 必要-/所用이 되-, 是
非 必要ナラ 調ベテ 上ゲマセウ/不可不所用이되면 調査ᄒ야 드리리다(78상
단). /要緊ᄒ-, 木ハ 家ヲ 造タリ 色ナ 道具ヲ 拵エルニハ 一番 必要ナモノ
デス/나모는 집을 짓던지 各色 器具를 믄드ᄂᆫ디는 第一 要緊혼것이오(238
상단), 新聞雜紙ハ 人ノ智識ヲ 發達サセルニ 必要ナモノデス/新聞雜誌ᄂᆫ 사
름의 智識을 發達케ᄒᄂᆫ디 要緊혼것이오(267상단). /요긴ᄒ-, 鐵ハ 凡ノ器械
ヤ 道具ヲ 拵ヘルノニ 必要ナモノデス/鐵은온갓器械와 器具를 믠드ᄂᆫ디
요긴혼것이오(204상단), 鐵道ハ 通商機關デ 一番 必要ナモノデスカラ/鐵道
ᄂᆫ 通商機關으로 第一 요긴혼것이오니(252상단), 必要ナ處ハ 見易イ樣ニ 朱
デ 標ヲ 付ケテ 置キナサイ/요긴혼디ᄂᆫ 보기쉽게 朱墨으로 標를 ᄒ여두시
오(266하단).39) 現金/卽錢(167하단), /直錢(170상단, 179상단). 洪水/漲水(43하단).

단), 三四十株/三四十股(170하단), 七八千株/七八千股(171단).

35) '注文'은 단 한 번 국어대역으로 쓰인 적이 있다. 東京ニ注文シマス/東京으로 注文
합니다(164하단). 그러나 보통은 고유어 '맛초-'로 대역되었다. 活字ガ 足ラナケレ
バ 江川活字製作所ニ ゴ注文ナサイ/活字가 不足ᄒ면 江川活字製作所에 맛초시오
(176상단), 仕立ヲ 上手ニスル 所へ 注文シテ下サイ/바ᄂ질 잘ᄒᄂᆫ디 맛초어 주시
오(215하단), 色々ナ菓子ヲ 注文シテ 來イ/各色菓子를 맛초어오ᄂ라(228하단). 어느
쪽으로 보더라도 일본어 '注文, 注文-'은 당시의 국어로 받아들이기 어려운 어형
이 아니었을까 생각된다.

36) 반면, 국어의 '操心'은 일본어 '用心'의 대역어로 쓰인 경우도 있다. 氣候ノ變目デ
スカラ 御用心ナサイ/換節되ᄂᆫᄶ요니操心ᄒ시오(43상단). 일본어의 경우 '用心'과
'注意'는 동의어에 속한다.

37) 이 '逗留'는 본래 '逗遛'로 표기되었디. 실제로『龍飛御天歌』에는 "逗遛 謂軍行頓止
稽留不進也"(권四 20뒤, 제24장 註),『한불』에는 '두류ᄒ다 逗遛',『한영』에도 '두
류ᄒ다 逗遛'로 나타난다.

38) '親切'은『한불』에 나타나기 때문에 전통적 한자어라고 할 수 있으나, 위의 대역
으로 판단할 때 일본어 '親切'에 대응되는 국어단어로서는 '親切'보다 오히려 '多
情'이 의미상 자연스러웠던 것으로 보인다.

39) '必要'가 국어대역에 그대로 쓰인 경우도 있다. コンナニ寒イ處ニハ 溫突モ必要デ
ス/이런치운곳에는 溫突도 必要ᄒ오(44하단-45상단), 人民ガ ナケレバ 政府ヲ 設ル
必要ガ アリマセヌ/人民이업스면 政府를 設立홀必要가 업습니다(97하단).

化粧/단장(38상단). 患者/病人(247하단). 效力/效驗(57상단). 希望/所望(58상단).

여기에 나타나는 것처럼 音讀되는 日本漢字語에 저항한 國語單語의 대부분 傳統漢字語에 속하나, 더러는 '負債/빗, 洗濯/쌜닉, 材料/감, 遲刻シチ ヤ/늦게가셔는, 脂肪/기름, 玄關/마루'처럼 固有語에 의한 대응으로 일본어에 저항한 경우도 있다. 그러나 漢字語에 비하면 그 비율은 지극히 미미한 정도에 그치고 있다.

Ⅱ.3.2. 훈독한자어에 저항한 국어단어

建物/家屋(134상단). 見本/看色(167상단). 届出/告發(105하단), /申告(107상단, 258상단·하단). 狼狽/慌忙. 狼狽[urotahe]デ ドウスルコトヲ 知ラナイデス/慌 忙하야 엇지홀줄을 아지못호오(52상단). 貸出/放債(159하단). 突然[ikinari]/瞥 眼間(68하단). 買上ゲル/買收하다(122하단). 白粉[o-siroi]/紛(38상단). 蜂蜜/淸蜜 (224하단). 小賣/散賣(162하단). 受取/領受(256상단). 場所/處所(187상단, 244하 단). 張紙/告示(78하단). 地主/田主(184하단). 請負者/都給者(54하단). 取扱/處理 (133하단, 258하단). 取調/査實(119상단·하단, 129하단, 131하단, 132하단). 取締/ 監檢(110하단, 120상단).

비록 音讀漢字語에 비하여 사례는 그다지 많지 않으나 訓讀되는 日本 漢字語에 저항한 國語의 單語 또한 傳統漢字語에 속하는 경우가 많다. 여기에도 더러는 '價値/값, 麥粉/밀가로, 密語イテ/귀속을 하고, 水泡/물거품, 織物/필육, 打開ケテ/너놋코, 퍼니놋코, 品切/物件이 동나-, 荷物/짐'처럼 고유어로 저항한 경우도 없지 않으나 그 비율은 상대적으로 미미한 정도에 지나지 않는다.

요컨대, 訓讀語에 속하건 音讀語에 속하건 간에 日本語式 漢字語에 맞서 抵抗을 보인 國語單語의 대부분은 원칙적으로 漢字語였다. 앞에서 드러난 것처럼 日本語式 漢字語는 국어에 수용되기도 쉬웠지만, 그렇지 못한 경우에는 여기서 본 것처럼 국어의 저항을 받기도 하였는데, 그 원인은 國語에도 日本語에 맞설 수 있는 傳統漢字語가 적지 않게 구비되어 있었기 때문이다. 日本語에 저항으로 맞선 국어단어 가운데 고유어가 별로 없다는 점이 그 사실을 암시하고 있다. 결국, 일본어의 간섭에 대한 국어의 저항도 두 언어에 공통적으로 잠재하고 있는 한자의 효용성이 있었기 때문이었다고 할 수 있다.

Ⅲ. 結 語

開化期에는 國語로 일일이 표현하기 어려울 만큼 새로운 文物이나 개념이 끊임없이 쏟아져 나왔기 때문에 그 내용을 소화하거나 전달하기 위한 편리한 방편으로 국어는 日本語를 통하여 수많은 新生漢字語를 받아들일 수밖에 없었다. 그러한 길을 열어준 수단은 두 言語에 공통되는 漢字라는 媒介體였다. 한자는 東北亞 三國에서 장구한 세월에 걸쳐 유일하게 효율적으로 통용된 문자인 데다가 그 속성상 造語力이 풍부하고 다양하기 때문에 한 언어에서 창안된 새로운 語形은 隣接言語에 쉽게 차용되면서 해당언어의 語彙體系 변화에도 적지 않은 영향을 끼친 것이다. 실제로 중국과 일본은 漢字語의 교류를 통하여 서양문물을 비교적 원활하게 받아들일 수 있었으며, 개화기 이후의 국어 또한 일본어를 통하여 새로운 漢字語를 적지 않게 借用하였다. 이러한 의미에서 漢字와 漢字語는 국어의 語彙體系를 새로운 모습으로 변모시킨 원동력이었다고 볼 수 있다.

『獨習日語正則』(1907)과 같은 대역자료에는 그러한 실상이 구체적으로 반영되어 있다. 日本語式 漢字語를 비롯하여 2차적으로 생성된 派生語와 複合語 등 각 분야에 걸친 新生語가 國語에 수용된 모습으로 나타나는 것이다. 이들 新生漢字語의 대부분은 현대국어에 이르기까지 그 생명력이 유지되고 있기 때문에 결과적으로는 國語의 傳統的 語彙體系, 특히 漢字語體系에 커다란 변화와 새로운 질서를 안겨주었다. 이에 『獨習日語正則』(1907)과 같은 대역자료에 반영된 개화기의 國語語彙를 통하여 漢字와 漢字語의 效用性을 다시 한번 정리해보면 다음과 같다.

　　우선, 漢字와 漢字語는 개화기 이후 國語語彙體系의 형성에 핵심적 구
실을 담당하였다. 개화기 이후에 점차 새로운 모습을 갖추게 된 다음과
같은 語彙體系가 그 사실을 뒷받침하고 있다.

- 經濟, 財政 관계 : 供給, 需要, 歲入, 歲出, 輸入, 輸出
- 국가의 三大權 : 立法, 行政, 司法
- 軍艦의 종류 : 戰鬪艦, 巡洋艦, 海防艦, 砲艦, 水雷艇, 旗艦
- 法律관계 : 債權者, 債務者. 代書所, 登錄. 加害者, 被害者. 民事, 刑事.
  原告, 被告. 判事, 檢事, 辯護士
- 별의 종류 : 火, 水, 木, 金, 土, 流星, 行星, 彗星
- 列車의 종류 : 列車, 機關車, 客車, 貨物列車
- 曜日명칭 : 月曜日, 火曜日, 水曜日, 木曜日, 金曜日, 土曜日, 日曜日
- 陸軍의 兵科 : 騎兵, 步兵, 砲兵, 工兵, 輜重兵
- 製藥관계 : 水藥, 丸藥, 散藥, 膏藥
- 진찰의 종류 : 往診, 來診, 打診, 聽診
- 회사의 종류 : 株式, 合名, 合資

　　이들 중 '供給, 彗星, 騎兵, 輜重, 丸藥, 膏藥' 등은 傳統漢字語에 속하는
단어들이다. 그러나 이들은 개화기 이후 새로 생성된 일련의 단어들과
새로운 對立體系를 갖추게 되었다는 점에서 新生漢字語로 간주될 수 있
다. 예컨대, 傳統漢字語에 속하는 '供給'의 경우, 새로운 경제용어로 활용
되면서 '需要'의 대립어로 굳어졌기 때문에 이들 두 단어는 다같이 新生
漢字語로 볼 수 있다는 뜻이다. 요컨대, 이러한 對立體系 형성에 절대적
인 힘을 발휘한 존재가 곧 漢字와 漢字語였다. 이는 漢字의 내면에 잠재
하고 있는 效用性이 본연의 저력을 발휘한 결과가 아닐 수 없다.

　　漢字라는 文字의 效用性은 또 다른 측면에서도 확인된다. 『獨習日語正
則』에는 日本語의 干涉에 抵抗한 國語單語로서 傳統漢字語가 많이 나타나
는데, 그러한 抵抗 역시 원칙적으로는 두 言語의 漢字語間에 이루어졌다.
이 경우에도 國語에는 다양한 傳統漢字語가 존재하고 있었기 때문에 日本
語의 干涉에 대한 抵抗이 가능했다고 해석된다. 다만, 日本語의 干涉에 한

동안 抵抗했던 國語의 傳統漢字語는 그후 점진적으로 그 입지가 약해지거나 소멸의 길을 걸은 경우가 대부분이다.

가령, 傳統漢字語에 속했던 '看色, 工匠, 逗留(본래는 '逗'), 物貨, 放債, 逢敗, 浮費, 仕進, 相從, 生涯, 稅錢, 申訴, 十一條, 移運, 作人(혹은 半作人), 錢政, 絶乏, 情誼, 被薦, 下陸, 刑訊' 등은 現代國語에서 그 모습을 찾아보기가 아주 어려운데, 이들은 현대국어로 넘어오는 과정에서 각기 일본어식 한자어 '見本, 職工, 滯留, 物品, 貸出, 失敗, 費用, 出勤, 交際, 營業, 稅金, 控訴, 一割, 運搬, 小作人, 金融, 缺乏, 感情, 當選, 上陸, 拷問'으로 대치되었기 때문이다. 한편, 국어에 일시적으로 쓰이다 말기는 하였지만 '購覽者, 分傳人'과 같은 한자어는 신조어로서 주목되는 존재였으나, 현대국어에서는 각기 일본어형인 '購讀者, 配達夫'로만 쓰이고 있을 뿐이다. 또한, 개화기의 국어에는 거의 쓰이지 않았던 '非常-, 料理, 自由-, 注文-, 注意-, 必要-' 등이 국어 단어로 자리를 잡게 된 것도 한자어체계 변화의 일부에 속한다. 결국, 이러한 사례들은 國語의 傳統的 語彙體系, 특히 漢字語體系에 상당한 변화가 이루어졌음을 뜻한다.

한마디로 표현하자면 開化期 國語의 語彙體系, 특히 漢字語體系에는 복잡하고 다양한 성격이 반영되어 있다. 語彙史的으로 그 내용은 傳統漢字語의 意味改新과 新生漢字語의 受容, 接辭用 漢字形態素에 의한 派生語와 複合語의 확산, 日本語의 干涉과 그에 대한 國語의 抵抗 등으로 구분될 수 있으나 그 배후에는 한결같이 日本語式 漢字語의 간섭이 개입되어 있다. 한동안 日本語形에 맞서 저항을 보였던 국어의 傳統漢字語 가운데에는 결국 日本語式 漢字語로 대치되는 바람에 현대국어에서는 거의 쓰이지 않게 된 사례가 많다는 사실이 그 단적인 증거가 될 것이다. 이러한 측면을 아울러 고려할 때 실로 漢字와 漢字語라는 유용한 존재가 없었더라면 開化期에 밀어닥친 새로운 文物을 受容하고 消化할 수 있는 수단이 따로 없었을 것이며, 國語語彙體系의 近代化 또한 이루어지지 못했을 것이다.

여기서 말하는 語彙體系의 近代化란 國語語彙의 일부인 漢字語體系가

내면적으로 겪은 語彙論的 改新을 뜻한다. 그렇게 새로워진 漢字語體系는 개화기 이후 오늘에 이르기까지 정치, 사회, 문화, 학술, 제도 등 다양한 분야에 걸친 異質的인 지식과 정보, 이른바 '開化文明'을 용이하게 받아들일 수 있는 수단으로 활용되었으며, 그 위력은 현대국어에서도 여전히 그대로 유지되고 있다. 그만큼 漢字와 漢字語는 國語語彙史에 중요한 역할을 끼쳤다고 하지 않을 수 없다. 이야말로 漢字라는 문자 안에 잠재하고 있는 내면적 效用性이 널리 작용한 결과가 아닐 수 없다.

　이러한 의미에서 앞으로도 각 분야의 전문가들이 漢字의 效用性을 과거처럼 적극적으로 활용하여 學術用語나 專門用語를 창안하려는 노력을 계속한다면 수준 높은 專門分野나 最尖端 分野의 지식과 정보라 할지라도 어느 정도까지는 좀더 손쉽게 소화할 수 있는 길이 열릴 것이다. 이점을 도외시하거나 망각하고 漢字와 漢字語에 대한 꾸준한 학습이나 창조적인 활용을 게을리 한다면 우리의 미래문화나 학술발전에 대한 기대치 또한 그만큼 위축되지 않을 수 없을 것이다.

參 考 文 獻

宋　敏(1985), 派生語形成 依存形態素 "-的"의 始原(高麗大 國語國文學硏究會, 『于雲
　　　朴炳采博士還曆紀念論叢』: 285～301).
______(1986), 朝鮮通信使의 日本語 接觸, 『語文學論叢』(국민대 어문학연구소) 5.
______(1988), 日本修信使의 新文明語彙 接觸, 『語文學論叢』(국민대) 7.
______(1989), 開化期 新文明語彙의 成立過程, 『語文學論叢』(국민대) 8.
______(1992), 開化期의 語彙改新에 대하여, 『語文學論叢』(국민대) 11.
______(1998), 開化期 新生漢字語彙의 系譜, 『語文學論叢』(국민대) 17.
______(1999ㄱ), 開化初期의 新生漢字語 受容, 『語文學論叢』(국민대) 18.
______(1999ㄴ), [어원탐구] 신생한자어의 성립배경, 『새국어생활』(국립국어연구
　　　원) 9-2.
______(1999ㄷ), [어원탐구] 한자어 '汽船, 汽車'의 연원, 『새국어생활』 9-3.
______(1999ㄹ), [어원탐구] '器械'에서 '機械'가 되기까지, 『새국어생활』 9-4.
______(2000ㄱ), 開化期 國語에 나타나는 新文明 語彙, 『語文學論叢』(국민대) 19.
______(2000ㄴ), 明治初期における朝鮮修信使の日本見聞, 『第121回 日文硏フォーラ
　　　ム』(國際日本文化硏究センター).
______(2000ㄷ), [어원탐구] '經濟'의 의미개신, 『새국어생활』 10-1.
______(2000ㄹ), [어원탐구] '時計'의 차용, 『새국어생활』 10-2.
______(2000ㅁ), [어원탐구] '生存競爭'의 주변, 『새국어생활』 10-3.
______(2000ㅂ), [어원탐구] '大統領'의 출현, 『새국어생활』 10-4.
______(2001ㄱ), 개화기의 신생한자어 연구(1), 『語文學論叢』(국민대) 20.
______(2001ㄴ), [어원탐구] '自由'의 의미확대, 『새국어생활』 11-1.
______(2001ㄷ), [어원탐구] '寫眞'과 '活動寫眞, 映畫', 『새국어생활』 11-2.
______(2001ㄹ), [어원탐구] '合衆國'과 '共和國', 『새국어생활』 11-3.
______(2001ㅁ), [어원탐구] '熱帶, 溫帶, 寒帶'의 출현, 『새국어생활』 11-4.
______(2002ㄱ), 개화기의 신생한자어 연구(2), 『語文學論叢』(국민대) 21.
______(2002ㄴ), [어원탐구] '병원'의 성립과 정착, 『새국어생활』 12-1.
______(2003), 개화기의 신생한자어 연구(3), 『語文學論叢』(국민대) 22.

馬西尼 著, 黃河淸 譯(1997), 『現代漢語詞匯的形成』──十九世紀漢語外來詞硏究, 上海:
　　　漢語大詞典出版社. [원서명] Masini, F.(1993), *The Formation of Modern*

Chinese Lexicon and its Evolution toward a National Language : The Period from 1840 to 1898, Journal of Chinese Linguistics, Monograph Series No. 6, Berkeley : Univerisity of California.
劉正埮・高名凱・麥永乾・史有爲(1984), 『漢語外來詞詞典』, 上海辭書出版社.

齋藤 毅(1977), 『明治のことば』, 講談社.
佐藤 亨(1983), 『近世語彙の研究』, 櫻楓社.
______(1986), 『幕末・明治初期語彙の研究』, 櫻楓社.
鈴木修次(1981), 『文明のことば』, 廣島：文化評論出版.
惣鄕正明・飛田良文(1986), 『明治のことば辭典』, 東京堂出版.
槌田滿文(1983), 『明治大正新語・流行語』, 角川書店.
廣田榮太郎(1969), 『近代譯語考』, 東京堂出版.

『Abstract』

Chinese Characters and Lexical Modernization in Early Modern Korean

Song, Min

Professor Emeritus of Kookmin University

In course of the last political reform of Yi Dynasty, late modern Korean borrowed a good deal of neologism from earlier Japanese translation of European concept. Through such historical process, Chinese characters have executed a decisive role as a basis of producing new words. As a result of fact, the lexical system of late modern Korean, especially in sino-Korean system experienced an overwhelming innovation. We can find out an evidence from a bi-lingual text book of Korea and Japanese such as *Toks ip Il ə Čəngčhik*(鄭雲復, 『獨習日語正則』, 1907. *A Self-learning Guide of Japanese Language* by Čəng Un-bok). Because in that text book there contains various sino-lexical items and many a suffix elements used in the derivational words.

In the meanwhile, some traditional sino-Korean resisted an interference of Japanese language. But the most of such sino-Korean can not be found in contemporary Korean because most of them were substituted with sino-Japanese.

In conclusion, lexical system of late modern Korean was innovated to a great extent by the new sino-Japanese based on the Chinese characters. In this meaning, Chinese characters were a basis of the lexical modernization in late modern Korean.

漢字的形音關係和漢字教學問題

劉　廣　和

(Liu, Guang-he；中國・人民大學 教授)

　　說漢字字形跟字音的關係，橫着說也行，豎着說也行．橫着說，比方單說現代的字形和字音關係，已經有些文章發表了。豎着說，梳理一下上古、中古、現代字形和字音關係的狀況，看看這個關係的流變軌迹，我孤陋寡聞，在中國大陸的學術刊物上，近十幾年，似乎還沒見着寫這個題材的文章。有的橫着說的文章單純從現行字形、字音講形音關係，不管源流，切斷歷史，結果在漢字的識字教育跟漢字的專業教育之間造成隔閡。這兩個情況讓我下決心從歷時的角度談談漢字的形音關係，這是文章的第一大部分．第二大部分談漢字教學，再分成兩個小部分，一個是小學識字教學。一個是外國留學生的識字教學。

Ⅰ. 漢字形音關係的歷時考察

Ⅰ.1. 上古時期的形音關係

　　大家公認，『詩經』用韻和諧聲可以反映先秦音系，咱們就用這兩種材料，觀察上古所用漢字的形音關係。

　　清段玉裁『六書音韻表』第四表有『詩經』韻部分，第二表有諧聲部分，正巧給咱們提供了方便。

本文限于篇幅，只做抽樣調査．樣板兒就用第一部的。 段玉裁的入聲不獨立，後來的學者一般主張入聲獨立，咱們就挑出來陰聲韻字研究，這部分字普通叫之部字.

上古之部包含中古『切韻』的幾個韻部，涉及『切韻』之、咍、灰、尤、侯等韻. 下面是咱們稍加調整的諧聲表. 表裏先出聲符字，後注讀音，讀音先出徐鉉反切，再注『切韻』(卽『廣韻』) 所屬韻目。

絲 (息玆, 之)	思 (息玆, 之)	司 (息玆, 之)	其 (居之, 之)
箕 (居之, 之)	犛(犛) (里之, 之)	疑 (語其, 之)	丌 (居之, 之)
而 (如之, 之)	之 (之而, 之)	辭 (似玆, 之)	辭 (似玆, 之)
玆 (子之, 之)	甾 (側詞, 之)	里 (良止, 之)	目 (羊止, 之)
已 (居擬, 之)	止 (諸市, 之)	巳 (祥里, 之)	耳 (而止, 之)
士 (鉏里, 之)	史 (疏史, 之)	子 (卽里, 之)	喜 (虛里, 之)
來 (洛哀, 咍)	𢏛 (祖才, 咍)	才 (昨哉, 咍)	亥 (胡改, 咍)
采 (倉宰, 咍)	宰 (作亥, 咍)	再 (作代, 咍)	乃 (奴亥, 咍)
台(邰) (土來, 咍)	𦣞(茝) (昌改, 海)	灰 (呼恢, 灰)	佩 (蒲妹, 灰)
牛 (語求, 尤)	丘 (去鳩, 尤)	裘 (巨鳩, 尤)	郵 (羽求, 尤)
不 (甫鳩, 尤)	負 (房九, 尤)	婦 (房九, 尤)	又 (于救, 尤)
臼 (其九, 尤)	某 (某厚, 侯)	母 (莫后, 侯)	龜 (居追, 脂)

上古一個之部的音，到中古分裂成五六個韻系的音，變化大。這一批字，由中古看，韻母七股八叉的音，上古音可是一致。用『詩經』音能檢驗。例如

『邶·綠衣』三章：綠衣絲●兮，女所治●兮，我思古人，俾無訧●兮.
『鄭·子衿』二章：靑靑子佩●，悠悠我思●. 縱我不往，子寧不來●.
『小雅·沔水』一章：沔彼流水，朝宗于海●。鴥彼飛隼，載飛載止●。嗟我兄弟，邦人諸友●。莫肯念亂，誰無父母●。

頭一首是絲聲台聲(治)尤聲(訧)字相叶，二一首是佩聲思聲來聲字相叶，三一首是母聲(海母)止聲又聲(友)字相叶， 這幾首詩就把之咍灰尤侯五個韻系的字，都系聯成一個韻部了。

同聲符的字上古音應該一致，例如母聲字：

　　『鄭・將仲子』一章：將仲子●兮，無踰我里●，無折我樹杞。豈敢愛之，畏我
父母●。
　　『鄭・風雨』三章：風雨如晦●，鷄鳴不已●．旣見君子，云胡不喜●。
　　『召南・江有汜』一章：江有汜●，之子歸，不我以●．不我以●，其後也悔●。
　　『小雅・十月之交』八章：悠悠我里●，亦孔之痗●。
　　『小雅・大田』四章：曾孫來止●，以其婦子●，饁彼南畝●，田畯至喜●。
　　『小雅・甫田』三章：曾孫來止●，以其婦子●，饁彼南畝●，田畯至喜●。　攘
其左右●，嘗其旨否●。禾易長畝●，終善且有●。曾孫不怒，農夫克敏●。
　　『大雅・江漢』三章：于疆于理●，至于南海●。
　　『大雅・瞻卬』三章：匪教匪誨●，時維婦寺●

母聲產生每字，每作聲符又產生了悔晦誨痗敏海晦(畝)，同聲符的字都跟子聲
里聲巳聲喜聲吕(以)聲止聲又聲字相叶。母聲每聲字的韻都屬于之部。

押韻是一種資料，諧聲是另一種資料，兩種資料有驚人的一致性。押韻證明，
上古同聲符的形聲字，它的韻相同。段玉裁斷然宣布："一聲可諧萬字，萬字必
同符，同聲必同部。"

上古同聲符的形聲字，是不是聲母也相同呢？古音學家回答說："是。"

可是，有人也許會提出疑問。比如，中古音母聲念[məu]，每聲念[muɒi]，諧
聲字晦(畝)[məu]、痗[muɒi]、敏[mǐěn]、悔[xuɒi]、誨[xuɒi]、晦[xuɒi]、海
[xɒi]。諧聲字中古音有的聲母是m，有的是x，怎麼解釋？這個問題有人提供了
答案，董同龢認爲，母聲每聲上古音是清鼻音*hm，它分裂成中古的m, x。

在這些研究的基礎上，人們認爲，上古同聲符的形聲字聲相同韻一致。上古漢
字的聲符表音能力很強，知道了聲符讀音，就能讀出諧聲字的音節音。換句話說，
那時候漢字的形和音之間關係相對單純，人們大致可以見形知音。

Ⅰ.2. 中古時期的形音關係

一般以爲，『切韻』音系可以代表兩晉南北朝(三世紀後半葉～六世紀)漢語通語的

語音系統。宋朝編修的『廣韻』承襲了『切韻』音系，咱們可以拿『廣韻』裏頭的形聲字當資料，考察兩晋南北朝所用漢字的形音關係。

　『廣韻』收字二万六千一百九十四個，比『說文』正文重文合計一万五百一十六個，差不多多出一倍半。不單是多字了，主諧字跟被諧字的聲韻關係也比上古時期複雜了。

　爲了具體摘寫『廣韻』所收漢字的形音關係，咱把被諧字跟主諧字之間的語音關係分成五類：

1. 聲韻相同。被諧字跟主諧字的讀音，聲母、韻母一致，不計聲調。東、董、送三韻聲調雖說不同，可是包含的韻母一致，規定爲聲韻相同，其餘依此類推。

2. 聲同韻近/韻同聲近。兩者的聲、韻，有一項一致，另一項相近。

3. 聲近韻近。兩者的聲、韻不同，可是都相近。

4. 聲異韻同、近/韻異聲同、近。兩者有一項差別比較大，另一項相同或者相近。

5. 聲異韻異。兩者的聲、韻差別都比較大。"相同"不用說了，"相近"和"相異"的衡量標準是什么？這个標準確定的時候，參照了等韻學和古音學的研究成果。

　先說聲母。等韻家給三十六字母歸類分組，叫五音、七音。唇、舌、牙、齒、喉五組，叫五音。唇音又可以分成重唇音、輕唇音兩類。重唇音幫[p]、滂[p']、並[b]、明[m]四聲母之間，可以說語音"相近"，它們的發音部位一致，發音方法不同。据研究，從重唇音里分化出來輕唇音，非[pf]、敷[pf']、奉[pv]、微[ɱ]，它們可能到唐朝才徹底獨立成一類新聲母，南北朝時期只有重唇音一類。咱們規定，凡是唇音聲母，語音就"相近"。再說舌音，舌音又分成舌頭音、舌上音兩類。舌頭音端[t]、透[t']、定[d]、泥[n]四聲母之間，同樣是發音部位一致，發音方法不同，語音"相近"。据研究，舌上音知[ʈ]、徹[ʈ']、澄[ɖ]、娘[ɳ]（羅常培擬音）是從舌頭音分化出來的，大概分化過程在南北朝時期就完成了。好象當時中國北方、南方各處分化速度不一致。南方梁朝譯經師僧伽婆羅（公元460～524）譯音材料顯示，舌頭端組和舌上知組還沒完全分開，梵名漢譯固然已經有舌頭端紐對t，例如多字對tɑ，舌上知紐對ʈ，例如吒對ʈɑ，這類對音表示兩組音有分化，可是又有不少反證，例如舌頭定紐陀字旣對dɑ，又對ɖɑ，羅公給梵文字母的對音更讓人疑慮重重：

tɑ多	thɑ他	dɑ陀	dhɑ檀	nɑ那
ṭɑ輕多	ṭhɑ輕他	ḍɑ輕陀	ḍhɑ輕檀	ṇɑ輕那

不是端組對t組，知紐對ṭ組，是端組字旣對t組，又對ṭ組。這只能讓人說，舌音好象還是一組音。『廣韻』反切也是端、知二組有一些牽混。咱們規定，　凡是舌音聲母，語音算"相近"。事情不止于此，齒音里的照組三等，也叫章組，包括章、昌、船、書、禪五个字母，上古音歸舌頭端組(依黃侃學說)，比如禪学，聲符單就是端紐字。『書・禹貢』"被孟豬"，『左傳』作"孟諸"，『史記・夏本紀』作"明都"，豬、知紐字，諸、章紐字，都、端紐字，文獻異文也證明知組、章組上古跟端組音一致。咱們又規定照三(端組)跟舌音組各紐音"相近"。分析漢字形音關係，實際做溯源，做語音分析聯系上古音，理所當然。其餘牙、齒、喉音依此類推。不相同不相近的，就是相異的。

再說韻母。等韻家分出來的十六攝，一攝之內，各韻母之間，主元音相同或者相近，韻尾相同。比如果攝包括歌、戈兩个韻系，歌韻系韻母是[ɑ]，戈韻系韻母是[uɑ]、[iuɑ]，主元音相同。宕攝包括唐、陽兩个韻系，唐韻系韻母是[ɑŋ]、[uɑŋ]，陽韻系韻母是[iaŋ]、[iwaŋ]，它們的韻尾相同，唐的主元音[ɑ]跟陽的主元音[a]相近。咱們規定，一攝內部，各韻讀音相近。各攝之間，也有个別情況能算語音相近的，一種是果、假兩攝，它們都沒有韻尾，果攝主元音是[ɑ]，假攝主元音是[a]，果攝多字[tɑ]作聲符造出來的假攝爹字[ta]，屬于韻相近；另一種果攝跟止攝支韻系，中古支韻系韻母普通擬音是[ie]或者[iɛ]，主元音e、ɛ 跟果攝的 ɑ 不太近，叫是一考慮諧聲溯源，似乎也該算"相近"，您想想，中古支韻有一批字的聲符是皮、多、奇、義、離什麼的，這些聲符上古就是歌部字，段玉裁叫第十七部，支韻另一批字的聲符是支、知、氏、是、斯、卑什麼的，這些聲符上古就是支部字，段玉裁叫第十六部，上古支、歌兩部的音原本就相近。其餘依此類推。

以后咱就照着上頭說的這些標準做考察，看看『廣韻』的諧聲系統，分析分析被諧字跟主諧字之間語音的遠近異同。

　　材料用沈兼士先生主編的『廣韻聲系』，我瞧着作者安排的不太妥貼的个別地方，做了調整。限于時間和篇幅，這篇文章只做抽樣調查。『廣韻』一開頭兒不是一東韻的東字嗎?就拿它當樣板兒。『廣韻聲系』的材料依照聲類陳列，　東字在端類。下面看看端紐諧聲情況。

　　出字表之前，先交代一下体例。第一，主諧字被諧字是相對的，被諧字又可能是下一代的主諧字。比如第一代主諧字刀，諧出若干被諧字，被諧字召又當第二代主諧字，諧出第二代若干被諧字，其中昭字又當第三代主諧字，諧出第三代若干被諧字，爲了顯明諧聲系列的層次，給它們編上序号兒，把輩分排淸楚，比如一刀、二召、三昭等。第二，主諧字加上[　]号，好跟被諧字區別開。第三，每个同音字組只在第一个字下邊兒注音，注音先出反切，後出音韻地位。

　　以下是端紐的形聲字諧聲系列材料。

一[東](德紅，端東)　菄鶇辣倲餗涷蝀涷鯟倲崠埬蠹槐、蝀(多動，端董)辣、涷(多貢，　端送)涷棟甋鬃辣、重(直容，　澄鍾)、辣(直珍、澄眞)、重(直隴，　澄腫)、重(柱用，澄用)

二[涷](德紅，端東)倲

二[重](直容、直隴、柱用三音，見前)　緟(直容)褈鶞蝩、憧(直隴)、緟(柱用)、董(多動，端董)箽、湩(都鬈，端腫)、湩(多貢，端送)、暉(他袞，透混)、童(徒紅，定東)、動(徒摠，定董)、湩(竹用，知用)埵謹、鍾(職容，章鍾)、腫(之隴，章腫)種踵踵徸喠、種(之用，章用)偅、衝(尺容，昌鍾)褈剚、雝(充隴，昌腫)喠、尰(時宂，禪腫)

三[董](多動，端董)蕫

三[童](徒紅，定東)僮瞳罿犝潼曈橦鶞甋羥蕫稑鞧斷、蕫(多動，端董)、曈(他紅，透東)、曈(他孔，透董)、曈(吐緩，透緩)、踵(丑凶，徹鍾)獐、稑(直容，澄鍾)、幢(宅江，澄江)撞橦噇膧、幢(直絳，澄絳)憧幢撞膧、鐘(職容切，章鍾)踵橦、甋(之用，章用)、衝(尺容，昌鍾)罿憧斷膧潼剚羥、瘴(時宂，禪腫)、龍(力鍾，來鍾)

三[動](徒摠，定董)、慟(徒弄，定送)勭、勭(戶冬，匣冬)、勭(乎宋，匣宋)

三[鍾](職容，章鍾)鐘

三[種](之隴，章腫)、憃(時宂，禪腫)

四[董](多動, 徒紅二音, 見前)、懂(多動)

四[龍](力鍾, 來鍾)壠蹤鸗鸗蠪籠櫳蘢、籠(盧紅, 來東)瀧槊朧礱櫳瀧聾蠬礱櫳嚨蘢櫳蠪巃襱瓏嚨鸗鑨蠪、瀧(呂江, 來江)驡、嚨(力董, 來董)襱巃寵籠攏櫳儱櫳、隴(力踵, 來腫)、壟、礱(盧貢, 來送)、矓(良用, 來用)躘儱、龔(九容, 見鍾)、龏(居用, 見用)、寵(丑隴, 徹腫)、襱(直隴, 澄腫)、驡(薄紅, 並東)、龐(薄江, 並江)、鸗(子朗, 精蕩)、瀧(所江, 山江)、龏(於角, 影覺)

一[冬](都宗, 端冬)苳鴾笭雺貖、炵(他冬, 透冬)、疼(徒冬, 定冬)佟烙鼕悏柊庝鉖柊、終(職戎, 章東)殍鼨柊髮

二[終](職戎, 章東)螽蔠鼨篛泈、鼨(徒冬, 定東)

一[氐](都奚, 端齊)低祗羝眂岻袛趆柢紙魠、邸(都禮, 端薺)底詆坘抵牴柢弤敁軧、柢(都計, 端霽)觝骶跞瓸趆軧、詆(杜奚, 定齊)魠

一[氏](丁尼, 知脂)胝秪、詆(他歷, 透錫)、坻(直尼, 澄脂)泜蚳岻衹阺貾、祗(旨夷, 章脂)泜砥、坻(諸氏, 章紙)砥、底(職雉, 章旨)砥芪、底(諸市, 章止)、鴟(處脂, 昌脂)紙、眂(承矢, 禪旨)

二[泜](旨夷、直尼二音, 見前)萿(旨夷, 章脂)

一[自](都回, 端灰)頧鴭厡醅餷、鎚(都罪, 端賄)頧、帥(他回, 透灰)、追(陟隹, 知脂)、梎(直追, 澄脂)、歸(擧韋, 見微)、師(所類, 山至)、帥(所律, 山質)、胉(呼罪, 曉賄)

二[歸](擧韋, 見微)、僪(居胃, 見未)、蘬(丘追, 溪脂)蘬、蘬(丘韋, 溪微)巋、巋(丘軌, 溪旨)蘬、僪(渠追, 羣脂)巋

二[追](陟隹, 知脂)鎚、磓(都回, 端灰)鎚鎚搥、燵(他回, 透灰)、鎚(直追, 澄脂)槌、縋(馳僞, 澄寘)膇槌、鎚(直類, 澄至)

二[帥](所類、所律二音, 見前)蟀(所律, 山質)、膟(力遂, 來至)

一[丹](都寒, 端寒)、旃(諸延, 章仙)

二[旃](諸延, 章仙)栴旜

一[耑](多官, 端桓)端褍剬鶨鍴穑偳、揣(丁果, 端果)穑敾褍、踹(丁貫, 端換)、湍(他端, 透桓)貒黮煓偳、貒(通貫, 透換)、段(徒玩, 定桓)、諯(七絹, 清線)、顓(職緣, 章仙)諯湍、鶨(之累, 章紙)、剬(旨兗, 章獮)鶨、惴(之睡, 章寘)瑞、喘(昌兗, 昌獮)敾、諯(尺絹, 昌線)、揣(初委, 初紙)敾、圌(是爲, 禪支)篅篇、遄(市緣, 禪仙)篅諯輲椯歂、腨(市兗, 禪獮)歂踹、瑞(是僞, 禪寘)、賗(胡管, 匣緩)

二[端](多官, 端桓)籓蒍

二[段](徒玩, 定換)鍛椴、毈(徒管, 定緩)、鍛(丁貫, 端換)腶碫瑖

一[刀](都牢, 端豪)魛忉舠枊

二[刁](都聊, 端蕭)刅芀鳭、到(都導, 端号)、叨(土刀, 透豪)、芀(徒聊, 定蕭)、鳭(陟交, 知肴)、颩(敕交, 徹肴)、召(直照, 澄笑)、鳭(即消, 精宵)、召(寔照, 禪笑)、炤(許交, 曉肴)

二[到](都導, 端号)倒菿、倒(都晧, 端晧)、菿(竹角, 知覺)

二[召](直照、寔笑二音, 見前)邵(寔照、禪笑)劭卲鉤韶卲、韶(市昭, 禪宵)、佋卲玿軺柖炤、紹(市小, 禪小)佋袑覞、貂(都聊, 端蕭)炤蛁舠、迢(徒聊, 定蕭)髫苕岧詔、軺(徒刀, 定豪)、超(敕宵, 徹宵)怊欩帊昭颵、昭(止遙, 章宵)鉊招、沼(之少, 章小)、炤(之少, 章笑)詔昭卲、炤(尺招, 昌宵)弨、弨(尺沼, 昌小)昭、軺(餘昭, 喩宵)、翗(許幺, 曉蕭)

三[昭](止遙, 章宵)、照(之少, 章笑)

三[沼](之少, 章小)蕏箈、蕏(昨焦, 從宵)

三[佋](市昭、市沼二音, 見前)礁(市昭, 禪宵)

三[邵](寔照, 禪笑)、橤(市沼, 禪小)

四[照](之少, 章笑)、羔(古勞, 見豪)

五[羔](古勞, 見豪)餻、糕(古沃, 見沃)、羮(去遙, 溪宵)窯、糕(之若, 章藥)裓、窯(餘昭, 喩宵)、漾(以沼, 喩小)、窯(許幺, 曉蕭)羮

一[多](得何, 端歌)、哆(丁可, 端哿)頦、跢(當蓋, 瑞泰), 跢(丁佐, 端箇)痑哆、軫(康禮, 溪薺)、宜(魚羈, 疑支)、痑(他干, 透寒)、痑(託何, 透歌)、爹(徒可, 定哿)陊、哆(奴可, 泥哿)袲、膨(乃亞, 泥禡)、奓(陟加, 知麻)爹、哆(陟駕, 知禡)奓、哆(敕加, 徹麻)䆗、趍(直離, 澄支)誃、陊(池爾, 澄紙)、眵(章移, 章支)、恀(諸氏, 章紙)、眵(叱支, 昌支)、侈(尺氏, 昌紙)姼鉹誃庌垑烗袳恀哆、哆(昌者, 昌馬)、䊷(充豉, 昌寘)、哆(昌志, 昌志)、蛥(食列, 船薛)、餕(書冶, 書馬)、䊷(施智, 書寘)胗、姼(是支, 禪支)、栘(成觿, 禪齊)、恀(承紙, 禪紙)姼、黟(於脂, 影脂)、黟(烏奚, 影齊)、移(弋支, 喩支)迻鉹袲扅㢒栘拸、絼(羊至, 喩至)

二[宜](魚羈, 疑支)、䱱(五佳, 疑佳)、誼(宜寄, 疑寘)䩉

二[袲](奴可, 尺氏, 弋支三音, 見前)㰘(奴可, 泥哿)㰘、傒(康禮, 溪薺)

二[奓](陟加, 陟駕二音, 見前)、膨(陟加, 知麻)、䅗(竹下, 知馬)、膨(陟駕, 知禡)

二[侈](尺氏, 昌紙)㢒

二[移](弋支, 喩支)簃䔟㶴誃、簃(直離, 澄支)

一[丁](當經, 端淸)釘玎阿靪虰仃叮、頂(都挺, 端迥)奵町酊靪打、矴(丁定, 端徑)釘訂飣、汀(他丁, 透靑)訂町艼罒廳、圢(他鼎, 透迥)町艼甼罒、汀(他定, 透徑)、亭(特丁, 定靑)㼗、町(徒鼎, 定迥)訂、㱏(丑貞, 徹淸)虰、成

(是征，禪清)

一[丁](中莖，知耕)杅玎玎，盯(張梗，知梗)，玎(丑庚，徹庚)，盯(真庚，澄庚)、杅(宅耕，澄耕)窄、圢(他典，透銑)町杅(德冷，端梗)

二[亭](特丁，定青)停葶聤渟鯁椁、葶(都挺，端迥)、撑(宅耕，澄耕)睜、黗(丈證，澄證)

二[成](是征，禪清)城誠宬郕筬盛珹頗、盛(承正，禪勁)晟、頗(渠京，羣庚)

三[盛](是征、承正二音，見前)壂(承正，禪勁)

一[登](都縢，端登)璒燈簦甑蔜甄鷪、嶝(都鄧，端嶝)鐙隥橙凳簦餈磴、鼟(他登，透登)膯薨、鄧(徒亙，定嶝)蹬僜驖驖、矴(中莖，知耕)窒、鐑(猪孟，知映)、僜(丑升，徹蒸)、覴(丑證，徹證)、澄(直庚，澄庚)憕、橙(宅耕，澄耕)憕瞪、澄(直陵，澄蒸)瞪憕、瞪(丈證，澄證)鼟、撜(蒸上聲，章拯)、證(諸應，章證)

二磴(都鄧，端嶝)、磴(他登，透登)、磴(台鄧，他嶝)

二窒(中莖，知耕)僜、橙(猪孟，知映)

一兜(當侯，端侯)篼覴

一斷(都管，端緩)攋

一[斷](丁貫，端換)

一[斷](徒管，定緩)斸(吐緩，透緩)斸(職緣，章仙)

一[典](多殄，端銑)錪箺、腆(他典，透銑)痶洟錪悿琠踧䐉睓

一[鳥](都了，端篠)薦鴯、鴯(都聊，端蕭)䳜、搗(都晧，端晧)嶌、窵(多嘯，端嘯)嘯薦

一朵(丁果，端果)揲綵垛躲鞡、陊(丁戈，端戈)槑、槑(都唾，端過)媠剁揲、垜(徒果，定果)頯築鞡、築(陟瓜，知麻)

一斗(當口，端厚)料蚪抖抖、斢(天口，透厚)鈄、枓(之庚，章虁)

一疐(都計，端霽)嚏、疐(陟利，知至)懥、懥(脂利，章至)

一帶(當蓋，端泰)瘵躇帯艜檶、蔕(都計，端霽)蠆掿躉偝、瘵(他計，透霽)、遰(特計，定霽)㨹譐懘墆、嶰(徒結，定屑)墆掿憏、瘵(竹例，知祭)、懘(丑例，徹祭)、懘(丑犗，徹夬)、滯(直例，澄祭)躇、觢(征例，章祭)、瘵(呼計，曉霽)

二[懘](特計、丑例、丑犗三音，見前)懘(尺制，昌祭)

二[滯](直例，澄祭)懘(尺氏，昌紙)、懘(尺制，昌祭)

一[對](都隊，端隊)檅轛僤、濦(徒隊，定隊)蔚濦、轛(追萃，知至)、憝(直類，澄至)

一[旦](得按，端翰)疸鴠舥狚悬笪亶、亶(多旱，端旱)笪疸舥狚担、怛(當割，端曷)姐呾炟黮狚笪苴靻、坦(他但，透旱)闦、但(徒干，定寒)胆、但(徒旱，

定旱)袒䄇、但(徒案，定翰)、妲(奴曷，泥曷)、袒(丈莧，澄襉)組、粗(旨熱，章薛)、呾(乙鎋，影鎋)

二[亶](多旱、遮連二音)亶(多旱，端旱)嬗、讀(他干，透寒)嬗、顫(他典，透銑)、壇(徒干，定寒)檀驙亶、禫(徒旱，定旱)繵膻、澶(徒案，定翰)、讀(陟山，知山)邅、邅(張連，知仙)趯驙鱣、敠(知演，知獮)禪、禪(陟扇，知線)、趡(直連，澄仙)、邅(除善，澄獮)、邅(持碾，澄線)、饘(諸延，章仙)氈氈鸇、敠(止遙，章宵)、饘(旨善，章獮)敠穡癉瞋劃、顫(之膳，章線)、韂(旨熱，章薛)、氈(式連，書仙)、瞋(式善，書獮)、僐(市連，禪仙)澶、嬗(常演，禪獮)、擅(時戰，禪線)禪甗嬗、鄽(許延，曉仙)

一[弔](多嘯，端嘯)伄迿、褏(都聊，端蕭)、盅(止遙，章宵)

一[弔](都歷，端錫)迿

一[奠](丁定，端徑)、屚(都挺，端迥)

一[奠](堂練，定霰)屚、鄭(直正，澄勁)甄

二[鄭](直正，澄勁)、擲(直炙，澄昔)躑躑

一[悳/德](多則，端德)德、聽(他德，透德)

一[㝵](多則，端德)得淂踤矍䭾、牞(丁力，端職)、扐(他德，透德)恗、牞(徒得，定德)牞、耚(奴勒，泥德)、栘(陟革，知麥)

二[得](多則，端德)、得(丁力，端職)

二[耷](都搕，端盍)敔

一[涉](丁愜，端怗)

一[涉](時攝，禪葉)鈔

『廣韻』端紐主諧字七十三個，産生被諧形聲字整好兒是七百三十個。從被諧字跟主諧字的語音關係看，聲同韻同者二百八十九字，佔39.58%，聲同韻近/韻同聲近者一百三十九字，佔17.67%，聲近韻近者二百零八字，佔28.49%，聲異韻同、近/韻異聲同、近者九十二，佔12.6%，聲異韻異字12字，佔1.64%。後起的形聲字跟它的聲符之間，聲、韻都相同或者相近的，佔全部後起形聲字總數的85.74%。在中古時期，根據聲符，或者說根據主諧字的讀音，就能念對40%形聲字的聲韻；也容易理解、記憶另外46%的形聲字字音，因爲它們跟聲符語音接近，或者有語音的歷史淵源。知道了聲符讀音就能認讀，或者容易認讀、理解大約86%的形聲字的讀音，咱們不能不說，當時的聲符表達形聲字字音的能力比較强。

Ⅰ.3. 現當代的形音關係

由中古到現代，漢語語音系統變化多，字形簡化帶來形體變化，它們對漢字形音關係有什麼影響？

咱們先看看語音變化產生的影響。語音的變化在聲韻兩個方面都有。

聲母方面，1. 濁音清化，全濁聲母消失，並母并到幫、滂，定母並到端、透，羣母並到見、溪，澄母並到知、徹，床母並到照、穿，匣母並入曉，等等。有一批字中古不同音，現在同音了。例如，供(~給)、居用切、見•用/共、渠用切、羣•用＝gòng ；變、彼眷切、幫•線/便(~利)婢面切、並•線＝biàn ；對、都隊切、端•隊/隊、徒對切、定•隊＝duì ；致、陟利切、知•至/緻、直利切、澄•至＝zhì ；壯、側亮切、照•漾/狀、鋤亮切、床•漾＝zhuàng ；化、呼霸切、曉•禡/華(山名)胡化切、匣•禡＝huà。2. 知照合流，知徹澄莊初崇生章昌船書禪十二個聲母合并成今天的 zh、ch、sh三個聲母，也造成一批新同音字。例如，知、陟離切，知•支/支、章移切、章•支＝zhī ；盞、阻限切、莊•產/展、知演切、知•獮＝zhǎn ；癡、丑之切、徹•之/蚩、赤之切、昌•之＝chī ；潺、士山切、崇•山/纏、直連切、澄•仙/蟬、市連切、禪•仙＝zhán ；抄、楚交切、初•肴/超、敕宵切、徹•宵/弨、尺招切、昌•宵＝chāo ；梢、所交切、生•肴/燒、式昭切、書•宵＝shāo ；師、疏夷切、生•脂/尸、式脂切、書•脂＝ shī ；實、神質切、船•質/十、是執切、禪•緝＝shí。3. 影喻疑三母合流，念零聲母，也帶來一批新同音字。例如，亞、衣嫁切、影•禡/訝、五駕切、疑•禡＝yà ；搖、餘招、喻四宵/堯、五聊切、疑蕭＝yáo ；靨、於葉切、影葉/爗、筠輒切、喻三葉/葉、與涉切、喻四葉/業、魚怯切、疑•業＝yè。4. 精見二組細音合流，精清從心邪見溪羣八母在細音韻母前頭，合并成今天的j、q、x三個聲母，又出現一批新同音字。例如，吉、居質切、見•質/佶、巨乙切、羣•質/卽、子力切、精職/疾、秦悉切、從•質＝jí ；崎、去奇切、溪支/奇、渠羈切、羣•支/齊、徂奚切、從•齊＝qí ；泣、去急切、溪•緝/葺、七入切、清•緝＝qì ；昔、思積切、心•昔/夕、祥易切、邪•昔＝xī。另外，還有產生新同音字的音變，比如，匣清化以後跟曉合流，在細音韻母前頭，再跟心邪合流，等等。

　　韻母方面，影響比較大的音變有三個。頭一個是一二三四等韻的變化，大致是一等同等重韻合幷，三四等韻合流，二等韻一部分幷入一等，一部分合進三四等，結果是產生了大批新同音字。一等重韻合幷的例子，比如，函涵、胡南切、覃●韻/邯、胡甘切、談●韻，今音都念hán　；耽眈、丁含切、覃韻/擔儋、都甘切、談●韻，今音都念dān　；一等覃談兩韻合幷。三四等韻合流的例子，比如，仙鮮、相然切、仙●韻/先、蘇前切、先●韻，今音都念xiān　；宵消、相邀切、宵●韻/蕭、蘇彫切、蕭●韻，今音都念xiāo　；殲、子廉切、鹽●韻/兼、古恬切、添●韻，今音都念tiān　；三等仙、宵、鹽韻分別跟四等先、蕭、添韻合流。二等韻幷入一等韻的例子，比如，哀埃、烏開切、咍韻/挨(推也)、乙諧切、皆●韻，今音都念āi　；褒、博毛切、豪韻/包胞、布交切、肴●韻，今音都念bāo　；豌剜、一丸切、桓●韻/彎灣、烏關切、刪●韻，今音都念wān　；二等皆、肴、刪韻幷入一等咍、豪、桓韻。二等韻幷入三四等韻的例子，比如，嗟、子邪切、麻●韻/街、古膎切、佳●韻/皆、古諧切、皆●韻，今音都念jiē　；斜邪、似嗟切、麻●韻/鞋、戶佳切、佳●韻/攜、戶圭切、齊韻，今音都念xié　；搖遙、餘昭切、宵●韻/堯、五聊切、蕭●韻/肴餚、胡茅切、肴韻，今音都念yáo　；二等佳皆、肴韻分別幷入三等宵韻和麻三、四等齊韻和蕭韻。另外，也有一等跟三等混合的情況。各等也有某些韻獨立，各自單獨有某音節讀音的情況，不過，那就跟語音混幷沒關係了，不在討論的範圍。第二個是入聲韻尾的消失，讓入聲韻混同陰聲韻，又造成一批新同音字。在 a、i、u、ü、e、o、uo、iao等韻母裏頭，都有打入聲來的新同音字。比如，zhà音有陰聲禡韻的吒詐乍，又有入聲麥韻的柵　；chā音有陰聲麻韻的叉杈差(～錯)，入聲洽韻的插鍤　；shā音有陰聲麻韻沙紗、戈韻莎，入聲黠韻殺樧。dī音有陰聲齊韻低氐堤隄，入聲錫韻滴　；tī音有陰聲齊韻梯，入聲錫韻剔　；nì音有陰聲至韻膩、霽韻睨，入聲職韻匿、陌韻逆。wū音有陰聲模韻烏汚、虞韻巫誣，入聲屋韻的屋　；gǔ音有陰聲姥韻古賈、馬韻斝、入聲屋韻谷穀、沒韻骨汩　；hū音有陰聲模韻呼滹，入聲沒韻忽惚。yù音有陰聲遇韻裕寓、麌韻愈癒、御韻馭御，入聲屋韻郁育昱、職韻域魆　；qū音有陰聲虞韻區驅趨、魚韻祛，入聲物韻屈詘、燭韻曲　；xū音有陰聲魚韻虛墟胥、虞韻需須，入聲術韻戌、燭韻頊。gē音有陰聲歌韻哥歌、戈韻戈，入聲鐸韻胳、曷韻割、合韻鴿　；kě音有陰聲哿韻可坷，入聲曷韻渴　；hé音有陰聲歌韻何河、戈韻禾和，入聲麥韻核覈、曷韻曷、德韻劾。bō音有陰聲戈韻波、過韻播，入聲末韻撥、覺韻剝　；pò音有陰聲過韻破，入聲陌韻迫魄、鐸韻粕　；mó音有陰聲戈韻磨摹、模韻模謨，入聲鐸韻膜。wò音有陰聲過韻臥，入聲覺韻握幄、末韻斡、沃韻沃　；zuò音有陰聲果韻坐、過韻座，入聲鐸韻作鑿　；tuō音有陰聲歌韻陀拕，入聲末韻脫、鐸韻託。yào音有陰聲笑韻要鷂耀，入聲藥韻藥鑰　；jiǎo音有巧韻攪絞狡、小韻矯剿，入聲覺韻角、藥韻脚　；miǎo音陰聲小韻眇渺藐，入聲覺韻邈。另外，也有入聲韻混同其他韻母的例子。第三個是陽聲韻m尾消失，變成n尾，咸攝并入山攝，深攝并入臻攝，又增加了一批新同音字。比如，

今音	山攝	咸攝	今音	山攝	咸攝
ān	安鞍	庵鵪	lán	蘭瀾	嵐藍
àn	按岸	暗黯	fān	番翻	帆
gān	肝干	甘柑	fàn	飯販	泛範
kān	刊看	堪龕	yān	烟咽	淹醃
hán	寒韓	函邯	yàn	雁燕	焰驗
zhān	氈旃	沾詹	ziān	堅艱煎	監殲兼
zhàn	綻戰	棧湛	jiàn	建荐見	漸劍鑒
chán	纏蟬	讒蟾	qiān	千遷	謙簽
shān	山刪	衫芟	xián	賢閑	咸銜
rán	然燃	髯蚺	diàn	奠電	店坫
zàn	贊瓚	暫蘸	tiān	天	添
cān	餐湌	參驂	tiǎn	腆殄	忝
dàn	旦誕	淡澹	nián	年	黏鮎
tán	壇彈	覃談	lián	連憐	廉匳
nán	難	男南	biǎn	扁	貶

聲調變化也影響字音格局，濁上變去就給去聲增加了新同音字，姑且不論。

字音有這麼多變化，新同音字大批量產生，削弱了形聲字聲符標志語源的功能。

再看看字形變化產生了什麼影響。

字形簡化大體有三種情況：整個字簡化，形符簡化，聲符簡化。

頭一種，整個兒字簡化，象鹵寫成卤，形體相近，問題不大　；爲改成为，頭改

头，影響就比較大了。爲字甲骨文字形是 ，小篆是 ，一脈相承，手牽大象，讓它幹活兒，改成"为"，取消了會意關係，消弱了以形示義的功能。頭字的頁是形符，小篆是 ，一個人有大腦袋，豆是聲符 ; 改成 "头"，取消了形聲結構，消弱了以聲示音，以形示義的功能。

第二種，形符簡化。比如言改成讠，言字『說文』認爲是"從口，辛聲"，"讠"離這個形聲字可太遠了。韋字『說文』認爲是"從舛，口聲"，甲骨文字形是 ，好象在一塊地四周有人圍着，也許是會意字，改成"韦"，從形體上可就什麽也看不出來了。難怪有人把讠、韋這類的字或者偏旁另分一堆兒，不算聲符、義符，叫"記號"。這種簡化字破壞了原字的形、音關係。

第三種，聲符簡化，又有三個不同結果。頭一個，一對一的換聲符，比方廳字，義符厂，聲符聽換成丁，簡化成厅，丁字表音不如聽准確，也還算接近 ; 厭字，聲符猒換成犬，簡化成厌，厭猒都念yan，犬念quan，韻近聲不同，表音不如舊符。二一個，一個聲符換成兩個，比方盧字作聲符，它已經簡化成卢，可是由盧得聲的字，一部分寫成颅(顱)泸(瀘)鲈(鱸)，一部分寫成庐(廬)芦(蘆)炉(爐)，後一種聲符改成了戶。三一個，幾個不同的聲符換成同一個聲符，比如鄧簡化成邓，聲符登換成又，戲簡化戏，聲符虘換成又，觀簡化成观，聲符雚換成又，難簡化成难，聲符堇也換成又，又字念yòu，讀音跟那四個聲符毫無關係，怎麽表示字音? 又字假定不是聲符，它就破壞了原字的形聲結構。這些聲符不對等的更換，打亂了形聲字傳承的體系，也破壞了一部分漢字的形、聲關係。

簡化字帶來字形的很多變化，削弱了一部分形符示義的能力，削弱了一部分聲符指示語音、語源的功能。

上頭從歷時的角度，分析了語音變化、字形簡化對形音關係的影響。下頭從共時角度，看看漢字形音關係的現狀。

語音的歷時變化有規律，聲也好，韻也好，一般也說，都是同聲類或者同韻類的字音同步演變，這種規律維持了漢字形和音之間那種固有的聯系。

聲紐的變化，比如知照合流，讓中古知紐知字跟章紐支字合流同念zhī，可是由它們當聲符，産生出來的形聲字，同一諧聲系列內部的語音關係，從中古到現代基本一致。請看下表的材料：

中古音	現代音	中古音	現代音
知ctie	(zhī)ctʂʅ	蜘ctie	(zhī) ctʂʅ
		智tieɔ	(zhì) tʂɔ
		痴ctʻie	(chī) ctʂʻʅ
支ctɕie	(zhī)ctʂʅ	枝ctɕie	(zhī) ctʂʅ
		肢	(同上)
		歧cgjie	(qí) ctɕʻi
		岐	(同上)
		技cgjie	(ji) tɕiɔ
		妓	(同上)

　　主諧字知的聲紐跟被諧字聲紐有同有異(送氣與否)，支字跟被諧字聲紐也有同有異(塞與塞擦、清與濁)，完全可以按照中古音的同異關係，根據歷史音變規律，推導出被諧字今音。韻的變化，比如咸山兩攝合流，讓中古寒韻干跟談韻甘字合流同念gān，可是由它們當聲符，產生出來的形聲字，同一諧聲系列內部的關係，從中古到現代也是基本一致。請看下頭的材料

中古音	現代音	中古音	現代音
干ckan	(gān) ckan	竿ckan	(gān) ckan
		肝 (同上)	
		刊ckʻan	(kān) ckʻan
		岸ŋanɔ	(àn) anɔ
		鼾cxan	(hān) cxan
		旱cɣan	(hàn) xanɔ
		汗ɣanɔ	(hàn) xanɔ
甘ckam	(gān) ckan	柑ckam	(gān) ckan
		泔 (同上)	
		箝cgíam	(qián) ctɕʻian
		鉗 (同上)	
		邯cɣam	(hán) cxan

　　主諧字干、甘跟被諧字聲韻有同有異，相同的不用說，不同之處，比如聲紐清

濁不同，或者是塞音跟擦音、鼻音的差別，韻母帶不帶i介音，按照中古音的同異關係，根據歷史音變規律，完全能推導出被諧字今音。

歸結成一句話就是，中古時期聲符的形音跟形聲字的語音的關係，在現代使用的漢字裏頭得到維系。

咱們前頭也說過，字形簡化有時候會破壞漢字固有的形音關係。比如廠簡化成厂，廠字广是義符，敞是聲符，念chǎng，用厂代替不光是破壞了形聲結構，厂念hǎn和hàn，也破壞廠厂兩個字各自的形音關係。聲符登盧蘿黃堇奚等有時候簡化成又字，模糊了一些漢字原來的形聲結構，也破壞了它們原來的形音關係。可是，類似的情況數量不大，左右不了漢字形音關係的大局。

目前形聲字的形音關係情況如何？

『現代漢語常用字表』有3500個字，據調查，它的覆蓋率是99.48%。『現代漢語通用字表』有7000個字，其中包括3500個常用字，作爲調查形聲字的樣本，已經足夠了。

李燕等根據『現代漢語通用字表』統計①，7000字當中，形聲結構裏頭的聲符總數是1326個，可以作爲聲符的字1119個，聲符表音的情況：

1. 聲韻調完全相同2285字，佔形聲結構的40.54%
2. 聲韻同、調不同882字，佔形聲結構的15.05%
3. 聲調同、韻不同212字，佔形聲結構的3.76%
4. 韻調同、聲不同309字，佔形聲結構的5.48%
5. 聲同、韻調不同241字，佔形聲結構的4.28%
6. 韻同、聲調不同591字，佔形聲結構的10.49%
7. 調同、聲韻不同408字，佔形聲結構的7.24%
8. 聲韻調全不同708字，佔形聲結構的12.56%

假定不計聲調，聲符跟形聲字聲韻相同的3167字，佔形聲結構的56.19%。這比中古時期端紐字聲韻相同佔39.58%，高出16.61個百分點兒。這個數字讓人吃驚，眼下你知道了聲符的讀音，就能推斷出56%形聲字的聲韻!聲符的表音能力很强。

II. 漢字教學說略

　　在語文教學當中，漢字教學是基礎，這是多數人的共識。可是漢字教學教什麼，怎麼教更好，到今天爲止，始終是人們不斷探索的問題，還沒找到大家一致贊同的最終方案。

　　學漢語、漢字的人可以分成兩批，一批是以漢語爲母語的人，一批是不以漢語爲母語的人。以後者爲教學對象的漢語教學，眼下通行叫對外漢語教學，套用這個說法，漢字教學也可以分出個對外漢字教學。這個術語不對稱，沒有對內漢語教學的提法，咱們不必再立對內漢字教學這一條兒了，姑且叫普通漢字教學。

II.1. 普通漢字教學

　　其實，對以漢語爲母語的學生教漢字也可以分成兩類，一類是剛上小學的兒童，老師教他們認字兒，這是識字教學；一類是上大學中文系的學生，有的學校講『說文』的偏旁部首，北京大學講『文字學概要』，等等，這是文字的專業教學。

　　本文介紹和討論識字教學。

　　識字教學的對象是兒童，他們的特點至少有三點：頭一點，已經會漢語口語，掌握了一定數量的詞匯；第二點，一般還沒有系統地學習漢字；第三點，他們的抽象思維和分析理解能力跟成年人不可同日而語。

　　識字教學的目的是，讓兒童學會漢字，能閱讀，能寫文章，換句話說，就是學習和掌握書面語，這是事情的本質。

　　說漢語的兒童學漢字，是把漢字的形音義跟口語裏頭詞語的音義對接的過程，他們已經知道了mā、bà兩個詞的音義，學了媽、爸這兩個字，就掌握了這兩個詞的書面表達形式。會口語是他們學會漢字的有利條件。

　　從事識字教學的人有一支龐大的隊伍，多年來他們積累了一定的教學經驗。也有積極從事識字教學方法研究的人，總結出各種各樣的教學方法，其中有幾種影響比較大。②

　　早期出現的識字法是“集中識字法”和“分散識字法”，從名稱上就能看出來，它們是對立的。

　　“集中識字法”是開始語文敎學的時候，先敎一些漢字，再讀一些課文。集中什麼樣的漢字敎學生？早些時候是集中一批一批的同音字，後來他們發現兒童識字的難點在字形，就根據漢字構成的原理，敎學生認識漢字的偏旁部首和基本結構，按照偏旁，結構分類集中一批一批的字，學生能有規律地認識、記憶，可以做到在比較短的時間內認識比較多的字。

　　“分散識字法”主張“字不離詞，詞不離句”，在閱讀課文的時候識字。實質上他們强調文字跟語言的關係，讓學生在具體的語言環境當中，把字跟詞對接起來，掌握字的形音義. 他們主張識字要數量也要質量，把識字跟培養學生聽、說、讀、寫的能力結合起來。

　　上個世紀八十年代出現了“注音識字，提前讀寫”的識字法。小學生一年級學漢語拼音要求整體認讀，直接念出拼音的音節，提高了認讀音節的速度 ; 學會拼音之後，就開始閱讀帶拼音的課文 ; 借助拼音做讀寫訓練。從原則上說，它跟“集中識字法”的先識字、後讀文章不同，它利用漢語拼音這個工具，讓小學生的識字、閱讀、寫作同時進行 ; 它跟“分散識字法”有一些共同之處，它們都不是先集中一段時間識字以後才開始閱讀，它們都主張“字不離詞，詞不離句”。

　　此外，還有“字族文識字法”和“部件識字法”，他們跟“集中識字法”有共同之處：從字形出發敎識字。

　　“字族文識字法”說的字族，是有同一個構字部件的若干字，大多數是有同一個聲符的諧聲字組。它把一個字族裏的字集中起來敎，把這些字都編到一篇課文裏，課文內容當然要適合兒童閱讀。學生學這課書碰上的生字，大部分屬于一個字族，這就便于對漢字的結構做歸類分析，方便學生從結構規律上認識、記憶漢字。

　　“部件識字法”說的部件，不是形聲字的聲符、義符，它把漢字的結構分成三層：整字、部件、筆劃。它把部件又細分成三層，比如

漢字	一層部件	二層部件	三層部件
脚	月		
	却	去	土
			厶
		卩	

倡導者給部件的定義是"字形中有獨立組字能力的單位，大于或等于筆劃，小于或等于整字，他們規定的部件有四百多個。他們給部件定名，定位，定順序，教學生就能說明一個漢字是怎麼構成的。

這些識字法各有長處，也各有短處，假定各自過分强調自己的模式，就很難克服自身的缺陷。比如，"分散識字法"容易忽視明確的字形教學計劃；"集中識字法"和"字族文識字法"容易導致追求識字數量，不容易做到識字跟書面語言的習得、表達能力的培養同時進行；"注音識字，提前讀寫"容易讓有的學生寫同音別字。眼下，語文教學一般都注意到各種方法的互補作用。

目前，"注音識字，提前讀寫"的影響最大，中國大陸29個省市都有它的實驗點。

拿北京市統一使用的小學課本來說，它的教學內容體現了"注音識字，提前讀寫"的精神。從各年級識字量來說，它貫徹了"分散識字法"的原則。請看下頭的統計表：

■ 小學一至六年級的識字量

	一	二	三	四	五	六
字數	526	853	622	511	376	337
比率	.17	.26	.19	.16	.12	.10

一二年級學了1379個字，不算很多，因爲它安排的聽、說、讀、寫花了很多時間。這跟"集中識字法"、"字族文識字法"追求一、二年級學會常用字2500個大不一樣，北京小學課本規定用四年的時間達到掌握2500個字。這個課本也安排了字形教學內容，比如，第7冊(四年級·上)的練習當中，有區別形近字，用杯、怀等分別組詞；有區別多音字，用相xiàn等分別組詞；有區別偏旁部首，用淹、蜂、借等換偏旁，組成新字，再組成新詞；有分類歸納，要求把本單元生字

照着部首、結構重新歸類。這些安排就吸收了"集中識字法"、"字族文識字法"
的長處。可是，字形敎學內容在中、低年級不多，在高年級不見。

　　由上頭的材料發現，北京的小學語文敎材對字形敎學着力不多，沒有注意利用
形聲字的分析提高學生的識字能力，這是一個値得深入硏究的問題。

　　咱們把漢字分成非形聲字、形聲字，看看它們在小學各個年級生字當中佔的
比率。据統計④：

■ 不同類型的字在各年級識字量比率

	一	二	三	四	五	六
非形聲字	.45	.29	.23	.15	.12	.13
形　聲　字	.55	.71	.77	.85	.88	.87

年級越高，生字裏頭的形聲字越多，四、五、六年級佔到八、九成了。

　　非常有意思，一年級雖說非形聲字佔到四成半，可有一宗，這批字裏頭80%的
字是後來學的那些形聲字的聲符。換句話說，低年級學了很多聲符字，中高年級
再學它們諧聲派生的形聲字。這個學習過程可以利用形聲字的表音原理，讓學生
用聲符推斷整字讀音，又有趣味又方便記憶。眞落實做的時候，還得通盤考慮聲
符跟整字之間讀音關係的複雜性、聲符跟義符位置的複雜性，等等，安排好敎學
計劃。

Ⅱ.2. 對外漢字敎學

　　一個國家或者一個民族的文字，有時候會有自己的個性。從書面語跟文字的
關係看，漢字跟歐美的拼音文字對比，一個漢字不等于一個字母(letter)，也不等于
一個詞(word)。一個漢字對應漢語的一個語素，譯音字和聯綿字除外。一個漢字
代表的語素構成的詞叫單音詞，兩個和兩個以上漢字構成的詞叫復音詞。一個漢
字的讀音相當于漢語語音的一個音節。假定從文字跟語言的這種關係上下定義，
漢字可以叫語素一音節文字。歐美的一個字母一般是對應一個音素，一個詞對應

一個或者多個音節。

　　觀察漢字的特點應當用形聲字，因爲至少在『說文』出版以前，形聲字已經是漢字字形構造的主流。『說文』收了九千多字，形聲字八千多個，佔漢字的80%以上。今天『現代漢語通用字表』收了七千字，形聲字佔81%。形聲字本身有字形、字音、字義，一個形聲字可以表達一個詞或者幾個詞的音、義。一個形聲字以它整個字形確定字音、字義，這是誰都知道的事兒，可是它的形符能表示字義的義類，聲符可以表示字音的大致情況，比方茅字，形符艹表示這個字指稱對象是草類，聲符矛表示字音跟máo差不多。有的聲符不光是表音，還能表義，比方衷字，形符衣表示這個字指稱對象是服裝類，聲符中表示字音跟zhōng差不多，同時還表示字義有內、裏頭的意思。拿形聲字跟拼音文字比一比，很容易看出來漢字的一個特點。英文 m a n 三個字母組合起來，通過[mæn]這個讀音，跟"人"這個意義連到一塊兒。漢字衷，形符衣不必通過字音zhōng，就表示了這個字的一部分意義，見形知義；根據聲符可以推測整個字音，見形知音。

　　另外，漢字對應語素，語素很多，結果造成漢字數量很大，『現代漢語通用字表』收了七千字，清朝的『康熙字典』四萬七千多字，1993年出版的『漢語大字典』五萬六千字左右。一般認爲，造字之初，象形、指事字是基礎，會意、形聲字後起。象形文字由圖畫演變出來的，筆畫自然多；形聲字又一代一代地不斷增加義符，筆畫越加越繁雜。

　　對外漢字教學的對象主要是外國留學生。留學生跟中國小學生相比，他有自己的特點。初級階段留學生對漢語口語基本不會，或者懂的很少，幾乎是學口語的同時學漢字；留學生大多數是成年人，記憶力不如兒童，理解能力強；除了漢字文化圈的學生，使用拼音文字的留學生習慣線性筆畫，不適應漢字筆畫、字形，可是對形音關係比較敏感。

　　非漢字文化圈的留學生有一部分人學漢字的積極性不够高。究其原因，不外兩種，一種覺着漢字難學；一種認爲學會說漢語跟學會寫漢字是兩碼事。

　　後一種跟歐美一些學者的看法、作法的影響有關係。他們主張，文字是語言的符號，是兩種事物，只想學口語的人可以不學漢字，他們編的課本有一種就只有漢語拼音，沒有漢字。不能說這種理論、作法沒有道理，可是它有局限。它不能够讓學生利用閱讀渠道，吸收文學作品的營養，幫助自己擴大詞彙、語法知識的範圍，提高口語水平。

前一種跟漢字特點、留學生的特點有關係咱們應該探討相應的解決辦法。

漢字數量大，容易解決。『漢語水平詞彙與漢字等級大綱』要求掌握2905個漢字。掌握3000個左右常用字，對一般報刊雜誌用字的覆蓋率已經達到99.64%。對普通留學生來說，掌握3000個常用字也不是件很容易的事，而現在的對外漢語教學，漢語教材本身大多數重視詞彙、語法，輕視漢字教學。課本對語法的講解、練習最多，對詞彙的講解、練習比較多，有對應該掌握哪些語法點的明確要求，也有生詞表，可是沒有生字表。初級漢語教材有教怎麼寫漢字的內容，有寫字練習，中高級漢語教材有一點兒辨字組詞練習，沒有教學生掌握漢字構造規律、以簡馭繁的內容和練習。用多長時間、拿什麼辦法讓留學生掌握3000個常用漢字?一般教師心裏也沒底。眼下，有些位學者已經發現了這個問題，正在探討解決辦法。

新加坡國立大學華語研究中心在這方面有一些實踐和經驗。他們教歐美學生，初級階段有兩個學段，每個學段十五周，每周五節課，每節五十分鐘；目前第一學段學540個字，第二學段學630個字。初級兩個學段，150節學習1170個字。他們說，根據教學經驗，初級階段學1365個漢字的目標可以達到。他們正在爲實現這個目標修改教材。中級、高級階段各有兩個學段，他們要讓學生在中、高級階段學習3000個常用漢字。盧紹昌先生主張，語音的訓練，口治、耳治的東西，放到口語課解決；字形的訓練，目治、手治的東西，放到漢字教學課學習。爲了初級階段讓學員多學漢字，他主張用集中識字法，考慮到字形學習負擔很重，詞彙學習不能過多，常用字跟常用詞的比例是1：2，編教材遵守"組字成詞"、"按詞類組合"、"組詞成句"等原則。這一套安排，跟現在中國小學低年級的識字教學法有明顯不同，可是，新加坡的辦法正是繼承了中國古代識字的傳統⑤。

盧先生介紹的情況至少有三點值得注意。頭一點是重視識字教學，單獨安排了相關教學內容。第二點是制定了實現各階段識字目標的具體計畫。第三點是探索了落實計畫的教學方法，編寫了配套的教材。

盧先生沒介紹中、高級階段漢字教學的內容。

中、高級階段漢字教學的安排，可以考慮留學生和漢字兩個方面的某些特點。留學生已經具備了一定的口語知識，掌握了一定數量的常用字，特別是認識了經常當聲符的一批字，他們作爲成年人有一定的歸納、演繹推理的能力，也有了解字理、掌握漢字構造規律的願望。漢字有象形、指事、會意、形聲造字法，百分之八十的漢字是形聲字。根據上頭說的特點，在中高級階段可以教造字法知識。

古代的象形、指事、會意字由于形體變遷現在的字形有的已經不出來了，可以適當地用甲骨文或者金文的形體舉例。我這樣做過，學生也覺着有趣兒。比如，象形字日字甲骨文寫成⊟、⊙，月字寫成☽、☾，水字寫成〰。

指事字上字甲骨文寫成⌒、二，下字寫成⌄、二，且字甲骨文寫成☖、戰國文字寫成旦。會意字休字甲骨文是休、金文是休，采字甲骨文是采、金文是采。寫出古字形，加上講解，學生容易理解造字的根據，也容易記憶。重點放在形聲字字理上。至少應該掌握以下幾點知識。第一，漢字是形音義結合體，形符表示義類，聲符表示大致讀音，聲符有的也表義，形符跟聲符二者互補，它們組合起來的整個形體確定字音、字義。第二，聲符和形符是相對的概念，比如刀字作聲符，口字作義符，組成形聲字召；召字又能作聲符，再用日字作義符，組成形聲字昭；昭字再作聲符，又用火字變形的灬作義符，組成形聲字照。上一代的聲符和義符組合起來，化爲新一代的聲符。第三，形符跟聲符組合，在字形結構位置關係上，有左形右聲、上形下聲等六種。懂得六種位置關係容易識別形符跟聲符。第四，形符表義和聲符表音的複雜性。從微觀看，各個形聲字，形符表義和聲符表音的準確程度不一。另外，一個語義的義類有時候會由不同的形符表義，比方盛東西的一類器物，可以是陶器或者瓷器的，盤(子)、盆用形符皿，瓶(子)、甕用瓦，罐(子)、缸用缶。一個音節的讀音往往會由不同的聲符表音，比如ya音節，鴉牙雅用聲符牙，鴨押用甲，椏啞用亞，崖睚用厓，壓用厭。

教字理也得有計劃，循序漸進，在教生字的過程，引導學生做歸納或者演繹工作，逐步掌握。

最後，想談一個跟韓國人學漢語有關的設想。

按說，韓國學生學漢語、學漢字跟歐美學生比有一定優勢。中、韓同屬漢字文化圈，韓國語有大量漢字詞，漢字詞保存了相當多的漢字古音，漢字詞跟漢字的讀音大體上有對應關係。我聽說，韓國學生在小學、中學階段要學大約1700個漢字。韓國留學生跟歐美留學生在漢字和漢語詞彙的預備知識上，不可同日而語。韓國學生照說該比歐美學生容易學得更好，實際上，學漢字寫漢字韓國學生比歐美學生成績好，學口語說口語韓國學生不一定比歐美學生成績更好。

爲什麼會出現這種現象？也許造成問題的原因比較復雜，做大量的調查研究之後才能找到確切的答案。現在咱們先做一點兒推測。把學生的個人因素排除在外，可以猜想，眼下的對外語文敎學，沒有讓學生已有的漢字詞知識發揮積極作用。對外語文敎學目前做不到這一　點，有情可原。這個學科雖說已經搞了幾十年，跟旁的學科比，她算年輕的。到今天爲止，她的基本敎材還處在建設階段。從事這種敎學工作的敎師，普遍做不了針對韓國學生的敎學，比如中韓詞彙對比的講解，極少數精通韓語的中國敎師除外。

發現了這個問題以後，我就想，假定精通韓國音韻、詞彙的專家，跟精通漢語音韻、詞彙的專家，中韓雙方一塊兒研究，梳理漢字詞跟漢語詞的音、義關係編一本兒手冊或者詞典，也許對韓國學漢語的人能有幫助。這本兒工具書應該對比漢字詞跟漢語詞在讀音、義項用法上的異同。爲了實用，可以先限定在常用字、常用詞的範圍。假定韓國已經有了這樣的工具書，而且可靠，那就太好了，我的心願也就了却了。

姜信沆會長出了考題，這篇文章算是答卷。不知道會不會文不對題。我在這兒把我的初步想法說出來，目的是向各位同行專家請敎。

① 李燕等『現代漢語形聲字研究』，語言文字應用，北京，1992年第1期。
② 佟樂泉『兒童識字方法的理論探討』，語言文字應用，北京，1996年第1期。
③ 崔永華『漢字部件和對外漢字敎學』，語言文字應用，北京，1997年第3期。
④ 舒華等『小學漢字形聲字表音特點及其分佈的研究』，語言文字應用，北京，1998年第2期。
⑤ 盧紹昌『對外漢語敎學中漢字敎學的新嘗試』，彭城職業大學學報，第13卷第4期，1998年。

漢字의 形音 關係와 漢字 敎學 問題

劉　廣　和

(Liu, Guang-he ; 中國 · 人民大學 敎授)

國文抄錄

　漢字의 數가 많다고 하지만 六書의 하나인 形音(形聲)字의 原理를 應用하여 가르치면 쉽게 習得할 수 있다. 上古時代에는 形과 音의 관계가 單純하여 說文解字의 80%가 形聲字이어서 字形을 보면 音을 理解할 수가 있었다. 中古時代를 거치면서 音의 變遷이 있었고 漢字의 數도 增加하였으나 聲符의 讀音을 알면 86%를 차지하는 形聲字의 讀音을 이해할 수 있었다. 現代에 와서 簡體字의 채용으로 形聲字의 傳承關係나 形과 音의 關係가 破壞된 경우도 있다. 그러나 現代漢語通用字 7000字를 분석한 것을 보면 聲符와 形聲字의 音이 같은 것이 56%나 되어서 漢字의 學習에서 이 構成의 理解가 效果的임을 밝히고 있다. 小學校에서 학년별로 가르치는 漢字를 非形聲字와 形聲字의 比率로 나누어 보면 低學年에서는 非形聲字의 比率이 높고 高學年으로 가면 形聲字의 比率이 높은데 이는 形聲字의 原理를 漢字學習에 應用하였음을 말하는 것이다. 外國人들이 中國語를 學習하는데 있어서 非漢字文化圈 出身은 口語만 배우고 漢字는 學習하지 않는 경우가 있다. 이는 正常的인 학습이라고 할 수 없다. 韓國 出身의 學生들은 漢字를 배우고 쓰는 데는 歐美의 學生보다 낫지만 口語를 배우고 驅使하는 데는 낫다고 할 수 없다. 中 · 韓 兩國의 이 방면의 專門家가 함께 연구하여 이를 克服하기 위한 學習書를 만드는 것이 바람직하다.

　漢字의 字形과 字音의 關係에 대해 말한다면 橫으로 말해도 되고 縱으로 말해도 된다. 橫으로 말하면 예를 들어 現代의 字形과 字音 關係만 논

하더라도 이미 論文들이 許多할 것이다. 縱으로 말하면 上古, 中古, 現代
의 字形과 字音 關係의 狀況과 이 關係의 유형 변화의 軌迹을 두루 살펴
보니 내가 비록 얻어 들은 바가 적어서 잘 모르겠지만 아마 최근 10여
년간 中國大陸 學術 간행물에 이와 같은 主題의 論文은 거의 없었던 듯싶
다. 일부 橫으로 분석한 論文들은 단순히 現行의 字形, 字音으로 形音 關
係를 설명하면서 그 源流를 제쳐놓고 歷史를 절단함으로써 漢字의 識字
敎育과 漢字의 專業 敎育 사이에 障壁을 조성하였다. 이 두 가지 狀況은
나로 하여금 歷時的 角度에서 漢字의 形音 關係를 고찰해 볼 결심을 내리
게 하였다. 이것은 이 문장의 첫 번째 내용이고 두 번째 내용은 漢字 敎
學에 관한 것인데 여기에서 다시 두 부분으로 나뉜다. 하나는 小學(초등학
교)의 識字 敎學이고 하나는 외국 유학생의 識字 敎學이다.

I. 漢字 形音 關係의 歷時的 考察

I.1. 上古 時期의 形音 關係

周知하는 바 『詩經』의 用韻과 諧聲은 先秦시대의 音系를 반영해 준다.
여기서 이 두 가지 材料를 이용하여 上古에 사용된 漢字의 形音 關係를
알아본다.

清나라 段玉裁의 『六書音韻表』 第四表에는 『詩經』 韻 部分이 있으며 第
二表에는 諧聲 部分이 있다. 이는 마침 우리들에게 方便을 제공해준다.

本文에서는 篇幅의 제한으로 標本採取(抽樣調查)의 방법을 사용하는데 그
표본은 第一部의 것을 사용한다. 段玉裁의 入聲은 獨立的이지 않다. 후세
의 學者들은 일반적으로 入聲 獨立을 주장한다. 우리는 陰聲 韻字를 골라
서 硏究해 보기로 한다. 이 부분의 字를 보통 之部字라고 한다.

上古의 之部는 中古 『切韻』의 몇 개 韻部를 포함한다. 平賅上去로 『切
韻』의 之, 咍, 灰, 尤, 侯 등 韻이 망라된다. 아래의 것은 우리가 약간 調

整을 거친 諧聲表이다. 表에는 앞에 聲符字가 나오고 뒤에 讀音을 註했다. 讀音은 먼저 徐鉉의 反切이 나오고 다시『切韻』(卽『廣韻』)에 속한 韻目을 註했다.

絲 (息兹, 之)	思 (息兹, 之)	司 (息兹, 之)	其 (居之, 之)
箕 (居之, 之)	犛(犛) (里之, 之)	疑 (語其, 之)	丌 (居之, 之)
而 (如之, 之)	之 (之而, 之)	辭 (似兹, 之)	辝 (似兹, 之)
兹 (子之, 之)	甾 (側詞, 之)	里 (良止, 之)	㠯 (羊止, 之)
己 (居擬, 之)	止 (諸市, 之)	巳 (祥里, 之)	耳 (而止, 之)
士 (鉏里, 之)	史 (疏史, 之)	子 (卽里, 之)	喜 (虛里, 之)
來 (洛哀, 咍)	㞢 (祖才, 咍)	才 (昨哉, 咍)	亥 (胡改, 咍)
采 (倉宰, 咍)	宰 (作亥, 咍)	再 (作代, 咍)	乃 (奴亥, 咍)
台(邰) (土來, 咍)	臣(茝) (昌改, 海)	灰 (呼恢, 灰)	佩 (蒲妹, 灰)
牛 (語求, 尤)	丘 (去鳩, 尤)	裘 (巨鳩, 尤)	郵 (羽求, 尤)
不 (甫鳩, 尤)	負 (房九, 尤)	婦 (房九, 尤)	又 (于救, 尤)
臼 (其九, 尤)	某 (某厚, 侯)	母 (莫后, 侯)	龜 (居追, 脂)

上古에 之部 하나에 속하는 音이 中古에 와서는 대여섯 개 韻系의 音으로 분열되어 變化가 크다. 이들 글자들은 中古 時期 韻母가 번잡하고 일정하지 않은 音들이 上古 音에서는 一致된다.『詩經』의 音으로 檢驗할 수 있다. 예를 들면 다음과 같다.

『邶・綠衣』三章：綠衣絲●兮, 女所治●兮, 我思古人, 俾無訧●兮.
『鄭・子衿』二章：靑靑子佩●, 悠悠我思●. 縱我不往, 子寧不來●.
『小雅・沔水』一章：沔彼流水, 朝宗于海●。鴥彼飛隼, 載飛載止●。嗟我兄弟, 邦人諸友●。莫肯念亂, 誰無父母●。

첫 번째 詩는 絲聲 台聲(治) 尤聲(訧) 字가 相葉(운을 맞추어 조화되게 함)되고 두 번째 詩는 佩聲 思聲 來聲 字가 相葉되며 세 번째 詩는 母聲(海母) 止聲 又聲(友) 字가 相葉된다. 이 몇 수의 詩가 바로 之 咍 灰 尤 侯 등 다섯 개 韻系의 字들을 모두 하나의 韻部로 연결시킨 예이다.

同聲符의 字는 上古音에서는 응당 一致하여야 한다. 예를 들어 母聲의

性格을 가진 字이다:

　『鄭·將仲子』一章：將仲子●兮，無踰我里●，無折我樹杞。豈敢愛之，畏我父母●。

　『鄭·風雨』三章：風雨如晦●，鷄鳴不已●. 旣見君子，云胡不喜●。

　『召南·江有汜』一章：江有汜●，之子歸，不我以●. 不我以●，其後也悔●。

　『小雅·十月之交』八章：悠悠我里●，亦孔之痗●。

　『小雅·大田』四章：曾孫來止●，以其婦子●，饁彼南畝●，田畯至喜●。

　『小雅·甫田』三章：曾孫來止●，以其婦子●，饁彼南畝●，田畯至喜●。攘其左右●，嘗其旨否●. 禾易長畝●，終善且有●。曾孫不怒，農夫克敏●。

　『大雅·江漢』三章：于疆于理●，至于南海●。

　『大雅·瞻卬』三章：匪敎匪誨●，時維婦寺●

　母聲에서 每字가 産生되었으며 每가 聲符로 되어 또 悔 晦 誨 痗 敏 海 晦(畞)가 産生하였다. 同聲符의 字는 모두 子聲 里聲 巳聲 喜聲 目(以)聲 止聲 又聲 字와 相葉된다. 母聲 每聲의 韻은 모두 之部에 속한다.

　押韻은 하나의 資料이며 諧聲은 또 하나의 資料이다. 그런데 이 두 가지 資料가 놀라울 정도로 一致性을 갖고 있다. 押韻이 證明하기를, 上古 同聲符의 形聲字는 그 韻이 같다. 段玉裁는 斷然이 宣布하기를："一聲은 萬字를 諧할 수 있다. 萬字는 반드시 同符이며 同聲이면 반드시 同符이다."("一聲可諧萬字 萬字必同符同聲必同符。")

　上古에서 同聲符의 形聲字는 그 聲母 역시 相同할까? 古音學家들의 대답은 "그렇다"이다.

　하지만 아마 일부 사람들이 疑問을 提起할 수도 있겠다. 예를 들어 中古音에서 母聲은 [məu]로 읽히며 每聲은 [muɒi]로 읽힌다. 諧聲字들인 晦(畞)[məu]，痗[muɒi]，敏[miĕn]，悔[xuɒi]，誨[xuɒi]，晦[xuɒi]，海[xɒi]도 있다. 諧聲字는 中古音에서 어떤 聲母는 m이고 어떤 것은 x이다. 어떻게 解釋할 것인가? 이 문제에 대해 解答을 제공한 사람이 있다. 董同龢는 母聲 每聲의 上古音은 淸鼻音 *hm로서 이것이 中古的 m, x로 分裂되었다고 主張하였다.

　이러한 硏究를 기초로 사람들은 上古의 同聲符에 속한 形聲字는 聲이

相同하고 韻도 一致하다고 認定하였다. 上古 漢字 聲符의 表音 能力은 아주 강하여 聲符의 讀音을 알면 諧聲字의 音節音을 읽어낼 수 있었다. 바꾸어 말하면 그 時期 漢字의 形과 音 사이의 關係는 相對的으로 單純하여 사람들은 대체적으로 그 形을 보고 그 音을 알 수 있었던 것이다.

I.2. 中古 時期의 形音 關係

일반적으로 『切韻』의 音系는 兩晋南北朝(3세기 후반~6세기)시기 漢語 通語의 語音 系統을 대표할 수 있다고 생각 한다. 宋朝 때에 編修한 『廣韻』은 『切韻』의 音系를 承襲하였는데 우리는 『廣韻』에 보이는 形聲字를 資料로 삼아 兩晋南北朝 시기에 사용된 漢字의 形音 關係를 관찰해 본다.

『廣韻』은 26,194개의 字를 수록하였는데 『說文』의 正文 重文을 合計한 10,516개에 비하여 거의 절반가량이나 더 많다. 비단 글자가 많아졌을 뿐 아니라 主諧字와 被諧字의 聲韻 關係 역시 上古 時期에 비해 複雜해졌다.

『廣韻』에 수록된 漢字의 形音 關係를 구체적으로 指摘하고 描寫해내기 위하여 우리는 被諧字와 主諧字 사이의 語音 關係를 다섯 개 유형으로 나누어 본다.

1. 聲韻相同 : 被諧字와 主諧字의 讀音, 聲母、韻母가 一致한다. 聲調는 따지지 않는다. 東、董、送 등 세 개 韻은 聲調가 비록 不同하지만 包含된 韻母는 一致한다. 그리하여 聲韻이 相同한 것으로 인정하며 그 외 모두 이런 형식으로 類推한다.
2. 聲同韻近/韻同聲近 : 兩者의 聲, 韻 중 한 項이 一致하고 다른 한 項이 서로 가깝다.
3. 聲近韻近 : 兩者의 聲, 韻이 不同하나 서로 가깝다.
4. 聲異韻同、近/韻異聲同、近 : 兩者 중 어느 한 항이 差別이 비교적 크고 다른 한 항이 서로 같거나 가깝다.
5. 聲異韻異 : 兩者의 聲、韻의 差別이 모두 비교적 크다.

"相同"은 말할 나위 없고 "相近"이나 "相異"를 구분하는 基準은 무엇인가? 이 基準을 確定할 때 等韻學과 古音學의 硏究 成果를 참고하였다.

먼저 聲母를 보기로 한다. 等韻家는 36개 字母를 유형별로 나누어 五音, 七音으로 불렀다. 脣, 舌, 牙, 齒, 喉 등 다섯 개 組를 五音이라고 한다.

脣音은 또 重脣音과 輕脣音 두 가지로 나눌 수 있다. 重脣音 帮[p], 滂[pʻ], 並[b], 明[m] 등 4개의 聲母는 그 語音이 "相近"하다고 볼 수 있다. 이 들은 그 發音 部位가 一致하고 그 發音 方法이 不同하다. 硏究에 의하면 重脣音에서 非[pf], 敷[pfʻ], 奉[pv], 微[m̩] 등 輕脣音이 分化되어 나왔으며 이들은 아마 唐朝 때에 이르러서야 徹底하게 한 유형의 새로운 聲母로 獨立되었다. 南北朝時期에는 오로지 重脣音 한 가지 유형만 있었다. 무릇 脣音聲母는 그 語音이 곧 "相近"하다고 우리는 일단 규정한다.

이어서 舌音을 보면 舌音은 또한 舌頭音, 舌上音 두 가지 유형으로 구분된다. 舌頭音 端[t], 透[tʻ], 定[d], 泥[n] 등 4개의 聲母는 똑같이 그 發音 部位가 一致하고 그 發音 方法이 不同하며 語音이 "相近"하다. 硏究에 따르면 舌上音 知[ṭ], 徹[ṭʻ], 澄[ḍ], 娘[ṇ](羅常培 擬音)은 舌頭音에서 分化되어 나온 것이다. 그 分化 過程은 아마 南北朝時期에 完成되었을 것이라고 본다. 추측컨대 當時 中國 北方, 南方 각 지역의 分化 速度는 一致하지 않았던 것으로 보인다. 南方 梁朝의 譯經師인 僧 伽婆羅(기원후 460~524년)의 譯音 材料가 보여준 바에 따르면 舌頭 端組와 舌上 知組는 아직 완전히 分化된 것은 아니었다. 각종 漢譯을 보면 이미 舌頭 端紐가 t로 발음하는 예가 있었다. 예를 들어 多字는 ta로 표기되었다. 舌上 知紐는 ṭ에 대응되었다. 예를 들어 吒는 ṭa로 표기되었다. 이러한 音 표기는 兩組의 音이 分化가 되었다는 것을 보여준다. 하지만 또한 적지 않은 反對되는 例도 있다. 예를 들어 舌頭 定紐 陀字는 da로 표기되기도 하고 ḍa로 표기되기도 하였다. 羅公이 梵文 字母에 표기한 音은 더욱 사람들의 疑問을 자아낸다.

ta多	tha他	da陀	dha檀	na那
ṭa輕多	ṭha輕他	ḍa輕陀	ḍha輕檀	ṇa輕那

端組가 t 組에 대응되는가 하면 知紐가 ṭ 組에 대응되며 端組字인데도

t 組에 대응되기도 하고 또 t 組에 대응되기도 하는 것이다.

이는 사람들로 하여금 舌音이 여전히 같은 組에 속하는 音이라고 認定할 수밖에 없게 한다. 『廣韻』의 反切 역시 端, 知 두 개 組가 일부 混同이 있다. 여기서 우리는 일단 무릇 舌音 聲母는 그 語音이 "相近"하다고 보기로 한다.

여기에서 끝난 것이 아니다. 齒音의 照 組 三 等은 章組라고도 하는데 章, 昌, 船, 書, 禪 등 다섯 개 字母가 포함된다. 上古音에서는 舌頭 端組(黃侃 學說에 의함)에 속한다. 예를 들어 '禪'字에서 聲符 單은 곧 端紐字이다. 『書－禹貢』 "被孟豬", 『左傳』 作 "孟諸", 『史記－夏本紀』作 "明都", 猪는 知紐字이고 諸는 章紐字이고 都는 端紐字이다. 文獻 異文에서도 知組, 章組가 上古에서 端組音과 一致한다는 것을 證明하였다. 여기서 우리는 또 照三(端組)과 舌音組의 各 紐音이 "相近"하다고 일단 규정한다. 漢字의 形音 關係를 分析함에 있어 實際的으로 그 根源을 거슬러 올라가고 語音을 分析하면서 上古音과 連結시키는 것은 當然한 일이다. 그 외 牙, 齒, 喉音 역시 이런 형식으로 類推한다. 相同하지 않거나 相近하지 않은 것은 곧 相異한 것이다.

다음으로 韻母를 보기로 한다. 等韻家가 구분한 十六攝은 一攝 내에 各 韻母는 主原音이 相同하거나 혹은 相近하며 韻尾도 相同하다. 예를 들어 果攝에는 歌, 戈 2개 韻系가 포함되는데 歌韻系의 韻母는 [a]이며 戈韻系의 韻母는 [ua], [iua]로서 主原音이 相同하다. 宕攝에는 唐, 陽 2개 韻系가 포함되는데 唐韻系의 韻母는 [aŋ], [uaŋ]이고 陽韻系의 韻母는 [iaŋ], [iwaŋ]로서 그들의 韻尾는 相同하다. 唐의 主原音 [a]와 陽의 主原音 [a]는 相近하다. 여기서 우리는 一攝 내에서 各 韻의 讀音은 相近히다고 규정한다. 各 攝 사이에는 또 일부 개별적인 상황들이 있는데 역시 語音이 相近한 것으로 본다. 하나는 果, 假 2개 攝인데 그들은 모두 韻尾가 없다. 果攝의 主原音은 [a]이고 假攝의 主原音은 [a]인데 果攝의 多字[ta]가 聲符로 되어 만들어진 假攝의 爹字[ta]는 韻이 相近한 것에 속한다. 다른 하나는 果攝과 止攝의 支韻系이다. 中古에 支韻系 韻母의 일반적인 擬音은 [ie] 혹은 [iɛ]이다. 主原音 e, ɛ는 果攝의 a와 그다지 가깝지 않다. 하지만 諧聲의 根源을 거슬러 올라간다는 것을 考慮하면 이들이 어쩌면 "相近"하다고 볼 수도 있겠다. 생각해보면, 中古 支韻의 일부 字의 聲符는 皮, 多, 奇, 義, 離 등과 같은 것들이다. 이 聲符들은 上古에는 곧 歌部字였다. 段玉裁는 第十七部로 불렀다. 支韻의 다른 일부 字의 聲符는 支, 知, 氏, 是, 斯, 卑 등과 같은 것들인데 이 聲符들은 上古에는 바로 支部字였다. 段玉裁는 第十六部라고 불렀다. 上古에 支, 歌 兩部의 音은 원래 相近하였다. 그 외는 이와 같이 類推한다.

이후부터 우리는 위에서 말한 이 基準에 根據하여 考察할 것이며『廣韻』의 諧聲 系統을 두루 보면서 被諧字와 主諧字 사이 語音의 遠近 異同을 分析해 본다.

材料는 沈兼士 先生이 主編한『廣韻聲系』를 이용한다. 편찬자가 配定한 것들 중 내가 보기에 妥當하지 못하다고 생각되는 개별적인 것은 일부 調整을 하였다. 시간과 篇幅의 제한으로 이 글에서는 오로지 標本採取의 방법만 사용한다.『廣韻』은 첫 머리가 東韻의 東字가 아닌가? 그럼 이것으로 標本으로 삼는다.『廣韻聲系』의 材料는 聲類에 따라서 羅列하였는데 東字는 端類에 속해 있다. 아래에 端紐의 諧聲 상황에 대해 살펴보기로 한다.

字表를 보기 전에 먼저 體例를 주지시키고자 한다. 첫째, 主諧字와 被諧字는 서로 相對的인 것이다. 被諧字는 그 아래 代의 主諧字가 될 수도 있다. 예를 들어 第一代 主諧字 刀는 若干의 被諧字를 産生하였는데 被諧字 召는 또 第二代의 主諧字가 되어 第二代의 若干의 被諧字를 産出하였다. 그 중 昭字는 또 第三代 主諧字가 되어 第三代의 若干의 被諧字를 産出하였다. 諧聲 系列의 層次를 분명히 하기 위하여 이들에게 순서를 나타내는 번호를 매겨 輩分을 명확하게 표기한다. 예를 들어 一刀, 二召, 三昭 등이다. 둘째, 主諧字는 [ ]표기를 하여 被諧字와 구분이 쉽게 하였다. 셋째, 낱낱의 同音 字組는 오로지 첫 번째 字의 아래쪽에 注音하며 注音은 먼저 反切을 표기하고 뒤에 音韻 地位를 표기한다.

아래는 端紐의 形聲字 諧聲 系列 材料이다.

一[東](德紅, 端東) 蕫鶇辣倲餗涷蝀凍鶇倲崬埬蠧鶇、蝀(多東, 端董)辣、涷(多貢, 端送)凍棟瓶鶇辣、重(直容, 澄鍾)、辣(直珍, 澄眞)、重(直隴, 澄腫)、重(柱用, 澄用)

二[涷](德紅, 端東)倲

二[重](直容、直隴、柱用三音, 見前) 緟(直容)種鶇蝩、偅(直隴)、緟(柱用)、董(多動, 端董)箽、湩(都鶇, 端腫)、湩(多貢, 端送)、瞳(他袞, 透混)、童(徒紅, 定東)、動(徒揔, 定董)、湩(竹用, 知用)埇湩、鍾(職容, 章鍾)、腫(之隴, 章腫)種踵腄徚喠、種(之用, 章用)偅、衝(尺容, 昌鍾)種剸、瘇(充隴, 昌腫)喠、橦(時宂, 禪腫)

三[董](多動, 端董)蕫

三[童](徒紅, 定東)僮瞳罿犝潼噇橦鶇甑羵董穜鐘斷、董(多動, 端董)、曈(他紅, 透東)、瞳(他孔, 透董)、疃(吐緩, 透緩)、蹱(丑凶, 徹鍾)獞、穜(直容, 澄鍾)、幢(宅江, 澄江)撞橦噇籦、樘(直絳, 澄絳)憧幢撞艟、鐘(職容切, 章鍾)蹱橦、甑(之用, 章用)、衝(尺容, 昌鍾)罿憧樘艟潼剸穜、橦(時宂, 禪腫)、龍(力鍾, 來鍾)

三[動](徒揔, 定董)、慟(徒弄, 定送)哃、哃(戶冬, 匣冬)、哃(乎宋, 匣宋)

三[鍾](職容, 章鐘)鐘

三[種](之隴, 章腫)、愐(時宂, 禪腫)

四[董](多動, 徒紅二音, 見前)、懂(多動)

四[龍](力鍾, 來鍾)瓏躘鷾鷾襲籠蠬蘢、籠(盧紅, 來東)瓏槳朧礱襱瀧聾韄礱穲嚨蘢橯礱寵襱瓏嚨鷾籠蠹、瀧(呂江, 來江)驉、曨(力董, 來董)襱寵寵籠攏懨儱籠、隴(力踵, 來腫)、壟、礱(盧貢, 來送)、矓(良用, 來用)躘儱、龔(九容, 見鍾)、龑(居用, 見用)、寵(丑隴, 徹腫)、襱(直隴, 澄腫)、驉(薄紅, 並東)、龐(薄江, 並江)、礱(子朗, 精蕩)、瀧(所江, 山江)、龑(於角, 影覺)

一[冬](都宗, 端冬)苳鮗笭霙冬、炵(他冬, 透冬)、疼(徒冬, 定冬)佟烔鼕忬赨炈鉖峂、終(職戎, 章東)夂鼕柊夠

二[終](職戎, 章東)螽蓫鼨鵔汵、鼨(徒冬, 定東)

一[氐](都奚, 端齊)低柢羝眡岻奃越柢紙鴟、邸(都禮, 端薺)底詆坻抵牴柢弤攲軧、柢(都計, 端霽)舓骶趆瓹越軝、詆(杜奚, 定齊)鴟

一[氏](丁尼, 知脂)胝秖、詆(他歷, 透錫)、坻(直尼, 澄脂)泜蚳岻低阺胝、衹(旨夷, 章脂)泜砥、坻(諸氏, 章紙)砥、底(職雉, 章旨)砥芪、厎(諸巿, 章止)、鴟(處脂, 昌脂)胝、眡(承矢, 禪旨)

二[泜](旨夷、直尼二音, 見前)茋(旨夷, 章脂)

一[自](都回, 端灰)頧鵭厚酳自坐、垂(都罪, 端賄)頧、輍(他回, 透灰)、追(陟佳, 知脂)、棺(直追, 澄脂)、歸(擧韋, 見微)、帥(所類, 山至)、帥(所律, 山質)、脂(呼罪, 曉賄)

二[歸](擧韋, 見微)、嬀(居胃, 見未)、巋(丘追, 溪脂)蘬、蘬(丘韋, 溪微)夔、巋(丘軌, 溪旨)蘬、㩻(渠追, 羣脂)夔

二[追](陟佳, 知脂)䲔、磓(都回, 端灰)鎚鎚搥、鎚(他回, 透灰)、鎚(直追, 澄脂)槌、縋(馳僞, 澄寘)膇槌、鎚(直類, 澄至)

二[帥](所類、所律二音, 見前)㔏(所律, 山質)、臂(力遂, 來至)

一[丹](都寒, 端寒)、旃(諸延, 章仙)

二[旃](諸延, 章仙)栴襜

一[耑](多官, 端桓)端褍剬膞鍴稐偳、揣(丁果, 端果)稐敠褍、㟞(丁貫, 端換)、湍(他端, 透桓)猯貒煓偳、貒(通貫, 透換)、段(徒玩, 定桓)、諯(七絹, 清線)、顓(職緣, 章仙)諯湍、歂(之累, 章紙)、剬(旨兗, 章獮)歂、惴(之睡, 章寘)瑞、喘(昌兗, 昌獮)敠、諯(尺絹, 昌線)、揣(初委, 初紙)敠、圌(是爲, 禪支)篅簹、遄(市緣, 禪仙)篅諯輲褍歂、腨(市兗, 禪獮)歂端、瑞(是僞, 禪寘)、䯍(胡管, 匣緩)

二[端](多官, 端桓)篅蝡

二[段](徒玩, 定換)腶椴、鍛(徒管, 定緩)、鍛(丁貫, 端換)殺碫瑕

一[刀](都牢, 端豪)魛刁舠初

二[刀](都聊, 端蕭)刁芀鳭、到(都導, 端号)、叨(土刀, 透豪)、芀(徒聊, 定蕭)、鳭(陟交, 知肴)、颩(敕交, 徹肴)、召(直照, 澄笑)、鳭(卽消, 精宵)、召(寔照, 禪笑)、炒(許交, 曉肴)

二[到](都導, 端号)倒荊、倒(都晧, 端晧)、荊(竹角, 知覺)

二[召](直照、寔笑二音, 見前)邵(寔照, 禪笑)劭卧㲄詔卲、韶(市昭, 禪宵)、佋卧珨韶招昭、紹(市小, 禪小)佋袑睍、貂(都聊, 端蕭)䍃韶魈、迢(徒聊, 定蕭)髫苕岧𦈡、軺(徒刀, 定豪)、超(敕宵, 徹宵)怊欽帩怊颭、昭(止遙, 章宵)紹招、沼(之少, 章小)、炤(之少, 章笑)詔埕卧、炤(尺招, 昌宵)弨、弨(尺沼, 昌小)昭、軺(餘昭, 喻宵)、翛(許幺, 曉蕭)

三[昭](止遙, 章宵)、照(之少, 章笑)

三[沼](之少, 章小)蒤蒤、蒤(昨焦, 從宵)

三[佋](市昭、市沼二音, 見前)蒤(市昭, 禪宵)

三[邵](寔照, 禪笑)、褾(市沼, 禪小)

四[照](之少, 章笑)、羔(古勞, 見豪)

五[羔](古勞, 見豪)餻、糕(古沃, 見沃)、顤(去遙, 溪宵)窯、糕(之若, 章藥)禚、窯(餘昭, 喻宵)、羔(以沼, 喻小)、窯(許幺, 曉蕭)顤

一[多](許何, 端歌)、哆(丁可, 端哿)頦、跢(丁佐, 端箇)疼哆、軂(康禮, 溪薺)、宜(魚

羈, 疑支)、痑(他干, 透寒)、痑(託何, 透歌)、爹(徒可, 定哿)陊、袲(奴可, 泥哿)袲、胗(乃亞, 泥禡)、奓(陟加, 知麻)奓、哆(陟駕, 知禡)奓、哆(敕加, 徹麻)奓、趍(直離, 澄支)誃、陊(池爾, 澄紙)、眵(章移, 章支)、恀(諸氏, 章紙)、眵(叱支, 昌支)、侈(尺氏, 昌紙)姼鉹誃庌垑烗袳恀哆、哆(昌者, 昌馬)、刴(充豉, 昌寘)、哆(昌去, 昌志)、蛥(食列, 船薛)、餎(書冶, 書馬)、刴(施智, 書寘)胗、姼(是支, 禪支)、栘(成臡, 禪齊)、恀(承紙, 禪紙)姼、黟(於脂, 影脂)、黟(烏奚, 影齊)、移(弋支, 喻支)迻鉹袲扅狢栘拸、絼(羊至, 喻至)

二[宜](魚羈, 疑支)、䣡(五佳, 疑佳)、誼(宜寄, 疑寘)䣡

二[袲](奴可, 尺氏, 弋支三音, 見前)棭(奴可, 泥哿)檥、傢(康禮, 奚薺)

二[奓](陟加, 陟駕二音, 見前)、膨(陟駕, 知麻)、緂(竹下, 知馬)、膨(陟駕, 知禡)

二[侈](尺氏, 昌紙)庌

二[移](弋支, 喻支)簃蕦熪誃、簃(直離, 澄支)

一[丁](當經, 端淸)釘玎阷靪虰仃叮、頂(都挺, 端迥)奵盯酊靪打、矴(丁定, 端徑)釘訂飣、汀(他丁, 透靑)訂町艼罜廳、圢(他鼎, 透迥)町艼鼆罜、汀(他定, 透徑)、亭(特丁, 定靑)㼗、町(徒鼎, 定迥)訂、跀(丑丁, 徹淸)虰、成(是征, 禪淸)

一[丁](中莖, 知耕)朾玎跀、盯(眞庚, 澄庚)、朾(宅耕, 澄耕)穵、圢(他典, 透銑)町朾(德冷, 端梗)

二[亭](特丁, 定靑)停葶聤渟鯙楟、葶(都挺, 端迥)、揨(宅耕, 澄耕)䗴、騂(文證, 澄證)

二[成](是征, 禪淸)城誠宬郕筬盛珹頳、盛(承正, 禪勁)晟、頳(渠京, 羣庚)

三[盛](是征、承正二音, 見前)墭(承正, 禪頸)

一[登](都滕, 端登)璒燈簦毲蓌甑鐙、嶝(都鄧, 端鄧)鐙隥橙凳蕶餖磴、鼟(他登, 透登)膯鼞、鄧(徒亘, 定鄧)蹬僜殲驓、竳(中莖, 知耕)竳、韥(猪孟, 知映)、僜(丑升, 徹蒸)、覴(丑證, 徹證)、澄(直庚, 澄庚)憕、橙(宅耕, 澄耕)憕瞪、澄(直陵, 澄蒸)瞪憕、瞪(丈證, 澄證)黱、撜(蒸上聲, 章拯)、證(諸應, 章證)

二磴(都鄧, 端嶝)、灜(他登, 透登)、灜(台鄧, 他嶝)

二竳(中莖, 知耕)僜、檤(猪孟, 知映)

一兜(當侯, 端侯)篼覨

一斷(都管, 端緩)攠

一[斷](丁貫, 端換)

一[斷](徒管, 定緩)、躖(吐緩, 投緩) 讋(職緣, 章仙)

一[典](多殄, 端銑)錪箅、腆(他典, 透銑)痶淟錪倎琠蹎賟晪

一[鳥](都了, 端篠) 蔦鳺、鳺(都聊, 端蕭)鳴、搗(都晧, 端晧)島、窵(多嘯, 端嘯)蔦

一朵(丁果, 端果)挅綶陎鍒鞢、陎(丁戈, 端戈)桗、桗(都唾, 端過)婇剁揉、垛(徒果, 定果)瓺筞鞢、筞(陟瓜, 知麻)

一斗(當口, 端厚)枓蚪阧抖、斢(天口, 透厚)斢、枓(之庾, 章虁)

一疐(都計, 端霽)嚏、疐(陟利, 知至)懥、懥(脂利, 章至)

一帶(當蓋, 端泰)癠蹛螮䗣槵、蔕(都計, 端霽)蝃摕䗣僀、殢(他計, 透霽)、遰(特計, 定霽)揥諦懘墆、嵽(都結, 定屑)墆揥慸、癠(竹例, 知祭)、懘(丑例, 徹祭)、懘(丑犗, 徹夬)、滯(直例, 澄祭)蹛、䗣(征例, 章祭)、殢(呼計, 曉霽)

二[懘](特計、丑例、丑犗三音, 見前)瀄(尺制, 昌祭)

二[滯](直例, 澄祭)瀄(尺氏, 昌紙)、瀄(尺制, 昌祭)

一[對](都隊, 端隊)檪轛懟、薱(徒隊, 定隊)薱濧、轛(追萃, 知至)、懟(直類, 澄至)

一[旦](得按, 端翰)疸鴠觛狚悬笪亶、亶(多旱, 端旱)笪疸觛狚担、怛(當割, 端曷)妲呾炟黕狚笪苴靼、坦(他但, 透旱)闉、但(徒干, 定寒)胆、但(徒旱, 定旱)袒觛、但(徒案, 定翰)、蛆(奴曷, 泥曷)、袒(丈莧, 澄襉)組、靼(旨熱, 章薛)、呾(乙鍺, 影鍺)

二[亶](多旱、遮連二音)癉(多旱, 端旱)嬗、譠(他干, 透寒)嬗、蹎(他典, 透銑)、壇(徒干, 定寒)檀驙僤、襢(徒寒, 定旱)繵膻、潭(徒案, 定翰)、譠(陟山, 知山)儃、邅(張連, 知仙)邅驙鱣、皽(知演, 知獮)襢、襢(陟扇, 知線)、邅(直連, 澄仙)、邅(除善, 澄獮)、邅(持碾, 澄線)、饘(諸延, 章仙)旜氈鸇、皽(止遙, 章宵)、饘(旨善, 章獮)皽檀軇膻劕、顫(之膳, 章線)、韇(旨熱, 章薛)、羶(式連, 書仙)、膻(式善, 書獮)、僤(市連, 禪仙)澶、蟺(常演, 禪獮)、擅(時戰, 禪線)禮甎嬗、亶羽(許延, 曉仙)

一[弔](多嘯, 端嘯)伄迗、寏(都聊, 端蕭)、盄(止遙, 章宵)

一[弔](都歷, 端錫)迗

一[奠](丁定, 端徑)、屢(都挺, 端迥)

一[奠](堂練, 定霰)屢、鄭(直正, 澄勁)甎

二[鄭](直正, 澄勁)、擲(直炙, 澄昔)躑蠮

一[悳/悳](多則, 端德)德、聽

一[㝵](多則, 端德)得淂蹋𩡶䳽、㝵毛(丁力, 端職)、捙(他德, 透德)㥀、犆(徒得, 定德)棏、䅊(奴勒, 泥德)、棏(陟革, 知麥)

二[得](多則, 端德)、䙷(丁力, 端職)

二[耷](都搕, 端盍)皶

一[涉](丁愜, 端怗)

一[涉](時攝, 禪葉)鉥

『廣韻』의 端紐 主諧字는 73개가 있는데 이들이 産生한 被諧 形聲字는 공교롭게도 딱 730개이다. 被諧字와 主諧字의 語音 關係로 보면 聲同韻同

者가 280字로서 39.58%,를 차지하고 聲同韻近/韻同聲近者가 139字로 17.67%를 차지하고 聲近韻近者가 208字로 28.49%를 차지하며 聲異韻同、近/韻異聲同、近者가 92字로 12.6%를 차지하고 聲異韻異字가 12字로 1.64%를 차지한다. 나중에 생긴 形聲字로서 그 聲符가 聲, 韻이 모두 相同하거나 혹은 相近한 것이 나중에 생긴 形聲字 總數의 85.74%를 차지한다. 中古 時期에 聲符에 根據하여 혹은 主諧字의 讀音에 根據하여 40%에 달하는 形聲字의 聲韻을 읽어낼 수 있었다. 또한 그 외 46%에 속하는 形聲字의 字音을 쉽게 이해하거나 기억할 수 있었다. 이들 글자들이 聲符 語音과 接近하거나 혹은 語音의 歷史 淵源이 있기 때문이었다. 聲符의 讀音을 알면 곧 바로 약 86%를 차지하는 形聲字의 讀音을 낼 수 있거나 혹은 읽거나 이해하는데 쉬울 수 있었다. 當時의 聲符가 形聲字의 字音을 나타내는 能力이 比較的 强하였다고 우리는 認定하지 않을 수 없다.

Ⅰ.3. 現當代의 形音 關係

中古에서 現代에 이르기까지 漢語 語音 系統의 變化는 아주 많다. 字形의 簡化는 形體의 變化를 가져왔는데 이는 漢字의 形音 關係에 어떤 影響을 미쳤는가?

우리는 먼저 語音 變化가 미친 影響을 보기로 한다. 語音의 變化는 聲韻 두 방면에 다 존재한다.

■ 聲母 方面

Ⅰ.3.1. 濁音의 清化

全濁 聲母가 消失되고 並母는 帮, 滂에 병합되었고 定母는 端, 透에 병합되었으며 羣母는 見, 溪에 병합되고 澄母는 知, 徹(徹)에 병합되었으며 床母는 照, 穿에 병합되고 匣母는 曉(曉)에 병합되는 등이다. 일부 글자들은 中古에는 音이 不同하였으나 現在에는 音이 相同해졌다. 예를 들면 다

음과 같다.

供(~給)、居用切、見●用/共、渠用切、羣●用=gòng ； 變、彼眷切、帮●線/便(~利)婢面切、並●線=biàn ； 對、都隊切、端●隊/隊、徒對切、定●隊=duì ； 致、陟利切、知●至/緻、直利切、澄●至=zhì ； 壯、側亮切、照●漾/狀、鋤亮切、床●漾=zhuàng ； 化、呼霸切、曉●禡/華(山名)胡化切、匣●禡=huà。

I.3.2. 知照의 合流

知 徹 澄 莊 初 崇 生 章 昌 船 書 禪 등 12개의 聲母가 合幷되어 오늘날의 zh, ch, sh 3개 聲母로 되었다. 또 일부 새로운 同音字를 만들어내기도 하였다. 예를 들면 다음과 같다.

知、陟離切，知●支/支、章移切、章●支=zhī ； 蓋、阻限切、莊●産/展、知演切、知●獮=zhǎn ； 癡、丑之切、徹●之/蚩、赤之切、昌●之=chī ； 潺、士山切、崇●山/纏、直連切、澄●仙/蟬、市連切、禪●仙=zhán ； 抄、楚交切、初肴/超、敕宵切、徹●宵/弨、尺招切、昌●宵=chāo ； 梢、所交切、生●肴/燒、式昭切、書●宵=shāo ； 師、疏夷切、生●脂/尸、式脂切、書●脂=shī ； 實、神質切、船●質/十、是執切、禪●緝=shí。

I.3.3. 影 喩 疑 3개 母의 合流

零聲母를 읽음에 있어 또한 일부 새로운 同音字를 産生시켰다. 예를 들면 다음과 같다.

亞、衣嫁切、影●禡/訝、五駕切、疑●禡=yà ； 搖、餘招、喩四宵/堯、五聊切、疑蕭=yáo ； 靨、於葉切、影葉/燁、筠輒切、喩三葉/葉、與涉切、喩四葉/業、魚怯切、疑●業=yè。

I.3.4. 精 見 2개 組 細音의 合流

精 淸 從 心 邪 見 溪 羣 등 8개의 母는 細音 韻母의 앞에 있으며 오늘날의 j, q, x 3개 聲母로 합병되었다. 또한 일부 새로운 同音字를 만들어냈다. 예를 들면 다음과 같다.

吉、居質切、見●質/佶、巨乙切、羣●質/卽、子力切、精職/疾、秦悉切、

從●質=jí ; 崎、去奇切、溪支/奇、渠羈切、羣●支/齊、徂奚切、從●齊=qí
; 泣、去急切、溪●緝/葺、七入切、淸●緝=qì ; 昔、思積切、心●昔/夕、
祥易切、邪●音=xī。

이 외에도 새로운 同音字를 産生하는 音變이 있다. 예를 들어 匣은 淸
化된 후에 曉와 合流되어 細音 韻母의 앞에 오고 다시 心 邪와 合流되는
등이다.

■ 韻母 方面

影響이 비교적 큰 音變은 세 개가 있다.

첫 번째는 一二三四等韻의 變化이다. 대체적으로 一等同等重韻이 合幷
되고 三四等韻이 合流되고 二等韻의 一部分은 一等에 幷入되고 一部分은
三四等에 合進되었다. 결과로 대량의 새로운 同音字가 産生되었다. 一等重
韻이 合幷된 예는 函涵、胡南切、覃●韻/邯、胡甘切、談●韻, 現代音은 모
두 hán으로 읽힌다. 耽眈、丁含切、覃韻/擔儋、都甘切、談●韻, 現代音은
모두 dān으로 읽는다. 一等 覃 談 두 韻은 合幷되었다. 三四等韻이 合流된
예는 仙鮮、相然切、仙●韻/先、蘇前切、先●韻, 現代音은 모두 xiān으로
읽는다. 宵消、相邀切、宵●韻/蕭、蘇彫切、蕭●韻, 現代音은 모두 xiāo로
읽는다. 殲、子廉切、鹽●韻/兼、古恬切、添●韻, 現代音은 모두 tiān으로
읽는다. 三等 仙、宵、鹽韻은 각각 四等의 先、蕭、添韻과 合流되었다. 二
等韻이 一等韻에 幷入된 예는 哀埃、烏開切、咍韻/挨(推也)、乙諧切、皆●
韻, 現代音은 모두 āi로 읽는다. 褒、博毛切、豪韻/包胞、布交切、肴●韻,
現代音은 모두 bāo로 읽는다. 豌剜、一丸切、桓●韻/彎灣、烏關切、刪●
韻, 現代音은 모두 wān으로 읽는다. 二等 皆、肴、刪韻은 一等 咍、豪、桓
韻에 幷入되었다. 二等韻이 三四等韻에 幷入된 예는 嗟、子邪切、麻●韻/
街、古膎切、佳●韻/皆、古諧切、皆●韻, 現代音은 모두 jiē로 읽는다. 斜
邪、似嗟切、麻●韻/鞋、戶佳切、佳●韻/攜、戶圭切、齊韻, 現代音은 모두
xié로 읽는다. 搖遙、餘昭切、宵●韻/堯、五聊切、蕭●韻/肴餚、胡茅切、肴
韻, 現代音은 모두 yáo로 읽는다. 二等 佳皆、肴韻은 각각 三等 宵韻과 麻

三韻, 四等 齊韻과 蕭韻에 幷入되었다. 이 외에 또 一等과 三等이 混合된 상황이 있다. 各等 또한 일부의 韻들이 獨立되었거나 各自가 單獨으로 某 音節의 讀音을 갖고 있는 경우가 있다. 하지만 이건 語音의 混幷과 관계가 없어지므로 여기에서 討論하지 않겠다.

두 번째는 入聲 韻尾의 消失이다. 入聲韻과 陰聲韻을 섞어 놓으면 또 일부 새로운 同音字가 만들어진다. a、i、u、ü、e、o、uo、iao 등 韻母 안에는 모두 入聲에서 온 새로운 同音字가 있다. 예를 들어 zhà音에는 陰聲 禡韻의 吒 詐 乍가 있으며 또 入聲 麥韻의 柵이 있다. chā音에는 陰聲 麻韻의 叉 杈 差(~錯)가 있으며 … 入聲 洽韻의 挿 鍤이 있다. shā音에는 陰聲 麻韻의 沙 紗, 戈韻의 莎 … 入聲 黠韻의 殺 樧이 있다. dī音에는 陰聲 齊韻의 低 氐 堤 隄 … 入聲 錫韻의 滴이 있다. tī音에는 陰聲 齊韻 梯 … 入聲의 錫韻 剔이 있다. nì音에는 陰聲 至韻 膩, 霽韻의 睨, … 入聲 職韻의 匿, 陌韻의 逆이 있다. wū音에는 陰聲 模韻 烏 汚, 虞韻의 巫 誣, … 入聲 屋韻의 屋이 있다. gǔ音에는 陰聲 姥韻의 古 賈, 馬韻의 㹧, … 入聲 屋韻의 谷 穀, 沒韻의 骨 汩이 있다. hū音에는 陰聲 模韻의 呼 滹, … 入聲 沒韻의 忽 惚이 있다. yù音에는 陰聲 遇韻의 裕 寓, 虞韻의 愈 癒, 御韻의 馭 御, … 入聲 屋韻의 郁 育 昱, 職韻의 域 魆이 있다. qū音에는 陰聲 虞韻 區 驅 趨, 魚韻의 袪, … 入聲 物韻의 屈 詘, 燭韻의 曲이 있다. xū音에는 陰聲 魚韻의 虛 墟 胥, 虞韻의 需 須, … 入聲 術韻의 戌, 燭韻의 頊이 있다. gē音에는 陰聲 歌韻의 哥 歌, 戈韻의 戈, … 入聲 鐸韻의 胳, 曷韻의 割, 合韻의 鴿이 있다. kě音에는 陰聲 哿韻의 可 坷, … 入聲 曷韻의 渴이 있다. hé音에는 陰聲 歌韻의 何 河, 戈韻의 禾 和, … 入聲 麥韻의 核 覈, 曷韻의 曷, 德韻의 劾이 있다. bō音에는 陰聲 戈韻의 波, 過韻의 播, … 入聲 末韻의 撥, 覺韻의 剝이 있다. pò音에는 陰聲 過韻의 破, … 入聲 陌韻의 迫 魄, 鐸韻의 粕이 있다. mó音에는 陰聲 戈韻의 磨 摹, 模韻의 模 謨, … 入聲 鐸韻의 膜이 있다. wò音에는 陰聲 過韻의 臥, 入聲 覺韻의 握 幄, 末韻의 斡, 沃韻의 沃이 있다. zuò音에는 陰聲 果韻의 坐, 過韻의 座, 入聲 鐸韻의 作 鑿이 있다. tuō音에는 陰聲 歌韻의 陀 拕, 入聲 末

韻의 脫, 鐸韻의 託이 있다. yào音에는 陰聲 笑韻 要 鷂 耀, 入聲 藥韻의
藥 鑰이 있다. jiǎo音에는 巧韻의 攪 絞 狡, 小韻의 矯 剿, 入聲 覺韻의 角,
藥韻의 脚이 있다. miǎo音에는 陰聲 小韻의 眇 渺 藐, 入聲 覺韻의 邈이
있다. 이 외에도 入聲이 기타 韻母와 섞인 예도 있다.

세 번째는 陽聲韻 m尾의 消失이다. n尾로 변했다. 咸攝은 山攝에 幷入
되었고 深攝은 臻攝에 幷入되었으며 또 일부 새로운 同音字가 증가되었
다. 예를 들면 다음과 같다.

現代音	山攝	咸攝	現代音	山攝	咸攝
ān	安鞍	庵鵪	lán	蘭瀾	嵐藍
àn	按岸	暗黯	fān	番翻	帆
gān	肝干	甘柑	fàn	飯販	泛範
kān	刊看	堪龕	yān	烟咽	淹醃
hán	寒韓	函邯	yàn	雁燕	焰驗
zhān	氈旃	沾詹	ziān	堅艱煎	監殲兼
zhàn	綻戰	棧湛	jiàn	建荐見	漸劍鑒
chán	纏蟬	讒蟾	qiān	千遷	謙簽
shān	山删	衫芟	xián	賢閑	咸銜
rán	然燃	髥蚺	diàn	奠電	店坫
zàn	贊瓚	暫鏨	tiān	天	添
cān	餐湌	參驂	tiǎn	腆殄	忝
dàn	旦誕	淡澹	nián	年	黏鮎
tán	壇彈	覃談	lián	連憐	廉奩
nán	難	男南	biǎn	扁	眨

聲調의 變化도 字音의 구도에 영향을 준다. 濁上變去는 去聲에 새로운
同音字를 증가시켰는데 이는 잠시 논하지 않기로 한다.

字音에 이렇게 많은 變化가 생기고 새로운 同音字가 대량으로 생겨나
形聲字의 聲符가 語源을 표시하는 機能을 弱化시켰다.

다음으로 字形 變化에 어떤 영향을 끼쳤는지 살펴본다.

字形의 簡化는 大體的으로 3가지 경우가 있다. 字 전체가 簡化된 것, 形
符가 簡化된 것, 聲符가 簡化된 것 등이다.

첫 번째는 글자 전체의 簡化이다. 예를 들어 鹵를 卤로 쓰는 것, 形體가 相近하여 큰 問題가 없다. 하지만 爲를 为로 고치고 頭를 头로 고치는 것은 그 影響이 비교적 큰 편에 속한다. 爲字는 甲骨文 字形은 ⃟이고 小篆 자형은 ⃟인데 一脈相承한다. 손으로 코끼리를 끌고 일을 하게 하는 모양인데 "为"로 고쳐버림으로써 會意 關係를 제거해버리고 形으로 義를 나타내는 기능을 약화시켰다. 頭字의 頁는 形符로서 小篆은 ⃟이다. 한 사람이 큰 머리를 가진 모양이며 豆는 聲符이다. 그런데 "头"로 고쳐버림으로써 形聲 結構가 없어지고 聲으로 音을 나타내고 形으로 義를 나타내는 기능을 약화시킨 것이다.

두 번째는 形符의 簡化이다. 예를 들어 言을 讠으로 고쳤다. 言字는『說文』에서는 "從口, 辛聲"으로 해석하는데 "讠"은 이 形聲字와는 거리가 너무나 멀다. 韋字는『說文』에서 "從舛, 口聲"이며 甲骨文 字形은 ⃟인데 마치 한 조각의 땅 사방에 사람들이 모여 있는 듯한 형상으로서 아마 會意字일 것이다. 그런데 "韦"로 고쳐버리니 形體上으로는 아무것도 보아낼 수가 없게 되었다. 그래서 어떤 사람들은 讠、韦와 같은 字 혹은 部首들을 따로 모아 놓았는데 聲符도 아니고 義符도 아닌 "記號"로 分類하였다. 이러한 簡化字는 原字의 形, 音關係를 파괴하였다.

세 번째는 聲符의 簡化이다. 이것은 또 3개의 다른 결과를 보여준다. 첫째, 一對一로 聲符를 바꾸는 것. 예를 들어 廳字이다. 義符는 厂이고 聲符 聽은 丁으로 바꾸어 厅으로 簡化하였다. 丁字의 表音은 聽보다 정확하지 않다. 하지만 그래도 接近한다고는 할 수 있다. 厭字는 聲符 猒를 犬으로 바꿔 厌으로 簡化하였다. 厭과 猒은 모두 yan으로 읽고 犬은 quan으로 읽는데 韻은 근접하나 聲이 不同하니 그 表音이 舊符보다 못한 것이다. 둘째, 하나의 聲符를 두개로 바꿨다. 예를 들어 盧字는 聲符가 됨으로써 이미 卢로 簡化되었는데 盧에서 聲을 얻은 字는 一部分이 颅(顱)泸(瀘)鲈(鱸)로 쓰고 一部分은 庐(廬)芦(蘆)炉(爐)로 쓴다. 후자의 聲符는 이미 戶로 고친 것이다. 셋째, 몇 개 不同한 聲符가 同一한 聲符로 바뀌어졌다. 예를 들어

鄧은 邓으로 簡化되어 聲符 登은 又로 고쳐졌다. 하지만 戲 역시 戏로 간화되어 聲符 虗도 又로 바뀌었다. 觀은 观으로 簡化되어 聲符 雚도 又로 고쳐졌다. 難은 难으로 간화되어 聲符 莫 역시 又로 바뀌었다. 又字는 yòu로 읽는데 讀音은 그 네 개 聲符와 아무런 관계도 없으니 어떻게 字音을 나타내겠는가? 가령 又字가 聲符가 아니라면 이는 原字의 形聲 구조를 파괴한 것이 된다. 이렇게 聲符들이 不對等하게 交替 變化됨으로써 形聲字의 傳承 體系를 파괴하였으며 또한 一部分 漢字의 形, 聲關係도 파괴하였다.

簡化字는 字形에 아주 많은 變化를 가져와 일부 形符가 義를 나타내는 能力을 약화시켰으며 또 일부 聲符가 語音, 語源을 나타내는 기능을 약화시켰다.

위에서 歷時的인 角度에서 語音의 變化, 字形의 簡化가 形音 關係에 미친 영향을 살펴보았다. 아래에 共時的 角度에서 漢字 形音 關係의 現狀을 보기로 한다.

語音의 歷時的 變化는 規律이 있다. 聲도 그렇고 韻도 그렇고 일반적으로 모두 同聲類 혹은 同韻類의 字音이 同步的으로 演變한 것이다. 이러한 規律은 漢字의 形과 音 사이에 固有한 關係를 維持하게 하였다.

聲紐의 變化, 예를 들어 知 照의 合流는 中古의 知紐의 知字와 章紐의 支字가 合流되어 모두 zhī로 읽히게 하였다. 하지만 이것들이 聲符로 되어 만들어진 形聲字의 同一한 諧聲 系列 내의 語音 關係는 中古에서 現代에 이르기까지 基本的으로 一致한다. 아래 표에 나열된 材料를 보기로 한다.

中古音	現代音	中古音	現代音
知 cție	(zhī) ctʂʑ	蜘 cție	(zhī) ctʂʑ
		智 țieɔ	(zhì) tʂʑɔ
		痴 cțʼie	(chī) ctʂʻʑ
支 ctɕie	(zhī) ctʂʑ	枝 ctɕie	(zhī) ctʂʑ
		肢	(同上)

歧 cgjie	(qí) ctɕ‘i
岐	(同上)
技 cgjie	(jì) tɕiɔ
妓	(同上)

主諧字 知의 聲紐는 被諧字 聲紐와 有同有異(送氣與否)하다. 支字의 被諧字 聲紐 역시 有同有異(塞與塞擦、淸與濁)하다. 中古音의 同異 關係에 따라 또 歷史音變規律에 근거하여 被諧字의 現代音에 대한 類推는 완전히 可能하다. 韻의 變化 예를 들어 咸 山 兩攝의 合流는 中古 寒韻 干과 談韻 甘字가 合流되어 모두 gān으로 읽히게 하였다. 그러나 이들이 聲符가 되어 産生해 낸 形聲字의 同一 諧聲 系列 내에서의 關係는 中古에서 現代에 이르기까지 基本的으로 一致한다. 아래의 材料를 보기로 한다.

中古音	現代音	中古音	現代音
干 ckan	·(gān) ckan	竿 ckan	(gān) ckan
		肝 (同上)	
		刊 ck‘an	(kān) ck‘an
		岸 ŋanɔ	(àn) anɔ
		釬 cxan	(hān) cxan
		旱 cɣan	(hàn) xanɔ
		汗 ɣanɔ	(hàn) xanɔ
甘 ckam	(gān) ckan	柑 ckam	(gān) ckan
		泔 (同上)	
		箝 cgíam	(qián) ctɕ‘ian
		鉗 (同上)	
		邯 cɣam	(hán) cxan

主諧字 干, 甘은 被諧字 聲韻과 有同有異하다. 相同한 것은 굳이 말할 필요가 없다. 不同한 것을 예를 들면 聲紐 淸濁이 不同하거나 혹은 塞音과 擦音, 鼻音의 差別, 韻母가 i라는 介音을 가지고 있거나 가지고 있지 않은 것이다. 中古音의 同異 關係에 따라, 歷史音變規律에 근거하여 被諧字의 現代音을 추측하는 것은 완전히 可能한 일이다.

한마디로 槪括하여 말하면 中古 時期 聲符의 形音과 形聲字 語音의 關係는 現代에 使用되는 漢字들 속에서 維持되고 있는 것이다. .

앞에서도 언급했다시피 字形의 簡化는 가끔 漢字 固有의 形音 關係를 파괴한다. 예를 들어 廠은 厂으로 簡化되었는데, 廠字의 厂은 義符이고 敞은 聲符로서 chǎng으로 읽는다. 하지만 厂으로 簡化됨으로써 비단 形聲 結構를 파괴했을 뿐 아니라 厂은 hǎn과 hàn으로 읽는데 이는 또 廠 厂 두 글자 各自의 形音 關係도 파괴하였다. 聲符 登 盧 蕥 黃 堇 奚 等은 가끔 又字로 簡化되기도 하는데 이는 漢字 고유의 일부 形聲 구조를 모호하게 하였으며 또한 그들 사이의 고유한 形音 關係도 파괴하였다. 하지만 類似한 경우는 그다지 많지 않아서 漢字 形音 關係의 전체적인 구도에는 큰 영향을 미치지는 않는다.

現在 形聲字의 形音 關係 상황은 어떠한가?

『現代漢語常用字表』에는 3,500字가 있다. 調査에 의하면 그 覆蓋率은 99.48%이다. 『現代漢語通用字表』에는 7,000字가 수록되어 있는데 그중에는 3,500개의 常用字도 포함된다. 形聲字의 표본으로 삼기에는 충분한 양이다.

李燕 等이 『現代漢語通用字表』에 根據하여 統計를 냈는데(統計①) 7,000字 중에서 形聲 結構를 가진 聲符 總數는 1,326개이며 聲符로 삼을 수 있는 字가 1,119個이다. 聲符가 表音하는 경우는 :

1. 聲 韻 調가 完全히 相同한 것이 2,285字로서 形聲結構의 40.54%를 차지한다.
2. 聲 韻이 같고 調가 다른 것이 882字로서 形聲結構의 15.05%를 차지한다.
3. 聲 調가 같고 韻이 다른 것이 212字로서 形聲結構의 3.76%를 차지한다.
4. 韻 調가 같고 聲이 다른 것이 309字로서 形聲結構의 5.48%를 차지한다.
5. 聲이 같고 韻 調가 다른 것이 241字로서 形聲結構의 4.28%를 차지한다.
6. 韻이 같고 聲 調가 다른 것이 591字로서 形聲結構의 10.49%를 차지한다.
7. 調가 같고 聲 韻이 다른 것이 408字로서 形聲結構의 7.24%를 차지한다.
8. 聲 韻 調가 전부 다른 것이 708字로서 形聲結構의 12.56%를 차지한다.

가령 聲調를 계산하지 않는다면 聲符와 形聲字의 聲韻이 相同한 것이 3,167字로서 形聲 結構의 56.19%를 차지한다. 이는 中古 時期 端紐字 聲韻이 相同한 것이 39.58%를 차지하는 것과 비교하여 16.61%나 많다. 이 숫자는 사람들을 놀라게 한다. 지금 聲符의 讀音을 알기만 한다면 곧바로 56%에 달하는 形聲字의 聲韻을 알 수가 있는 것이다! 聲符의 表音 能力은 정말 강한 것이다.

Ⅱ. 漢字敎學 說略

語文 敎學에서 漢字 敎學은 基礎이다. 이는 다수인들의 共通된 認識이다. 하지만 漢字 敎學에서 무엇을 가르칠 것인가, 어떻게 가르쳐야 더 나은 것인가 하는 것은 오늘에 이르기까지 始終 사람들에 의해 끊임없이 探究되는 問題로서 아직까지도 大家의 見解가 一致하고 서로 贊同하는 최종 方案은 찾지 못하고 있다.

漢語, 漢字를 배우는 사람들은 대체로 두 가지 部類로 나눌 수 있다. 첫 부류는 漢語를 母語로 하는 사람들이고 다른 한 부류는 漢語를 母語로 하지 않는 사람들이다. 후자를 敎學 대상으로 하는 漢語 敎學을 현재는 통상 對外漢語敎學이라고 일컫는다. 이 說法을 그대로 적용하면 漢字敎學 역시 對外漢字敎學이라는 개념을 만들 수 있다. 이 용어는 非對稱的이다. 왜냐하면 對內漢語敎學이라는 개념은 없기 때문이다. 그러므로 우리는 굳이 對內漢字敎學이라는 개념을 만들 필요 없이 그저 普通漢字敎學으로 규정하기로 한다.

Ⅱ.1. 普通漢字敎學

사실상 漢語를 母語로 하는 학생들에게 漢字를 가르치는 것도 두 가지

부류로 나눌 수 있다. 하나는 갓 小學(초등학교에 해당)에 들어간 兒童들이다. 敎師는 그들에게 글자를 가르치게 되는데 이것이 識字敎學인 것이다. 다른 하나는 大學校 中文科에 入學한 학생들이다. 일부 학교에서는 『說文』의 偏旁 部首를 講義한다. 北京大學에서는 『文字學槪要』를 講義한다. 이것은 文字 專業(專門) 敎學이다.

본문에서는 識字敎學에 대하여 소개하고 토론하고자 한다.

識字敎學의 대상은 兒童이다. 그들의 特徵은 적어도 세 가지가 있다. 첫째, 이미 漢語 口語를 구사할 줄 알며 일정 수량의 單語를 掌握하고 있다. 둘째, 일반으로 아직 體系的으로 漢子를 배우지 못했다. 셋째, 그들의 抽象 思惟와 分析 理解 능력은 아직 成人과 比較할 수 없다.

識字敎學의 目的은 兒童으로 하여금 漢字를 배워서 讀解할 수 있고 作文할 수 있게 하는 것이다. 바꾸어 말해서 곧 書面語(文語)를 배우고 掌握하게 하는 것인데 이것이 그 本質이다.

漢語를 구사하는 兒童이 漢字를 배운다는 것은 漢字의 形 音 義를 口語의 單語, 音, 義와 연결시키는 過程이다. 그들은 이미 mā(엄마), bà(아빠)와 같은 단어의 音과 義를 알고 있는데 媽 爸 이 두 글자를 배움으로써 이 두 단어의 書面 표기 형식을 掌握하게 되는 것이다. 口語를 안다는 것은 그들이 漢字를 배우는 有利한 條件이다.

識字 敎學에 從事하는 사람들은 그 수가 많다. 여러 해 동안 그들은 일정한 敎學 經驗을 쌓았다. 또한 識字 敎學 方法에 대한 硏究에 積極的으로 從事하는 사람들도 있는데 그들은 각종 硏究 方法을 總結해 냈다. 그 중에서 몇 가지가 影響力이 비교적 크다.②

早期에 나타난 識字法은 "集中識字法"과 "分散識字法"이나. 名稱에서 보아낼 수 있듯이 그들은 서로 對立되는 것이다.

"集中識字法"은 語文 敎學을 시작할 때 먼저 일부 漢字를 가르치고 그에 根據하여 일부 텍스트를 讀解하는 것이다. 어떠한 漢字를 集中的으로 학생들에게 가르칠 것인가? 처음에는 먼저 한 조 한 조의 同音字를 모아보았다. 나중에 그들은 兒童들이 識字를 함에 있어 難點이 字形에 있다는 것을 發見하였다. 그리하여 漢字 結構의 原理에 根據하여 학생들에게 漢字의 偏旁 部首와 基本 構造를 理解하게 하였다. 偏旁과 結構에 따라 漢字를 한 조 한 조 分類하고 集中하였다. 학생들은 規律에 따라 漢字를 認識하고 記憶함으로써 비교적 짧은 시간 내에 비교적 많은 양의 漢字를 掌握할 수 있게 되었다.

"分散識字法"은 "글자는 單語를 떠날 수 없고 單語는 句節을 떠날 수 없다"를 主張한다. 텍스트를 讀解함과 동시에 識字를 겸하는 것이다. 실제로 그들은 文字와 言語의 關係를 강조하여 학생들로 하여금 구체적인 言語 환경 속에서 漢字와 單語를 連接시켜 漢字의 形 音 義를 掌握하도록 하였다. 그들은 識字에 있어서 數量도 중요하고 質量도 중요하다고 主張하였다. 識字 敎學을 학생들의 廳, 說, 讀, 寫의 能力을 키우는 것과 結合시켰던 것이다.

지난 世紀 80年代에 "註音識字, 提前讀寫(拼音을 배워 識字에 앞서 읽고 쓰기)"라는 識字法이 나타났다. 小學生은 일학년 때에 漢語 拼音을 배우게 되었다. 전체적으로 認識하고 읽는 것을 要求함으로써 직접 拼音의 音節을 읽어 音節을 認識하는 속도를 높여주었다. 拼音을 배운 후에는 拼音으로 된 텍스트를 讀解하기 시작하였다. 즉 拼音을 利用하여 읽고 쓰는 訓練을 하는 것이다. 原則的으로 말하면 이 方法은 "集中識字法"의 "先識字後讀文章"(먼저 識字하고 뒤에 文章을 읽기)과 같지 않다. 漢語 拼音이라는 이 도구를 이용하여 小學生들로 하여금 識字, 讀解, 作文을 동시에 진행하도록 한 것이다. 이 方法은 "分散識字法"과 일부 共通點이 있다. 이 두 方法은 모두 먼저 일정 기간 동안 集中的으로 識字를 한 후에 讀解를 시작하는 것이 아니다. 오히려 "字는 詞를 떠나지 않고 詞는 句를 떠나지 않음"을 主張하는 것이다.

이 외에도 "字族文識字法"과 "部件識字法"이 있다. 이 두 方法은 "集中識字法"과 共通點이 있는데 즉 字形에서 출발하여 識字를 가르친다는 점이다.

"字族文識字法"의 字族은 글자를 구성하는 동일한 部件을 갖고 있는 약

간의 字들을 말한다. 한 字族에 속하는 字들을 集中的으로 가르치는데 이
字들을 모두 하나의 텍스트에 넣는 것이다. 텍스트의 내용은 當然히 兒童
이 읽기에 適合한 것이어야 한다. 학생들이 이 하나의 텍스트를 배우면서
부딪친 새로운 漢字는 대부분 하나의 字族에 속하는 것들이다. 이는 漢字
의 結構에 대하여 分類하고 分析하는 데 이로우며 학생들이 結構의 規律
에 따라 漢字를 認識하고 記憶하는 데 편리하다.

　“部件識字法”의 部件은 形聲字의 聲符, 義符가 아니다. 이 方法은 漢字
의 結構를 세 개의 層으로 나눈다. 즉 整字(글자 자체), 部件, 筆劃이다. 또
部件을 세 개의 層으로 細分한다.

예

漢　字	一層部件	二層部件	三層部件
脚	月		
	却	去	土
			厶
		卩	

　이 方法의 唱導者는 部件의 定義를 “字形에서 독립적인 글자 組合 能力
을 가진 單位로서 筆劃보다 크거나 같으며 整字보다 작거나 같다”고 規定
하였다. 그들이 규정한 部件은 400여 개가 된다. 그들은 部件에 이름을
정해주고 位置를 정해주고 順序를 정해주고 학생들에게 하나의 漢字는
어떻게 構成되었는가 하는 것을 說明할 수 있도록 하였다.

　이러한 識字法들은 모두 저마다의 長點과 短點을 지니고 있다. 만약 서
로가 과도하게 자기의 方式을 강조한다면 그 자체의 缺陷을 克服하기 힘
들어지는 것이다. 예를 들어 “分散識字法”은 명확한 字形 敎學 計劃을 忽
視하기 쉬우며 “集中識字法”과 “字族文識字法”은 識字 數量만을 추구하게
되어 識字와 書面 言語의 習得, 구사 능력의 養成이 동시에 進行되는 것
을 어렵게 만든다. “註音識字, 提前讀寫”는 학생들이 同音 別字를 쓸 誤謬
를 범할 가능성을 높여 준다. 現在의 語文 敎學은 이미 각종 方法의 相互

補完에 주의를 돌리고 있다.

現在 "註音識字, 提前讀寫"의 影響力이 가장 크다. 中國 大陸에서 29개 省市가 그 實驗을 하고 있다.

北京市에서 사용하고 있는 小學 統一敎材를 놓고 말하면 그 敎學 내용에서 "註音識字, 提前讀寫"의 精神을 具現하고 있다. 각 學年의 識字量을 본다면 "分散識字法"의 原則을 貫徹하고 있다. 아래의 統計表를 보기로 한다.

■小學校 1學年~6學年의 識字量

	1학년	2학년	3학년	4학년	5학년	6학년
字數	526	853	622	511	376	337
比率	.17	.26	.19	.16	.12	.10

1, 2學年에서 1,379字를 배웠는데 많은 양에 속하지는 않는다. 聽, 說, 讀, 寫에 아주 많은 시간을 할애했기 때문이다. 이는 "集中識字法"과 "字族文識字法"이 추구하는 1, 2학년에서 常用字 2,500字의 習得과는 크게 다른 것이다. 北京의 小學 敎材는 4년의 시간 안에 2,500字를 習得하도록 規定되어 있다. 이 敎材는 字形 敎學 내용도 配定하였다. 예를 들어 제7책 (4학년, 1학기)의 練習 問題를 보면 글자 모양이 類似한 글자를 구분하는 問題가 있는데 杯 怀로 각각 單語를 合成하게 하였다. 또 多音字 구분하기 문제도 있는데 相(xiāng) 相(xiàng)으로 각각 單語를 合成하게 하였다. 偏旁 部首를 구분하는 問題도 있는데 淹 蜂 借 등으로 偏旁을 바꾸어 새 字를 만들게 하고 다시 새 單語를 組合하게 하였다. 또 分類 歸納도 있는데 한 單元(unit)에 속한 새로 익힌 字를 部首, 結構에 따라 다시 分類 歸納하게 하는 것이다. 이런 것들은 "集中識字法"과 "字族文識字法"의 長點을 吸收한 것이다. 하지만 字形 敎學내용은 中, 低級 學年에서도 많지 않고 高級 學年에 이르러서는 보이지 않는다.

위의 材料에서 발견할 수 있듯이 北京의 小學 語文 敎材는 字形 敎學에 대하여 힘을 많이 기울이지 않았다. 形聲字에 대한 分析을 통하여 학생들의 識字 能力을 높여주는 데 주의를 돌리지 않았던 것이다. 이는 깊이 硏究할 價値가 있는 問題이다.

우리는 漢字를 非形聲字와 形聲字로 나누어 그것들이 小學校 각 學年의 生字(新習漢字)에서 점하는 比率을 알아보기로 한다. 統計에 따르면④ :

■ **不同한 類型의 글자 基準, 각 學年 識字量 比率**

	一	二	三	四	五	六
非形聲字	.45	.29	.23	.15	.12	.13
形 聲 字	.55	.71	.77	.85	.88	.87

學年이 높을수록 生字 안에 있는 形聲字가 더 많았다. 四、五、六學年에 이르러서는 80~90%를 차지하였다.

아주 재미있는 것은 1學年에서 非形聲字가 45%나 차지하지만 한 가지 유의해야 할 것은 이 글자들 중에서 80%가 나중에 배우게 되는 그 形聲字의 聲符라는 것이다. 바꾸어 말해서 低學年에서는 많은 聲符字를 배우고 中高 學年에 가서는 다시 그 글자들에서 諧聲 派生한 形聲字를 배운다는 것이다. 이 學習 過程은 形聲字의 表音 原理를 이용하여 學生들로 하여금 聲符로 整字의 讀音을 推斷할 수 있게 한다. 흥미롭기도 하고 記憶하기에도 쉬운 것이다. 이 方法을 公式的으로 사용할 때에는 마땅히 聲符와 整字 사이의 讀音 關係의 複雜性, 聲符와 義符 位置의 複雜性 等에 대해서도 전반적으로 考慮하여 教學 計劃을 잘 配定하여야 한다.

Ⅱ.2. 對外漢字教學

한 國家 혹은 한 民族의 文字는 가끔 자기만의 個性을 가지게 된다. 書面語와 文字의 關係 측면에서 보면 漢字는 歐美의 拼音 文字와 對照的이다. 하나의 漢字는 하나의 子母(letter)와 同等하지 않으며 하나의 單語(word)

와도 同等하지 않다.

　하나의 漢字는 漢語의 한 개 語素와 對應된다. 譯音字와 聯綿字(두 音節로 連綴되어 이루어지며, 分離되면 意味를 갖지 못하는 字)는 제외한다. 하나의 漢字가 대표하는 語素가 構成하는 單語를 單音詞라고 하며 두 개 혹은 두 개 이상의 漢字가 構成하는 單語를 複音詞라고 한다. 하나의 漢字의 讀音은 漢語 語音의 한 개 音節에 해당한다. 文字와 言語의 關係 측면에서 定義한다면 漢字는 語素-音節 文字로 볼 수 있다. 歐美에서 한 개 字母는 일반적으로 한개 音素에 對應하며 한 개 單語는 한 개 혹은 여러 개의 音節에 對應한다.

　漢字의 特徵을 觀察하려면 응당 形聲字에 着眼해야 한다.『說文』이 出版되기 전에 形聲字는 이미 漢字 字形 結構의 主流로 되었기 때문이다.『說文』에는 9천여 字가 收錄되어 있는데 그 중 形聲字가 8천여 개 로서 漢字의 80% 이상을 차지한다. 오늘날『現代漢語通用字表』에는 7천字가 收錄되어 있는데 그 중 形聲字가 81%를 점한다. 形聲字 자체에는 字形, 字音, 字義가 있다. 하나의 形聲字는 한 개 單語 혹은 몇 개 單語의 音, 義를 표현할 수 있다. 하나의 形聲字는 그 자체의 字形으로서 字音, 字義를 확정한다. 이것은 누구나 다 아는 사실이다. 하지만 그의 形符는 字義의 義類를 표시할 수 있고 聲符는 字音의 대체적인 상황을 표시할 수 있다. 예를 들어 茅자는 形符 艹로 이 글자의 指稱 대상이 草類임을 나타낸다. 聲符인 矛는 이 글자의 字音이 máo와 비슷함을 나타낸다. 일부 聲符는 비단 表音할 뿐만 아니라 또한 表義도 할 수 있다. 예를 들어 衷자의 形符 衣는 이 글자의 指稱 대상이 服裝類임을 나타내며 聲符 中은 이 글자의 字音이 zhōng과 같음을 나타냄과 동시에 또한 字義에 內, 裏의 뜻이 있음을 나타낸다. 形聲字를 拼音 文字와 한번 비교해 보면 漢字의 特徵을 아주 쉽게 보아낼 수 있다. 英文에서 m a n 세 字母는 組合되어 [mæn]이라는 讀音을 통하여 "人"이라는 뜻과 연결된다. 漢字 衷은 形符 衣가 字音 zhōng을 통하지 않고도 이미 이 글자의 부분적인 뜻을 나타내고 있다. 形을 보고 義를 아는 셈이다. 聲符를 보고는 전체 字音을 추측할 수 있으니 形

을 보고 音도 아는 것이다.

이 외 漢字는 語素와 對應되는데 語素가 아주 많으므로 漢字의 수량도 아주 많아지는 결과를 조성하였다. 『現代漢語通用字表』에는 7천字가 收錄되었고 淸朝에 編纂된 『康熙字典』에는 4만7천여 字가 收錄되었으며 1993년에 出版된 『漢語大字典』에는 5만6천여 字가 收錄되었다. 일반적으로 글자를 만든 초기에 象形, 指事字가 主流를 이루었으며 會意, 形聲字는 나중에 생긴 것이다. 象形文字는 圖畵에서 演變해 왔으므로 筆劃이 당연히 많았다. 形聲字는 또한 한 代 한 代에 걸쳐 不斷히 義符를 증가시켜 왔으므로 筆劃이 점점 더 繁雜해졌다.

對外漢字敎學의 대상은 主要하게는 外國에서 온 留學生이다. 留學生은 中國 小學生과 比較하여 자신만의 特徵을 가지고 있다. 初級 단계의 留學生은 漢語 口語를 거의 구사할 줄 모르거나 조금밖에 모른다. 그들은 기본상 口語를 배움과 동시에 漢字를 習得한다. 留學生의 대다수는 成人인데 記憶力이 兒童보다 떨어지나 理解 能力에 있어서는 강하다. 漢字文化圈에 속하는 학생을 제외하고는 拼音 文字圈의 留學生은 線 性格의 筆劃에 습관이 들어 漢字 筆劃과 字形에 익숙하지 않다. 하지만 形音 關係에 대해서는 비교적 敏感한 편이다.

非漢字文化圈의 留學生 중 일부분은 漢字를 배우는 積極性이 떨어진다. 그 原因을 따져보면 두 가지를 벗어나지 않는다. 하나는 漢字가 배우기 어렵다는 것, 다른 하나는 漢語를 배우는 것과 漢字를 배우는 것은 별개의 것이라고 생각하는 것이다.

後者는 歐美 일부 學者들의 視角과 主張에 影響을 받은 것과 聯關이 있다. 그들은 文字는 言語의 符號로서 별개의 것이라고 主張하며 口語만 배우고자 하는 사람은 漢字를 배우지 않아도 된다고 인정한다. 그들이 만든 敎材를 보면 漢語 拼音만 있고 漢字는 없는 것도 있다. 이러한 理論과 作法이 根據가 없는 것이라고 보기는 어렵지만 그러나 분명 局限性이 있는 것이다. 이렇게 되면 학생들은 口語 수준을 높이는 수단으로서 讀解의 方法을 이용하여 文學 作品의 영양분을 攝取하고 單語, 語法 知識의 범위를

擴大시키는 등의 일을 할 수 없게 된다.

前者는 漢字의 特徵과 留學生의 特徵과 關聯이 있다. 우리는 마땅히 對應되는 解決 方法을 硏究해 봐야 한다.

漢字 수량이 많은 것은 쉽게 해결 볼 수 있다. 『漢語水平詞彙與漢字等級大綱』이 요구한 漢字量은 2,905자이다. 보통 3,000자 정도의 常用字만 익혀두면 일반적인 新聞 雜誌에 나오는 漢字를 99.64% 읽을 수 있다. 일반 留學生들에게는 이 3,000개의 常用字를 掌握하는 것도 그다지 쉬운 일은 아니다. 하지만 現在의 對外 漢語 敎學을 보면 漢語 敎材 자체가 單語, 語法을 重視하고 漢字 敎學은 輕視하는 경향이 있다. 敎材는 語法에 대한 解釋과 練習이 가장 많고 單語 解釋과 練習이 그 다음으로 많다. 또 記憶해야 할 文法 포인트에 대한 明確한 요구도 提示되어 있고 새로 나타난 單語表도 있지만 유독 生字表는 없다. 初級 漢語 敎材에는 어떻게 漢字를 쓸 것인가에 대해 가르치는 내용, 寫字 練習 問題 등이 있고 中高級 漢語 敎材에는 若干의 辨字組詞(漢字를 區分하여 單語 組合하기)에 관한 練習 問題가 있다. 하지만 학생들에게 漢字의 結構 規律을 掌握하는 方法과 以簡馭繁(簡單한 것으로 複雜한 것을 制御)하는 내용과 연습을 가르치지 않고 있다. 얼마만의 시간을 들여서 어떤 方法으로 留學生들에게 3,000字의 常用漢字를 掌握하게 할 수 있을까? 일반적으로 敎師들도 딱히 감이 오지 않는다. 요새 일부 學者들이 이미 이 問題를 發見하고 解決 方法을 찾는 중이다.

싱가포르 國立大學 中國語研究센터(華語研究中心)는 이 方面에서 일부 實踐 經驗을 가지고 있다. 그들은 歐美 學生을 가르침에 있어 初級과정을 두 개 段階로 나누었다. 매 段階는 15週로 정하고 매 週 5校時, 1校時는 50分으로 정하였다. 1段階에서는 540개 漢字를 배우고 2段階에서는 630개 漢字를 배운다. 初級 과정 두 段階 150校時에 1,170개의 漢字를 배우는 셈이다. 敎學 經驗에 根據하여 그들은 初級 과정에서 1,365개의 漢字를 배우는 目標는 達成할 수 있다고 말하였다. 그들은 지금 이 目標를 實現하기 위하여 敎材를 修訂하고 있는 중이다. 中級, 高級 과정은 각 각 두 段階로 나누는데 학생들이 中, 高級 과정에서 3,000개의 常用漢字를 배우게 하는 것이다. 盧紹昌 先生은 言語의 訓練, 즉 입을 움직이고 귀를 움직이는 내용은 口語 수업에서 解決하게 하고 字形의 訓練 즉 눈을 움직이고 손을 움직이는 내용은 漢字 敎學 수업에서 배우게 해야 한다고 主張하였다. 初級 과정에서 학생들이 漢字를 더 많이 배우게 하기 위하여 그는 "集中識字法"을 사용하기를 主張하였다. 字形 學習이 부담감이 큰 측면을 考慮하여 그는 또 單語量이 너무 많아서는 안 된다고 보았다. 常用字와 常用單語의 比例는 1 : 2로 맞추며 敎材를 編輯할 때에는 "組字成詞"(字를 組合하여 單語 만들기), "按詞類組合"(單語 類型에 따라 組合하기), "組詞成句"(單語 를 組合하여 句節 만들기) 등 原則을 지키게 하였다. 이러한 方式은 現在 中國 小學校 低學年에서 實行하는 識字 敎學法과는 전혀 다른 모습이다. 하지만 싱가포르의 이 方法은 中國 古代 識字 傳統을 이어 받은 方法이기도 하다.⑤

盧先生이 紹介한 상황은 적어도 세 가지 점에서 注意를 불러일으킨다. 첫째, 識字 敎學에 대한 重視이다. 識字와 關聯된 敎學 내용을 따로 配定한 것이다. 둘째, 각 段階別 識字 目標의 具體的인 計劃을 정한 것이다. 셋째, 計劃을 實現할 敎學 方法을 探索하면서 그에 맞는 敎材를 編輯한 것이다.

盧先生은 中, 高級 과정의 漢語 敎學 내용에 대해서는 紹介하지 않았다.

中, 高級 과정의 漢字 敎學은 留學生과 漢字라는 두 가지 側面을 考慮하여 配定할 수 있다. 留學生은 이미 일정한 口語 知識을 具備하고 있으며 일정 수량의 常用字도 掌握하고 있다. 특히 聲符로 자주 사용되는 일부 字들을 알고 있다. 그들은 成人으로서 일정한 歸納, 演繹, 推理 能力을 지니고 있으며 字理를 理解하고 漢字의 結構 規律을 掌握하고자 하는 意慾도 생기게 된다. 漢字에는 象形, 指事, 會意, 形聲의 造字法이 있는데 80%의 漢字가 形聲字이다. 위에서 말한 特徵에 根據하여 中高級 과정에서는 造字法 知識을 가르칠 수 있는 것이다.

古代의 象形, 指事, 會意字는 形體의 變遷을 거쳐 現在 일부 字形은 이미 알아볼 수 없게 되었다. 이 경우 甲骨文 혹은 金文을 利用하여 適當한

形體的인 예를 들 수 있다. 나는 이렇게 한 적이 있는데 학생들도 興味를 가졌던 것 같다. 예를 들어 象形字 日字는 甲骨文으로 쓰면 ⊟、⊙, 月字는 ☽、☾, 水字는 〰로 쓴다. 指事字 上字는 甲骨文으로 쓰면 ⌒、二, 下字는 ⌣、二, 旦字는 甲骨文으로 ⊙로 쓰며 戰國文字로 쓰면 旦이다. 會意字 休字는 甲骨文으로 쓰면 休、金文으로 쓰면 休이다. 采字는 甲骨文으로 쓰면 采、金文으로 쓰면 采이다. 古字形을 쓰고 解釋을 곁들인다면 學生들이 造字의 根據를 理解하기 쉬우며 또 記憶하기도 쉽게 된다.

重點은 形聲字의 字理에 둔다. 적어도 아래 몇 가지 知識들은 掌握하야 한다고 본다. 첫째, 漢字는 形 音 義의 結合體로서 形符는 義類를 표시하고 聲符는 대체적인 讀音을 표시하는데 어떤 聲符는 表義하기도 한다. 形符와 聲符는 二者가 相互補完하는 관계로서 그것들로 組合된 전체적인 形體로 字音과 字義를 확정한다. 둘째, 聲符와 形符는 相對的인 槪念이다. 예를 들어 刀字로 聲符를 삼고 口字로 義符를 삼으면 形聲字 召가 조합된다. 召字는 또 聲符로 되어 다시 日字로 義符를 삼으면 形聲字 昭가 형성된다. 昭字를 또 聲符로 삼고 거기에다 火字가 變形된 灬를 義符로 삼아 形聲字 照를 組合할 수 있다. 위 一代의 聲符와 義符가 組合되어 새로운 一代의 聲符가 되는 것이다. 셋째, 形符와 聲符가 組合되면 字形 結構와 位置 關係면에서 左形右聲, 上形下聲 等 六種이 있다. 이 六種의 位置 關係를 알게 되면 形符와 聲符를 쉽게 識別할 수 있다. 넷째, 形符의 表義와 聲符의 表音의 複雜性이다. 微視的으로 볼 때 각 形聲字는 形符 表義와 聲符 表音의 정확한 程度에 있어서 다 같지는 않다. 그 외, 하나의 語義를 가진 義類는 가끔 不同한 形符로 表義하게 된다. 예를 들어 물건을 담는 器物은 陶器 혹은 瓷器일 수도 있다. 盤(子), 盆은 形符 皿을 쓰고 瓶(子), 甕은 瓦를 쓰고 罐(子), 缸은 缶를 쓴다. 한 音節의 讀音은 늘 不同한 聲符로 表音을 하기도 한다. 예를 들어 ya라는 音節은 鴉 牙 雅는 聲符 牙를 쓰고 鴨 押은 甲을 쓰고 椏 啞는 亞를 쓰며 崖 睚는 厓를 쓰고 壓은 厭을 쓰는 것이다.

字理를 가르치는 것도 역시 計劃的으로 차근차근 가르쳐야 한다. 生字를 가르치는 過程에서 學生들을 引導하여 歸納 혹은 演繹 作業을 하게 하면서 점차 掌握하게 하여야 한다.

마지막으로 韓國人이 漢語를 배우는 것과 관련된 設想을 한번 이야기해보고자 한다.

理致대로라면 韓國 學生은 漢語, 漢字를 배움에 있어 歐美 學生들에 比하여 일정한 優勢를 가지고 있어야 한다. 中國과 韓國은 모두 漢字文化圈에 속하는 나라로서 韓國語에는 大量의 漢字 단어가 있다. 漢字 單語는 相當히 많은 漢字의 古音을 保存하고 있다. 漢字 單語와 漢字의 讀音 사이에는 大體的으로 對應 關係가 있다. 내가 듣기로는 韓國 學生들은 初等學校와 中學校 段階에서 約 1,700개의 漢字를 배우게 된다 한다. 韓國 留學生은 漢字와 漢語 語彙에 대한 預備 知識에 있어 歐美 留學生과 같은 線에 놓고 比較할 수 없다. 이런 의미에서라면 응당 歐美 學生에 비하여 더 잘 배워낼 수 있어야 하는 것이다. 사실상 漢字를 배우고 漢字를 쓰는데 있어 韓國 學生은 歐美 學生보다 成績이 낮다. 하지만 口語를 배우고 口語를 구사하는데 있어서는 韓國 學生이 歐美 學生보다 成績이 더 낮다고 말할 수는 없다.

왜 이러한 現象이 나타나는가? 問題의 原因은 아마 比較的 複雜할 것이다. 대량의 調査 研究를 거친 뒤에야 正確한 答案을 얻을 수 있을 것이다. 여기에서 우리는 잠시 하나의 推測을 해보기로 한다. 學生의 個人 素質을 排除하고 推測하여도 現存의 對外 語文 敎學은 學生 個人이 이미 具備한 漢字 單語 知識을 積極的으로 發揮시키지 못하고 있다. 對外 語文 敎學이 현재 이 점을 解決하지 못하고 있는 데는 그 原因이 있다. 이 學科는 비록 생긴지 이미 몇 십 년이 되었지만 그래도 다른 學科에 비하여 젊은 편이다. 오늘에 이르러서도 그 基本 敎材는 아직도 建設 단계에 처해 있다. 이 敎學에 從事하는 敎師들도 普遍的으로 韓國 學生을 對象으로 하는 敎學을 하지 못하고 있는 狀況이다. 예를 들어 中韓 語彙 比較에 대한 解釋 같은 것들이다. 지극히 적은 수의 韓國語를 正統한 中國 敎師는

除外한다.

이 問題를 發見한 후, 筆者는 이렇게 생각하였다. 만약 韓國語 音節과 語彙에 正統한 專門家와 漢語 音韻과 語彙에 正統한 專門家가, 中國 韓國 쌍방이 함께 앉아 研究하여 韓國의 漢字 單語와 中國의 漢語 單語의 音 義 關係를 整理하여 한 권의 手冊이나 詞典으로 묶어 낸다면 아마 漢語를 배우려는 韓國人들에게 도움이 될 것이다. 이 工具書는 마땅히 漢字 單語 와 漢語 單語의 讀音, 義項, 用法上의 異同을 比較하여야 한다. 實用性에 着眼하여 먼저 그 範圍를 常用字, 常用詞에 局限시킬 수 있다. 만약 韓國 에 이미 이러한 工具書가 있고 또 믿을 수 있는 것이라면 더할 나위 없 이 좋은 것이다. 우리의 心願도 이룬 셈이다.

姜信沆 會長이 問題를 내주었는데 이 글은 그 答案紙라고 할 수 있다. 問題에 맞는 答案인지 아닌지는 잘 모르겠다. 筆者는 여기에서 筆者의 初 步的인 생각을 말했는데 그 目的은 각 專攻者와 專門家의 가르침을 받기 위해서이다.

① 李燕等,『現代漢語形聲字硏究』, 語音文字應用, 北京, 1992年第1期。
② 佟東泉,『兒童識字方法的理論探討』, 語音文字應用, 北京, 1996年第1期。
③ 崔永華,『漢字部件和對外漢字敎學』, 語音文字應用, 北京, 1997年第3期。
④ 舒華等,『小學漢字形聲字表音特點及其分佈的研究』, 語音文字應用, 北 京, 1998年第2期。
⑤ 盧紹昌,『對外漢語敎學中漢字敎學的新嘗試』, 彭城職業大學學報, 第13卷 第4期, 1998年。

『Abstract』

Phonetic Complexes of the Chinese Characters and Issues of Teaching the Chinese Characters

Liu, Guang-he
(Renmin University of China)

The number of the Chinese characters is large, but we can teach them with more ease when we use the principle of phonetic complexes, one of the six types of characters. In ancient times, the relationship between the characters and their sounds was simple and 80% of the Chinese characters listed in the etymological dictionary are phonetic complexes, which means that it was possible to get the sound when one read the characters. In the middle ages, the phonetic sounds have changed and the number of the Chinese characters got larger, but it was still possible to get the sound when one read the characters, of which 86% were phonetic complexes. In modern times, the simplified characters make the transmission of phonetic complexes and the relationship between the characters and their sounds unclear, but the recent research on the 7000 daily used modern Chinese characters shows that 56% of the phonetic complexes have the same sounds with their phonetic parts, which leads to a conclusion that when we understand their composition, it is very efficient to learn the Chinese characters. Modern primary schools adopts the principle of phonetic complexes when they teach the Chinese characters: the lower grade students learn more non-phonetic complexes than phonetic complexes, and the higher grade students more phonetic complexes than the others. Most foreigners who come from non-Chinese cultural areas learn the spoken language without learning written characters, which is not a good way to learn the Chinese language. Most Korean students learn the Chinese characters with more ease than the western students, but Koreans are not better at learning the spoken language and commanding it than the Westerns. It is recommendable for Korean and Chinese scholars in this field to write a book in order to solve this problem.

从传教士罗明坚的汉语学习看以字本位的汉语教学

張　西　平

(Zhang, Xi-ping ；中國·北京外國語大學海外漢學研究中心 教授)

在对外汉语教学中是以词，语法为主进行教学还是以字本位进行教学，这是一个尚未解决的问题。自从徐通锵先生明确提出这个问题后[1]，许多学者开始注意了这个问题，1997年在宜昌，1998年在巴黎分别召开了汉字教学的学术会议，使这一问题的研究大大深入了。本文则从历史的角度，从明代末年第一个入华的传教士罗明坚的汉语学习文献来具体展现早期西方人汉语学习的实际状况，并由此看当时传教士汉语学习是如何以字本位展开的。

对早期入华传教士汉语学习的研究是一个有着多重意义的学术领域。这一研究使我们对明清之际的中西文化交流有一个新的认识，从而使我们对欧洲早期汉学史的研究向纵深发展。于此同时，这一领域的研究实际开辟了对外汉语教育史的新的方向，[2] 使这个长期停留在一般教学经验研究的学科获得了一种学科史的支撑。这种历史的研究对于汉语教学的重要性是不言而喻的，只要想一下对西方人的汉语教学的历史已经有了近四百年的历史，而新中国的对外汉语教学才不过五十多年。我们就知道应该如何注重历史的经验，从这一历史过程中汲取智慧和经验。另一个重要的方面，这一研究将对中国语言史的研究产生重大的影响，因为中国近代语言的变化，从根上讲是从传教士入华以后开始的。由于史料的匮

---

1) 徐通鏘 《字和漢語句法的結構》，載 《世界漢語教學》1994年，第2期。

2) 魯建冀 《對外漢語教學學科建設的一個重要問談對外漢語教學歷史的研究》，載 《中國對外漢語教學學會第六次學術討論會論文選》，華語出版社，1999年。魯先生的這篇文章開辟了對外漢語教學史的研究方向，具有重要的學術意義。

乏，研究中的跨学科性质，使学术界从这个角度来研究中国语言学史的人廖廖无几，一个广阔的学术天地待我们开发。如果推进这这一领域的研究，我认为目前最为重要的是进行重要个案的研究，在研究中梳理出基本的文献，并从中提生出语言学史的结论。

本文从罗明坚—这个第一个在华定居下来的耶稣会士的汉语学习入手，力图在一个十分具体的个案研究中再现早期入华传教士的汉语学习的真实情况，从中得出一中历史的经验。

Ⅰ. 罗明坚在华简史

罗明坚(Michel Ruggieri,1543－1607)，字夏初，意大利人。1543年出生于意大利的斯皮纳佐拉。入耶酥会前已获得两个法学博士学位，并在市府"任显职"。[3]二十九岁辞官入修道院，三十岁从里斯本出发到达印度的果阿，三十一岁时抵达澳门，开始了他在中国传播教的事业，同时也开始了他的汉学生涯。

刚到澳门时他遵循范礼安(Alexandre Valignani,1538－1606)进入中国的天主教神父"应该学习中国话及中文"[4]的要求开始学习汉语、了解中国的风俗习惯。由于当时大多数在澳门的传教士并不理解范礼安的用意，没有意识到学习汉语的必要性，罗明坚的做法引起了不小的反应，"诸友识辈以其虚耗有用之光阴，从事于永难成功这研究，有劝阻者，有揶揄者……"[5]有人认为 "一位神父可以从事，会中其它事业，为什么浪费大好光阴学习什么中国语言，从事一个毫无希望的工作?"[6]

但罗明坚不为所动，坚持学习中国语言。对于初学汉语时的困难，罗明坚在一

---

3) 費賴之 《在華耶穌會士列傳及書目》，中華書局1995年版，第23頁
4) 利瑪竇 《天主教傳入中國史》，台湾光啓社1986年版，第113頁，以下用"同上"
5) 費賴之 《在華耶穌會士列傳及書目》，上冊，第23頁
6) 1580年11月8日"羅明堅致羅馬麥爾古里諾神父書"，見《利瑪竇通信集》)台湾光啓社1986年版，第426頁

封信中做过描述，他说："司铎写信通知我，令我学习中国的语言文字，在'念'、'写'、'说'三方面平行进展。我接到命令以后立即尽力奉行。但是中国的语言文字不单和我国的不一样，和世界任何国的语言文字都不一样，没有字母，没有一定的字数，并且一字有一字的意义。就是对于中国人为能念他们的书也必须费尽十五年的苦工夫。我第一次念的时候，实在觉得难念，但是由于听命的意旨，我要尽力遵行这件命令，并且用我所能有的毅力作后盾。"

罗明坚最初学习中文的方法就是采取幼儿学习时的看图识字法，1583年他在给耶稣会总会长的信中说："起初为找一位能教我中国官话的老师非常困难， 但我为传教非学官话不可，可是老师如只会中国官话，而不会讲葡萄牙话也是枉然，因为我听不懂啊！ 因此后来我找到一位老师，只能借图画学习中文语言， 如画一匹马，告诉我这个动物的中国话叫'马'，其它类推……。"7)

罗明坚是一位很有毅力并有极高天赋的传教士，到达澳门后刚刚几个月，他便能认识一万五千个中国字， 初步可以读中国的书籍， 3年多以后他便开始用中文来写作了。8)罗明坚学习中文的目的是为了传教，他认为"这是为归化他们必须有的步骤"。以便来日后用中文著书，驳斥中文书中(有关宗教方面)的谬误。希望将来能为天主服务，使真理之光照耀这个庞大的民族。……"9)

罗明坚中文能力的提高大大推动了他的传教事业。他在澳门建立了第一座传道所， 并开始用中文为澳门的中国人宣教。罗明坚把这个传道所起名为"经言学校"， 以后利玛窦把它叫"圣玛尔定经言学校"。从传教史上看这是明代中国的第一个传教机构，从汉学史上看这也是晚明时期中国第一所外国人学习汉语的学校，正象罗明坚自己所说："目前我正这里学习中国语文……这些教友无疑的将是我最佳的翻泽，为传教工作将有很大的助益"。10)

---

7)　裴化行 ≪天主教十六世紀在華傳教志≫, 商務印書館, 183頁

8)　≪利瑪竇通信集≫, 台湾光啓社, 1986年版, 第446頁, 這也就是后來人們所傳說的, 羅明堅找了一位中國畫家当老師。參閱利瑪竇≪天主教傳入中國史≫, 台湾光啓社, 1986年版, 第114頁, 龍思泰≪早期澳門史≫, 東方出版社, 1997年版, 第193頁, 費賴之工≪在華耶也會士列傳及書目≫上冊, 中華書局, 1995年版, 第2頁

9)　同上, 第413頁

10)　參閱 ≪利瑪竇通信集≫, 台湾光啓1986年版, 第432頁

　　罗明坚之所以成为晚明时天主教进入中国内地居住第一人这也与他的娴熟的
中文能力有直接的关系。在1581年期间罗明坚就曾三次随葡萄牙商人进入广州
并很快取得了广州海道的信任，允许他在岸上过夜，因为他认为罗明坚是一个文
质彬彬的君子，"是一有中国文学修养的神父及老师"。1583年罗明坚先后同巴
范济(Francois Pasio,1551－1612)利玛窦三次进入广州，并通过与西广总督陈
瑞、香山知县、肇庆知府王泮等中国地方官员的交涉，最终于1583年9月10日进
入肇庆，在中国内地立足。在这期间罗明坚给陈瑞的中文信件和陈瑞的回信以及
罗明坚流利的中国官方语言起到了关键性的作用。在中国期间，罗明坚先后到过
浙江、广西传教，为天主教在中国站稳脚跟立下了汗马功劳。与此同时作为一名
汉学家他也取得了非常显著的成绩，他编写≪葡汉词典≫以帮助入华传教士学习
汉语，他用中文写出了第一部天主教教义≪祖传天主十诫≫使天主教本地化还出
了关键的一步。到1586年11月时，他已对中国文化有了较深入的了解，自称"我
们已被视为中国人了。"[11]

　　1586年罗明坚为请罗马教宗"正式遣使于北京"返回欧洲。由于当时教廷正逢
频繁更换时期，四易教宗，即西期笃五世(Sixtus V,1585－1590)伍尔巴诺七世
(L1rban ⅤⅡ，1590)，揆国十四世(Gregory,XIV,1590－1591)和意诺增爵九世
(Innocent　IX,1591)，加之欧洲自身问题，西班牙国王对出使中国也不再感兴
趣。罗明坚最终未办成此事，"遂归萨勒诺，并于1607年殁于此城"。在欧期间罗
明坚又将中国典籍≪大学≫译成拉丁文在罗马公开发表，完成了他作为一名汉学
家的另一件大事。

Ⅱ. 罗明坚的汉语学习

　　以往关于罗明坚的汉语学习情况的了解主要是通过他当时所写的信件，并不

---

11) 羅明堅1586年11月8日致總會長阿桂委凡神父書，見≪利瑪竇通信集≫，台湾光啓社1986
　　年版，第494頁

能通过具体的文献来展现他汉语学习的实际过程。近年来笔者多次到罗马耶稣会档案馆查阅文献，发现了一些罗明坚汉语学习和研究的第一手原始文献，从而使我们对传教士的汉语学习情况有了一种具体而真实的了解。

首先，我们看一下罗明坚的汉字学习。

罗马耶稣会档案馆中的Jap.Sin　1－198号文献罗明坚学习汉语的重要原始文件。这份文献并未注明作者，但有两个事实说明这份文献应归属于罗明坚。第一，文献中的第32－125页是一份汉语和葡萄牙语的词汇对照辞典。关于这个辞典杨福绵先生在音韵学上已经做了深入地研究，他认为这份词典主要是罗明坚所做，利玛窦最多做了些辅助性的工作。[12] 其二，在这份文献的散页中夹了一份一位僧人和一名叫"蔡一龙"的人的打官司的状词。我在≪西方汉学的奠基人－罗明坚≫一文中已经考证，这位僧人就是罗明坚，这份状词是他自己所写，并可在≪利玛窦中国扎记≫一书中得到证实。[13]

文献的第24，25，25v，26共四页是字表，从字体看可能是罗明坚的老师所写。字表共有306个字。字表的具体情况是：

- **24页上有66个字，它们是：**
    龙、来、赢、里、履；卤、老、卯、吕、了；
    丰、耒、令、丽、力；立、人、几、而、儿；
    耳、再、二、刃、入；肉、日、东、钟、江
    阳、支、思、齐、微；鱼、摸、皆、来、真；
    文、寒、山、恒、欢；先、天、萧、豪、歌；
    戈、家、麻、车、遮；庚、青、昂、亢、候；
    寻侵，监咸，廉纤；

- **25页上有80个字，它们是：**
    几、辰、晨、单、是；氏、盾、上、示、十；
    石、香、兄、凶、与；起、喜、虫、火、虎；
    享、七、血、黑、亢；行、黄、叶、禾、兮；

---

12) 楊福綿 ≪羅明堅利瑪葡漢辭所記录的明代官≫，≪中國語言學報≫，第5期，1995年6月。

13) 張西平〈西方漢學的奠基羅明堅〉，〈歷史研究〉，2001年，第3期。

九、爻、玄、熊、萑；壶、亥、弓、枣、户；
亡、系、号、会、穴；学、衣、音、尤、夭；
鸟、印、亚、西、邑；乙、壹、一、云、云；
2●、口、羊、王、予，盐、负、也、永、有；
雨、酉、羽、又、用；成、亦、戈、聿、曰。

■ 25v页上有80工人字，它们是：

走、井、左、3●、足、卩、青、金、此、且
,爨、寸、束、酉、泉、齐、自、人、司、须
心、西、辛、么、三、先、丝、思、死、小
素、四、岁、州、索、象、夕、舟、厄、支
佳、章、爪、止、正、至、灸、车、齿、舛
处、5●、赤、出、尺、床、巢、士、舌、食
身、尸、山、书、生、申、疋、首、手、黍
豕、水、豸、舜、啬、杀、色、、束、臣、殳

■ 26页上有80字，它们是：

壬、田、二、第、大、豆、男、能、乃、久
竹、丑、邑、长、重、邑、丈、宁、兆、毕
女、巴、毕、比、七、贝、半、八、辟、比
卜、华、必、片、皮、采、鼻、步、白、帛
门、明、麻、毛、矛、民、冥、马、皿、黾
卯、米、面、月、戊、麦、苜、系、目、木
夫、方、风、飞、非、不、市、弗、丰、几
父、阜、文、毋、巫、亡、尾、勿、卯、子

■ 26v页上有72个字，它们是：

金、斤、高、戈、交、弓、瓜、巾、龟；
甘、工、京、光、已、葵、韭、古、久；
鬼、九、鼓、几、升、果、见、无、句；
更、珏、甲、角、革、谷、、骨、岂、可；
口、大、欠、去、磬、曲、琴、其、臼；
其、、言、牙、鱼、牛、危、豕、瓦、未；
卧、月、王、、岩、歹、东、多、丹、刀；
十、氏、斗、鼎、鸟、、门、天、本、土；

　　清代著名文字训诂学家朱骏声说："读书贵先识字，识字然后能通经，通经然后致用。"14) 识字是传教士汉语学习中的第一步，但汉字的学习对他们来说是很困难的。他们认为汉字太多。15) 利玛窦(mattea Ricci，1552－1610)在谈到学习中国的文字时说："必须牢记中文的一个音节就是一个单独的字，因为所用的各个音节就指同一个对象。……虽然每个对象都有它自己恰当的符号，但由于许多符号所组成的方式，所以总数不超过七万或八万。一个人掌握了大约一万个这样的符号，他受到的教育就达到了可以开始写作的阶段。这大概是写作通顺所要求的最低数目。"16) 到曾德昭(Alvare de Semedo，1585－1658)时，他认为汉字总数月6万字。17) 许多传教士都抱怨中国的字太多，这是中文难学的主要原因。

　　从罗明坚所保留的这份字表来看它有个明显的特点：就是简洁。全部字表的字共306个，它出自何出，目前我尚未找到出处，但字表较为简洁是很明显的。其实，汉字总数虽然比较多，但常用字并不多。《现代汉语常用字表》共收3500字，其中2500字是常用字，1000字是次常用字。据学者的统计，现代常用字中的一至七画的常用字共有791字，而出现在许慎的《说文解字》的已经有713字，占90%。18) 在这个意义上，这个字表所提供的字是很简洁的，说明传教士在汉语学习阶段的汉字教育还是很实用的。安子介先生认为现代汉字的常用字有3650个字，如果认识500字就可以阅读一般文章的3/4，如果认识200字，就可以读懂一般文章的97.4%。现代对外汉语教学中识字的速度有限，19)如何集中识字，使学生在最短的时间中掌握汉语的最基本字，这个问题并未解决好。

　　从传教士的汉语学习来看，他们当时的汉语学习基本上仍是以中国传统的语

---

14) 朱骏聲《進說文通訓定聲表》
15) 入華傳教士對漢字數量的認識有變化，一開始克路士認爲漢字約有5千字(見《十六世紀中國南部行記》，中華書局1990)，門多薩認爲有6千多(見《中華大帝國史》，中華書局1998)。
16) 利瑪竇《利瑪竇中國札記》，第28頁，中華書局1983年版。
17) 這個估計大體可以，參見計翔翔《十七世紀中期漢學著作研究》，上海古籍出版社2002年。
18) 李開《漢語語言學和對外漢語教學論》，第109頁，中國社會科學出版社2002年。
19) 《基础漢語課本》前10課的語音部分只學68个漢字；《實用漢語課本》前12課語音部分只學191个漢字；《初級漢語課本》前15課共學236个字。

文教学为主，仍是从识字开始。在梵蒂冈图书馆仍保留着他们当年学习汉字的
《千字文》，《三字经》等课本，实际上中国传统的语文教学一直是以字为中心
的，从秦朝的《仓颉篇》，《急就篇》到南朝的《千字文》，宋代的《三字经》
和《百家姓》，这种语文教学法持续了一千多年。这里并不仅仅是一个经验的方
法问题，其中包含了对汉语特点的基本性认识。赵元任先生说："汉语是不计词
的，至少直到最近也还是如此。在中国人的观念中'字'是中心主题。"[20]　徐通锵
先生也指出："汉语的结构以'字'为本位，应该以'字'为基础进行句法研究"。[21]
罗明坚的这个简洁的识字表更能提醒我们加强常用汉字的教学的重要性，从历史
的角度使我们重新认识这个问题。

罗明坚的这份文献中也有他学习词汇的记载。这里所列的词汇如下：

第27页：北京，南京，山东，山西，陕西，河南，浙江，江西，湖广，四川，福
建，广东，广西，云南，贵州，大前日，前日，昨日，今日，明日，后
日，大后日，去年。

第27v页：立春，雨水，惊蛰，春分，清明，谷雨，立夏，小满，芒种，夏至，小
暑，大署，立秋，处暑，白露，秋分，寒露，霜降，立冬，小雪，大雪，
冬至，小寒，大寒。

第28页：甲乙，丙丁，戊已，庚辛，壬癸，子丑，寅卯，辰已，午未，申酉，戌
亥，四季，孟春，仲春，季春，孟夏，仲夏，季夏，孟秋，仲秋，季秋，
孟冬，仲冬，季冬。

第29页：声色，形影，儒道释，孟仲季，东南西北，春夏秋东，士农工商，琴
棋书画，分寸尺丈，飞潜动植，金木水火土，青黄赤白黑，安危笑
哭。

第29v页：街市，门户，房屋，坛庙，寺观，弓箭，干戈，纸笔，墨砚，盘碗，椅
桌，枕席，鸟兽，牛羊，龙虎，鸡犬，鱼虫，草木，枝叶，身体，手足，

---

20) 趙元任　《漢語詞的槪念及其結構和節奏》載《中國現代語言學的開拓－－趙元任語言學
論文選》(1975)，清華大學出版社，1992年。
21) 徐通鏘　《字和漢語的句法結构》，《世界漢語敎學》1994。2

牙齿，口舌，肠肚，耳目，血脉，骨肉，肝肺，衣裳，鞋袜，财宝，珠玉，金银，酒饭，茶果，山川，海岳，河汉，水石，人物，君臣，父母，兄弟，夫妻，妻子，师友，弟妹，妯娌，孩童，你我，饮食，诵读，言行，问答，增减，嫁娶，吉凶，行止，利害，疾病，损益，魂魄，年节，旦夕，宫殿，楼台，室家，庭阁，馆舍，城池。

第30v页：表里，异同，迎送，远近，厚薄，授受，新旧，冷热，丰荒，饥饱，老少，寿夭，贫穷，奢俭，贵贱，精粗，轻重，清浊，消长，盈虚，大小，男女，长短，浅深，肥瘦，难易，方圆，首尾，出入，开闭，天地，日月，风云，雷雨，霜雪。

第31页：真伪，爱恶，是非，文武，强弱，生死，存忘，浮沉，动静，抑扬，俯仰，前后，左右，长幼，尊卑，众寡，聚散，贤愚，优劣，生熟，干湿，始终，早脱，昼夜，昏明，宾主，亲疏，巧挫，顺逆，用舍，吞吐，向悖，离合，买卖，枭,氽。

第31v页：阴阳，升降，寒暑，往来，上下，高低，内外，进退，香臭，甘苦，幽明，隐现，有无，虚实，得失，荣枯，盛衰，兴败，曲直，斜正，喜怒，哀乐，勤懒，逸劳，古今，治乱，急缓，宽窄，起倒，舒倦，钝利，美丑，横直，屈伸，善恶。

词汇是语言中词的总汇，是语言的建筑材料。在汉语教学中词汇是其重要的部分，目前我国所公布的汉语教学大纲中"初等阶段词汇(最常用)"有764个，从词类来说包括了名词、动词、形容词、数词、量词、代词、副词、介词、连词、助词、叹词、象声词在内的所有汉语词类。但从上面罗明坚所学习的词汇来看双音节词较多，词类主要是复合词类型，象二十四节气的词汇，天干地支的词汇都是如此。再者，这个词汇表中反义复合词很多，这是一个很突出的特点。相反，我们现在的"初等阶段词汇(最常用)"中反义复合词很少。罗明坚在澳门学习汉语时曾写信给别人说，"我则在学习他们称作官话的中国语言。中国的地方官员和朝廷大臣都使用这种语言。由于它具有几乎无限众多的词汇，因此学会是很困难的，即使是中国人本身，也需要花费许多时间。"22)　学习复合的反义词是个好办

22)　≪國際漢學≫第2期，第254頁，大象出版社1998年。

法，从记忆上比较好记，它具有对称性，在理解上也比较容易。因此，罗明坚的这个词汇表，对我们今天的汉语教学还是很有启发的。

罗明坚的书面语学习。汉语的书面语和口语的区别是汉语的重要特点，传教士入华以后就认识到了这一点。利玛窦说："我认为中国语言含糊不清的性质，乃是因为自古以来他们就一直把绝大的注意力放在书面语的发展上，而不太关心口语。"[23] 所以，传教士要想和中国人交往，书面语的学习必不可少的。

罗马耶稣会档案馆的Jap.SinⅡ－161号文献《尺牍指南》应是罗明坚所使用过的重要汉语学习文献。陈论绪神甫在Chinese Books and Documents in the Jesuit Archives in Rome一书中并未指出该文献的作者，但根据我的考证，此文献应归属于罗明坚，其理由有二。在文献中有改动之处，将佛教用语改为天主教的用语。在《僧家叙述已情》这一节中，第5句原文为"小僧谨守戒行诵经，原天常福，十方诸擅挪集庄"，但被人改为"小僧谨守戒行诵经，原天主福佑，各处擅挪肯布施"。第6句原文为"明人讲示心理，期见佛，着实修奉，希无惜教僧之幸也。" 后被改为"明人讲示心理，期见先天天主着实修奉，希无惜教僧之幸也。"这是其一。

在文献的"三　自述修道修门事情"一节中，加上了天主教的论述，内容是 "1 生之修奉天主之教，天主非同神佛乃是开天辟地生人之主，并无形相若别神佛，俱世人修道所成，故生等奉事天地人本来之主，尊教修其本来只之心，不敢二门有别致罪。2 生等教门法戒日夕，省察切已，恐有一念外入，坚持一心。具本教务已修生前之善，祁身后天堂之自。3 生等法教与圣学仅同，与念众生佛之教迥不相同。生等明白正心诚意，顺天行，事所事天主，乃上天无声无色先天之主，非悬日月之后天也。"这说明这份文献肯定是传教士所写。

当然，最重要的是此文献的装祯和罗明坚所写的诗文的文献Jap.SinⅡ－159号的装祯完全一样，根据这些我们可以肯定此文献为罗明坚所有。

这份文献实际是教人如何写作和与各类人应酬。完全是文人的书面语。如第一章："叙别词"中有"近处相叙间阔"；"远方间阔"；"叙间阔时月远近"等节，在

---

23)《利瑪竇中國扎記》，第28頁。

一些引语旁有罗明坚自己做的批注，对一些词汇加以解释。如"仁泽祈[24]福[25]无疆[26]"。在"颂赞人德行"一节中有："春风襟怀乐为何如?"，"喜达人君养天贞，珍重千金之躯，日膺万意之福"。在"瞻颂秀才"这一节中有"恭维。胸藏万卷，暂寄迹泮宫[27]，鹏程飞上万里，即飞腾宵汉。" 在"瞻赞吏员"一节中有"素仰萧[28]曹[29]登[30]相[31]位，起[32]于[33]橡吏[34]，唯饱饫律[35]、例[36]，法[37]公[38]思[39]博[40]，日后之相[41]发迹于今日。"

　从文献中的注释来看，说明罗明坚在努力学习这些书面语言。传教士在汉语学习中对书面语的重视对我们是有启发的。从当年传教士的汉语学习来看，他们直接的教材就是≪四书≫，他们的语言学习始终将文化做为主体。在开始阶段，他们所用的教材主要是中国当时的蒙学课本，例如，≪三字经≫，≪千字文≫等。因此，他们在对书面语言的熟悉和掌握上就比较好。由此，我们目前的汉语教学对书面的教学是很不够的。实际上有一种用口语教学代替书面教学的趋势。目前的外汉语教学的内容和中国文化的严重脱节，汉语学习日益向单纯语言学方向发展，而中国文化的学习只成为课堂例句中的内容，学生很难读到中国优秀的书面语言的作品。在这点上我们国内的汉语教学还不如国外的汉语教学的

24）羅明堅注爲"祈求"。
25）羅明堅注爲"愿福"
26）羅明堅注爲"无窮无盡"
27）羅明堅將這个詞解釋爲"泮宮齋有半池"，這是錯的。泮宮指古代的學校。
28）羅明堅注爲"蕭何"
29）羅明堅注爲"曹參"
30）羅明堅注爲"登到"。
31）羅明堅注爲"宰相"。
32）羅明堅注爲"起初"。
33）羅明堅注爲"由于"，這顯然不對。
34）羅明堅注爲"橡役史吏"。
35）羅明堅注爲"大明法律"。
36）羅明堅注爲"條例"。
37）羅明堅注爲"法度"。
38）羅明堅注爲"公道"。
39）羅明堅注爲"思德"。
40）羅明堅注爲"博大"。
41）羅明堅注爲"宰相"。

深度，只要看看韩国和日本及欧洲汉学系的课程安排，就可以清楚看到这里的差距和问题。吕必松先生曾很明确指出，如果以汉字为本位进行汉语教学，必然引出书面教学的问题，他认为"建立书面语言教学系统是提高汉语教学效率的必由之路"[42]从罗明坚的汉语学习材料说明西方人从一开始在汉语学习时，就是将书面语的学习作为重要的内容的。这为我们加强书面语的研究和教学提供了一种历史的依据。

Ⅲ. 罗明坚的汉语学习成就

罗明坚1579年到达澳门，1588年离开澳门返回欧洲，在华时间仅仅十年，但他汉语所达到的程度是十分惊人的。这主要表现在两个方面：

第一，可以用中文熟练地写作。罗明坚的代表性中文著作是≪圣教天主实录≫[43]他在1584年的通信中说："我的语言学习很有收获，在内地这里得到帮助，每天都在长进。我已经完成于四年前开始用中文写的≪天主圣教实录≫。这本书使那些中国官员感到非常满意，他们已经同意我出版，"[44]也就是说他从1580年到1584年，在四年内写出了这本书，当然这本书的出版肯定有中国文人的帮助。但在罗马耶稣会档案馆所藏的Jap.Sin.I－198号文献中有罗明坚所写的中文的散页，从内容上看，这些散页上的中文应是在完成≪天主圣教实录≫前或期间所完成，在一定意义上它是≪圣教天主实录≫正式出版前"中介语"。因为这些散页从未公布过，我在这里将其收录如下。

第012v页：这一页只有一篇短文≪解释圣水除前罪≫"人欲进天主之教门者，

---

42) 吕必松 ≪漢字教學与漢語教學≫，見 ≪漢字与漢字教學研究論文選≫北京大學出版社1999年。

43) 這本書有多个版本，最早的版本署名爲"西僧羅明堅"，后來的版本署名改爲"后學羅明堅"。

44) ≪國際漢學≫第2期，第263頁，大象出版社1998年。

则请教门之僧代诵经文，以其天主圣水与之净首。既得天主圣水，则前日之罪恶尽弃，识其天主而生天庭矣。其余邪魔诸鬼神不敢亲近，至于死后则生天堂受福矣。若未受净首，先魂灵秽浊，罪恶多端，彼时事邪魔如君王与天主为仇怨，及其死后则魂进于地狱而同魔鬼相亲矣。若世人若欲升天受福必得从此教，方得天主之力矣"

第015v—016共8页，是罗明坚写的一篇介绍天主教的短文，无标题，但对了解他的汉语学习和思想以及他的《圣教天主实录》[45]一书的成书都是很有价值的，因从未被公布，故抄录如下。

"中华大邦与本国辽绝，素不相通，故不知天主，不见经文。僧自天竺国，心慕华教，不远万里，船海三年前到广东肇庆府，蒙督抚军门郭　俯锡柔远，施地一所，创建一寺，名曰："仙花"，请师教习儒书。幸承仕宦诸公，往来教益，第审之不识天主并其经文。僧敬将经本译成华语，兼撰"实录"奉览。俾知作善降祥终升天堂受福兑致魔难。今入贵境复承诸大夫君垂青，感不敬陈。盖天主在混饨之初，虽生成天地万物实无形象，化成一个男子名，唤亚当，一个妇人名，唤也物。二人聪明特达，此天下原始祖公、祖母也。当初生在园内，其园景物异常，无寒无暑，花果比毕聚。天主命伊掌管天下，有命园内果品凭从采食。只有某果不许取用，倘或违旨，难免一死。彼时又有一位天神见自己美貌又掌许多天神，恣意骄傲，谋夺天主位号，遂下地狱作为魔鬼，其神心怀妒忌，即欲移祸于亚当。也物。一日化作大蛇，身长一丈，缠绕树上与亚当，也物言曰："天主虽云此果莫食，吾劝食之，后比识同天主。"也物感彼谗言，依取而食，又取一果付与其夫，亚当亦食。因此，违命结党。亚当，也物子孙万代俱天主仇人，故凡世人皆得罪天主，既然得罪相应魔难。幸赖天主慈悲悯人地狱之苦，择一女子，年方十五，名曰：妈利亚(里呀)。无夫自孕九月生世，名曰：12●13●(耶稣)，系天竺国乡语，即大明普救世人之说。12●13●(耶稣)曾做许多好事，救许多世人。凡两耳俱聋，两目俱瞽，哑无言；凡百有病，经行除。救显应难以牧举传授经卷，教出许多徒弟。彼12●13●普救世人本无罪恶，奈有一处不善之人，不肯听

---

45) 1583年第一次出版時名爲《新編西竺國天主實录》。

信。将两木做成十字架子，钉伊手足死于架上，其徒收取身尸，殓于石棺。后三日12●13●魂入地狱， 考较善恶取出， 得道仙人皆日前为善敬奉。天主者缘不得。天主指路入于地狱， 不见光明。又三日12●13●魂夏身尸。回生出棺， 见众四十日， 当众徒前， 白日飞升， 带诸善魂上享乐。又嘱众徒周流四方， 传播经卷， 劝人为善， 能信者劝人为受之， 圣水解除夙罪， 自后众徒云游不罴惮千里化缘劝善， 得天主德泽， 通能会理各处乡语， 受救众生魂消罪。做出事， 亦显应。僧窃效前修， 屡历寒暑， 倍经险阻前来到此。承达官长者聪明俊雅大人谈论教益良多， 极知感佩。但大人、君子、名门、巨族、公卿、甲弟声名文物抵惧天主仙经， 未谙后日救拔升灵， 未备倘承不外。僧喜之胜当奉经文备览， 以表芹诚其经并非暹罗等制寂灭禅语， 亦非小僧私造， 天主亲遣。开天未入之大明者幸弗以善幻自云。

混沌之初， 未有人物， 止有天主。无行， 无声， 无始， 无终， 非神之可比。然后， 生成天地， 覆载万物。生成日月照临万国。生成山川， 流峙两间。生成人民， 灵超万类。生成禽兽， 为飞， 为走。生成草木， 为禾为乔。生成药材， 料理百病。温凉寒暑， 成四时。酸咸甘辛， 成五味。又有声香可嗅， 声音可闻， 形色可观， 凡百庶类非不备。具故， 天主者， 其分至尊， 其恩至普， 为世人所当敬奉也。人苟敬奉天主， 必赐庇佑， 在生荣华显盛， 死后魂升天堂， 受诸快乐。使不敬奉则必降殃， 贫穷夭扎， 终坠地狱。

备经苦楚， 天主者譬诸父母， 子女不敬父母更敬何人?有譬诸君长， 臣民不敬君长更敬何人? 胡人不知， 歹礼他神， 将天主生成恩德置诸无有也。

天主慈悲， 悯人地狱之苦， 化为男子降生天竺， 劝人为善， 显灵感应制下敬文， 道理精妙， 天竺人至今家船户诵， 罔不敬礼受其庇荫。此其真实者也。"

这篇文献有着多重的学术意义。首先， 它可能是入华耶稣会士的第一篇宗教性论文，如果我们对照一下后来的《圣教天主实录》就会看到他们之间的重要变化。这种变化正是罗明坚对中国社会认识不断深入地表现。这点这里暂不做展开， 待以后在别处专做研究。

从语言学上看， 这是我们研究明代以来的天主教词汇形成和发展的一篇重要的文献。如这里将"夏娃"译为"也物"， 在《天主圣教实录》中则译为"厄袜"。

"耶稣"译为"12 • 13 •"。我们在这里既看到从"音译"变换来的新词，也可看到有"意译"转换来的新词，也有受当时文化的影响的借用词。所以，"不同的语言可以相互接触。……不同语言接触的后果必然是跨越语言界限藩篱的文化扩散。"[46]　其实汉语正是在与其它语言的接触中使自己的词汇发生了变化的，这点王力先生在《汉语史稿》，向熹先生在《简明汉语史》中都已经有论述。当代学者也有了新的进展，如梁晓红，马西尼，沈国威等学者已经有了可喜的成果。[47]　但在对明末清初通过传教士的媒介，中文在和拉丁语言的接触中所产生的词汇方面的变化研究还尚待深入。罗明坚这篇文献作为入华传教士最早的宗教性手稿，其语言史的价值是很大的，如果研究明清入华传教士的宗教新词的历史，则必须从这篇文献开始。

从语言学习的角度来看，这篇文章是一篇特别的文章。从手稿来看，原手稿可能是当地文人所写，罗明坚尚达不到这样的中文书写能力。从文章的语气和用词来说，很可能是罗明坚写后，当地的文人做了修改。这种现象在明清入华传教士中很普遍。如果对照以后出版的《圣教天主实录》，可以发现这篇文献仍是手稿，文中有多处的修改，也有一些错字，个别语句也不太通顺。但正是这一点，使我们看到早期入华传教士汉语学习的真实面貌，看到两种语言在初期的接触中所留下的真实痕迹，从而为我们研究语言的接触提供了丰富的材料。

最能反映罗明坚汉语学习成果的是他写的汉文诗。他的这份汉文诗手稿在罗马耶稣会档案馆的Jap.Sin.II,159.这份文献中共记录了罗明坚写下的汉文诗34首，陈叙伦神甫已经将这34首汉文诗译为英文，并做了初步的研究。[48]　鉴于汉语学术界尚无人研究，我在这里仅仅从西方人汉语学习史的角度做一初步的研究。

　　一　度梅岭
　　乍登岭秒表插天高，国见梅关地位豪。今日游僧经此过，喜沾化雨湿长袍。

---

46)　鄒嘉彦　游汝杰《語言接觸倫集》，上海教育出版社，2004年，第2頁。

47)　梁曉紅　《佛教詞語的构造与漢語詞匯的發展》，北京語言學院出版社，1994年；馬西尼《現代漢語詞匯的形成》，漢語大詞典出版社，1997年。

48)　Albert CHAN,S.J., Michele Ruggieri,S.J.(1541607) and his Chinese Poems, Monumenta Serica 41(1993),p12176.

二　游到杭州府
不禅驱驰万里程，云游浙省到杭城。卸经万卷为何事?只为传扬天主名。

三　寓杭州天竺诗答诸公二首(第一)
僧从西竺来天竺。不禅驱弛三载劳。时把圣贤书读罢，又将圣教度几曹。

第二
一叶扁舟泛海涯，三年水路到中华。心如秋水常涵月[49]，身岂菩[50]提那有花。
贵省肯容吾着步，贫僧到处便为家。诸君若问西天事，非是如来佛释迦。

四　回广邀友话情
去年小弟别离兄，兄在广城弟去京。今日弟回思别久，请兄舟内话离情。

五　谢陈医官治病
昨夜医官散发眠，梦予获病歹沉坚。来我寺内施灵药，服了须更臾病即痊。

六　圣图三象说观音者知
慈悲三像最灵通，不比人间待虚荣。左是圣儿天主化，鲁门天地着元功。
中间圣母无交配，诞圣原前室女躬。跪下右边仙气象，长成阐教度凡蒙。

七　贺宪司生子
十月初二上得儿，小僧初十贺迟迟。奇逢天主慈悲大，圣泽淋万福宜。

八　元日漫与
涤去旧污入岁新，人同岁德两皆新。笑人但爱新衣服，不爱灵台日日新。

九　遇聪明子
神童天主赋聪明，天主生成公与卿。天主教门今敬奉，天堂久后任君行。

十　寓广西白水围写景
绿水青山白水围，乱莺啼柳燕双飞。茅檐瓦屋清溪上落日村庄人自归。

---

49) 在"常"字旁有"洗"字。
50) 在"岂"字旁有"若"字。

十一　偶怀

朝读四书暮诗篇，忧游那觉岁时迁。时人不识予心乐，将谓偷闲学少年。

十二　观葡萄

葡萄抽枝发叶盛大，古木得其盖覆。

葡萄抽植畅植成功，古木于中系翠从。细干嫩时依古木，枝多叶茂木𦶎𦿞。

十三　戏跛瞎相依

一譬喻今之朋友相互依倚

长衢瞎子靠跛人，跛瞎相依甚苦辛。瞎靠跛人双目看，跛依瞎子一身行。

十四　观水瓜缠古松，叹锐茂不耐

高松累系水瓜藤，长蔓相缠惹树憎。松树瓜藤冬景到，苍松经节水瓜崩。

十五　感喻二首

八年僧灌此枯木，正喜萌芽渐长成。后日望他为栋梁，旁人不许残倾。

其二

暮云收尽月光明，前日闲愁不我惊。圣母今朝逢圣寿，欢天喜地福长生。

十六　天主生旦十二首

前千五百十余年，天主无形在上天。今显有儿当敬重，唐朝何不事心虔。

其二

看伊下地一贫生，圣母仙人拜甚虔。何不敬尊天主大。人尊天主福无更。

其三

个要国家不要金，空虚是帝岂人敬。特将正道来传授，教汝人心牿即明。

其三

神喻三王天主声生，共瞻星象达14 ●。僧将经卷来中国，远度升灵发三善心。

其五

慈悲天主下天来，自愿救人受苦灾。天主救人修善国，人当修善报恩台。

其六
儿生八日后，外贤略修皮。革俗更新教，法水洒头奇。

其七
天主至尊神，下来化肉身。将身钉十字，下度世间人。

其八
天主在天上，居高听下时。若言听不得，善恶放过谁？

其九
信敬尊天主，此心莫外图。守真宜志满，逐物意移需。

其十
人得常清净，尊崇天住明。道高龙虎伏，德重鬼神警。

其十一
人心生一念，天主悉皆知。善思若无报，至尊必有私。

其十二
天主生时节，吾游到省城。舟停风色劲，时送好歌声。

十七　与一秀才相联论道
君尊天主教，予学举人文。结拜为兄弟，君予上紫辰。

其二
中举君子不难，三年一度看。登天知道侠，地狱是真宽。

十八　彔天主事实
谁分清浊定乾坤，惟仗灵通天主能。人物生扶名教重，合修孝善报深恩。

其二
天主灵通教法真，劝人为善格非心。恶终遭堕阴司狱。善上天堂福禄增。

其三

天主虽生西竺国，慈悲极大四方行。唐朝若省修行事，好正省心入教门。

其四
天地星辰妇对夫，风云雷雨兔同鸟。东西南北春对夏，天主灵通对却无。

十九　邀友
湖广回来兄已知，今过广省拜兄迟。与兄别久情多问，高第兄居叙一时。

二十　一儿像左手生翼，右手抱石
左手生成翼欲飞，奈何右手石难挥。聪年正好前程去，却为家贫愿一违。

二十一　莫枉劳心
黑人洗白最为难，贱望荣华命又悭，黑夜谁能为白昼，天高人手那能扳。

二十二　劝人修善报天主
要酬天主德，不用宝和珍。只爱热心好，常行礼仪仁。

二十三　途见古英雄石棺
石棺葬古一英雄，过客停观羡誉高。眼见先前真好汉，心中感动为他劳。

二十四　叹唐话未正
数年居此道难通，只为华夷话不同。直待了然中国语，那时讲道正从容。

二十五　观桃感怀
西竺瑶池路不赊，蟠桃每食味酸牙。于今移动端溪上，结实香甜见贵佳。

又
桃入中华见贵佳，吾身何薄物何加？物离乡贵人离贱，古语传来果不差。

二十六　叹痴
痴座难分痴与智，出言便识是痴真。不如缄口无言动，若是要言学巧文。

二十七　避刚全柔之身
水里两缸浪挽推，一缸铜铸一坭呸。铜呼坭的相邻倚，泥傍铜边免浪催。

坭识铜金刚不坏，坭知坭土易崩开。坭缸若靠铜缸住，浪打铜挨坭尽灾。

二十八　冤命不饶譬喻
乌鸦拿获一蜈蚣，喙食蜈蚣入腹中。岂料蜈蚣身有毒，即伤鸦命死相同。
从来杀命还填偿，自古冤家决不容。僧子戒之当谨守，出乎歹尔理无穷。

二十九　喻人外真内假
巧画描人一面头，腮颐耳鼻气相侔。野狸不识丹青手，狐惑真为骨髓骸。
搂倒拟充饥腹饱，15●傻那有舌唇喉。于今世上人多少，外貌堂堂内不侜。

三十　喻鼓唆者人必恨杀
拿获敌军挈鼓兵，分言鼓手岂16●伦。唯当忿恨持刀者，何事深仇挈鼓人？
兵听鼓声群队进，鼓催令急两兵陈。交锋百战皆凭鼓，是鼓唆人杀战身。

三十一　善人遭难无患歌
有客泛舟浮大海，忽然风烈海涛喧。波狂浪滚颠还倒，帆败樯倾覆又翻。
众命须臾惧没溺，客身此际独何存。却将手挽团牌定，方把力来水面掀。
泊上岸来生已活，途中贼遇苦何奔。奋身力战二三合，退寇天垂百万恩。
客乃善人应善报，一连两患不为冤。

三十二　七星岩写景
坤舆[51]重厚七星陈，天际岩标绝点尘。石室相通南北路，洞门深锁老龙神。
生成飞凤莲花座，宝盖仙姑玉女身，多少登临冠盖客[52]，留题两壁万年春。

三十三　喜旧燕又来
　一予存其旧巢，与止见予爱物之心
旧燕飞来寻旧主，主人爱燕若娇婴。去年旧垒留伊止，今岁新巢免别营。
旧话喃喃新日语，新归恋恋旧时情。予今物我浑忘却，由尔依楼过此生。

三十四　题塔
　一用王爷登塔志喜韵
后采星岩白石羊，构成宝塔现金光。擎天柱国三才正，巩固皇图万寿长。

---

51)　在這兩个字前有"不寫"兩字，此詩有被刪去的痕迹。
52)　旁有"福貴名利"四字。

檐远云霞霄汉近，顶闯月窟桂花香。日移影射端溪水，惊动腾蛟海表翔。

　　这些汉文诗是罗明坚学习汉语的一个重要方面。有以下证据可以说明：其一，在罗马耶稣会档案馆中，笔者发现一份名为《诗韵》的抄本[53]，该文献和罗明坚上面的汉文诗的抄本Jap.Sin.II－159号及Jap.Sin.II－161号的《尺牍指南》在纸张，装祯上完全一样。因而，我认为，这三份文献可能是罗明坚同时带回罗马的文献。《诗韵》是一本重要的书，中国古代文人作诗用韵都要根据韵书，这些韵书都是朝廷颁布的，被称为"官书"。元代编有《中原音韵》，明代修撰的官方韵书是《洪武正韵》，《诗韵》是从东韵开始，每一韵后都标出韵词。罗明坚带回的这本韵书是那种韵书的抄本，待以后研究。这最少说明罗明坚在他的汉语学习中是学习了《诗韵》的。其二　在Jap.Sin.I－198号文献的188页有毛笔写下的词组"人门，时人，偷闲，少年，野僧，鱼郎"，在189v页上有"地门，水绿，长安，池边，清溪，山光，清山，水光，源头话水来，源白，水远，绿遍，山长，插田，山头，长沙，暮田"等词组。只要看一下这些词组，在读上面的诗，我们就可以发现这些词组在上面的诗中已经有了。如第十一首中的"时人不识予心乐，　将谓偷闲学少年"。另外，在第十一首"偶怀"中罗明坚写道："朝读四书暮诗篇，忧游那觉岁时迁"，　在第二十四首"叹唐话未正"中他写道："数年居此道难通，　只为华夷话不同。直待了然中国语，那时讲道正从容。"　这些都说明罗明坚把诗文的学习和写作作为他汉语学习的重要内容。

　　正是从这些文章和诗文中我们看到罗明坚汉语学习的实际状况和他汉语学习的成果。应该说，罗明坚的汉语学习是成功的，从他的汉语学习中我们可以得到启发，这不仅对于中国近代汉语史和汉语本体的研究有价值，对于西方人汉语学习史和汉语教育史的研究也是十分有益的。

　　　　　　　　　　2004年5月20日初稿于北京枣林路游心书屋。

---

53) Jap.Sin.II－162

미첼 루지에리(羅明堅) 宣敎師의 中國語 學習을 通하여 살펴본 文字 爲主의 中國語 교육

張　西　平

(Zhang, Xi-ping ; 中國・北京外國語大學海外漢學硏究中心 敎授)

國文抄錄

　이 論文은 이탈리아 하비에르 출신으로 16世紀 後半에 마카오에 와서 中國語를 習得한 '미첼 루지에리(羅明堅-Michele Ruggieri 1543-1607) 宣敎師가 文字 爲主로 中國語를 學習한 사실에 대한 연구이다. 미첼 루지에리는 예수회에 入會하기 전 두 개의 法學博士 학위를 取得한 후 市廳에서 要職을 맡아 보다가 修道院에 들어가 31세에 마카오에 도착하여 中國에 대한 傳敎를 始作하였다. 당시 포르투갈語를 아는 中國語 선생이 없어 그는 그림을 보면서 中國語(漢字)를 배워 마카오에 도착한 지 몇 개월 안에 15,000개를 識別하고 初步的인 中國語 書籍을 읽었고 3년 뒤에는 中國語로 글을 쓰기 시작하였다. 그는 마카오에 최초로 宣敎所를 설립하여 '經言學校'라 하였는데 뒤에 '聖마느티노 經言學校'라 불렀다. 이것이 明나라 때에 세워진 最初의 傳敎機構이다. 그는 漢學者로도 顯著한 業績을 남겨 '葡漢辭典'을 編纂했고 最初의 天主敎 敎書인 '祖傳天主十戒'를 지었다. 유럽에 돌아가 '大學'을 라틴어로 飜譯하였다.

　그의 中國語 學習狀況은 로마 예수회 書類 保存館에 保存된 그의 書信을 調査함으로써 把握할 수 있다. 그 첫째 文獻은 中國語와 포르투갈語의 語彙對照辭典이다. 이 文獻에 306자의 글자表가 있는데 이는 簡潔하며 常用漢字에 드는 것이다. 여기에는 또 그가 학습한 語彙表가 있다. 二音節語가 많고 주로 複合語 類型인데 反對複合語가 많은 것이 特徵이다. 그는 口語보다는 書面語(文語)를 學習하였다. 中國人이 書面語의 發展에 힘쓰기 때문에 그들과 交流하기 위해서였다. 그가 使用했던 尺牘指南이 保存되어 있는데 이는 다른 사람과 글을 쓰며 교제하는 방법을 가르치는 書面語 敎材이다. 그는 당시에 蒙學敎科書인 三字經, 千字文 등에서부터 시작하여 四書를 주로 배웠다. 중국의 글을 自由自在로 쓸 수 있게 되면서 그의 代表的 中文 著書인 '天主聖敎實錄'을 썼다. 또 漢詩를 짓기도 하여 34편의 詩가 남아 있는데 中國語 學習의 一環으로 지은 것이다.

對外 中國語敎育에서 單語와 文法 위주로 교육해야 하는가, 아니면 文字 위주로 교육해야 하는가 하는 문제는 아직까지 해결하지 못한 과제이다. 徐通鏘 선생이 명확히 이 문제를 제기하고 난 뒤에 많은 학자들이 이 문제에 관심을 갖기 시작하였다. 1997년 宜昌에서, 1998년 파리에서, 中國語敎育 學術會議를 개최함으로써 이 문제에 대한 연구가 보다 더 깊이 있게 이루어졌다. 本稿에서는 歷史의 角度에서 明나라 末期에 중국에 先頭者로 찾아온 미첼 루지에리 선교사의 중국어 학습 관련 文獻을 통해서 初期 西洋 사람들이 中國語를 공부한 실제 상황을 구체적으로 살펴보면서 이 時代의 宣敎師가 어떻게 文字 위주로 中國語 學習을 실행했는지를 파악하고자 한다.

初期 中國에 온 宣敎師들의 中國語 學習 관련 연구는 여러 측면에 의의가 있는 학술분야이다. 이 연구는 明나라와 淸나라 시대의 中國文化와 西洋文化의 交流를 새롭게 認識하게 함으로써 유럽의 초기 中國語學史에 대한 연구를 보다 深度 있게 발전시킬 수 있다. 뿐만 아니라 이 분야의 연구는 사실상 對外 中國語敎育史의 새로운 방향을 개척하게 되었고, 오랫동안 일반적인 敎育經驗을 연구하는 것에 머무르던 분야가 일개 學科史로의 바탕을 얻게 되었다. 이런 역사적 연구는 중국어교육에 대한 중요성을 말하지 않아도 다 아는 것이다. 서양사람에 대한 중국어교육의 역사가 이미 근 4백년이 된 데 비해 新中國의 對外 中國語敎育이 50여년밖에 안 된다는 것을 생각하기만 하면 어떻게 歷史의 經驗을 重視하고, 이 역사적 과정에서 어떻게 智慧와 經驗을 받아들여야 하는지를 알게 된다. 또 다른 중요한 것은 중국 近代 言語의 變化가 根源으로 말하면 宣敎師들이 중국에 들어온 뒤에야 始作되기 때문에 이 연구는 중국 言語史 硏究에도 큰 影響을 줄 것이라는 점이다. 史料가 缺乏되어 있고 硏究 과정에서 他 專攻分野에 걸쳐 있는 성격을 띠므로 學術界에는 이런 측면에서 中國語言語學史를 연구하는 사람은 극히 드물다. 이 넓은 학술 분야가 우리의 개척을 기다리고 있다. 이 분야의 연구를 추진하려면 지금 重要 개별 案件의 硏究를 하면서 基礎 文獻들을 整理해내어 語言學史的 結論을 내리는

것이 가장 중요하다고 생각된다.

本稿는 先頭者로 중국에 定着한 예수회 宣敎師 루지에리의 中國語 學習에서 시작하여 아주 具體的인 個別 案件의 硏究를 하면서 初期 中國에 온 宣敎師들의 中國語 학습의 眞相을 밝혀 그로부터 歷史의 經驗을 얻고자 한다.

Ⅰ. 미첼 루지에리(羅明堅)의 在中國 略史

미첼 루지에리(羅明堅-Michele Ruggieri 1543~1607)는 字가 複初이고 이탈리아인이며 1543년에 이탈리아의 하비에르에서 태어났다. 예수회에 入會하기 前에 두 개의 法學博士 學位를 취득한 그는 市廳에서 要職을 맡아봤다. 29세에 辭職한 후 修道院에 들어갔고 30세에 리스본에서 印度의 고아에 갔다. 31세에 마카오에 도착해서 中國에서 傳敎를 始作하면서부터 그의 漢學 생애는 始作되었다.

처음으로 마카오에 도착한 루지에리는 중국에 온 天主敎 神父 범례안(范礼安-Alexandre Valignani, 1538~1606)의 "중국어 및 中文을 배워야 한다."는 요구에 따라서 중국어를 배우고 중국의 풍습을 이해하기 시작하였다. 그 당시에는 마카오에 있는 대부분 선교사들이 범례안의 意圖를 理解하지 못하고 中國語 학습의 必要性을 깨닫지 못하였기 때문에 루지에리의 행동에 적잖은 반응을 보였다. 주변의 여러 知人 중에는 루지에리가 귀중한 세월을 허비해 가며 영원히 이루기 어려운 연구에 매달리는 것을 말리는 이도 있고 비웃는 이도 있었다. 일부 사람들은 "神父로서 예수회의 다른 일을 할 수도 있는데, 왜 하필 그 많은 시간을 허비하며 중국어를 배워 조금도 희망이 안 보이는 일을 하느냐."고 주장하였다.

그러나 루지에리는 마음을 굳혀 흔들림없이 中國語를 계속 배워 나갔다. 처음으로 중국어를 배웠을 때의 어려움에 대해서 그는 편지에서 이렇게 敍述한 바 있다.

> "프리스트가 나한테 보낸 편지에서 中國의 言語와 文字를 배울 때 '읽
> 기, 쓰기, 말하기' 세 가지를 竝行해 나가라고 命하였다. 나는 이런 命令
> 을 받고 즉시 最善을 다해 수행하였다. 그러나 中國의 言語와 文字가 우
> 리나라의 言語와 文字는 물론 世界 어떤 나라의 言語와 文字와도 다르다.
> 字母가 없고 일정한 글자 數도 없을 뿐 아니라 매 글자마다 각각의 뜻이
> 있다. 中國人조차 자신의 책을 읽으려면 15年 以上의 힘든 노력을 해야
> 된다. 나는 처음에 中國語를 읽었을 때는 상당히 어려웠지만, 위에서 내
> 려온 명령이니 힘을 다해 명령을 따르겠다."

루지에리가 처음에 중국어 공부를 한 방법은 幼兒들이 학습할 때 그림
을 보면서 글자를 식별하는 것이었다. 1583년에 그는 예수회 總會長에게
보낸 편지에서 다음과 같이 말했다.

> "맨처음에 저에게 中國 標準語를 가르칠 수 있는 선생님을 求하기가 매
> 우 어려웠습니다. 그러나 傳敎하기 위해 標準語를 배우지 않으면 안 되는
> 데 선생님이 中國 標準語만 알고 포르투갈語를 모르면 저는 못 알아들으
> 니 또한 소용이 없지 않습니까? 제가 못 알아들으니까요. 그래서 나중에
> 한 선생님을 구해 그림을 보면서 중국어를 배울 수밖에 없었습니다. 그
> 는 예를 들어 말 한 마리 그려놓고 그 動物을 중국말로 '馬(ma)'라고 가르
> 쳐주었습니다. 다른 漢字도 이와 같이 類推하였지요."

루지에리는 끈기와 재주가 아주 많은 선교사였다. 마카오에 도착한지
몇 개월 안 되어 15,000개를 識別하였고 初步로 中國 書籍을 읽을 수 있
게 되었으며, 3년여 뒤에는 中國語로 글 쓰기 시작하였다. 中國語를 배우
는 目的이 傳敎를 위한 것이니, 그는 '이것은 그들을 歸化시기는데 꼭 필
요한 과정이며, 장차 中國語로 書籍을 編纂하고 中文 書籍 中(宗敎와 關聯된
部分)의 誤謬를 反論하기 위한 것이다. 앞으로 天主를 위해 봉사하고 진리
의 빛이 이 방대한 민족을 비치게 하길 바란다'고 생각하였다.
　　루지에리의 중국어 수준의 향상은 그의 宣敎 사업을 크게 추진시켰다.

그는 마카오에서 最初로 宣敎所를 설립하여 마카오에 있는 中國人에게 中
國語로 宣敎하기 始作하였다. 그는 이 선교소를 '經言學校'라 이름 지었고
나중에 리마두(利瑪竇)가 이 곳을 '성마느티노경언학교(聖瑪爾定經言學校)'라
고 불렀다. 이곳이 宣敎史上 明나라 시대 중국에서 최초로 설립된 傳敎
機構이며, 漢學史上 明나라 末期에 外國人이 中國語를 배우는 첫 번째 學
校로, 루지에리 자신이 말한 다음과 같은 것이었다.

> "지금 내가 여기에서 중국어를 배우고 있고……여기에 있는 敎友들이
> 疑心할 바 없이 나의 가장 좋은 飜譯士가 되어 傳敎에 많은 도움을 줄 것
> 이다."

루지에리가 明나라 末期에 天主敎가 中國 內陸에 들어오고 나서 中國
最初의 거주자가 된 것은 그의 뛰어난 中國語 實力과 直接 關聯된다.
1581년에 루지에리는 포르투갈 商人을 따라 세 번이나 廣州에 진출하면
서 빠른 속도로 廣州 海道의 신임을 얻어 바닷가에서 밤을 보내도 된다
는 허락을 받았다. 왜냐하면 해도는 루지에리가 文雅한 君子이고 '中國
文學에 대한 修養이 깊은 神父이자 先生'이라고 믿기 때문이었다. 1583년
에 루지에리는 파범제(巴范濟-Francois Pasio,1551~1612), 리마두와 앞뒤로 세
번이나 광주에 들어가 당시 西廣總督이었던 陳瑞, 香山의 知懸, 肇慶의 知
府 王泮 등 中國 地方 官員과 交涉하여 드디어 1583년 9월 10일 肇慶으로
들어가 中國 內地에 비로소 발판을 세웠다. 이 기간에 루지에리가 진예(陳
瑞)에게 보낸 중문 서신과 진예의 答信 및 루지에리의 유창한 中國 標準語
가 決定的인 作用을 하였다. 중국에 있는 동안 루지에리는 연이어 折江,
廣西에 가서 布敎하여 天主敎가 中國에서 안정적인 基盤를 세우는데 많은
심혈을 기울였다. 동시에 그는 漢學者로 顯著한 업적을 얻었다. ≪葡漢詞
典≫을 編纂하여 중국에 들어오는 선교사가 중국어를 배우도록 도왔고,
中國語로 쓴 最初의 天主敎 敎書인 ≪祖傳天主十誡≫가 天主敎를 中國에
本土化하는데 결정적인 한 걸음을 내딛게 하였다. 1586년 11월쯤에 중국
문화에 대해서 비교적 깊이 이해가 된 그는 "나는 이미 중국 사람처럼

보이게 됐다.”고 自稱하였다.

1586년에 루지에리는 ‘公式的으로 北京에 敎皇使節을 파견할 것’을 요청하기 위해 유럽으로 돌아갔다. 그러나 그 당시에 敎廷이 빈번히 교체되는 시기를 맞이하여 4명의 교황 즉 식스터스 5세(西期篤五世-Sixtus V, 1585~1590), 올바노 7세(伍爾巴諾七世-L1rbanⅦ, 1590), 그레고리 14세(揆國十四世-Gregory ⅩⅣ, 1590~1591)와 이노센트 9세(意諾增爵-Innocent Ⅸ, 1591)가 교체된 데다가 유럽 內部의 문제로 인하여 스페인王은 中國에 使節을 보내는 것에 별로 관심이 없었다. 루지에리는 이 일을 이루지 못한 채 사러노(薩勒諾)에 돌아가 1607년에 죽었다. 유럽에 있는 동안 그는 中國 書籍 ≪大學≫을 라틴어로 飜譯하고 로마에서 발표해, 漢學者로 또 하나의 大事를 이뤘다.

Ⅱ. 미첼 루지에리(羅明堅)의 中國語 학습

以前에 루지에리의 中國語 學習 狀況에 대한 파악은 주로 당시에 그가 쓴 書信에 의한 것으로, 통했으며 具體的인 文獻으로 그의 실제 과정을 나타내지는 못하였다. 최근 몇 년 동안 筆者는 여러 번 로마 예수회 書類 保存館에 가서 文獻을 조사해 본 적이 있었는데, 루지에리의 中國語 學習과 硏究의 첫 번째 原始 文獻을 發見함으로써 루지에리 宣敎師의 中國語 학습에 관한 상황에 대해 具體的이고 사실적으로 파악할 수 있게 되었다.

우선, 루지에리의 한자학습을 살펴보기로 한다.

로마 예수회 書類 保存館에 있는 Jap.Sin 1-198호 文獻은 루지에리의 中國語 學習의 重要한 원시 자료다. 이 문헌은 著者를 明確히 記載하지 않았지만 두 가지 사실로 이 文獻이 분명 루지에리의 것이라고 설명할 수 있다. 첫째, 문헌의 32~125쪽은 中國語와 포르투갈어의 語彙 對照 辭典이다. 이 사전에 대해서는 楊福綿 선생이 이미 音韻學으로 깊이 硏究한 바 있는데, 그의 연구 結果는 이 辭典이 주로 루지에리에 의해 만들어졌고, 리마두(利瑪竇)가 最大의 補助的 作業을 한 것이라 하였다. 둘째, 이 문헌 속의 여기저기 쪽 사이에 한 스님(僧人)과 蔡一龍이라는 사람이 提訴하는 訴狀이 끼어 있었다. 필자는 이미 ≪西方漢學的奠基人－羅明堅≫이란 문장에서 그 僧人이 바로 루지에리이고, 그 訴狀은 바로 자신이 쓴 것이며, 이는 ≪利瑪竇中國札記≫에서 實證을 얻을 수 있음을 고증하였다.

문헌의 24, 25, 25v, 26쪽이 글자표인데, 글자체를 보니 루지에리 선생이 쓴 것일 가능성이 높다. 글자표가 모두 306개 글자다. 글자표는 다음과 같다.

■24쪽에 있는 66개 글자：

龍、來、嬴、里、履；鹵、老、卵、呂、了；
丰、耒、令、麗、力；立、人、几、而、儿；
耳、再、二、刃、入；肉、日、東、鐘、江
陽、支、思、齊、微；魚、摸、皆、來、眞；
文、寒、山、恒、歡；先、天、蕭、豪、歌；
戈、家、麻、車、遮；庚、靑、昂、亢、候；
尋侵，監咸，廉纖 ；

■25쪽에 있는 80개 글자：

几、辰、晨、單、是 ；氏、盾、上、示、十；
石、香、兄、凶、与 ；起、喜、虫、火、虎；
享、七、血、黑、亢 ；行、黃、叶、禾、兮；
九、爻、玄、熊、萑 ；壺、亥、弓、棗、戶；
亡、系、号、會、穴 ；學、衣、音、尤、夭；
鳥、印、亞、西、邑 ；乙、壹、一、云、云；
2●、口、羊、王、予，鹽、負、也、永、有 ；
雨、酉、羽、又、用 ；成、亦、戈、聿、曰。

■25v쪽에 있는 80개 글자：

走、井、左、3●、足、卩、靑、僉、此、且
,爨、寸、束、酋、泉、齊、自、人、司、須
心、西、辛、厶、三、先、絲、思、死、小
素、四、歲、州、索、象、夕、舟、厄、支

佳、章、爪、止、正、至、灸、車、齒、舛
處、5●、赤、出、尺、床、巢、士、舌、食
身、尸、山、書、生、申、疋、首、手、黍
豕、水、豸、舜、齒、殺、色、、束、臣、殳

■26쪽에 있는 80개 글자:

壬、田、二、第、大、豆、男、能、乃、久
竹、丑、鬯、長、重、鬯、丈、宁、兆、畢
女、巴、畢、比、七、貝、半、八、辟、比
卜、華、必、片、皮、采、鼻、步、白、帛
門、明、麻、毛、矛、民、冥、馬、皿、黽
卯、米、面、月、戊、麥、首、系、目、木
夫、方、風、飛、非、不、市、弗、丰、几
父、阜、文、毋、巫、亡、尾、勿、卯、子

■26v쪽에 있는 72개 글자:

金、斤、高、戈、交、弓、瓜、巾、龜;
甘、工、京、光、已、葵、韭、古、久;
鬼、九、鼓、几、升、果、見、无、句;
更、珏、甲、角、革、谷、、骨、豈、可;
口、大、欠、去、磬、曲、琴、其、臼;
其、、言、牙、魚、牛、危、豕、瓦、未;
臥、月、王、、岩、歹、東、多、丹、刀;
十、氏、斗、鼎、鳥、、門、天、本、土;

清나라 時代의 有名한 文字 訓詁學者 朱駿聲이 "책을 읽으려면 글자를 먼저 알아야 하며 글자를 안 후에야 經에 能通할 수 있고, 經에 能通해야 활용할 수 있다."며, "글자를 식별하는 것이 宣敎師가 되기 위한 中國語 학습의 첫 번째 단계이지만 漢字가 너무 많아서 中國語 工夫를 하기가 그들에게는 아주 어렵다."고 여겼다. 리마두(mattea Ricci, 1552~1610)는 중국 문자를 학습할 때에 "中國語에서 하나의 音節이 하나의 글자임을 꼭 알아둬야 한다. 그래서 사용한 각 音節이 同一한 對象을 가리킨다. ……대상마다 자기에 어울리는 符號가 있지만 많은 부호로 합쳐진 方式으로 나타나므로 總數가 7萬 혹은 8만 개를 넘지 않는다. 대략 이와 같은 부호를 萬箇 정도 알아두면 글 쓰기 단계에 달하게 된다. 이것은 대략 유창하게 글을 쓰기 위한 最小限의 숫자일 것이다"라고 말하였다. 증덕소(曾德昭 -Alvare de Semedo, 1585~1658)에 이르렀을 때에는 漢字의 總數가 6萬箇가 된다고 여겼다. 많은 宣敎師들이 中國의 漢字가 너무 많다고 불평한 것이 中國語를 배우기가 어려웠던 주요 原因이다.

루지에리가 記錄해 保存한 글자표의 뚜렷한 특징은 바로 簡潔이다. 글자표에 들어 있는 글자가 전부 306개이다. 이 글자들은 어디에서 由來되어 온 것인지 아직 出處를 찾지 못했지만 글자표가 比較的 簡潔함은 分明하다. 사실 漢字의 總數가 비록 많지만 常用字는 그렇게 많지 않다. ≪現代漢語常用字表≫에서는 모두 3,500字를 收錄했지만 그 중에 2,500자가 常用字이고 나머지 1,000字가 次常用字다. 學者의 統計에 의하면 現代에 常用字 중 1~7劃의 常用字가 모두 791개 있으며, 許愼의 ≪說文解字≫에 수록된 것이 713자로 90%를 차지한다. 이런 의미에서 보면 이 글자표가 제공한 漢字가 매우 簡潔하여 宣敎師가 中國語를 배울 때의 漢字敎育이 實用的이 있었던 것으로 證明할 수 있다. 安子介 선생은 現代 漢字의 常用字는 3,650字인데 500字만 알게 되면 보통 글의 4분의 3을 읽을 수 있고 200字를 더 알면 보통 글의 97.4%를 알아볼 수 있다고 하였다. 現代 對外 中國語敎育에서는 漢字를 識別하는 速度가 制限되어 있다. 學生들이 어떻게 集中的으로 글자를 익혀 最短 期間에 中國語의 基本 글자를 파악하게 하느냐의 문제가 아직 잘 해결되지 못하고 있다.

宣敎師의 中國語 학습을 보면 當時에 그들의 中國語 학습은 여전히 중국 傳統의 語文敎育方法을 爲主로 漢字부터 배운 것이다. 바티칸 圖書館에는 아직까지 그 당시에 그들이 漢字 학습 때 쓰던 ≪千字文≫, ≪三字經≫ 등 교재가 보관되어 있다. 실제로 중국 전통의 語文敎育은 줄곧 글자를 중심으로 하는 것이었고, 秦나라의 ≪倉頡篇≫, ≪急就篇≫부터 南朝의 ≪千字文≫과 송나라의 ≪三字經≫, ≪百家姓≫까지 1000여년을 持續해 왔다. 이것은 단지 경험의 방법 문제 뿐만이 아니라 中國語의 基本的인

特徵에 대한 이해가 포함되어 있다.

趙元任선생은 "중국어는 單語로 計算하지 않는다. 적어도 지금까지는 그렇다. 중국인의 관념으로는 글자가 核心主題다."라고 말하였다. 徐通鏘 선생도 "중국어의 구조가 '글자'를 중심으로 하기 때문에 '글자'를 기초로 構文의 연구를 진행해야 한다."라고 指摘하였다. 루지에리의 簡潔한 글자표는 常用漢字 敎育의 重要性을 깨닫게 했고, 역사의 측면에서 이 문제를 다시 인식하게 해 주었다.

이 문헌에는 루지에리의 語彙 학습에 대한 기록도 있는데, 나열된 어휘들은 아래와 같다.

27쪽 : 北京, 南京, 山東, 山西, 陝西, 河南, 浙江, 江西, 湖广, 四川, 福建, 广東, 广西, 云南, 貴州, 大前日, 前日, 昨日, 今日, 明日, 后日, 大后日, 去年。

27v쪽 : 立春, 雨水, 惊蟄, 春分, 淸明, 谷雨, 立夏, 小滿, 芒种, 夏至, 小暑, 大署, 立秋, 處暑, 白露, 秋分, 寒露, 霜降, 立冬, 小雪, 大雪, 冬至, 小寒, 大寒。

28쪽 : 甲乙, 丙丁, 戊已, 庚辛, 壬癸, 子丑, 寅卯, 辰已, 午未, 申酉, 戌亥, 四季, 孟春, 仲春, 季春, 孟夏, 仲夏, 季夏, 孟秋, 仲秋, 季秋, 孟冬, 仲冬, 季冬。

29쪽 : 聲色, 形影, 儒道釋, 孟仲季, 東南西北, 春夏秋東, 士農工商, 琴棋書畵, 分寸尺丈, 飛潛動植, 金木水火土, 靑黃赤白黑, 安危笑哭。

29v쪽 : 街市, 門戶, 房屋, 壇廟, 寺觀, 弓箭, 干戈, 紙筆, 墨硯, 盤碗, 椅桌, 枕席, 鳥獸, 牛羊, 龍虎, 鷄犬, 魚虫, 草木, 枝叶, 身体, 手足, 牙齒, 口舌, 腸肚, 耳目, 血脉, 骨肉, 肝肺, 衣裳, 鞋袜, 財宝, 珠玉, 金銀, 酒飯, 茶果, 山川, 海岳, 河漢, 水石, 人物, 君臣, 父母, 兄弟, 夫妻, 妻子, 師友, 弟妹, 妯娌, 孩童, 你我, 飮食, 誦讀, 言行, 問答, 增減, 嫁娶, 吉凶, 行止, 利害, 疾病, 損益, 魂魄, 年節, 旦夕, 宮殿, 樓台, 室家, 庭閣, 館舍, 城池。

30v쪽 : 表里, 异同, 迎送, 遠近, 厚薄, 授受, 新旧, 冷熱, 丰荒, 飢飽, 老少,

壽夭, 貧窮, 奢儉, 貴賤, 精粗, 輕重, 淸濁, 消長, 盈虛, 大小, 男女,
長短, 淺深, 肥瘦, 難易, 方圓, 首尾, 出入, 開閉, 天地, 日月, 風云,
雷雨, 霜雪。

31쪽：眞僞, 愛惡, 是非, 文武, 强弱, 生死, 存忘, 浮沉, 動靜, 抑揚, 俯仰,
前后左右, 長幼, 尊卑, 衆寡, 聚散, 賢愚, 优劣, 生執, 干濕, 始終, 早
脫, 晝夜, 昏明, 賓主, 親疏, 巧挫, 順逆, 用舍, 呑吐, 向悖, 离合, 買
賣, 糶,糴

31v쪽：陰陽, 升降, 寒暑, 往來, 上下, 高低, 內外, 進退, 香臭, 甘苦, 幽明,
隱現, 有无, 虛實, 得失, 榮枯, 盛衰, 興敗, 曲直, 斜正, 喜怒, 哀樂,
勤懶, 逸勞, 古今, 治亂, 急緩, 寬窄, 起倒, 舒倦, 鈍利, 美丑, 橫直,
屈伸, 善惡。

語彙는 言語 속에 단어의 總体이며 言語의 建築材料이다. 中國語敎育에
서 語彙는 중요한 부분이다. 현재 중국에서 公布한 중국어 敎育要綱에는
'初等段階語彙(最常用語彙)'가 764개 있고, 品詞로 는 名詞, 動詞, 形容詞, 數
詞, 量詞, 代名詞, 副詞, 介詞, 接續詞, 助詞, 感歎詞, 擬聲語의 모든 중국어
어휘를 포함한다. 그러나 上記된 루지에리가 학습한 語彙는 二音節 語彙
가 比較的 많고 주로 複合語 類型이다. 24節氣의 語彙와 十干 十二支의 語
彙도 모두 그렇다. 또는 이 語彙表 안에는 反對 複合語가 많은 것이 특징
이다. 그러나 반대로 현재 중국의 '초등단계어휘(最常用語彙)' 속에는 반대
복합어가 매우 적다. 루지에리는 마카오에서 중국어를 배울 때 남에게
보낸 편지에서 "나는 그들이 표준어라고 말하는 중국어를 배우고 있다.
중국의 地方 官員들과 朝廷 大臣들이 모두 이런 언어를 사용하고 있으며,
語彙가 셀 수 없을 만큼 많아서 배우기 매우 어렵다. 비록 中國人이라도
많은 시간이 걸린다"라고 쓴 적이 있었다. 複合된 反對語를 배우는 것이
記憶하기 쉽고 對稱이 되어 이해하기 쉽기 때문에 좋은 방법이다. 그따라
서 루지에리의 어휘표는 지금 중국어 교육에도 또한 啓發的인 의미를 지
닌다.

　　루지에리의 書面語(文語) 학습을 살펴보자. 書面語와 口語의 區別은 中國

語의 重要한 特徵으로, 宣敎師가 中國에 들어온 후에 깨닫게 된 것이다. 리마두는 "중국어가 애매모호한 특성으로 옛날부터 그들이 줄곧 대부분의 注意力을 書面語 發展에 기울이고 口語에 대한 관심을 별로 가지지 않기 때문으로 생각된다."고 말하였다. 그래서 선교사가 중국인과 교류하려면 書面語에 대한 학습이 반드시 필요하였다.

로마 예수회 書類保存館에 있는 Jap.SinⅡ-161호 문헌인 ≪尺牘指南≫이 루지에리가 사용했던 중요한 중국어 학습 문헌이다. 진론서 신부(陳論緒神甫)는 ≪Chinese Books and Documents in the Jesuit Archives in Rome≫란 책에서 이 문헌의 作家를 드러내지 않았지만, 필자가 보기에 이 문헌은 루지에리의 것이다. 그 이유는 두 가지가 있다. 첫째로는 이 문헌에서 수정된 곳이 있는데, 佛敎 用語가 天主敎 用語로 바뀐 것이다. '僧家叙述已情' 절에서 第5句의 原文 "小僧謹守戒行誦經, 原天常福, 十方諸擅挪集庄"은 나중에 "小僧謹守戒行誦經, ,原天主福佑, 各處擅挪肯布施"로 고쳐졌다. 第6句의 原文 "明人講示心理, 期見佛, 着實修奉, 希无惜敎僧之幸也"는 그 후에 "明人講示心理, 期見先天天主着實修奉, 希无惜敎僧之幸也"로 고쳐졌다.

문헌에 있는 '3自述修道修門事情' 節에는 天主敎의 論述을 덧붙였다. 내용은 "1. 諸家들이 天主敎를 수련하고 준수한다. 天主는 神佛과 달리 하늘과 땅을 創造하는 主人이며, 다른 神佛과 같은 形相이 없다. 모든 세상 사람이 修道해서 (구원을)이루는 것이니 그래서 제자들은 하늘과 땅 그리고 인류의 주인을 믿고, 그의 본래 마음을 준수하고 수련하며 감히 다른 종교를 믿지 않으면 죄에 이르지 않는다. 2. 제자들은 교회의 법률과 戒律을 밤낮으로 배우고 자신을 省察하여, 나쁜 생각이 머리에 들까봐 마음을 꾸준히 다스린다. 本敎의 임무를 갖추어 生前에 善을 닦기를 힘쓰면, 죽은 후에 천국으로 간다. 3. 제자들을 가르치는 法은 經學과 같으나, 衆生을 생각하는 佛敎의 가르침인 輪回와는 다르다. 제자들은 바르고 정성된 마음을 알고 하늘을 따라 天主를 奉養한다. 천주는 형태가 없는 先天의 주인이요, 해와 달이 생긴 후의 後天이 아니다. 이것은 분명히 宣敎師가

이 文獻을 쓴 것임을 보여주는 것이다.

물론 가장 중요한 것은 이 문헌의 裝幀이 Jap.Sin Ⅱ－159호의 루지에리가 쓴 詩文 文獻의 裝幀과 똑 같다는 것이다. 이것으로 우리는 이 문헌이 루지에리의 것이라고 판단할 수 있다.

실제로 이 문헌은 사람에게 어떻게 글을 쓰며 어떻게 다른 사람과 교제하는지를 가르치는, 완전한 文人의 書面語다. 제1장을 예로 들면 "叙別詞" 중에 "近處相叙間闊", "遠方間闊", "叙間闊時月遠近" 등 節에서 "仁澤祈[1] 福[2] 无疆[3]"처럼 인용어 옆에 루지에리가 評注를 남겨 語彙를 解釋하였다. "頌贊人德行" 절에는 "春風襟怀樂爲何如?", "喜達人君養天貞, 珍重千金之軀, 日膺万意之福"이 있고 "瞻頌秀才" 節에는 "恭維。胸藏万卷, 暫寄迹泮宮[4], 鵬程飛上万里, 卽飛騰宵漢", 그리고 "瞻贊吏員" 節에는 "素仰蕭[5] 曹[6] 登[7] 相[8] 位, 起[9] 于[10] 椽吏[11] 唯飽飫律、[12] 例,[13] 法[14] 公[15] 思[16] 博,[17] 日后之相[18] 發迹于今日。"이 있다.

文獻의 註釋을 보면, 루지에리가 書面語를 배우는데 노력하였던 것을 알 수 있다. 선교사가 中國語 학습에서 書面語를 重視하였음은 우리에게

---

1) 羅明堅注爲"祈求"。
2) 羅明堅注爲"愿福"
3) 羅明堅注爲"无窮无盡"
4) 羅明堅將這个詞解釋爲"泮宮齋有半池", 這是錯的。泮宮指古代的學校。
5) 羅明堅注爲"蕭何"
6) 羅明堅注爲"曹參"
7) 羅明堅注爲"登到"。
8) 羅明堅注爲"宰相"。
9) 羅明堅注爲"起初"。
10) 羅明堅注爲"由于", 這顯然不對。
11) 羅明堅注爲"椽役史吏"。
12) 羅明堅注爲"大明法律"。
13) 羅明堅注爲"條例"。
14) 羅明堅注爲"法度"。
15) 羅明堅注爲"公道"。
16) 羅明堅注爲"思德"。
17) 羅明堅注爲"博大"。
18) 羅明堅注爲"宰相"。

깨우침을 주는 것이다. 그 당시에 그들이 직접 사용한 敎材는 바로 ≪四書≫이고, 그들의 언어학습은 始終 문화를 主體로 하였다. 처음 시작 단계에서의 교재는 주로 그 당시의 중국 蒙學敎科書로, 예를 들어 ≪三字經≫, ≪千字文≫ 등이다. 그래서 그들은 書面語를 비교적 잘 익히고 파악할 수 있었다. 따라서 지금 우리의 中國語 敎育은 書面語에 대한 교육이 매우 부족하다. 사실상 현재 口語 교육으로 書面語 교육을 대체하는 경향이다. 지금 對外 中國語敎育의 內容이 중국 문화에서 심각하게 탈피되고 있어 중국어 학습은 나날이 단순한 言語學 方向으로 나아가고 있고, 中國文化에 대한 학습은 수업 중에 例文으로만 이용할 뿐이다. 그래서 학생들이 書面語로 쓴 중국의 優秀한 作品을 읽어보기가 어렵다. 이런 점에서 中國國內에서의 中國語敎育은 海外에서의 中國語敎育보다 깊이가 없다. 韓國과 日本 및 유럽에 있는 中國語學部에서 실시하고 있는 敎科目 內容을 보면 이들 간에 격차와 문제를 똑똑히 찾아볼 수 있다. 呂必松 선생은 漢字를 中心으로 하는 中國語敎育은 書面語敎育의 문제를 필히 일으킨다고 분명히 지적한 적이 있다. 그는 '書面語敎育의 체계를 세우는 것은 중국어 교육의 효율성을 높이는데 반드시 지나야 할 길'이라고 여겼다. 루지에리의 중국어 학습자료는 西洋 사람이 中國語를 학습할 때 처음부터 書面語를 중요한 학습 내용으로 삼았다는 것을 설명한다. 이것은 우리가 書面語의 硏究와 敎育을 强化시키는 데 歷史的인 根據를 提供해 주었다.

Ⅲ. 미첼 루지에리(羅明堅)의 中國語 學習 成果

1579년에 마카오에 도착하여 1588년에 유럽에 돌아간 루지에리는 中國에서 10년밖에 안 살았지만 그의 중국어 실력은 놀라울 정도였다. 그 주요 내용은 두 가지 방면에서 나타난다.

첫째, 그는 中國語로 自由自在로 글을 쓸 수 있고 代表 中文 저서가 ≪天

主聖敎實錄≫이다. 1584년의 편지에서 그는 "나는 언어 학습에서 큰 수확을 얻었고, 中國 內陸에서 도움을 받아 날마다 進步하고 있으며, 이미 4년전에 中國語로 쓰기 시작한 ≪天主聖敎實錄≫을 완성하였다. 이 책은 중국 관원들이 매우 만족해 출판을 동의하였다."라고 썼다. 다시 말하면 1580년부터 1584년까지 그는 이 책을 써냈고 당연히 중국 문인의 도움으로 이 책의 출판을 했을 것이다. 로마 예수회 서류 保存館에서 보관된 Jap.Sin. I −198호 文獻 속에 루지에리가 中國語로 쓴 낱장 페이지들이 들어 있다. 그 내용을 보면 페이지에서 적은 中國語는 분명 ≪天主聖敎實錄≫이 完成되기 前이나 期間 內에 썼을 것이다. 어떤 의미에서 보면 그것은 ≪天主聖敎實錄≫이 公式으로 出版되기 前의 '仲介語'이다. 이 낱장들은 以前에 公開된 적이 없으니, 여기에서 아래와 같이 抄錄하였다.

제 012v 쪽. 이 페이지에 ≪解釋聖水除前罪≫라는 단문 하나만 있다.

"사람은 天主의 敎會에 들어가려면 교회의 僧人에게 대신 經文을 읽어달라 請하고 天主의 聖水로 그와 같이 머리를 씻는다. 天主의 聖水를 받으면 以前의 罪惡을 다 버리고 천주를 만나서 天國으로 간다. 다른 惡魔와 鬼神들이 감히 가까이 오지 못해, 죽고 나면 천국에 가서 행복을 즐긴다. 머리를 씻지 않았다면 영혼이 混濁되고 죄악이 많아, 그때 악마와 귀신들을 王처럼 奉養하고 천주와 怨恨을 맺는다. 그리고 죽은 후에 靈魂이 地獄에 가서 마귀와 親戚이 된다. 世人이 昇天하고 행복을 願하면 꼭 이 宗敎를 믿어야 天主의 힘을 얻을 수 있다."

제015v〜016 총 8쪽은 루지에리가 천주교를 소개한 短文이다. 제목이 없지만 그의 중국어 학습과 思想 내지 그의 ≪天主聖敎實錄≫을 파악하는 데에 가치가 매우 높다. 이전에 공개된 적이 없으니 아래와 같이 초록하였다.

"中華라는 나라는 우리나라와는 멀리 떨어져 있어 서로 交流하지 않으므로 사람들이 天主를 모르고 經文을 보지 못하였다. 天竺國에서 僧人이 中華에 포교할 것을 염원하여 만리를 머다 않고 3년전에 배로 廣東 肇慶

府에 왔다. 總督과 巡撫 統率官 郭俯錫의 덕분에 한 곳을 얻어 거기에서 '仙花'라는 寺刹을 하나 세웠다. 선생을 請해서 儒敎 書籍을 배웠다. 다행히 벼슬아치들과 자주 만나 유익한 것을 교류하면서 그들이 天主와 經文을 모른다는 것을 發見하였다. 僧人은 經文을 中華 言語로 飜譯하고 '實錄'을 編纂해서 보여주었다. 善한 일을 하면 福이 내려오기에 나중에 天國에 가서 행복을 즐기며 고생을 면할 수 있다는 것을 알려줬다. 지금 貴땅에 와서 여러 大夫들이 好意를 베풀어 주시어 감사하기 이를 데 없다. 대개 천주께서 계시던 太初의 혼돈한 세상에는 비록 天地萬物이 생겨났어도 (보아주는 사람이 없어서) 실제로는 形象이 없는 것과 같았는데 '아담'이라는 한 남자와 '이브'라는 한 여자가 생겨났다. 두 사람은 특별히도 聰明하였으니, 바로 이 세상의 原始 祖父와 祖母다. 그들이 맨 처음에 태어난 原林은 풍물이 특별하여 겨울과 여름이 없고 꽃과 과일이 아주 많았다. 천주가 그를 보고 천하를 다스리고 園林 안의 과일과 식물을 따서 먹도록 허락했다. 다만 그 어떤 과일은 먹는 것을 금하니, 누구나 명령을 위반하면 죽음을 면치 못하는 것이었다.

  그때 어떤 한 명의 神이 자기 모습을 나타내 뭇 神들을 掌握하더니 放恣하게 행동하고 自慢하여 천주의 자리를 빼앗으려 하다가 마침내 地獄에 가서 마귀로 변하였다. 그는 아담과 이브를 질투해서 禍를 그들에게 轉移시키려고 하였다. 어느날 그가 큰 뱀으로 변해 길이가 1丈인(뱀의) 몸으로 나무를 둘둘 말고서 아담과 이브에게 천주가 이 과일을 먹지 말랬지만 먹어서 天主와 知識을 比較해보라고 권하였다. 그러자 이브가 마귀의 말을 들어 과일을 먹을 뿐만 아니라 남편에게 하나를 주니, 아담도 먹게 되었다. 天主의 명령을 違反하고 작당하여 나쁜 행동을 한 것이다. 그래서 아담과 이브의 子孫 萬代가 天主와 敵이 되어서 世人이면 天主에게 罪를 지은 만큼 苦生을 하게 되었다. 다행이 天主가 慈悲해서 地獄에 있는 사람의 고통을 同情해 15세인 마리아(리아)라는 여자 한 명을 골랐다. 그녀는 남편 없이 혼자서 아기를 잉태하여 9개월만에 낳았으며, 천축어(天竺語)로 그 아이를 12●13●(예수) 즉 큰 빛으로 世人을 구한다는 뜻으로 이름을 지어줬다. 12●13●(예수)는 좋은 일을 많이 했고 수많은 세인을 구해주었다. 양쪽 귀가 먹은 사람, 양쪽 눈이 먼 사람, 목이 쉬어 말이 안 나오는 사람 등 각종 병에 걸린 사람도 다 치료할 수 있었다. 고난과 위험을 맞이하여 世人을 구하며 經典을 傳受하여 아주 많은 제자를 길렀다.

  12●13●가 世人을 구하는 것은 죄가 아니지만 결국 한 지역의 악한

사람들이 그를 믿지 않았다. 그들은 두 나무 가지로 十字架를 만들어서 그의 손과 발을 십자가에 못 박아 죽였다. 그의 제자가 그의 시체를 찾아가 石棺에 넣었다. 3일 후에 12•13•의 혼이 지옥에 가서 善과 惡을 비유해 가르치니 道를 얻은 仙人들이 모두 善으로 敬奉하였다. 天主의 은혜를 입지 못한 사람들은 天主께서 지옥에 떨어지게 했는데 거기에는 光明이 비치지 않았다. 또 3일 후에12•13•의 魂이 몸으로 돌아왔다. 되살아 관에서 나와서 40일 동안 보고 있는 제자들 앞에 나타나 여러 착한 영혼들의 높임을 받으면서 세상을 날아다녔다. 제자들에게 여러 곳에 가서 經典을 傳播하고 사람에게 착하게 살라 권하고, 믿는 사람에게 위험을 경험하라며 聖水가 많은 죄악을 救濟할 수 있다고 당부하였다. 그 후부터 제자들이 千里밖으로 가서 돌아다니면서 布施(보시)를 청하고 善하게 살라 권하며 '天主의 恩澤을 받으면 각지의 言語를 터득하고, 중생의 영혼을 구함으로 贖罪할 수 있다.'고 하였다. (예수의 제자들이) 이렇게 행동하자 反應이 있었다.

  僧人은 以前에 많은 수련을 하고 많은 고생과 험난을 경험하며 여기에 왔다. 高官과 年長者 그리고 聰明하고 俊雅한 어른들이 (승인에게) 말씀을 들어 많이 유익하게 된 것에 감사하고 부러워하였다. 그러나 어른과 君子, 名門, 大家族, 三公과 九卿, 진사는 文物을 重要視하고 天主 仙經을 거부하고 두려워하였다. 後日에 魂이 救濟되어 昇天하는 것을 알지 못했고 이외의 예수를 받아들일 준비가 없었다. 僧人은 기쁨에 겨워 經文[聖經]을 받들어 略述해 보이니, 이로써 經文[聖經] 외의 經文[佛經]을 芹滅(근멸)하고 暹羅(섬라＝태국) 등의 나라를 제약하여 禪語를 寂滅(적멸)함과, (예수의 이야기를) 승인이 지어낸 것이 아니라 天主께서 친히 보내셨다는 것을 나타내고자 함이었다. 하늘이 열렸으나 아직 들어가지 않은 지혜로운 이(예수)는, 부활[善幻]로써 스스로 이르지 않기를 바랐다.

  混沌 狀態인 太初에는 사람과 物體가 없고 天主만 있었다. 움직임이 없고 소리가 없고 시작이 없고 끝이 없어 神조차도 비교할 수 없었다. 그 후 하늘과 땅이 생겨 萬物을 담는다. 太陽과 달이 생겨 여러 국가를 비친다. 山川이 생겨 양쪽에서 산이 자리를 잡고 川이 흐른다. 사람이 생겼고, 다른 생물보다 靈敏하였다. 동물이 생겨 날고 뛰었다. 풀과 나무가 생겨 무성하였다. 藥材가 생겨 여러 병을 치료하였다. 따뜻함, 시원함, 추움과 더움은 4계절이 되었다. 신맛, 짠맛, 단맛, 매운맛과 쓴맛이 五味가 되었고,. 또는 맡을 수 있는 냄새, 들을 수 있는 소리와 볼 수 있는 形體와 색깔 등 여러 가지가 구비되지 않은 것이 없었다. 그러므로 天主의 신분이

尊貴하고 恩惠가 普遍的이기 때문에 世人들은 그를 존경하고 奉養하였다. 天主를 존경하고 奉養하면 사람은 반드시 보호를 받아 사는 동안에 화려하게 살고 죽은 뒤에 영혼이 天國으로 올라가 모든 快樂을 즐긴다. 만약 그를 존경하고 奉養하지 않는다면 災殃이 내려오고 가난해서 나중에 地獄으로 내려간다.

　많은 고통을 받는 天主는 부모가 같으니 자녀가 부모도 존경하지 않으면 누구를 존경하느냐? 王이 같으니 臣下가 君王도 존경하지 않으면 누구를 존경하느냐? 胡人은 몰라서 他神에게 無禮하여 천주가 만든 은덕을 얻지 못하였다.

　天主가 慈悲해서 地獄에 있는 사람의 고통을 同情하여 남자로 化하여 天쓰國에서 태어나고, 사람들에게 착하게 살라고 권하고 靈感이 생겨 經文을 만들었다. 道理가 精妙하여 天쓰人이 家家戶戶 지금까지도 서로에게 전하고 읊으며 모두 그를 존경하고 奉養해서 그의 보호를 받는다. 이것이 그 진실이다.

이 문헌은 여러가지 학술 가치가 있다. 우선, 이것은 아마 중국에 온 예수회 宣敎師의 최초의 宗敎的 論文일 것이다. 그 뒤에 나온 ≪天主聖敎實錄≫과 對照해 보면 그들 사이의 중요한 변화를 찾아볼 수 있을 것이다. 이런 변화는 루지에리가 중국 사회에 대한 인식을 부단히 깊이 있게 표현했다는 것이다. 이 점에 대하여는 잠시 여기서 서술하지 않고, 이후 따로이 연구하고자 한다.

言語學으로 보면 이것은 우리가 明나라 以來의 天主敎 어휘 형성과 발전을 연구하는 중요한 문헌이다. 예를 들어 여기에서는 '하와'를 '이브'로 번역했지만, ≪天主聖敎實錄≫에서는 그것을 '어와'로 飜譯했고, "예수"를 "12●13●"로 飜譯하였다. 여기에서는 우리가 '晉譯'으로 들어온 새로운 단어를 볼 수 있는가 하면, '意譯'으로 전해온 새로운 단이와 그 당시 문화의 영향을 받은 借用語도 볼 수 있다. 그래서 같지 않은 言語들이 서로 접촉할 수 있었다.… 같지 않은 언어들이 접촉한 후의 결과는 분명 言語學의 限界를 넘는 文化의 擴散이다. 사실은 중국어가 다른 나라의 언어와 접촉하는 사이에 자기의 語彙를 변화시킨 것이다. 이런 점은 王力 선생이 ≪漢語史稿≫, 向熹 선생이 ≪簡明漢語史≫에서 이미 論述한 바 있다. 당대 학자도 새로운 진전을 봤다. 그 중에 梁曉紅, 馬西尼, 沈國威 등 학자가 놀라운 성과를 얻었다. 하지만 明나라 시대 末期와 淸나라 시대 초기에 선교사라는 매개를 통해 中國語가 라틴어와 접촉하는 과정에서 생긴 語彙의 變化에 대한 硏究를 깊이 파악할 필요가 있다. 루지에리의 이 문헌이 최초로 중국에 들어온 선교사의 종교적인 친필 원고로 言語學史에서 가치가 높으니, 明·淸 시기에 중국에 들어온 선교사의 新宗敎語彙史를 연구하려면 반드시 이 문헌부터 시작해야 한다.

言語 학습의 측면에서 보면, 이 글은 특별한 문장이다. 親筆 原稿를 보면, 아마 원래의 친필원고는 現地 文人이 썼을 것이며, 루지에리가 아직까지 이런 中國語 쓰기 能力을 갖추지는 못했을 것이다. 글의 말투와 用語의 사용은 루지에리가 먼저 써놓고 現地의 文人이 고쳐주었을 可能性이 높다. 이런 현상은 明·淸 시기에 중국에 들어온 선교사 중에 이미 매우 보편적이었다. 출판된 ≪天主聖敎實錄≫을 대조해 보면 이 문헌이 친필 원고임을 발견할 수 있다. 글 중에 여러 군데가 고쳐지고, 일부 誤字도 있고, 각각의 語句도 매끄럽지 못하다. 하지만 바로 이런 점에서 우리가 최초로 중국에 들어온 선교사의 중국어 학습의 참된 면모와 두 言語의 接觸 過程에서 남긴 진실한 흔적을 보게 되었고, 이로부터 언어의 접촉을 연구하는 데 풍부한 자료를 제공해 주었다.

루지에리의 중국어 학습 성과를 가장 잘 反映할 수 있는 것은 그가 쓴 漢詩이다. 그의 親筆 漢詩 원고는 로마 예수회 서류 보존관에 보관된 Jap.Sin. II, 159 문헌이다. 이 문헌에 漢詩 34 수가 기록돼 있는데, 陳綸倫 신부가 이 漢詩를 영문으로 번역해서 초보적 연구를 진행하였다. 중국어 학술계에 아직 연구할 사람이 없어, 필자는 여기에서 단지 西洋人의 中國語 學習史의 角度에서 첫 초보적인 연구를 試圖해 본 것이다.

一 度梅岭

乍登岭秒表挿天高, 國見梅關地位豪。今日游僧經此過, 喜沾化雨濕長袍。

二　游到杭州府
不禪驅馳万里程，云游浙省到杭城。卸經万卷爲何事？只爲傳揚天主名。

三　寓杭州天竺詩答諸公二首 (第一)
僧從西竺來天竺。不禪驅弛三載勞。時把圣賢書讀罷，又將圣敎度几曹。

(第二)
一叶扁舟泛海涯，三年水路到中華。心如秋水常涵月　，身豈菩 提那有花。
貴省肯容吾着步，貧僧到處便爲家。諸君若問西天事，非是如來佛釋迦。

四　回广邀友話情
去年小弟別离兄，兄在广城弟去京。今日弟回思別久，請兄舟內話离情。

五　謝陳医官治病
昨夜医官散發眠，夢予獲病歹沉堅。來我寺內施灵藥，服了須更臾病卽痊。

六　圣圖三象說觀音者知
慈悲三像最灵通，不比人間待虛榮。左是圣儿天主化，魯門天地着元功。
中間圣母无交配，誕圣原前室女躬。跪下右邊仙气象，長成闡敎度凡蒙。

七　賀憲司生子
十月初二上得儿，小僧初十賀遲遲。奇逢天主慈悲大，圣澤淋万福宜。

八　元日漫与
滌去旧汚入歲新，人同歲德兩皆新。笑人但愛新衣服，不愛灵台日日新。

九　遇聰明子
神童天主賦聰明，天主生成公与卿。天主敎門今敬奉，天堂久后任君行。

十　寓广西白水圍寫景
綠水靑山白水圍，亂鶯啼柳燕双飛。茅檐瓦屋清溪上落日村庄人自歸。

十一　偶怀
朝讀四書暮詩篇，憂游那覺歲時遷。時人不識予心樂，將謂偸閑學少年。

十二 觀葡萄
-古木无叶葡萄靠木而發達, 葡萄抽枝發叶盛大, 古木得其盖覆。
葡萄抽植暢植成功, 古木于中系翠從。 細干嫩時依古木, 枝多叶茂木骿懞。

十三 戲跏瞎相依
---譬喩今之朋友相互依倚
長衢瞎子靠跏人, 跏瞎相依甚苦辛。 瞎靠跏人双目看, 跏依瞎子一身行。

十四 觀水瓜纏古松, 嘆銳茂不耐
高松累系水瓜藤, 長蔓相纏惹樹憎。 松樹瓜藤冬景到, 蒼松經節水瓜崩。

十五 感喩二首
八年僧灌此枯木, 正喜萌芽漸長成。 后日望他爲棟梁, 旁人不許殘傾。

其二
暮云收盡月光明, 前日閑愁不我惊。 圣母今朝逢圣壽, 歡天喜地福長生。

十六 天主生旦十二首
前千五百十余年, 天主无形在上天。 今顯有儿当敬重, 唐朝何不事心虔。
其二
看伊下地一貧生, 圣母仙人拜甚虔。 何不敬尊天主大。 人尊天主福无更。
其三
不要國家不要金, 空虛是帝豈人敬。 特將正道來傳授, 教汝人心悟卽明。
其三
神喩三王天主聲生, 共瞻星象達14 ●。 僧將經卷來中國, 遠度升灵發三善心。
其五
慈悲天主下天來, 自愿救人受苦灾。 天主救人修善國, 人当修善報恩台。
其六
儿生八日后, 外賢略修皮。 革俗更新教, 法水洒頭奇。
其七
天主至尊神, 下來化肉身。 將身釘十字, 下度世間人。
其八
天主在天上, 居高听下時。 若言听不得, 善惡放過誰?
其九

信敬尊天主，此心莫外圖。守眞宜志滿，逐物意移需。
其十
人得常清淨，尊崇天住明。道高龍虎伏，德重鬼神警。
其十一
人心生一念，天主悉皆知。善思若无報，至尊必有私。
其十二
天主生時節，吾游到省城。舟停風色勁，時送好歌聲。

十七　与一秀才相聯論道
君尊天主敎，予學擧人文。結拜爲兄弟，君予上紫辰。
其二
中擧君子不難，三年一度看。登天知道俠，地獄是眞寬。

十八　泉天主事實
誰分清濁定乾坤，惟仗灵通天主能。人物生扶名敎重，合修孝善報深恩。
其二
天主灵通敎法眞，勸人爲善格非心。惡終遭墮陰司獄。善上天堂福祿增。
其三
天主雖生西竺國，慈悲极大四方行。唐朝若省修行事，好正省心入敎門。
其四
天地星辰婦對夫，風云雷雨免同鳥。東西南北春對夏，天主灵通對却无。

十九　邀友
湖广回來兄已知，今過广省拜兄遲。与兄別久情多問，高第兄居叙一時。

二十　一儿像左手生翼，右手抱石
左手生成翼欲飛，奈何右手石難揮。聰年正好前程去，却爲家貧愿一違。
二十一　莫枉勞心
黑人洗白最爲難，賤望榮華命又慳，黑夜誰能爲白晝，天高人手那能扳。

二十二　勸人修善報天主
要酬天主德，不用宝和珍。只愛熱心好，常行礼儀仁。

二十三　途見古英雄石棺

石棺葬古一英雄, 過客停觀美譽高。眼見先前眞好漢, 心中感動爲他勞。

二十四 嘆唐話未正
數年居此道難通, 只爲華夷話不同。直待了然中國語, 那時講道正從容。

二十五 觀桃感怀
西竺瑤池路不賒, 蟠桃每食味酸牙。于今移動端溪上, 結實香恬見貴佳。
又
桃入中華見貴佳, 吾身何薄物何加?物离鄕貴人离賤, 古語傳來果不差。

二十六 嘆痴
痴座難分痴与智, 出言便識是痴眞。不如緘口无言動, 若是要言學巧文。

二十七 避剛全柔之身
水里兩缸浪挽推, 一缸銅鑄一坭坯。銅呼坭的相鄰倚, 泥傍銅邊免浪催。
坭識銅金剛不坏, 坭知坭土易崩開。坭缸若靠銅缸住, 浪打銅挨坭盡灾。

二十八 冤命不饒譬喩
烏鴉拿獲一蜈蚣, 啄食蜈蚣入腹中。豈料蜈蚣身有毒, 卽傷鴉命死相同。
從來殺命還塡償, 自古冤家決不容。僧子戒之当謹守, 出乎夕爾理无窮。

二十九 喩人外眞內假
巧畫描人一面頭, 腮頤耳鼻气相佯。野狸不識丹靑手, 狐惑眞爲骨髓髏。
摟倒擬充飢腹飽, 15 ● 儸那有舌唇喉。于今世上人多少, 外貌堂堂內不儔。

三十 喩鼓唆者人必恨殺
拿獲敵軍挈鼓兵, 分言鼓手豈16 ● 倫。唯当忿恨持刀者, 何事深仇挈鼓人?
兵听鼓聲群隊進, 鼓催令急兩兵陳。交鋒百戰皆凭鼓, 是鼓唆人殺戰身。

三十一 善人遭難无患歌
有客泛舟浮大海, 忽然風烈海濤喧。波狂浪滾顚還倒, 帆敗檣傾覆又翻。
衆命須臾懼沒溺, 客身此際獨何存。却將手挽團牌定, 方把力來水面掀。
泊上岸來生已活, 途中賊遇苦何奔。奮身力戰二三合, 退寇天垂百万恩。
客乃善人應善報, 一連兩患不爲冤。

三十二 七星岩寫景

坤輿 重厚七星陳, 天際岩標絶点塵。 石室相通南北路, 洞門深鎖老龍神。

生成飛鳳蓮花座, 宝盖仙姑玉女身, 多少登臨冠盖客 , 留題兩壁万年春。

三十三 喜旧燕又來

一予存其旧巢, 与止見予愛物之心

旧燕飛來尋旧主, 主人愛燕若嬌嬰。 去年旧壘留伊止, 今歲新巢免別營。

旧話喃喃新日語, 新歸戀戀旧時情。 予今物我渾忘却, 由爾依樓過此生。

三十四 題塔

一用王爺登塔志喜韻

后采星岩白石羊, 构成宝塔現金光。 擎天柱國三才正, 鞏固皇圖万壽長。

檐遠云霞霄漢近, 頂闊月窟桂花香。 日移影射端溪水, 惊動騰蛟海表翔。

이런 漢詩는 루지에리가 中國語를 학습한 하나의 重要한 측면이다. 아래의 증거로 가히 설명 할 수 있다. 첫째, 로마의 예수회 문서 보관소에서 필자는 <詩韻>이라는 筆寫本을 발견하였다. 이 문헌과 上記된 루지에리의 漢詩 필사본 Jap.Sin. Ⅱ-159호, 그리고 Jap.Sin. Ⅱ-161호의 ≪尺牘指南≫ 은종이와 裝幀이 완전히 같다. 때문에 필자는 이 세 개 文獻이 다 루지에리가 동시에 로마에 가져간 문헌이라고 판단한다. <詩韻>은 중요한 책으로, 古代 中國文人들이 詩를 짓고 韻을 쓸 때 韻書에 根據하여 사용해야 했으므로, 이 운서들은 모두 朝廷에서 頒布되어 '官書'라고 불렀다. 元나라 때에는 <中原音韻>을 편찬하였고, 明나라 때에는 編纂된 官方의 韻書로는 <洪武正韻>이 있다. <詩韻>은 東韻에서 시작하여 매 韻의 뒤에 韻詞를 표시하였다. 루지에리가 가져온 이 운서는 어느 韻書의 筆寫本인지 후의 연구과제로 하겠다. 이는 적어도 루지에리가 중국어 학습 때 <詩韻>을 배웠다는 것을 알려준다. 둘째, Jap.Sin. Ⅰ-198호 문서의 188쪽에는 그는 붓으로 '人門, 時人, 偸閑, 少年, 野僧, 魚郞', 190쪽에는 '地門, 水綠, 長安, 池邊, 淸溪, 山光, 水光, 源頭話水來, 源白, 水遠, 綠遍, 山長, 揷田, 山頭, 長沙, 暮田'등 單語句를 써 놓았다. 이 단어구를 보고 上記

의 시를 읽어보면 이 단어구들이 위의 漢詩에 모두 들어 있다는 것을 발견할 수 있다. 예를 들어, 그는 제 11수에서 '時人不識予心樂, 將謂偸閑學少年 ; 그리고 제11수 '偶怀'에서 '朝讀四書暮詩篇, 憂游那覺歲時遷' ; 제24수 '嘆唐話未正'에서 '數年居此道難通, 只爲華夷話不同。直待了然中國語, 那時講道正從容.'라고 썼다. 이는 모두 루지에리의 漢詩文 학습과 作文이 중국어 학습의 重要한 內容임을 알려주는 것이다.

바로 이런 문헌과 漢詩文을 통해서 우리는 루지에리의 중국어 학습의 실제상황과 그의 학습 성과를 엿볼 수 있게 되었다. 분명 루지에리의 중국어 학습은 성공했다고 해야 한다. 그의 중국어 학습에서 우리는 많은 깨우침을 받았다. 이는 근대 中國語史와 中國語 正體를 연구하는데 가치가 있을 뿐만 아니라, 西洋人의 中國語 學習史와 中國語敎育史를 연구하는데도 매우 有益한 것이다.

▶Abstract◀

An Education of the Chinese Language Focused on the Chinese Characters : A Method of Michele Ruggieri

Zhang, Xi-ping
(Beijing Foreing Studies University Research Center of Overseas Sinology)

This article is a study on the ways in which Michele Ruggieri (1543-1607) learned Chinese, who was an Italian Jesuit missionary and came to the Portuguese colony of Macao in the late sixteenth century. Though he had two doctorates in law and was a municipal official, he became a missionary and came to Macao at the age of 31. He learned Chinese without any grammar book or dictionary and with poor teachers who only spoke Southern dialects, and came to know fifteen thousand Chinese characters and to read basic Chinese books in several months and to write in Chinese in three years. He founded a mission school in Macao, called later St. Martino School, which was the first mission school established in Ming dynasty. He compiled a Chinese-Portuguese dictionary and wrote the first Catholic catechism in Chinese (祖傳天主十戒), and translated *the Great Learning* in Latin, when he went back to Europe.

A study on Ruggieri's letters stored in Roman Jesuit Archive shows some unusual ways in which he learned Chinese. The first document for this study is a Chinese-Portuguese dictionary, which has two tables. One table has 306 simple and daily-used Chinese characters, and another table contains many two-word vocabularies, and many compound words and their antonyms. He learned the written characters, instead of the spoken language, because he thought that the written characters were helpful to communicate with the Chinese people. In this Roman Jesuit Archive is also stored a handbook for letter writing, which he used to improve his writing in Chinese. In the beginning of his learning of Chinese he studied The *Christian Three Character Classic* and *One Thousand Chinese Characters* and later studied four Chinese classics. After mastering the Chinese written characters, he wrote a book on Roman Catholic teachings(天主聖教實錄), which is considered his representative Chinese book, and also composed many Chinese poems to improve his Chinese, of which 34 poems are preserved.

简化汉字的功过

胡　明　揚

(Hu, Ming-yang；中國・人民大學 教授)

　　北京大學一位從事語言教學多年的教授，在一次會議上談起他小時候學寫漢字的感受。他說他母親教他鞋子，寫一个"鷄"字，按規定寫字不能出格，可是這个字筆划這么多，他怎么寫都擠不進一个方格子里面去，急得直哭，一邊寫，一邊哭，就是寫不好；從此他恨透了家里的鷄，見了就打。這樣一件往事給他留下的印象太深了，所以50多年以后回想起來還頗爲激動。60年代初有一次吳玉章同志問我："你會寫'烏龜'的'龜'字嗎?能寫出這个字來的人不多， 不信可以考一考。""龜"字的繁体筆划太多，部件又太特別，的确不容易寫，我也不敢保証一定寫的正确无誤， 所以我實事求是回答說"不敢保証"。所以， 漢字難寫是事實。說難寫是說寫起來不容易， 不是說沒法寫。說難寫是說一部分字筆划太多， 不見又不常見的字難寫，不是說所有的字都難寫。像"一"、"二"、"三"、"上"、"大"、"人"就不難寫。難易永遠是相對的，多下些功夫，苦學苦練，再難也能學會。但是這仍然否定不了漢字難寫的事實，只是知難而進而已。所以不承認漢字難寫，甚至硬說漢字寫起來很容易，那就不實事求是了。正因爲漢字難寫，古人筆下就有很多簡体字。看看出土的帛書、竹簡，翻翻敦煌卷子就會發現滿篇的簡体字。這應該說是"省力原則"在起作用。文字不過是一种符号，只要能辨認就可以了、少寫几筆，少花点儿力气，何樂而不爲? 不能保証見了簡化字心里不舒服的人筆下就不寫簡化字，因爲能達到同樣的目的總愿意少花点力气，這可是人類的天性。文字是一种實用的工具，多考慮一点實用問題是應該允許的。

　　1840年中英鴉片戰爭以后，中國淪爲帝國主義列强的殖民地和半殖民地，中國人民陷于水深火熱之中，隨時有亡國滅种的危險，因此一部分愛國的知識分子開始反思，他們認爲洋人的堅甲利兵是由于西方國家敎育普及，科技發達，而中國之所以積弱是由于敎育不發達，科技落后，而敎育之不發達是由于漢字難認、難寫、難學，十年寒窗還不一定都能文通字順；反過來看，西方國家之敎育發達是由于西方拼音文字易學、易認、易寫，掌握二十几个字母就可以拼寫、認讀。他們因此認爲救國之道首先在改革漢字，而最佳道路无疑是走西方各國通行的拼音文字的道路。以瞿秋白、吳玉章同志爲代表的第一代中國共産党人和一大批如魯迅那樣的著名作家就決心推動漢字拉丁化運動，后來由于漢語方言分歧太大，漢字讀音不統一又進行大衆語運動，希望在基本統一方言的基础上推行拼音文字。但是，当時革命尚未胜利，這樣的文化建設工作也只能在小范圍內試点，无法在全國推广。1949年革命取得了全國性胜利，文字改革工作具備了必要的社會條件。國家設立了中國文字改革委員會，吳玉章同志任第一任主任。從此在全國范圍內，在党和政府的支持下，開展了轟轟烈烈的文字改革運動。五十年代中期結合建國初期的實際情況，首先要解決的就是掃盲問題。特別是非常注重實際的周恩來總理当時就指出，文字改革的当務之急是推广普通話，推广拼音方案，簡化漢字，至于漢字的存廢不是当務之急，可以討論，不做結論，因爲那不屬于当前文字改革任務的范圍。

　　爲了掃除文盲，發展敎育，首先要簡化漢字。50年代初全國有多少文盲沒有确切的統計數字。有人說是90％，有人說是80％多、50年代全國人口實際上已接近六亿，以85％計算，就有五亿多文盲。從純理論的角度來看，用繁体字掃盲和用簡化字掃盲都可以；但是從時間和相應的人力、物力的角度來看，用簡化字掃盲可以縮短所需的時間幷大大節約人力、物力。当時百廢待擧，經費、師資都十分缺乏，爲了在几亿人中間普及識字敎育，推广比較容易書寫的簡化字顯然是一种可取的選擇、而從實踐效果來看，社會效益和經濟效益都是好的。應該說簡化字爲掃盲和普及敎育做出了不可磨滅的貢獻。我們不想夸大簡化漢字的优点和功勞，不過新加坡決定采用簡化漢字倒是說明簡化漢字的長處還不限于上面提到的那几條。新加坡是一个全民文化素質不低而又決不是一个頭腦容易發熱的國家。他們決定采用簡化漢字肯定是看到簡化漢字有比繁体漢字优越之處，而決不可能是看到簡化漢字有百弊而无一利才采用的。

很多事情往往有利有弊，所以簡化漢字也不能說只有利沒有弊。問題是要從總体上去權衡利弊和得失，而且還應該結合一定的歷史條件去衡量有關的利弊得失。

今天簡化漢字在中國大陸和新加坡已成定局，作爲一种書寫符号系統已經經受了半个世紀實踐的考驗，到目前爲止看不出有什么大不妥的地方，相反，可以說是相当成功的。在這种情況下，我們就可以冷靜地回過頭去看看還有哪些未盡善之處，還有哪些經驗和教訓值得吸取。客觀的評价和科學的總結對今后的語言文字工作肯定會有好處。總結過去，放眼未來，我們認爲有些經驗和教訓值得一提。

Ⅰ. 汉字简化从根本上来说是正确的，但具体的做法未必都正确。

在漢字几千年的演變史上有不斷簡化的現象，也有偶爾繁化的現象，簡化是爲了節省書寫的時間和精力，繁化是爲了加强文字符号的區別性功能，不過從總的來說，簡化是主流。甲骨文要刻，大篆小篆要描，隸書改圓筆爲直筆，楷書進一步規整化，草書又改爲連筆并大幅度省減，總的趨勢是要求越改越方便省事。草書雖然省勁，但是在很大程度上損害了文字符号的區別性功能，所以一直沒有成爲通用的字体。這樣，漢字的形体演變到楷書就基本上穩定下來了。其后印刷術的發明和科舉對官方認定的標准字体的嚴格要求，通用字体就沒有再進一步簡化。但是民間對漢字進一步簡化的要求是很强烈的、所以后世出現了很多簡化的俗字，其中不少簡体漢字也出現在文人學士筆下，只是在正式場合不露面而已。可見漢字簡化的确定是歷史趨勢，現在日本、台湾的漢字也有一些已經簡化，這就是証明。1956年最早公布的一批簡化漢字在群衆中早已广爲流傳，而且歷史悠久。所以一公布就得到社會的認可。這是簡化漢字取得成功的根本保証，應該充分肯定。但是進一步的偏旁類推就有点欠考慮，采用草書形体的偏旁就更欠考慮，广泛采用同音替代的弊病最大。簡化的范圍寬了一些考慮也不够全面，結果不一定非簡化不可的字簡化了，而按理應該簡化的，有个別字却沒有簡化，再加一些本來有區別的字混而不分了，這就是造成一定程度的混亂、特別給學習古漢語，閱讀古文獻帶來一定困難。這些不能說不是缺点。現在批評簡化漢字的人都在這些問題上做文章也就不是偶然的了。不少批評意見是中肯的、我們認爲應該虛心接受，引以爲敎訓。至于已經推广的簡化字当然不宜再草率地改回去，因爲這些簡化字已經在國內外几亿群衆中生根，大變動將帶來社會振蕩和重大的經濟損失，而且也无此必要。至于个別改得不合适的字可以經過深入的調査研究后采取恰当的步驟予以糾正。不過，這樣做也同樣應該審愼從事。因爲今天認識簡化漢字的"旣得利益者"有几亿人，動一个字也得考慮考慮。

有的反對漢字簡化的人認爲漢字一簡化就不是漢字了，漢字簡化割斷了中國的文化傳統，甚至是毀滅了中國文化。我們認爲這未免聳人听聞，夸大其辭了。很多古白話小說、碑銘、文人手稿就有不少簡化漢字，又該怎么說呢？当然應允許个人有不同意見，也允許有人私下寫繁体字。但是現代社會樣樣都要求標准化，漢字也要標准化。現在國家規定的標准字是簡化字(但也有備用的繁體字庫)我們還應該遵用爲是、至于學術討論完全可以長期討論下去。

Ⅱ. 旣要有改革者的滿腔热情，又要有冷静的科学态度。

畢竟應該引以爲敎訓，并在今后的工作中盡可能避免。那么爲什么当時文字改革委員會沒有考慮到應該考慮到的這些問題呢？那是由于五十年代有五十年代的國情。1955年召開全國現代漢語規范問題學術會議，在開幕式上陳毅副總理講了一段話權力支持文字改革工作，他說(陳毅同志的講話沒有收入≪現代漢語規范問題學術會議文件匯編≫，我只能根据記憶轉述大意)。"現在革命胜利了，這事好辦！只要你們拿出可行的方案來，政府下一道命令，從明天起，全國所有的報刊雜志書籍就統統改用拼音文字了。" 因此当時設計的拼音方案就是作爲文字方案來設計的，不然干嗎要有隔音符号y和w？正因爲当時文字改革委員會大部分畢生貢獻給文改事業的同志認爲很快就可以廢止漢字改用拼音文字了，所以他們在考慮簡化漢字的時候就只考慮省减筆畵，根本不考慮簡化漢字和繁体字之間必要的對應關系，因爲反正不久漢字就要不用了，還考慮這些干什么？這恐怕事簡化漢字的一切失誤的根源。也正因爲沒有考慮繁簡漢字的對應關系，我們認爲至少有兩方面的理論問題應該充分考慮而考慮的很不够的。

一个問題是文字符号的功能是由區別性特征來保証的，因此符号形体的改革應該充分考慮不損害符号的區別性功能。

另一个問題是文字是一个符号系統，因此要充分重視其系統性，旣要考慮語音原則又要考慮詞源原則，而在有悠久歷史文化傳統的情况下還必須考慮歷史原則，也就是必須考慮繁簡漢字之間的歷史繼承關系和形体的對應關系。

方法問題有時候也很重要。在制定改革方案時應該集思广益。這方面的工作是怎么細致都不會過分的；“二簡”現在已經明令廢止，但是“二簡”暴露出來的問題應該引起高度重視。方案制定以后應該在小范圍內試点、再加修正。這樣做就可以避免不少本來可以避免的失誤。

長期以來有一种并不值得提倡的風气，那就是要說好就是完美无缺，要說坏就是一无是處。這种風气是到了改一改的時候了。簡化漢字的功勞是很大的，是无法抹殺的，也是第一位的。但是在充分肯定簡化漢字的貢獻和功績的同時，今天我們應該冷靜地思考簡化漢字的敎訓和失誤，并且愼重周全地來考慮弥補的途徑和策略。

我們認爲省減筆畫一定不要以模糊文字符号的區別性特征爲代价，因此最佳的選擇是盡可能做到繁簡一對一的效果，那樣的話，不僅計算机可以准确做到自動繁簡轉換，而且掌握簡化漢字的現代人閱讀改用簡化漢字排印的古代文獻也不會大量出現誤讀誤解的問題，那些攻擊簡化漢字割斷文化傳統的讕言也就不攻自破。其實如果不以省減筆畫爲唯一目標，繁簡漢字一對一的設想并不難做到。例如“鬪”可以簡化爲“門”，那樣就可以免除“斗”字的沉重負擔，即多种讀音，而且古代“鬪”字也是姓，改成“斗”顯然不合适：“于”“於”同音合并也顯然不合适，在現代也還有人姓“於”，而且古代有多种讀音，不全讀“于”。諸如此類的例子不少，將來某个時期可以改動一下，力求一對一，当然就目前來說，中國大陸的簡化漢字應該穩定一个時期，不宜輕擧妄動，也許等中國完成統一大業以后再跟周邊使用漢字的國家的專家學者一起坐下來好好研究研究商量商量，制訂出一个愼重科學的方案來, 改動一次, 力求使用相当長的歷史時期誰也不再輕易改動了。

任何事物都是不斷在發生變化的。變是絶對的, 不變是不可能的, 但是對于一個衆多國家使用而且有悠久歷史文化傳統的文字系統來說, 任何改動都必須十分愼重, 我們当年的改革大方向是正确的, 效果在局部地區也是好的, 但是科學性差了一点, 沒有充分考慮文字符号的區別性原則, 也沒有和周邊使用漢字的國家密切協商, 但是歷史已經无法更改, 只要我們能吸取敎訓, 正視現實, 愼重從事, 那么改進后的簡化漢字就一定會更加完美, 也會爲所有使用漢字的國家所接受, 并爲這些國家做出應有的貢獻。

簡化 漢字의 功績과 過失에 對하여

胡 明 揚

(Hu, Ming-yang ; 中國・人民大學 敎授)

國文抄錄

　이 글은 중국의 簡體字가 필요하게 된 이유와 그 過誤를 살펴본 것이다. 中國의 革命이 이루어진 다음 文盲退治가 急先務였으므로 漢字를 簡素化하는 것이 必要하였다. 그러나 너무 서둘러서 科學的인 考慮가 不足한 상태에서 이루어지게 되었다. 簡體字는 현재 半世紀 동안 사용하여 試鍊을 견디어 냈고 지금까지 非合理的인 점이 나타나지 않아 오히려 成功했다고 볼 수도 있다. 그러나 草書의 偏旁을 이용하는데 同音字로 代替한 잘못이 있고 簡化의 範圍가 包括的이어서 簡化할 必要가 없는 漢字를 簡化했고 簡化할 必要가 있는 漢字는 簡化하지 못한 것도 있다. 원래 구별할 수 있었던 漢字가 簡化 후 區別할 수 없게 되어 混亂을 일으키기도 하였다. 특히 古代中國語의 學習과 古代文獻을 閱覽할 때 어려운 점이 생긴 것 등이 短點이다. 文字는 區別機能이 重要한데 이를 破壞하여 區別되지 않는 경우가 있고 音聲뿐만 아니라 語源도 考慮해야 되는데 이를 無視하여 繁體字와 簡體字 間의 歷史的 繼承關係가 끊어진 것들이 있다. 簡體字는 筆劃을 줄이는 것도 重要하지만 傳統關係를 고려하여 繁體字와 簡體字가 1대 1로 對應하여 컴퓨터가 自動轉換할 수 있게 하여야 한다. 그리하여 簡體字로 印刷한 古文獻을 읽어도 잘못 읽는 문제가 일어나지 않아 漢字의 簡化가 文化傳統을 斷絶한다는 短點을 없애야 한다. 앞으로 漢字를 使用하는 周邊國家와도 긴밀한 協議를 거쳐 愼重하고 科學的인 文字方案을 만들어낼 수 있도록 노력해야 할 것이다. 그러나 현재 數億의 人口가 簡體字를 使用하고 있어 이를 고치는 데는 愼重을 기하여야 한다.

다년간 言語敎育에 종사해온 北京大學의 어떤 敎授가 언젠가 會議에서 어렸을 때 漢字를 배우던 體驗을 말한 적이 있다. 그는 어렸을 때 어머니가 글씨를 가르쳐주셨다고 했다. '鷄'字를 쓸 때 規範대로 글자를 네모 칸 안에 써야 되는데 이 글자의 筆劃이 너무 많아 아무리 써도 네모 칸 안에 비집고 들여 쓰지 못하니까 안타까워 울었다고 한다. 울면서 써도 잘 쓸 수 없었다고 한다. 그 다음부터 그는 집에서 기르던 닭을 怨望하게 되었고 보기만 하면 때렸다. 이러한 지난 일은 그에 대한 깊은 인상을 남겨주었다. 그래서 50여 년이 지난 후 지금 생각해도 여전히 感動的이다.

60년대 초반 吳玉章 선생이 筆者에게 '거북 귀'字를 쓸 줄 아느냐고 물었다. 그리고 이 글자를 쓸 줄 아는 사람이 많지 않을 것이니 믿지 못하겠으면 한번 시험해보라고 했다. '귀'자의 繁體字는 筆劃이 아주 많고 劃도 너무 特別해서 正確히 쓰기가 어렵다. 필자도 틀리지 않고 정확히 쓸 수 있다고 감히 장담할 수 없으니까 사실대로 "감히 말하기 어렵다."고 대답했다. 이런 例에서 보듯이 漢字가 쓰기 어려운 文字인 것은 사실이다. 그런데 쓰기 어렵다는 것은 쓰기 곤란하다는 뜻이지 전혀 쓸 수 없다는 뜻은 아니다. 쓰기 어렵다는 것은 一部 漢字의 筆劃이 너무 많고 획도 보기 드문 글자를 쓰기 어렵다는 뜻이고 모든 한자를 다 쓰기 어렵다는 뜻은 아니다. 예를 들면 '一', '二', '三', '上', '大', '人'과 같은 글자는 쓰기 어렵지 않다. 어려움과 쉬움은 언제나 相對的인 것으로 時間과 努力을 많이 기울여 애써 배우고 힘들게 연습하면 아무리 어려워도 習得할 수 있다. 그러나 한자를 쓰기 어렵다는 사실을 좀定할 수는 없고 다만 알면서도 어려움을 무릅쓰고 앞으로 나아가는 것이다. 그러므로 漢字를 쓰기 어렵다는 사실을 認定하지 않고, 심지어 漢字를 쓰기가 쉽다고 하는 것은 實事求是가 아니다. 漢字를 쓰기 어렵기 때문에 옛사람들도 많은 簡體字를 써두었던 것이다.

出土된 帛書와 竹簡들을 살펴보고 燉煌의 卷子本들을 뒤집어 보면 온통 簡體字를 發見할 수 있다. 이는 '힘을 덜 들이고 쓰는 원칙'이 작용한 것이라고 해야 할 것이다. 文字는 일종의 符號일 뿐이고 識別하기만 하면

되는 것인데 筆劃 몇 개를 적게 쓰고 힘을 적게 들일 수 있다면 왜 즐겨하지 않겠는가? 簡體字를 보면 마음이 편하지 않다는사람들도 간체자를 쓰지 않는다는 보장을 할 수 없는 것처럼 사람들이 같은 목표를 실현하는 데는 힘을 적게 들이는 방법을 선호하는 것은 바로 사람들의 타고난 성격이다. 文字는 일종의 實用的인 道具이며 실용적인 문제를 충분히 고려해도 괜찮다.

1840년 中葉 阿片戰爭 以後 中國은 帝國主義 列强의 植民地와 半植民地로 되었고 중국인민은 극히 어려운 처지에 빠져들어 수시로 亡國의 危機에 놓여 있었다. 그래서 일부 愛國的 知識人들이 일어나기 시작했다. 그들은 西洋人의 단단한 갑옷과 날카로운 무기가 그들 西歐國의 교육이 보급되고 科學技術이 發達했기 때문이었고 중국이 그렇게 오랫동안 無氣力했던 것은 敎育이 발달하지 못하고 과학기술이 뒤떨어졌기 때문이라고 생각했다. 그리고 교육이 발달하지 못한 이유는 바로 漢字의 識別이 어렵고 쓰기와 배우기가 너무 어렵기 때문에 십년동안 어렵게 공부해도 모든 사람이 글을 유창하게 짓고 글자를 잘 쓸 수는 없었기 때문이다. 이와 반대로 西洋의 교육이 발달한 이유는 서양의 表音文字가 배우기, 구분하기, 쓰기가 쉬워서 20여 개의 字母를 習得하기만 하면 쓰기, 읽기를 다 할 수 있다. 이처럼 그들은 漢字의 改革부터 救國의 길을 시작해야 한다고 인식했다. 그리고 최선의 방법은 西洋 各國처럼 表音文字를 通用하는 方法이 틀림없다고 생각했다. 瞿秋白, 吳玉章 선생을 비롯한 대표들을 중심으로 하는 제 2대 中國 共産黨員들과, 魯迅과 같은 수많은 저명한 作家들이 漢字 改革運動을 革命運動의 중요한 核心으로 인식하고 추진하기로 결심했다. 그들은 로마자 文字方案을 制定하고 解放區語에서 漢字 로마자 運動을 추진했다. 그리고 중국어 방언의 차이가 심해서 漢字 讀音을 統一시키지 못했기 때문에 다시 大衆語運動을 벌여 대부분의 方言을 統一시킨 基礎 위에서 다시 倂音文字를 널리 普及하려고 했다. 그러나 아직 혁명이 승리하지 못한 그 당시에는 이러한 文化 建設 事業은 制限된 範圍에서만 示範的으로 施行할 수 있을 뿐이었고 전국적 범위까지 보급할 수 없는 상황이었다.

1949년에 革命은 全國的인 勝利를 爭取하였고 文字改革事業이 必要한 社會條件이 갖추어지면서 국가에서 中國 文字改革委員會를 設立하여 吳玉章 선생이 第1期 主任으로 任命되었다. 이로부터 전국 범위에서 黨과 政府의 지지로 기세 높은 文字改革 運動을 展開했다. 50년대 중반에 建國 初期의 구체적인 상황에서 출발하여 제일 먼저 해결해야 할 문제는 바로 文盲退治 問題이다. 특히 현실을 중시하는 周恩來 總理가 그 당시 指摘했던 것처럼 文字改革의 急先務는 보통말을 널리 보급하는 것으로 倂音 방안을 추진하고 漢字를 簡素化하는 것이었다. 漢字의 存廢 문제는 급선무가 아니라서 토론할 수 있지만 결론을 내리지 않아도 된다. 왜냐하면 이는 문자 개혁 임무의 범위에 속한 당면 문제가 아니기 때문이다.

文盲을 退治하고 교육을 발전시키려면 우선 漢字를 簡素化할 必要가 있었다. 50년대 초반에 전국적으로 文盲率이 얼마 정도였는지 확실한 통계 숫자는 없지만 80% 혹은 90%라고도 한다. 50년대에 全國 人口는 실제로 약 6億 가까이 되었는데 85%로 계산하면 약 5억여 명의 문맹이 있었을 것이다. 理論的인 측면에서 보면 繁體字나 簡體字로 다 문맹을 퇴치할 수 있지만 時間當 人力이나 財貨의 측면에서 보면 簡體字로 文盲을 퇴치하면 所要時間을 줄일 수 있을 뿐만 아니라 人力과 財貨도 많이 節約할 수 있다. 그 당시 많은 사업들은 손이 모자라 방치되어 있었다. 그래서 경비와 교수진이 매우 부족할 때 몇 억 국민들에게 識字 교육을 보급하기 위해 쓰기 쉬운 간체자를 보급한다는 것은 훌륭한 선택이라고 할 수 있다. 뿐만 아니라 실천 효과면에서 보면 社會的으로나 經濟的으로 效率的이다. 그래서 簡體漢字는 文盲退治와 敎育 普及을 위하여 큰 貢獻을 했다고 해야 할 것이다.

우리는 漢字를 簡素化하는 長點과 功績을 가볍게 여길 뜻은 없지만 싱가포르에서 簡化漢字를 채용하기로 결정한 것은 漢字를 簡素化하는 데 따른 몇 가지 장점으로만 그치는 것이 아니다. 싱가포르는 전국민의 文化的 水準이 높고 思考가 단순한 국가가 아니다. 그들이 簡體化 漢字를 採擇한 것은 繁體字보다 簡體字의 優越性을 느꼈기 때문이며, 簡化 漢字의 갖가지 弊端만 있고 利益이 하나도 없다는 이유 때문에 채택한 것이 아니다.

어떤 일이든지 언제나 利益과 弊端이 있기 마련이다. 그래서 簡化 漢字도 이익만 있고 폐단이 없다고 할 수는 없다. 문제는 全般的으로 이익과 폐단을 考慮해야 할 뿐이다. 일정한 歷史的 條件에 따라 이익과 폐단을 파악해야 된다.

현재 簡化 漢字는 符號의 일종으로 中國 內陸과 싱가포르에서 이미 확정된 것이며 半世紀 동안 실천해 오는 시련을 견디어냈고 지금까지 非合理的인 점이 나타나지 않는다. 오히려 성공했다고 할 수 있다. 이런 때에 아직 어떤 부분이 미비한지, 어떤 경험과 교훈을 받아들일 수 있는지를 우리는 냉정하게 돌이켜 볼 필요가 있다. 客觀的인 評價와 科學的인 總括은 以後의 言語 文字 事業에 대해 有益하다. 過去를 淸算하고 未來를 내다보면 일부 경험과 교훈을 다시 생각해볼 필요가 있다고 생각된다.

I. 漢字의 簡化는 正確하지만 구체적인 방법에서는 모두를 옳다고 할 수 없을 것이다

몇 천 년의 漢字 發展 變遷史를 살펴보면 漢字의 簡素化 현상이 계속 나타나고 때로는 繁體化 현상도 있었다. 글자의 간소화는 쓰는 時間과 精力을 節約하기 위한 것이고 繁體化는 文字 符號의 識別 機能을 强化시키기 위한 것인데 전반적으로 살펴보면 간소화는 주류였다고 할 수 있다. 甲骨文은 새겨쓰고, 篆書의 大篆과 小篆은 덧쓰며, 隷書는 둥근 圓形 모양의 획을 直線 모양의 劃으로 바꾸고, 楷書는 더 規格性이 나타나며, 草書는 글자의 윤곽이나 일부분만으로 표현하면서 全體的으로 劃을 連結해서 迅速하게 쓸 수 있게 발전해왔다.

全般的인 趨勢는 複雜함을 解消하기 위해 바뀔수록 더 간편하고 편리하다. 초서는 힘이 덜 들지만 문자 부호의 識別性 機能을 많이 損傷하기 때문에 통용 글체가 되지 못했다. 이렇게 漢字의 글체가 變遷하다가 楷書

까지 거의 定着되었다. 그 뒤에 印刷術의 發明과 官廳에서 인정한 표준 글씨체에 대한 科擧의 엄격한 요구로 通用 字體가 계속 簡化되지 못했다. 그러나 한자 간화에 대한 민간의 요구가 강력하기 때문에 후세에 簡化된 俗字가 많이 나타났다. 그중 일부 簡化 俗字가 文人과 學者들의 글에서도 나타났고 다만 공식 장소에만 드러나지 않을 뿐이었다. 이것은 漢字의 簡化가 역사의 추세임을 확실하게 보여준다. 그리고 현재 日本과 臺灣에서 쓰이는 漢字도 어느 정도 簡化되었다는 것도 하나의 명확한 증거이다. 1956년에 최초로 공식 발표된 簡體字는 대부분이 오랫동안 일반 대중 속에 널리 전해지는 글자라서 발표하자마자 사회의 인정을 받았다. 이것은 漢字 簡化에서 성공한 근본적인 보증으로 충분히 인정해야 한다.

그러나 이어서 漢字 偏旁을 이용하여 類推하는 부분을 考慮하는 데 조금 不足하고 특히 草書의 形體 偏旁을 이용하는데 대부분이 同音字로 代替하는 弊端이 가장 잘못된 것이라고 할 수 있다. 漢字 簡化의 範圍가 포괄적인 것도 愼重하지 못하다. 그 결과 簡化할 필요가 없는 漢字는 簡化했고 個別 簡化해야 할 漢字는 오히려 간화하지 못했다. 더구나 원래 구별할 수 있었던 일부 漢字는 簡化한 후 오히려 區別할 수 없게 되어 混亂을 일으킨 측면이 있다. 특히 古代 中國語의 學習과 古代 文獻을 閱讀할 때 곤란한 점이 발생했다. 이런 것들은 短點이라고 하지 않을 수 없다. 지금 簡化 漢字를 批判하는 사람들이 바로 이런 문제를 가지고 異議를 提起하는 것도 우연한 일은 아니다. 정곡을 찌르는 많은 批判的인 意見을 우리는 謙虛하게 받아들이면서 거울삼아야 한다. 물론 이미 널리 전해진 簡體字는 벌써 몇 억 명의 국내외 대중 속에 깊이 뿌리내렸기 때문에 큰 변화가 있다면 사회 불안을 일으키게 되고 중대한 경제 손해를 가져올 것이다. 따라서 간화 한자를 또다시 경솔하게 복원하면 안 되고 그렇게 할 필요도 없다. 잘못 고치고 적절하지 않은 개별 글자에 대해서는 심도 있는 조사를 거쳐 연구하고 적당한 조치를 취하여 수정하면 된다. 그러나 오늘날 簡化 漢字의 旣得 利權을 받아들인 몇 억 인구가 있기 때문에 글자 하나를 수정하려고 해도 잘 고려해야 되고 愼重하게 進行해야 한다.

漢字 簡化를 反對하는 일부 사람들이 漢字를 簡化하면, 漢字가 아니며, 漢字의 簡化가 中國 文化를 斷絶시키고 심지어 壞滅시킨다는 생각이다. 아무래도 이는 너무 誇張된 말로 사람을 놀라게 하는 것이라고 우리는 생각한다. 수많은 古代의 白話文 小說이나 碑文, 文人의 原稿에 적지 않은 簡體字도 들어 있는 것은 어떻게 하겠는가? 물론 個人이 不同한 의견이 있어도, 非公開的으로 繁體字를 使用해도 許可해야 한다. 그러나 현대 사회에서 모든 것이 다 표준화가 요구되는데 漢字도 標準化가 있어야 된다. 지금 국가에서 규정된 표준 글자체가 簡體字(豫備繁體字考도 있음)인데 우리는 이에 따라 해야겠고 學術的인 討論에 대해 長期的으로 계속 論議해 나갈 수 있다.

Ⅱ. 改革者의 가슴 가득한 분노뿐만 아니라 냉정한 科學 態度도 있어야 한다

中國은 오랫동안 漢字를 聖스러운 것으로 여겨 온 나라이다. 옛날에는 글씨가 쓰인 幣紙까지 神聖한 것으로 간주하고 輕蔑하면 안 되며 固定된 장소에서 불로 태워 버린다. 때문에 漢字에 대해 改革하거나 심지어 筆劃만 簡素化해도 보통 일이 아니라고 본다. 이 문제를 제기하고 이런 사업을 종사하는 사람들이 잘못하면 남에게 蔑視를 당하고 名譽와 威信이 여지없이 땅에 떨어지기 때문에 정말 天下의 大惡을 犯할 용기와 헌신정신이 없으면 못한다. 다행스럽게도 吳玉章 선생을 대표로 하는 熱情的인 改革家들이 광범한 대중의 이익을 생각하고 곤란과 위험을 두려워하지 않으며 개혁의 진행 과정을 주진하면서 後世에 有益한 成果를 많이 거두었다. 만약 이 가슴 가득한 열정적인 개혁자들이 없으면 漢字의 簡化는 始作도 못하고 完成은 더욱 不可能할 것이었다. 이런 열정은 우리가 歎服하고 따라 배워야 한다. 물론 개혁 사업이 더욱 큰 社會的 利益을 얻으려면 열정만 있어도 부족하고 科學的인 態度가 있어야 된다. 바로 이런 점에서 비록 防止하기가 어렵다고 하더라도 우리의 부족함이 있더라도 이를 교훈으로 삼아 向後의 사업에서 될 수 있는 대로 이를 방지해야 한다. 그렇다면 왜 당시에 文字改革委員會에서 考慮해야 할 이런 문제들을 고려하지 않았는가? 그것은 50년대의 國政 때문이다. 1955년에 열린 全國現代漢語規範問題學術會議 開幕式에서 陳毅 부총리가 문자 개혁사업을 온 힘으로 支持하겠다고 했다. 그는 "이제 혁명은 승리했습니다. 이 일을 처리하기 쉽습니다! 여러분이 실행 가능한 방안을 작성해내기만 하면 정부에서 명령을 내려서 내일부터라도 전국의 모든 신문과 잡지, 서적이 다 병음 문자로 고쳐 쓸 수 있습니다."라고 말하였다(陳毅 선생의 연설이 ≪現代漢語規範問題學術會議文件彙編≫에 수록되지 않았기 때문에 필자가 기억나는 대로 대략의 뜻을 전술할 수밖에 없다).

그래서 그 당시 계획했던 倂音 方案은 文字 方案을 目的으로 만든 것이다. 그렇지 않으면 무엇 때문에 隔音附號 y와 w를 만들어 썼을까? 당시에 문자 개혁 사업에 일생을 바친 文字改革委員會의 선생들 대부분이 얼마 지나지 않아 漢字를 廢止하고 倂音 文字를 고쳐 쓸 줄 알고 漢字簡化를 考慮할 때 筆劃의 減少만을 생각할 뿐 簡體字와 繁體字 간의 필수 對應關係를 전혀 考慮하지 않았다. 왜냐하면 머지 않아 한자를 쓰지 않을 텐데 왜 이런 것까지 고려해야 하나? 이는 아마 漢字를 簡素化하는데 범한 모든 失手의 根源일 것이다. 바로 이런 대응관계를 고려하지 않았기 때문에 적어도 충분히 고려해야 할 두 가지 방면의 이론 문제를 충실히 고려하지 못했다고 생각된다.

첫 번째 문제는 文字符號의 機能이 區別的 특징으로 保證되어 있으므로 符號形體에 대한 改革이 符號의 區別的 機能을 파괴하면 안 된다는 것을 충분히 고려해야 한다.

다른 문제는 文字가 하나의 符號 系統이므로 그의 系統性을 충분히 重要視해야 한다. 言語의 音聲 原則 뿐만 아니라 語源 原則도 考慮해야 되고 悠久한 歷史 文化 傳統 속에서 역사의 원칙도 반드시 고려해야 한다. 즉 繁體字와 簡體字 간의 歷史的 繼承 關係와 字形의 對應 關係를 꼭 考慮해야 한다.

　　어떤 때는 방법 문제도 아주 중요하다. 改革 方案을 작성할 때 여러 사람의 知慧를 모으면 보다 큰 효과를 거둘 수 있다. 이런 일을 아무리 자세히 해도 지나치지 않는다. ‘二簡(즉 第二次 漢字簡化方案)’은 지금 法令으로 분명히 廢止되었지만 ‘二簡’에서 드러난 문제에 대해 많이 중요시해야 한다. 작성된 방안은 먼저 일정한 범위에서 示範的으로 實行해보고 다시 修正해야 된다. 이렇게 하면 실수를 未然에 방지할 수 있다.

　　오랫동안 提唱할 가치가 없는 風潮가 있는데, 바로 좋다고 하면 完璧하고 전혀 不足한 데가 없고, 나쁘다고 하면 하나도 옳은 것이 없다고 여기는 것이다. 이런 풍조를 꼭 고쳐야 될 때가 다 왔다. 漢字 簡化는 功勞가 매우 크고 누구도 抹殺할 수 없으며 第1位의 것이다. 하지만 오늘날 우리는 漢字 簡化의 貢獻과 功績을 充分히 인정하는 동시에 漢字 簡化의 敎訓과 失手를 冷靜하게 反省하고 補完하는 수단과 방법을 全面的이고 愼重하게 考慮해야 한다.

　　우리는 漢字의 筆劃을 減少하는데 반드시 모호 文字 符號의 區別的 特徵을 代價로 할 필요는 없다고 생각한다. 최선의 선택이 가능한 한 繁體字와 簡體字가 1대 1의 효과를 나타내는 것이다. 그렇다면 컴퓨터가 繁體字와 簡體字를 正確히 自動轉換할 수 있을 뿐만 아니라 漢字 簡體字만 파악한 現代人이 簡體字로 組版印刷한 古代文獻을 읽어봐도 빈번하게 잘못 읽거나 잘못 이해하는 문제가 일어나지 않을 것이므로 漢字 簡化가 文化傳統을 斷絶한다는 非難이 저절로 없어질 것이다. 사실은 글자의 筆劃 減少를 唯一한 목표로 삼지 않으면 繁體字와 簡體字 1대1의 가상을 이루기가 어렵지 않을 것이다. 예를 들어 ‘鬪(do)’자를 ‘鬥(do)’자로 簡素化할 수 있어 ‘斗(do·dou)’字의 많은 負擔을 덜 수 있다. 즉 多種讀音 問題이다. ‘鬪’字는 옛날에 사람의 姓氏로도 쓰였는데 ‘斗’字로 바뀐 것은 분명히 적절하지 않다. ‘于’와 ‘於’가 同音 合倂되는 것도 분명히 적절하지 않다. 현대 사람의 성씨 중에서 아직도 ‘於(y)’氏가 있다. 옛날에도 ‘於’字는 여러 讀音으로 읽어서 모두 ‘于(y)’로 읽히지는 않았다. 이와 같은 例文이 적지 않게 존재하고 있는데 앞으로 어느 시기가 되면 1대 1로 고쳐쓰도록 노력해야 한다. 현재의 상황을 보면 中國 大陸에서의 簡化 漢字는 한동안 安定시켜야 하며 가볍게 행동해서는 안 된다. 아마 中國이 완전히 統一되고 난 뒤에야 漢字를 使用하는 周邊國家의 전문 학자들과 한 자리에 모여 자세한 硏究와 論議를 거쳐 相對的 긴 역사 기간 동안 아무도 쉽게 고치지 못했던, 愼重하고 科學的인 文字 方案을 한꺼번에 고쳐 작성해낼 수 있도록 노력해야 할 것이다.

모든 事物은 끊임없이 變化한다. 變化는 絕對的이고 不變이 不可能하다. 하지만 여러 國家에서 使用되고 있고 悠久한 歷史 文化 傳統을 가진 文字 系統에 대해서는 어떠한 修正이더라도 반드시 愼重하게 해야 한다. 그 당시 改革의 全般的인 方向이 올바르고 일부 지역에서의 실행 효과도 좋았다. 그러나 그 方案의 科學性이 不足했고 文字 符號의 區別的 原則을 充分히 考慮하지 못했으며 漢字를 使用하는 周邊 國家와 緊密한 協議를 하지 못했다. 하지만 역사는 다시 고칠 수 없으니까 우리는 敎訓을 받아들이고 現實을 直視하며 일을 愼重히 처리하기만 하면 改善된 簡化 漢字가 반드시 더욱더 完璧하게 될 것이다. 뿐만 아니라 漢字를 使用하는 여러 國家의 認定을 받게 되고 이 國家들을 위해 큰 寄與를 하게 될 것이다.

「Abstract」

On Merits and Demerits of the Simplified Chinese Characters

Hu, Ming-yang
(Renmin University of China)

This paper investigates the reasons the government of the People's Republic of China simplified the Chinese characters and scrutinizes many problems concerned with the simplified Chinese characters. After the Chinese revolution, the Chinese communist government initiated simplification of traditional Chinese characters in an attempt to promote literacy. The rushed attempt to simplify the Chinese characters does not accompany with scientific considerations, but simplified characters do not bring about any big problems after its half-century's usage. However, the simplified characters have the following problems. First, some characters are simplified by misusing some parts of the different characters, written in the draft script, which have the same pronunciation. Second, some characters which do not need simplifying are simplified, and some characters which need simplifying are not simplified. Third, some characters are not distinguished from each other after simplification. Fourth, the simplifications make distinct characters more similar to each other in appearance, giving the "shape recognition" mechanism of the human brain less clear clues, and thus make reading harder and slower. Last, simplified characters jeopardize the study of ancient literature by creating a discontinuity. In order to solve the last problem, scholars and engineers have to make a computer program which converts automatically the simplified characters into the traditional characters and vice versa. Since one billion people are using the simplified characters, careful revisions of the simplified characters need scientific researches, and discussions with the neighboring nations which still use the Chinese characters.

日本の漢字使用の現状と漢字政策

甲 斐 睦 朗

(KAI Muturo；日本・國立國語研究所 所長)

[要　旨]

　　この半世紀余りの日本國民の漢字理解の實態及び國語力向上に關わる漢字政策について説明する。1868年に「明治」と改元した日本は，學校制度を確立して，近代化を図ろうとした。その前後から，　國字の改良運動が起こる。漢字を制限する，國字を平仮名，片仮名，ローマ字に絞るなどの運動である。新聞社が自社の使用漢字を制限することをきっかけとして設けられた臨時國語調査會(國語審議會に前身)は漢字調査に取り組み，常用漢字表會を發表したりした。そして，國語審議會は，1946年以降，当用漢字表及び關連する表を公布する。現行の常用漢字表は，当用漢字表を継承するものである。日本の漢字政策は，國民の讀み書き能力の育成・向上を前提として推進されている。

[目　次]

[参考文献]

Ⅰ. 日本の漢字政策及び漢字使用の概要

[漢字の伝來] 『古事記』によれば，百濟の王仁氏が「論語」「千字文」を携えて來日し，日本に漢字を教授した。しかし，古くの史料によると，前一世紀には中國と日本には使節の派遣が行われていた。『魏志倭人伝』には卑弥呼の詔書も記されている。そこから，漢文を讀み書きする人が日本の各地にいたことが推測される。

[仮名の誕生と普及] 古くは上記『魏志倭人伝』の倭國の地名・人名などは，いわゆる万葉仮名(『万葉集』に用いられている借音による表記法)で記されている。その万葉仮名から，一方では仏典の訓讀に用いる補助文字として片仮名が生まれ，他方では女性が主に使用する文字として平仮名が生まれた。先に普及したのは平仮名であった。

[明治維新前後] 西洋文明を取り入れた結果，國字改良に關わる次の4種の提案が行われた。國民全体の讀み書き能力を育成・向上させる必要があったからである。

① 漢字廢止，仮名採用——前島密が將軍德川慶喜に奉った建白書「漢字御廢止之儀」(1866年)では，漢字を廢止し，音符字(仮名)を用い，文章も口語体に改めることを主張している。

② ローマ字採用——明治に入って，國字として洋字(ローマ字)採用說が出現する。西周も『明六雑誌』(1873年)に洋字採用說(「洋字ヲ以テ國語ヲ書スルノ論」)を發表。

③ 漢字制限——福澤諭吉は『文字之敎』(1873年)で，「ムツカシキ字ヲサへ用ヒザレバ漢字ノ數ハ二千カ三千ニテ澤山ナル可シ」と述べている。本書は，1千以下の漢字で書き表されている。本書が漢字制限の最初の意見である。

④ 片仮名採用——「カナモジカイ」(1922年創立当時は「仮名文字會」)は，國字を片仮名にする運動を展開し，現在まで「カナノヒカリ」を刊行し續けている。

國字問題は，これら4種の運動としてまとめることができる。

[当用漢字表] 國語審議會は，1934年の發足当時から檢討を加え續けてきた漢字節減の案を，　1946年に1850字の「当用漢字表」として答申した。これは「今日の國民生活の上で，漢字の制限があまり無理がなく行われることをめやすとして選んだもの」である。なお，　この選定の資料は，　1945年以前の新聞社の使用漢字案などである。

[動植物名は除く]　この当用漢字は，原則として，音と訓2種の讀みを備えた漢字から選定していて，動植物を表す名称などは例外はあるが，片仮名で表記することにしている。

[常用漢字表] 当用漢字表は日常の言語生活によく定着したが，1981年に，95字を追加して，1945字の「常用漢字表」が公布された。この表は，「法令，公用文書，新聞，雜誌，放送など，一般の社會生活において，現代の國語を書き表す場合の漢字使用の目安を示す」ものである。この表は，また，固有名詞を對象とするものでなく，過去の著作や文書における漢字使用を否定するものではないという柔軟さを備えている。

[教育漢字] 1947年に，当用漢字表の中から「義務教育の期間に，讀み書きともにできるように指導」するために881字が「当用漢字別表」として公布された。その後，115字が追加され，「學年別漢字配当表」として996字に増やされ，現在は1006字に増やされている。なお，高校入試では，これらから漢字の書き取りが出題される。「教育漢字」は通称。

[地名，人名の漢字] 当用漢字表制定以前から用いられている地名及び人の姓名を表す漢字(例えば「岡山縣」の「岡」，「齋藤」の「齋」など)は，常用漢字に含めないで，固有名詞を表す漢字として別に扱っている。

[表外漢字字体表]　國語審議會は，2000年に，常用漢字表以外の漢字でよく使用される漢字1022字について，現在の出版社や新聞社における活字使用狀況を調査した上で，印刷標準字体を「表外漢字字体表」として定めた。原則として，いわゆる康熙字典体である。

[人名用漢字]　新生兒の名前は，常用漢字及び人名用漢字，平仮名，片仮名から選ぶことになっている。万葉仮名，変体仮名，ローマ字は用いることができない。なお，人名漢字別表として1951年に92字を制定，1978年に26字を追加，さらに1990年に188字を追加している。そして，2004年9月に人名用漢字の大幅な追加を行うことになっている。

[情報交換用漢字符号]　経濟産業省は，日本の文字コードを，日本工業規格の一つとして選定・公布している。常用漢字，人名用漢字のすべてを含む第1水準(2.965字)，次のレベルの第2水準3.384字，また，それらの補助漢字6.067字を選定・公布している。これらの漢字は，電子計算機に搭載されている。

Ⅱ. 1940年代の國民の漢字力について
−「壯丁敎育調査」の結果

「壯丁敎育調査」は徴兵檢査に際して，敎育歷及び學力を調査したものである。1905年に幾つかの地域で始められ，1910年代には全國的に實施され，1931年からは全國同一問題で實施されるようになった。1943年まで毎年實施されている。この學力調査は，壯丁の敎育歷の調査を實施した後で，中學校在學生及び中途退學者以下の學歷の者に文部省が課した國語や數學などの學力調査である。以下，『昭和17(1942)年度　壯丁敎育調査概況』(文部省國民敎育局　1944年)を紹介してみよう。本資料は『近代日本敎育資料叢書　史料篇四　壯丁敎育調査概況4』(1973年1月復刻發行　宣文堂書店)によっている。

　1942年の壯丁の人員は、次の一覽表に揭げているように約65万人で，この中の(4)の約7万人を除いた(1)～(3)の全員に學力試驗を課したのである。

	学校の程度	学历	人　数	割　合
（1）	國民學校初等科程度	6年	52.331	8.0%
（2）	國民學校高等科程度	8年	114.335	17.5%
（3）	青年學校本科程度	9年	413.806	63.7%
（4）	中等學校程度以上	10年	69.934	10.8%

　次に，國語の問題は，10問が出題されていて，それらは，次の3種に整理できる。

(A) 仮名遣いの誤りの訂正　　4問
(B) 漢字の書き取り　　　　　3問
(C) 漢字の讀み　　　　　　　3問

[書き取りの能力] (B)の問題及びその正答の割合を揭げてみよう。
① 私は　マイアサ　早く　おきて，お　ニハ　をはきます。　　68.3%
② 乃木　たいしやう　が十歳の年，一家は　きやうり　へ歸ることになつた。　　61.2%
③ やくそく　を守るといふことは，しやかい　の共同生活上極めて大切な　　59.0%

　それぞれの漢字について，現行の學習指導要領に定められた配当學年を記しておくと，[毎2, 朝2, 庭3, 大1, 將6, 郷6, 里2, 約4, 社2, 會2]である。「束」1字を除いた殘り10字は學年別配当漢字表の1006字に入っている。つまり，小學校に配当された漢字である。その書き取りの正解率が59～68％ということである。

[漢字の讀みの能力] (C)漢字の讀みとしては [①迫る，攻擊する，②賢明な，獎勵する，③虚名，華を去り實に就く]の讀みが出題されている。いずれも現

行の常用漢字内の出題である。(C)の正答率では，　③が低い。「華」の正答が
「か」でなくて「くわ」であることによるのかもしれない。というのは，　ここ
で紹介できていないが，仮名遣い問題の正答率が大変低いものだったからで
ある。

[歴史的仮名遣いが難解]　毎年實施された「壯丁教育調査」における歴史的仮名
遣いの正答率の低さがあってか，　1941年の「日本讀書新聞」153号には＜陸軍
國語問題に"斷" 發音式仮名遣を採用＞という記事が掲げられ，また，143号
には「陸軍が用語を簡易化」という記事も掲げられている。なお，壯丁教育調
査は當時の男子だけに實施したものである。

　漢字の讀み書きの正答率の低さ及び歴史的仮名遣いの正答率の低さは，　國
語審議會が1946年以降に現代仮名遣い，　當用漢字表を採用する根據の一つに
なっている。

Ⅲ.『日本人の讀み書き能力』にみる
1948年當時の國民の漢字力

　1945年，米國教育使節団は，日本の占領政策の一つとして，習得に時間が
かかる漢字仮名交じり文を廢止してローマ字に改める案を勧告した。日本側
はそれに反論したが，その確かな根據をもっていなかった。そこで，日米合
同で，日本人の國語力がいかなる程度であるか，漢字習得に教育の多くの時
間を奪われているかどうか，つまり，漢字仮名交じり文が日本人の讀み書き
能力を阻害しているかどうかについて，1948年に大規模な調査を實施した。
その成果をまとめたものが『日本人の讀み書き能力』(1951年)である。そこで
は，數字の讀み，仮名と漢字の讀みと書き取り，語と漢字の讀みと書き取り，
センテンス・パラグラフの理解などの調査を行った。ここでは，その結論

だけを引用しておきたい。

　日本では，義務教育がよく普及し，就學率も極めて高く，國民教育のために拂った努力も從來極めて大きなものであった。このために，まったく字の讀み書きができないという者は極めて少ないのであるが，それにもかかわらず，「正常な社會生活を營むのにどうしても必要な文字言語を理解する能力」は決して高いとはいえない。literacyを持つといえる者は6.2%にすぎない。(§9結論　429ページ)

　この調査は，地域的な偏りを少し含んでいたために，東北地方に重点をおいた補充調査を行った。その成果が『國民の讀み書き能力』(1961年)として報告された。

　漢字の書き取りは，次の10問である。文は省いて，問題箇所だけを紹介する。

① <u>しょうわ</u>　生まれです。　　② <u>ごぜん</u>　九時にはじまる。
③ <u>おてがみ</u>　　　　　　　　　④ <u>へんじ</u>　をしましょう。
⑤ <u>おねがい</u>　します。　　　　⑥ <u>しんぱい</u>　するな。
⑦ <u>おれい</u>　申しあげた。　　　⑧ <u>ほしょうにん</u>　になる。
⑨ <u>とどけ</u>　を出す。　　　　　⑩ <u>りれきしょ</u>　をかく。

　漢字の讀みと書き取りの調査は，關東と東北とで，次の表としてまとめることができる。

	漢字の読み	漢字の書き取り
関東	8.84	6.32
東北	8.04	5.31

　漢字の讀みと書き取りの調査は，10問を出題し，1問1点を与えている。そこで，この表の数字は，10点満点中の得点である。『國民の讀み書き能力』は，これらの結果から「この調査全般を通じて，國民の讀み書き能力が極めて低

く，滿足すべき狀態にないことが明らかにされた」という結論を導いている。

ところで，「日本人の讀み書き能力」調査の契機となった米國敎育使節団(CI&E)は，『第1次使節団報告書』(1946年)第2章「國語の改革」で，國語改良に關して，漢字を廢止すること，仮名よりローマ字に長所が多いから，將來の日本の國字にローマ字を採用することなどを勸告した。また，『第2次使節団報告書』(1950年)の「國語の改革」では，当用漢字表を制定したこと，國立國語硏究所を設立したことなどを評価すると同時に，小學校の敎育課程にローマ字敎育を位置づけ，ローマ字の研究に力を入れること，國語簡易化の第一步として，「文筆者や學者が当用漢字と現代かなづかいを採擇し，使用するように獎勵すること」などを強く勸告している。日本の文部省は，この勸告を受けて，小學校，中學校でローマ字敎育を推進する方向で調査・研究に取り組んでいた。

Ⅳ. 新聞・雜誌の使用漢字の調査

多くの國民が日々接する新聞・雜誌には，どれくらいの漢字が使用されているのであろうか。ここでは，漢字の使用實態を調査した資料7種を年次順に紹介してみよう。

(1) 財団法人「カナモジカイ」は，國民が使っている漢字の不便を除き，「ヨコガキ　カタカナ」を廣めることを目的として1920年に創立された。同會は，1935年の日刊新聞5紙の使用漢字を調査し，延べ447.575字，異なり3.542字を整理して，『新聞ノ漢字使用度數シラベ』(1941年)を刊行した。(この會については「5.」の④でも述べる)

(2) 國立國語研究所報告『婦人雜誌の用語』(1953年)は，月刊誌『主婦之友』について，延べ169.590字，異なり3.121字，同じく月刊誌『婦人生活』について，延べ59.993字，異なり2.974字を整理している。

(3)　國立國語研究所報告『總合雜誌の用字』(1960年)は，雜誌13種から延べ約117.000字，異なり2.781字を整理している。

(4)　國立國語研究所報告『現代雜誌九十種の用語用字』第二分冊「漢字表」(1963年)は，雜誌90冊の用語用字調査から延べ約420.000字，異なり3.502字を整理している。

(5)　國立國語研究所報告『現代新聞の漢字』(1976年)は，1966年の1年間の3種の新聞(朝日，毎日，讀賣)の朝夕刊全紙面の60分の1をサンプリング調査し，延べ991.375字，異なり3.213字の漢字を整理している。

(6)　『漢字出現頻度調査(2)』所收の「讀賣新聞調査」(1999年)は，1999年7月1日～8月31日の2月間の讀賣新聞朝夕刊(廣告及びテレビ・ラジオ欄を除く)の用字を調査したもので，延べ25.310.226字，異なり4.546字を整理している。

(7)　國立國語研究所報告『現代雜誌の漢字調査』(2002年)は，月刊雜誌70冊を調査したもので，延べ568.716字，異なり3.586字を整理している。

番号	書　名	全体総字数	使用度数10以上
1	新聞ノ漢字使用度數シラベ	3,542	2,087
2	婦人雜誌の用語	(主婦之友)3,121	
		(婦人生活)2,974	
3	總合雜誌の用字	2,974	1,354
4	現代雜誌九十種の用語用字	3,328	1,934
5	現代新聞の漢字	3,213	2,013
6	漢字出現頻度數調査(2)	4,546	2.278
7	現代雜誌の漢字調査	3,586	2,109

　上記の一覧表は，上掲7文獻の全体總字數と使用度數10以上の字數をまとめたものである。ただし，文獻2は，使用度數の情報を備えていないので記載できていない。次に，文獻6は，60日分の新聞を調査對象としているため，この資料に限り，計算上，最低朝刊か夕刊のどちらかに1回は出現するという見方を取り入れて，使用度數120以上の字數を掲げている。これでも延べ字數の99.8%の段階である。

　これらの使用度數10以上の漢字數から，日常生活で見慣れている漢字は

2,000字前後であることが導き出される。これは常用漢字表に近い字數である。

V. 1945年以降の漢字に對する5種の考え

　日本の文字についての問題，つまり國字問題は容易に解決できない複雑さをもっている。その問題を漢字に限定して檢討することにする。つまり，日本の文字には，漢字，平仮名，片仮名，ローマ字及び記号の問題があるが，ここで，その一つ一つを俎上に取り上げるのでなくて，漢字をどう扱うべきかという問題に限定するのである。すなわち，漢字仮名交じり文を前提にして論を展開するわけである。

[1950年の文部省の見解] 1945年以降の1次，2次にわたる米國敎育使節団(CI&E)の國字にローマ字を採用せよという勧告を受けて，日本側は次のように述べている。

　　もとより戦後に行われたいわゆる國語改革については，その根本的な最終的な課題，すなわち，「わが國で一般的に使用する文字を，いかなる種類の文字と定めるか。」という問題の根本的解決には至っていない。その点について，米國敎育使節団の勧告のうち「ある形のローマ字をぜひとも一般に採用すること。」という提案は，それが漢字を全廢し，また，かなをも排除し，ローマ字のみを第一義的な國字とする方針の具体化であるという意味においては，わが國民一般が肯定するには至っていないのである。
　　（「日本における敎育改革の進展」文部省　1950年　第7章「國語改革の現狀」）

　この文部省の見解から，日本の社會生活では当用漢字による文字生活が定着していたこと，他方，ローマ字の推進では，どういう表記法をよしとするかで，特に訓令式(日本式)，ヘボン式の推進団体が爭って一つにまとまることがなかったことなどを指摘することができる。(なお，当時の爭いは，ローマ字を國字にすることを前提としていた。現在は，外國人への地名や驛名の案内という役割に移っているが，その爭いは解決できていない。)

[漢字仮名交じり文が正則]　國語審議會は，1962年に，「國語は，漢字仮名交りを以て，その表記の正則とする。國語審議會は，この前提の下に，國語の改善を審議するものである」ことが確認された。(『國語審議會報告書　6』141ページ　1964年刊)この確認は，日本が，米國の統治から開放されて，主權を取り戻したことにも關係している。

[國字についての5種の主張]　現在の日本は，上に引用した文部省の見解にも見られるように，國語の表記として，漢字交じりの仮名文を変更する動きは一切見られない。もし，漢字仮名交じり文を廢止するなら，そのことが，千數百年にわたって日々の生活を通して育成，醸成されてきた國語をあたかも單なる道具としての言語に押し下げる恐れがあるからである。なお，國語の表記(國字)について，次の5種の主張が見られる。

① 現行の常用漢字中心の漢字仮名交じり文をいっそう普及させる。なお，JIS漢字との整合性を檢討すべきだという意見もある。

② 日本語教育界から，非漢字圏の日本語學習者のために，常用漢字を700〜1,000字に削減する意見が出ている。しかし，これでは大多數の國民の贊同が得られないであろう。

③ 漢字制限を撤廢し，常用漢字体のすべてを康熙字典体に戻す。また，仮名遣いを歴史的仮名遣いに戻す。これは，國民一般の國語力を考えない選民的な見解である。

④ 國字をローマ字に絞る。財団法人「日本のローマ字社」，財団法人「日本ローマ字會」はともに訓令式(日本式)表記を主張する。なお，パスポートのローマ字名や地名・驛名などはヘボン式の表記法である。(筆者の冒頭の氏名表示は訓令式によっている。)

⑤ 國字を仮名に絞る。財団法人「カナモジカイ」は，漢字削減の運動を續けている。

VI. 漢字を語彙の面から檢討する

[4項目の誤った考え] 漢字を話題にする場合に，次のような話題が出ること
がある。

① 漢字は數万字もある。この言語財をできるだけ活用すべきである
② 漢字は四千年の歴史がある。この漢字を，字源も知らないで使ってよ
　いのか
③ この常用漢字体は，わずか半世紀前に日本で定められたものでしかな
　い
④ 純粋な日本語を確立するために，漢語を削減し，和語を大切にする必要
　がある

　ここに擧げた4種の發言は，日本で，いわば常識のように通用しているも
のである。しかし，いずれもそのままでは受け入れるわけには行かない偏
向した見解である。以下，そのことを具体的に説明して，誤解を解く必要が
ある。

[語句には古語, 死語がある] これらの問題を檢討するために，先に語句の問
題を取り上げてみよう。日本語には數多くの語句がある。携行用の國語辭典
には數万語の見出しが搭載されている。他方，大型の辭典には數十万語の語
句が取り上げられている。しかし，その多くは，日常の生活ではほとんど使
われない古語や専門語や地域語などである。

[使える漢字は4千字前後] 振り返って，上記①について言えば，現代の言語
生活で使われている漢字を問題にすべきで，それらは多く見積もっても4千
字前後であろうと考えられる。その他の數多くの漢字は古典を讀む上では必
要であるが，日常の言語生活の上では目にふれることのない「古字」「異体字」
「難解字」などである。

[現在の意味・用法]　漢字はいつまでも形として殘るために，今でも甲骨文字や金石文の文字が話題になる。しかし，漢字は，日本に伝わって，すでに千數百年が経過し，日本語の中で意味も用法も変化している。そこで，國民一般のためには，日本語の中の漢字それぞれの現在の意味・用法を明らかにする必要がある。金石文は研究者のためにある。

[康熙字典体からの開放]　③の常用漢字表の字体，例えば「学」を取り上げると，これは「康熙字典」に登録される字体「學」から言えば簡易字体である。しかし，「学」は日本では半世紀以上使い續けられている。この字体をこそ次の世代に受け継ぎたいものである。

[漢語は除去できるか]　例えば『新選國語辭典　第八版』(小學館　2002年)の一般語約73000語は概數で引用すると，漢語36000語(49%)，和語24500語語(34%)，外來語6500語(9%)，混種語6000語(8%)である。この割合は，現在の日本語の出自あるいは語の種別を知る上で參考になる。ところが，この半數を占める漢語を削減して，和語で通せないかと主張する人がいる。漢語は中國語だと思うからであろう。

[混種語だけが雑種か]　混種語は，和語と漢語の構成で言うと，いわゆる湯桶讀み，重箱讀みに關わる熟語，また，複合サ変動詞(愛する)などをまとめた名称である。すなわち，出自を異にした複合語はすでに混種語として別に分けているから，殘りの和語，漢語，外來語はそれぞれ純粋であるはずだという觀念を生じさせている。

[和語と漢語の相關的展開]　和語と漢語に焦点を当てると，それらは互いに排斥し合った存在でなく，漢字表記を間に挾みながら相互に影響をもち合って千數百年の長い歳月をくぐり抜けてきた言葉である。すなわち，和語に焦点を当てていえば，漢字や漢語があったから現代の豊かで奥行きがあり含蓄に富んだ和語が存在する。漢語もまた千數百年という長い歳月における和語と

の共存の中で新しい意味や用法を確立してきたと考える必要がある。そういう意味で, 漢語だけをすっぱりと切り捨てるような見方は正しくない。

Ⅶ. 讀賣新聞における表外漢字の實態

「4.」で紹介した文獻(6)は讀賣新聞の2か月分の使用漢字を調査したもので, 異なり4.546字を整理している。常用漢字1945字の2倍を超える漢字である。

　一体, どういう漢字が使われているのであろうか。そこで, 10日間であるが, 常用漢字を超える漢字の用例を讀賣新聞(本年5月1日〜11日の朝刊10日分, 夕刊7日分)で調査してみた。その結果, 異なり約500例を採集することができた。その際, 一般記事における振り仮名用例及び交ぜ書き用例を對象とし, ①テレビ・ラジオ欄, ②小說や詩歌など, ③廣告欄の用例は除外した。また, 人名, 地名など固有名詞は除外した。

　表外漢字の使用に当たっては, ①振り仮名を付ける, ②交ぜ書きで表す, ③交ぜ書きで表現し, 括弧內にその表外漢字を表示する, という3種の表記の仕方がある。

　さて, これら約500語の用例は, 用語の領域・分野の上で, 3種に分類できる。

[医學用語をはじめとする專門用語]
(例1)　小さな腫瘍細胞が多數あった。
(例2)　子宮筋しゅが見つかった。

　例1は漢字表記「腫瘍」, 例2は交ぜ書き「子宮筋しゅ」になっている。次の例3には訓讀みの「ふさぐ」と音讀みの熟語「塞栓」がともに使われている。

　(例3)　肝動脈をふさぐ「肝動脈塞栓(そくせん)術」を受け,

　以上，医學用語にしても病名ごとに表記がゆれていること，音と訓とで表記に違いがあること，記事によって表記にゆれがあることなどを見てきた。ここから，新聞社が，表外漢字を用いる場合，専門語かどうか，頻度はどうかなどの資料を参考にしてぎりぎりの判斷を加えていることを知ることができる。

［伝統的な生活文化に關係する言葉］

　　　　(例4) 園兒八十人は，紙で作ったこいのぼりや鎧(よろい)かぶとを園庭に飾
　　　　　　　り付けて，お年寄りを歡迎した。

　これは，武具「鎧」と「かぶと」を並べた表現である。表記としては，①「鎧兜」，②「鎧かぶと」，③「よろい兜」，④「よろいかぶと」の四種がありうる。ところが「鎧かぶと」という表記は讀者の讀みやすさ及び表現効果を配慮した表記であるということになる。

　他に，「流鏑馬」や「埴生の宿」などのような伝統的な生活文化に關係する用語が少なくない。表外漢字は歴史的行事や文化活動をふまえた「國語の常識」に關係している。

［一種の慣用句的な表現］

　　　　(例5) 日本政府が毅然(きぜん)とした態度で問題解決に臨むことを，多くの
　　　　　　　國民は望んでいるはずだ。

　『讀賣スタイルブック2002』を見ると，「毅然」を避けて「嚴然，決然，毅然(讀みをつけて使う)」などと示している。しかし，類義語類は意味や用法の上で「毅然」と違っていて使えない。「毅」は「人名用漢字別表」に入っていて比較的常用漢字に近い位置にある。また，「毅然とした態度で臨む」という言い回しが一種の慣用句的な表現になっている。そういう事情があって「毅然」を使用していると見ることがでる。

　以上，讀賣新聞の表外漢字の使用は，専門用語，伝統文化，慣用的な表現と

いう，國民の生活に根ざした言語生活に關係していることを確認することができる。

Ⅷ.『讀賣スタイルブック2002』の漢字使用の基準（資料）

　日本新聞協會は，『新聞用語集』(新聞用語懇談會編　1996年)を發行して，報道各社の表記の基準を定めている。各社は，この資料に基づいて，それぞれの表記基準を作成している。ここでは，本稿「4.」及び「7.」との關連で，『讀賣スタイルブック2002』(讀賣新聞社　2002年)の「記事の表記三原則」及び「A　漢字」の一部を紹介しておきたい。

[記事の表記三原則]

　記事(見出しを含む)を讀みやすくするため，次の三原則を嚴守する。

　一，わかりやすい口語体を使う。

　一，常用漢字，改定現代仮名遣いによる漢字交じり平仮名文を本体とし，必要に応じて片仮名，ローマ字を使う。

　一，改定送り仮名を使う。

[漢　字]

　一，漢字は常用漢字表に掲げられたものに限って使用を認める。

　　1，常用漢字表に示された音訓の範囲内で書く。

　　2，常用漢字表・人名用漢字表に示された新字体を使う。

　　3，固有名詞，常用漢字表外字などで讀み方が必要な場合は，通常行間記事はルビで，狹行間記事はその下にカッコをつけて讀みを示す。(注：死亡記事は略)

　二，少年少女向きの記事，とくに小學生を對象とするものは，教育漢字千六字に限り使用を認める。

三，字体の使用を次のとおり定める。

1. 常用漢字表ならびに人名用漢字表(285字)の文字の旧字体・異体とみられるものは表內の文字に書き改める。［例］山県(縣)有朋　西条(條)八十

2. 常用漢字表・人名用漢字表にない漢字(以下表外字という)は原則として正字を使う。［例］森鷗外(鴎)　檜(桧)原村　(注は引用を略す)

3. 選擧期間中の候補者名は，届け出の字体による文字を使う。ただし，候補者本人に異論がない場合，常用漢字，人名用漢字については新字体を使ってよい。

4. 本人などから特に強い希望があった場合には，特別の字体を使うことを認める。

四，表外字・表外音訓(傍点のあるもの)でも，次の場合には使ってもよい。

1. 固有名詞およびこれに準ずるもの。(c ～mの各項目は引用を略す)

　　a　人名(姓名，芸名，通称など) (例) 石橋湛山　大鵬親方　蝙蝠安

　　b　地名(國名，地域名，地形名，行政上の地名，場所名など) (例) 韓国　奄美

2. 新聞用語懇談會および本社が特に使用を認めたもの。(例) 一揆　弥生式　華僑

3. 記事中に引用する古文その他特別の章句の場合。

五，次の表外字(44字)および熟字訓などは使ってよい。(注：例は引用を略す)

六，次の文字は，常用漢字にあるが，使用しない。(注：「謁　虞　箇」など11字)

七，(注：寄稿原稿の取り扱いについての內容。引用を略す)

八，一般原稿中の表外字，表外音訓で，言い換え，書き換えが困難な場合には，仮名書きとする。(注：以下引用を略す)

IX. 今後に殘された問題点

　　日本の漢字使用についての現在の狀況は，「5.」の「國字についての5種の主張」として整理した。例えば幾らかの漢字の差し替えを前提とした常用漢字表の檢討，讀むための漢字と書くための漢字の選定などといった，これまでの漢字政策の延長線上にある問題は幾つも考えることができるし，實際に取り組む必要もある。しかし，ここでは，その問題とも關連して，さらに檢討すべき事項として，次の3つの問題を揭げておきたい。

[1 國民の國語力の實態調査] 日本の成人の國語力については，1948年の「日本人の讀み書き調査」，及びその補いとしての「國民の讀み書き能力」以來，一度も實施されていない。各人の基本的人權やプライバシーとの關係で，學習者に對するような學力調査は不可能であるが，國民の國語力については可能な手段を探って調査する必要がある。ＩＴ社會などと言われているが，國民は，どういう讀み書き能力をもち，どういう手段で言語伝達を行っているかについての調査なども必要である。

[2 平仮名と漢字の意識調査] 本年7月の日本の參議院の選擧において，選擧公報に國會議員候補者が自らの宣伝に揭げた姓名は，3名中の2名の割合で，自分の姓，名，あるいは姓名ともに仮名表記に改めていた。投票所で姓名を書く場合に，仮名表記のほうが間違いないと考えたのか，仮名のほうが鮮明な印象を持つと考えたのか，本來の漢字表記でなく仮名で表した各候補者の意図を調査する必要がある。その仮名表示の中には，片仮名で表記していた候補者も1人いた。

[3 漢字圏に屬する國々が取り組めること] 香港在住の日本語教育の研究者である兒島　慶治氏が，『香港・日本漢字自体對照表』(向日葵出版社　1999年)

を刊行し，また，中國，香港，台湾，日本という4つの國・地域における漢字の字体の對照表をインターネットで配信している。韓國は康熙字典体のままであろうが，今後，漢字圈の國々・地域の漢字が字体の上で，どのようになっていくのか，どうすべきであるのか，改めて檢討する必要がある。

參 考 文 獻

① 現代かなづかい　　1946年
② 当用漢字表　　　　1947年
③ 当用漢字別表　　　1947年
④ 当用漢字音訓表　　1947年
⑤ 当用漢字字体表　　1948年
⑥ 人名用漢字別表　　1961年
⑦ 常用漢字表　　　　1981年
⑧ 表外漢字字体表　　2002年
⑨ 情報交換用漢字符号系JIS X 0208 1997(『JIS漢字字典』日本規格協會 1997年)
⑩ 『國語調査沿革資料』文部省敎科書局國語課 1949年
⑪ 『國語審議會答申・建議集　平成13年3月』文化廳文化部國語課 2001年
⑫ 『公用文の書き表し方の基準(資料集)』增補2版 文化廳編 第一法規 2003年
⑬ 『國語審議會答申・建議集』文化廳文化部國語課 2001年

日本의 漢字使用 現狀과 漢字政策

甲 斐 睦 朗

(KAI Muturo ; 日本·國立國語研究所 所長)

國文抄錄

　지난 半世紀 남짓에 걸친, 日本國民의 漢字理解 實態 및 國語力 向上에 關한 漢字政策에 對하여 說明하고자 한다. 1868年에「明治」로 改元한 日本은 學校制度를 確立하여 近代化를 圖謀하려 했다. 그 시기를 전후하여 國字改良運動이 일어난다. 漢字를 制限한다거나, 國字를 平仮名, 片仮名, 로마字로 하자는 등의 運動이다. 新聞社가 自社가 使用하는 漢字를 制限하는 것을 契機로 하여 設置된 臨時國語調査會(國語審議會의 前身)는, 漢字調査를 시작하여 常用漢字表를 發表하기도 했다. 그리고 國語審議會는 1946年 以後, 當用漢字表 및 이에 關聯된 表를 公布했다. 現行 常用漢字表는 이 當用漢字表를 繼承한 것이다. 日本의 漢字政策은, 國民의 읽기 쓰기 能力을 育成　向上하는 것을 前提로 하여 推進되고 있다.

Ⅰ. 日本의 漢字政策 및 漢字使用의 槪要

[漢字 傳來] 『古事記』에 의하면 百濟의 王仁이 『論語』『千字文』을 들고 來日하여 日本에 漢字를 敎授하였다. 그러나 오래된 史料에 의하면 前 一世紀에는 中國과 日本에는 使節이 派遣되었었다. 『魏志倭人傳』에는 卑彌呼의 詔書도 記錄되어 있다. 그 기록으로부터, 漢文을 읽고 쓰는 사람이 日

本 各地에 있었을 것으로 推測된다.

[仮名의 誕生과 普及] 오래된 것으로는 『魏志倭人傳』에 나타난 倭國의 地名 人名들은 이른바 万葉仮名(『万葉集』에서 쓰인 借音에 의한 表記法)으로 적혀 있다. 이 万葉仮名로부터, 한편으로는 佛經의 訓讀에 쓰이는 補助文字로서 片仮名(가타카나)가 생겼고, 또 한편으로는 여성들이 주로 使用하는 文字로서 平仮名(히라가나)가 생겼다. 이 중에서 먼저 보급된 것은 平仮名이었다.

[明治維新 전후] 西洋文明을 받아들인 結果, 國字改良과 關聯하여 다음과 같은 네 가지 제안이 이루어졌다. 國民全體의 읽기 쓰기 能力을 育成·向上시킬 필요가 있었기 때문이었다.

① 漢字廢止, 仮名採用 : 前島密이 將軍 德川慶喜에게 받든 建白書 <漢字御廢止之儀>(1866年)에서는, 漢字를 廢止하고, 晋符字(仮名)를 使用하며, 文章도 口語體로 고칠 것을 主張하고 있다.

② 로마字採用 : 明治시대에 들어가면, 國字로서의 洋字(로마字) 採用說이 出現한다. 西周도 『明六雜誌』(1873年)에 洋字採用說(「洋字로써 國語를 書하는 論」)을 發表함.

③ 漢字制限 : 福澤諭吉은 『文字之敎』(1873年)에서, "어려운 글자만 사용하지 않는다면, 漢字 數는 二千 乃至 三千字면 충분할 것이다."라고 말하고 있다. 이 책은 一千 字 이하의 漢字로 쓰여져 있다. 이 책이 漢字制限에 關한 最初의 意見이다.

④ 片仮名採用 : 가나모지會(1922年創立当時는 仮名文字會)는 國字를 片仮名로 하자는 運動을 벌여, 現在까지 「가나노히카리(仮名의 빛)」를 계속 刊行하고 있다.

國字問題는 이상과 같은 네 가지 運動으로 要約할 수 있다.

[当用漢字表] 國語審議會는 1934年 發足 当時부터 檢討를 거듭해 온 漢字 節減案을, 1946年에 1850字의 「当用漢字表」로서 答申했다. 이것은 '오늘날의 國民生活에 있어서, 漢字制限이 그다지 無理없이 行해질 것을 目標

로 하여 選定한 것'이다. 또한 이 選定 資料는, 1945年 以前의 新聞社의 使用漢字案 등이다.

[動植物名은 除外] 이 当用漢字는 원칙적으로 音讀과 訓讀을 다 갖춘 漢字 중에서 選定한 것으로서, 動植物을 나타내는 名稱 등은, 例外가 있기는 하나 片仮名로 表記하는 것으로 되어 있다.

[常用漢字表] 当用漢字表는 日常 言語生活에 잘 定着이 되었으나, 1981년에 95字를 追加하여 1945字의 「常用漢字表」가 公布되었다. 이 表는 '法令, 公用文書, 新聞, 雜誌, 放送 등 一般 社會生活에 있어 現代 國語를 표기할 경우의, 漢字使用의 基準을 나타내는' 것이다. 이 表는 또한, 固有名詞를 對象으로 하는 것이 아니며, 過去의 著作이나 文書에 있어서의 漢字使用을 否定하는 것이 아니라는 柔軟性을 갖추고 있다.

[教育漢字] 1947年에 当用漢字表 중에서, 「義務教育期間에 읽기와 쓰기를 다 할 수 있도록 지도하기」 위하여 881字가 「当用漢字別表」로서 公布되었다. 그 후 115字가 追加되어 「学年別漢字配当表」로서 996字로 늘어났으며, 現在는 1006字로 늘어나 있다. 또한 高校入試에서는 이 表에서 漢字의 쓰기 問題가 出題된다. 「教育漢字」는 通称이다.

[地名, 人名의 漢字] 当用漢字表 制定 以前부터 사용되어져 온 地名 및 姓名을 나타내는 漢字(예를 들어 '岡山県'의 '岡', '齋藤'의 '齋' 등)는 常用漢字에 포함시키시 않고 固有名詞를 나타내는 漢字로서 따로 취급하고 있다.

[表外漢字字體表] 國語審議會는 2000年에 常用漢字表 이외의 漢字로서 잘 使用되는 漢字 1022字에 대해, 現在의 出版社나 新聞社에 있어서의 活字使用狀況을 조사한 후, 印刷標準字體를 「表外漢字字體表」로 定했다. 原則적으로 이른바 康熙字典體이다.

[人名用 漢字] 新生兒의 이름은, 常用漢字 및 人名用 漢字, 平仮名, 片仮名 중에서 고르는 것으로 되어 있다. 万葉仮名, 変體仮名, 로마字는 쓸 수 없다. 또한 人名漢字別表로서 1951年에 92字를 制定하고, 1978年에 26字를 追加, 1990年에 188字가 追加되었다. 그리고 2004年 9월에 人名用 漢字를 大幅 追加할 豫定이다.

[情報交換用 漢字符號] 経済産業省은 日本의 文字 코드를 日本工業規格의 하나로 選定 公布했다. 常用漢字, 人名用 漢字를 모두 포함한 第1水準 (2,965字), 다음 레벨인 第2水準 3,384字, 그리고 이들의 補助漢字 6,067字를 選定·公布했다. 이들 漢字는 電子計算機에 실려있다.

Ⅱ. 1940年代 國民의 漢字力에 對하여
-「壯丁敎育調査」의 結果

「壯丁敎育調査」는 徵兵檢査 때에 敎育歷 및 学力을 調査한 것이다. 1905年에 몇몇 地域에서 시작되었으며, 1910年代에는 全國的으로 實施되고, 1931年부터는 全國 共通 問題로 實施되기에 이르렀다. 1943年까지 매년 實施되었었다. 이 学力調査는 壯丁의 敎育歷 調査를 實施한 후에, 中学校 在学生 및 中退者 以下의 学歷을 가진 사람에게 文部省이 課한 國語와 數学 등의 学力調査이다. 이하, 「昭和17(1942)年度 壯丁敎育調査槪況」(文部省 國民敎育局 1944年)을 紹介해 보기로 한다. 본 資料는 「近代日本敎育資料叢書史料篇四 壯丁敎育調査槪況4」(1973年1月 復刻發行 宣文堂書店)에 의한 것이다.

1942年의 壯丁 人員은 다음 一覽表에 나타낸 바와 같이 約65만명으로, 이 가운데 (4)의 約7만명을 제외한, (1)~(3)의 全員에게 学力試驗을 實施한 것이다.

	学校 程度	学歴	人員数	比率
(1)	國民学校 初等科 程度	6年	52,331	8.0%
(2)	國民学校 高等科 程度	8年	114,335	17.5%
(3)	青年学校 本科 程度	9年	413,806	63.7%
(4)	中等学校 程度以上	10年	69,934	10.8%

다음으로, 國語 問題는 10問이 出題되었으며, 이들은 다음과 같이 세 종류로 整理할 수 있다.

(A) 仮名에 의한 表記法의 誤謬를 訂正하는 問題　　4問
(B) 漢字 쓰기 問題　　　　　　　　　　　　　　3問
(C) 漢字 읽기 問題　　　　　　　　　　　　　　3問

[쓰기 能力] (B)의 問題 및 그에 대한 正答의 比率을 들어 보겠다.

① 私は <u>マイアサ</u> 早く おきて, お <u>ニハ</u> をはきます
　　　　(毎朝)　　　　　　　　　　(庭)　　　　　　　　68.3%

② 乃木 <u>たいしやう</u> が十歳の年, 一家は <u>きやうり</u> へ帰ることになった。
　　　　(大將)　　　　　　　　　　　　　(郷里)　　　61.2%

③ <u>やくそく</u> を守るといふことは, <u>しやかい</u> の共同生活上極めて大切な
　　(約束)　　　　　　　　　　　　(社會)　　　　　59.0%

각 漢字에 대해, 現行 学習指導要項에 정해져 있는 配当 学年을 들어 보면, [毎2, 朝2, 庭3, 大1, 將6, 郷6, 里2, 約4, 社2, 會2]이다. 「束」1字를 除外한 나머지 10字는 学年別配当 漢字表 1006字에 포함되어 있다. 즉 初等学校과정에 配当되어져 있는 漢字인 것이다. 그 쓰기의 正答率이 59~68%라는 것이다.

[漢字 읽기 能力] (C)의 漢字 읽기 문제로서는 [①迫る, 攻撃する, ②賢明な, 奨勵する, ③虛名, 華を去り實に就く]와 같은 읽기 問題가 出題되어 있다. 이들 문제들은 어느 것이나 現行 常用漢字의 範圍내에 限定된 것들이다. (C)의 正答率 중에서는 ③이 낮다. '華'의 正答이 'か(ka)'가 아니

라 ‘くわ(kwa)’로 읽는다는 것 때문인 듯하다. 그 이유로서, 여기서는 紹介하고 있지 않은, 仮名表記法 問題의 正答率이 매우 낮다는 배경을 들 수 있다.

   [歷史的 仮名表記法이 難解함] 每年 實施되었던 「壯丁敎育調査」에 있어서의 歷史的 仮名表記法의 正答率이 낮은 탓인지, 1941年에 「日本讀書新聞」 153號에는 "陸軍國語問題에 ‘斷’ 發音式 仮名表記法을 採用"이라는 記事가 揭載되고, 또한 143號에는 "陸軍이 用語를 簡易化"라는 記事도 揭載되었다. 한편, 壯丁敎育調査는 当時의 男子들에게만 實施했던 것이다.

   漢字의 읽기와 쓰기의 正答率이 낮다는 사실 및, 歷史的 仮名表記法의 正答率이 낮다는 사실은, 國語審議會가 1946年 以後에 現代 仮名表記法, 当用漢字表를 採用하는 데 있어 하나의 根據가 되었다.

Ⅲ. 「日本人의 읽기 쓰기 能力」에 나타난
1948年 当時의 國民의 漢字力

   [日本人의 읽기 쓰기 能力調査] 1945年, 美國敎育使節團은, 習得에 시간이 걸리는 漢字仮名混用文을 폐지하고 로마字로 고치는 案을 勸告했다. 일본 측은 이에 反論할 확고한 근거를 갖지 못했다. 그리하여, 日美合同으로, 일본인의 國語力이 어느 정도인지, 漢字 習得에 교육 시간을 많이 뺏기고 있는지 어떤지, 즉 漢字仮名混用文이 일본인의 읽기 쓰기 능력을 저해하고 있는지 어떤지에 대해, 1948年에 대규모의 調査를 실시했다.

   [그 結論] 『日本人의 읽기 쓰기 能力』(1951年)은 그 조사의 보고서이다. 이 보고서에서는, 숫자의 읽기, 仮名과 漢字의 읽기와 쓰기, 單語와 漢字의 읽기와 쓰기, 文章段落(sentence paragraph)의 理解 등에 관해 조사했다. 여

기서는 結論만 引用한다.

　　日本에서는 義務教育이 잘 普及되어 就学率도 극히 높고, 國民教育을 위해 기울인 努力도 從來 지극히 큰 것이었다. 이 때문에 전혀 글자를 읽고 쓸 줄 모르는 者는 극히 적으나, 그럼에도 불구하고「正常的인 社會生活을 해 나가는 데 꼭 필요한 文字言語를 이해하는 能力」은 결코 높다고는 할 수 없다. literacy를 가졌다고 할 수 있는 者는 6.2%에 不過하다. (9結論 429쪽)

　　[4年後의 調査] 이 調査는 地域的인 偏向도 있었기 때문에, 東北地方에 重點을 둔 補充調査를 실시했다. 그 成果가『國民의 읽기 쓰기 能力』(1961年)으로서 報告되었다.

　　漢字의 쓰기 문제는 다음과 같은 10問이다. 문장은 省略하고 問題 부분만 소개하겠다.

① <u>しょうわ</u>　生まれです。
　(昭和)

② <u>ごぜん</u>　九時にはじまる。
　(午前)

③ お<u>てがみ</u>
　(手紙)

④ <u>へんじ</u>　をしましょう。
　(返事)

⑤ お<u>ねがい</u>　します。
　(願)

⑥ <u>しんぱい</u>　するな。
　(心配)

⑦ お<u>れい</u>　申しあげた。
　(禮)

⑧ <u>ほしょうにん</u>　になる。
　(保障人)

⑨ <u>とどけ</u>　を出す。
　(届)

⑩ <u>りれきしょ</u>　をかく。
　(履歴書)

　　漢字의 읽기 쓰기의 調査는, 關東지방과 東北지방을 합쳐 다음의 표와 같이 정리할 수 있다.

	漢字의 읽기	漢字의 쓰기
關東지방	8.84	6.32
東北지방	8.04	5.31

[**능력이 낮다는 調査結果**] 漢字의 읽기 쓰기 調査는, 10問을 出題하여 1問당 1点을 주었다. 따라서 위 表의 숫자는 10点 滿點 중의 得點인 것이다. '國民의 읽기 쓰기 能力'은 이 결과로부터, "이번 調査 全般을 통하여 國民의 읽기와 쓰기 능력이 극히 낮으며, 만족스러운 狀態가 아니라는 것이 밝혀졌다."는 결론을 導出하고 있다.

[**美國敎育使節團의 第2次勸告**] 「日本人의 읽기 쓰기 能力」 調査의 契機가 되었던 美國敎育使節團(CI&E)은, 『第1次使節團報告書』(1946年)의 第2章 「國語의 改革」에서, 國語改良에 관하여, 漢字를 폐지할 것, 仮名보다 로마字가 長點이 많으므로 將來 日本 國字로 로마字를 採用할 것 등을 勸告했다. 또 『第2次使節團報告書』(1950年)의 「國語의 改革」에서는, 当用漢字表를 制定한 것과 國立國語硏究所를 設立한 것 등을 評價함과 동시에, 초등학교의 교육과정에서 로마字 敎育을 實施하게 하고, 로마字 硏究에 힘을 기울일 것, 國語簡易化의 첫걸음으로서 "作家나 學者가 当用漢字와 현대 仮名表記法을 採擇하여 使用하도록 奬勵할 것." 등을 强하게 勸告하고 있다. 일본 文部省은 이 勸告를 받아, 초등학교, 중학교에서 로마字 敎育을 推進하는 方向으로 調査 硏究에 나섰다.

Ⅳ. 新聞 雜誌의 使用漢字 調査

많은 國民들이 매일같이 접하는 新聞・雜誌에는 어느 정도의 漢字가 使用되고 있을까. 여기서는 漢字 使用實態를 調査한 資料 7種을 年次順으로 소개해 보겠다.

(1) 『新聞의 漢字使用度數 調査』(1941年) 財團法人 「가나모지會」(仮名文字會)는, 國民이 使用하는 漢字의 不便함을 제거하고 「가로쓰기 가타가나(片仮名)」를 보급하는 것을 目的으로 1920年에 創立되었다. 同會는,

1935年의 日刊新聞 다섯 종류에 관해 그 使用漢字를 調査하고 延 447,575字, 漢字 總數 3,542字를 整理하여, 이와 같은 보고서를 간행했다.

(2) 『婦人雜誌의 用語』(國立國語研究所 報告 1953年)는, 月刊誌 『主婦之友』에 대해 延 169,590字, 漢字 總數 3,121字, 그리고 月刊誌 『婦人生活』에 대해 延 59,993字, 漢字 總數 2,974字를 整理했다.

(3) 國立國語研究所 報告 『綜合雜誌의 用字』(1960年)는 雜誌 13種에서 延 117,000字, 漢字 總數 2,781字를 整理했다.

(4) 『現代雜誌九十種의 用語用字』 第二分冊 「漢字表」(國立國語研究所 報告 1963年)는, 雜誌90권의 用語用字調査에서 延 420,000字, 漢字 總數 3,502字를 整理했다.

(5) 『現代新聞의 漢字』(國立國語研究所 報告 1976年)는, 1966年 1年分의 세 종류의 新聞(朝日, 每日, 読売)에 대해 朝·夕刊 全紙面의 60분의 1을 샘플링 調査하여, 延 991,375字 漢字 總數 3,213字를 整理했다.

(6) 『漢字 出現頻度 調査(2)』에 실린 「読売新聞 調査」(1999年)는 1999年7月1日~8月31日 두 달간의 読売新聞 朝·夕刊(廣告 및 텔레비전 라디오 欄은 除外)의 用字를 調査한 것으로서 延 25,310,226字, 漢字 總數 4,546字를 整理했다.

(7) 『現代雜誌의 漢字 調査』(國立國語研究所 報告 2002年)는, 月刊雜誌 70권을 調査한 것으로서 延 568,716字, 漢字 總數 3,586字를 整理했다.

番號	書　　名	全體總字數	使用度數10以上
1	新聞의 漢字使用度數 調査	3,542	2,087
2	婦人雜誌의 用語	(主婦之友) 3,121	
		(婦人生活) 2,974	
3	綜合雜誌의 用字	2,974	1,354
4	現代雜誌九十種의 用語用字	3,328	1,934
5	現代新聞의 漢字	3,213	2,013
6	漢字出現頻度調査(2)	4,546	2,278
7	現代雜誌의 漢字調査	3,586	2,109

上記 一覽表는 上揭 7文獻의 全體 總字數와 使用度數 10 以上이 된 字數를 정리한 것이다. 다만, 文獻 2는 使用度數의 情報를 갖추고 있지 않아

記載하지 못했다. 다음으로, 文獻 6은 60日分의 新聞을 調査對象으로 했기 때문에, 이 資料에 限하여 計算上 적어도 朝刊 내지 夕刊의 어느 쪽에 한 번은 出現한다는 관점을 받아들여, 使用度數 120 以上의 字數를 提示했다. 이것으로도 延 字數의 99.8%의 단계가 된다.

[常用漢字表 1945字의 意味] 이들 使用度數 10以上의 漢字數에서, 日常生活에서 자주 보는 漢字는 2.000字 前後임을 導出할 수 있다. 이는 常用漢字表에 가까운 字數이다.

V. 1945年 이후의 漢字에 對한 5가지 견해

일본의 文字에 關한 問題, 다시 말하면 國字問題는 쉽게 해결되지 않는 복잡한 樣相을 띠고 있다. 이 問題를 漢字에 限定시켜 檢討하기로 한다. 즉, 일본 문자에는 漢字, 平仮名, 片仮名, 로마字 및 記號의 問題가 있는데, 여기서 일일이 擧論할 것이 아니라, 漢字를 어떻게 취급할 것인가 하는 問題에 限定시키자는 것이다. 말하자면, 漢字仮名混用文을 前提로 하여 論議를 展開시키려는 것이다.

[1950年의 文部省의 見解] 1945年 이후, 1次, 2次에 걸친 美國敎育使節團 (CI&E)의, 國字로서 로마字를 採用하라는 勸告를 받아, 일본측은 다음과 같이 말하고 있다.

원래 戰後에 행해진 이른바 國語改革에 관해서는, 그 根本的이며 最終的인 課題, 다시 말하면 '우리나라에서 일반적으로 사용하는 文字를, 어떠한 文字로 定할 것인가'라는 問題의 根本的 解決은 이루어지지 못했다. 이 점에 대해서 美國敎育使節團의 勸告 가운데, 「어떤 形態로라도 로마字를 반드시 일반적으로 採用할 것」이라는 提案은, 그것이 漢字를 全廢하며 또한 <카나(仮名)>마저 排除하고, 오직 로마字만을 第一義的인 國字로 한다는 方針을 具體化한 것이라는 의미에 있어서는, 우리 國民 모두가 肯定하기에 이르지 않은 것이다.(「日本에 있어서의 敎育改革의 進展」 文部省 1950年 第7章 「國語改革의 現狀」)

이와 같은 文部省의 見解를 보면, 日本의 社會生活에서는 当用漢字에 의한 文字生活이 定着되어 있었다는 점, 한편 로마字 推進에 있어서는 어떤 表記法으로 하느냐는 問題, 특히 訓令式(日本式) 혹은 <헤본(James Curtis Hepburn)>式을 추진하는 團體가 서로 다투어 하나로 統一되지 못했다는 점 등을 指摘할 수 있다. (그 당시의 論爭은 로마字를 國字로 하는 것을 前提로 했었다. 현재는 외국인을 위한, 地名이나 驛 이름의 案內라는 역할을 하고 있으나, 論爭이 解決되지 않았다.)

[漢字仮名混用文이 正則] 國語審議會는 1962年에 「國語는 漢字仮名混用文을 表記의 正則으로 한다. 國語審議會는 이 前提 하에서 國語의 改善을 審議한다」는 것이 確認되었다.(『國語審議會 報告書 6』 141페이지 1964年刊) 이러한 確認은, 日本이 美國의 統治로부터 解放되어 主權을 되찾은 것과도 關聯이 있다.

[國字에 關한 다섯 가지 主張] 現在 日本은, 앞서 引用한 文部省의 見解에도 보는 바와 같이, 國語의 表記로서 漢字仮名混用文을 변경하겠다는 움직임은 일체 없다. 만약 漢字仮名混用文을 廢止한다면, 千數百年에 걸쳐 나날의 생활을 통하여 育成, 釀成되어 온 國語를 마치 한낱 도구로서의 言語로 격하시킬 우려가 있기 때문이다. 한편, 國語의 表記(國字)에 관해, 다음과 같은 다섯 가지 主張이 있다.

① 現行 常用漢字 中心의 漢字仮名混用文을 한층 더 普及시킨다. 이에는 JIS 漢字와의 整合性을 검토해야 한다는 의견도 있다.
② 日本語敎育界에서, 非漢字圈의 日本語學習者를 위해 常用漢字를 700～1,000字로 削減하자는 의견이 나와 있다. 그러나 이에 대해서는 大多數의 國民들의 贊同을 얻지 못할 것이다.

③ 漢字制限을 撤廢하고, 모든 常用漢字體를 康熙字典體로 다시 돌려놓는
   다. 또 仮名表記法을 歷史的仮名表記法으로 다시 돌려놓는다. 이는 國
   民의 일반적인 國語力을 고려하지 않는 選民的 見解이다.
④ 國字를 로마字 하나로 限定한다. 財團法人「日本의 로마字社」, 財團法
   人「日本 로마字會」는 함께 訓令式(日本式) 表記를 主張한다. 한편, 旅券
   의 로마字 이름이나 地名 驛이름 등은 헤본式 表記法이다. (본 논문의
   冒頭에 적은, 筆者의 氏名 表示는 訓令式을 따랐다.)
⑤ 國字를 仮名 하나로 限定한다. 財團法人「카나모지카이(仮名文字會)」는
   漢字 削減 運動을 繼續하고 있다.

Ⅵ. 漢字를 語彙的 側面에서 검토해 보다

[네 項目의 그릇된 생각] 漢字를 話題로 할 경우, 다음과 같은 話題가 나
오는 일이 있다.

① 漢字는 數萬字나 된다. 이 言語財(언어자원)를 될 수 있는 대로 活用해
   야만 한다.
② 漢字는 四千年의 歷史가 있다. 이러한 漢字를 字源도 모르면서 使用해
   도 좋은가.
③ 이 常用漢字體는 겨우 半世紀 前에 日本에서 定해진 것에 불과하다.
④ 純粹한 日本語를 確立하기 위해, 漢字語를 削減하고 和語를 소중히 여
   길 必要가 있다.

여기에 든 네 가지 發言은 日本에서, 말하자면 常識처럼 通用되고 있는
것들이다. 그러나 이들 모두 그대로 받아들일 수 없는 偏向된 見解들이
다. 이하, 이에 대해 具體的으로 說明하여 誤解를 풀 必要가 있다.

[語句에는 古語, 死語가 있다] 위에서 말한 문제를 檢討하기 위하여, 우선
語句 問題를 들어 보자. 日本語에는 수많은 語句가 있다. 携帶用 國語辭典
에는 數萬 개의 표제어가 실려 있다. 한편 大型 辭典에는 數十万이나 되

는 語句가 올려져 있다. 그러나 그 중의 많은 말들은, 日常生活에서는 거의 쓰이지 않는 古語이거나 專門語 혹은 地域語이다.

[쓸 수 있는 漢字는 四千字 前後] 上記 ①에 關하여 말하자면, 現代 言語生活에서 사용되는 漢字를 문제로 삼아야 할 것이며, 그들은 대충 어림잡아도 四千字 前後일 것으로 생각된다. 그 외의 수많은 漢字들은 古典을 읽을 때는 필요하지만, 日常 言語生活에서는 접할 일이 없는 '古字', '異體字', '難解字' 등이다.

[現在의 意味 用法] 漢字는 언제까지나 形態로서 남기 때문에, 지금도 甲骨文字나 金石文의 文字가 話題가 된다. 그러나 漢字는 日本에 전래된지 이미 千數百年이 經過했으며, 日本語 속에서도 그 意味와 用法도 変化하고 있다. 따라서 일반 國民들을 위해서는, 日本語 속의 漢字 각각에 대해 現在의 意味 用法을 밝혀 닐 필요가 있다. 金石文은 研究者를 위해 있는 것이다.

[康熙字典體로부터의 解放] ③에서 말한 常用漢字表의 字體, 예를 들어 '学'의 경우, 이는 『康熙字典』에 登錄되는 字體인 '學'의 簡易字體이다. 그러나 '学'은 日本에서는 半世紀 以上 계속 사용되고 있다. 이 字體야말로 다음 世代에 물려주고 싶은 것이라 하겠다.

[漢字語는 除去할 수 있는가] 예를 들어 『新選國語辭典 第八版』(小学館 2002年)의 一般語 約 73,000語는 概數로 引用하면, 漢字語 36,000語(49%), 和語 24,500語(34%), 外來語 6,500語(9%), 混種語 6,000語(8%)이다. 이 比率은, 現在 日本語의 출처, 혹은 單語의 種別을 아는 데에 參考가 된다. 그런데, 이렇게 半이나 차지하는 漢字語를 削減하고 和語로만 文字生活을 해 나갈 수 있지 않느냐고 主張하는 사람들이 있다. 漢字語를 中國語라고 생각하기 때문일 것이다.

[混種語 以外는 純粹한가] 混種語는, 和語와 漢字語의 構成으로 말하자면, 소위 <湯桶읽기=訓讀＋音讀 方式>, <重箱읽기=音讀＋訓讀 方式>과 關聯된 熟語, 그리고 複合サ[sa] 變動詞(愛する) 따위를 통틀어 말하는 名稱이다. 즉, 單語의 출처를 달리하는 複合語는 이미 混種語로서 따로 分類해 놓았으니, 나머지 和語, 漢字語, 外來語는 각기 純粹할 것이라는 觀念을 생기게 했다.

[和語와 漢字語의 相關的 展開] 和語와 漢字語에 초점을 맞추면, 그것들은 서로 排斥하는 存在가 아니라, 漢字表記를 사이에 두고 서로 影響을 주고받으면서 千數百年이란 긴 歲月을 뚫고 지나온 말들이다. 즉, 和語에 焦點을 맞추어 말하자면, 漢字나 漢字語가 있었기에 現代의, 풍요롭고 깊이 있는, 含蓄性이 풍부한 和語가 存在한다 할 수 있다. 漢字語도 또한, 千數百年이란 긴 歲月 동안 和語와의 共存 속에서 새로운 뜻이나 用法을 確立해 왔다고 생각할 필요가 있다. 그런 의미에서 漢字語만을 잘라내 버리려는 견해는 옳지 않다.

Ⅶ. 讀賣新聞의 表外漢字의 實態

‘4.’에서 紹介한 文獻 (6)은 読賣新聞 두 달분의 使用漢字를 調査한 것으로, 각기 다른 4,546字를 整理했다. 常用漢字 1,945字의 두 배가 넘는 漢字이다.

도대체 어떤 漢字가 사용되어지고 있는가. 이에 대해 열흘간이긴 하나, 常用漢字를 벗어나는 漢字의 用例를 読賣新聞(올해 5月1日～11日 朝刊 10日分, 夕刊 7日分)으로 調査해 보았다. 그 結果, 각기 다른 約500例를 收集할 수 있었다. 이때 一般記事에 있어서의 <振り仮名=漢字 옆에 漢字 讀法을 仮名으로 단 것> 用例 및 <交ぜ書き=漢字와 仮名 의 混用> 用例를 對象으로 하여, ① 텔레비전, 라디오 欄, ② 小說이나 詩歌 등, ③ 廣告欄의 用例는 除外했다. 또 人名, 地名 등 固有名詞는 除外했다.

실은, 이 固有名詞의 漢字를 檢討 對象에서 除外한 것은 問題이며, 최근의 신문에 中國이나 韓國에서만 쓰이는 漢字가 多數 出現하지나 않았는가 하는 의구심이 남는다.

한편, 이들 500語의 用例는 用語의 領域 分野 上, 3 種으로 分類할 수 있다.

[醫学用語를 비롯한 專門用語]
  (例1) 小さな腫瘍細胞が多數あった。
  (例2) 子宮筋しゅが見つかった。

例1은 漢字表記「腫瘍」, 例2는＜交ぜ書き＞ '子宮筋しゅ'로 되어 있다. 다음의 例3에는 訓讀인 'ふさぐ'와 音讀인 熟語 '塞栓'이 함께 쓰이고 있다.

  (例3) 肝動脈をふさぐ「肝動脈塞栓(そくせん)術」を受け,

以上, 醫學用語만 하더라도 病名마다 表記가 不安定하다는 것, 音과 訓 사이에 表記 의 差異가 있다는 것, 記事에 따라서 表記가 不安定하다는 것 등을 살펴보았다. 이러한 用例를 통해서, 新聞社가 表外 漢字를 쓸 때, 專門語의 與否와 頻度 등에 關한 자료를 參考로 하여, 최대한 신중한 고려를 한 判斷을 내려야 할 상황에 있음을 알 수 있다.

[傳統的인 生活文化에 關係되는 말]
  (例4) 園兒八十人は,紙で作ったこいのぼりや鎧(よろい) かぶとを園庭に飾り
       付けて, お年寄りを歡迎した。

이는 武具 '鎧'와 'かぶと'를 나란히 쓴 表現이다. 表記상으로는 ① '鎧兜', ② '鎧かぶと' ③ 'よろい兜' ④ 'よろいかぶと'의 네 種類가 있을 수 있다. 그런데, '鎧かぶと'라는 表記는, 讀者가 읽기 쉽도록 하면서 表現效

果도 配慮한 表記라고 말할 수 있다. 그 외에 '流鏑馬(야부사메＝騎射)'나 '埴生の宿(하뉴노 야도＝흙벽의 초라한 집)'와 같은 전통적인 生活文化에 關係되는 用語가 적지 않다. 表外 漢字는 歷史的 行事나 文化 活動에 立脚한 '國語의 常識'과 關係가 있다.

[一種의 慣用句的인 表現]

(例5) 日本政府が毅然(きぜん)とした態度で問題解決に臨むことを,多くの國
民は望んでいるはずだ。

『讀賣스타일북(stylebook) 2002』를 보면, '毅然'을 피하고 '嚴然, 決然, 毅然(仮名을 달아 讀法을 보일 것)' 등을 지시하고 있다. 그러나, 類義語類는 意味나 用法 상 '毅然'과 다르기 때문에 쓸 수 없다. '毅'는 「人名用 漢字別表」에 들어 있어서, 비교적 常用漢字와 가까운 위치에 있다. 또한 "毅然とした態度で臨む(의연한 태도로 임한다)."라는 表現은 一種의 慣用句的인 표현이 되어 있다. 이러한 사정이 있어 '毅然'을 使用하는 것이라 볼 수 있다.

以上, 讀賣新聞의 表外漢字 使用은, 專門用語, 傳統文化, 慣用句的인 表現이라는, 國民 生活에 뿌리박은 言語生活과 關係가 있음을 確認할 수 있었다.

Ⅷ. 『讀賣스타일북(stylebook) 2002』의 漢字使用 基準(資料)

日本新聞協會는 『新聞用語集』(新聞用語懇談會編1996年)을 發行하여, 報道 各社의 表記 基準을 정하고 있다. 各社는 이 資料를 토대로 각기 表記基準을 작성하고 있다. 여기서는 本稿 '4.' 및 '7.'과 관련해서 『讀賣스타일북(stylebook) 2002』(讀賣新聞社 2002年)의 「記事의 表記 三原則」 및 'A 漢字'의 一部를 紹介하고자 한다.

[記事의 表記 三原則]

記事(標題를 포함)를 읽기 쉽도록 하기 위해 다음의 三原則을 嚴守한다.

一, 알기 쉬운 口語體를 쓴다.

一, 常用漢字, 改定現代 仮名表記法에 의한 漢字平仮名混用文을 本體로 하여, 必要에 따라 片仮名, 로마字를 쓴다.

一, 改定<送り仮名＝漢字語를 分明히 읽기 위하여 漢字 밑에 받치는 仮名>을 쓴다.

[漢 字]

一, 漢字는 常用漢字表에 揭載된 것에 限定하여 使用을 認定한다.

　1, 常用漢字表에 提示된 音訓의 範圍 내에서 쓴다.

　2, 常用漢字表 人名用漢字表에 提示된 新字體를 쓴다.

　3, 固有名詞, 常用漢字表外字 등 읽는 법이 필요할 때는 通常行間記事는 루비(rubi＝送り仮名)로, 狹行間記事는 그 밑에 括弧를 달아 읽기를 보인다. (注 : 死亡記事는 省略)

二, 少年少女를 對象으로 한 記事, 특히 초등학교 학생을 對象으로 하는 것은 敎育漢字에 限하여 사용을 認定한다.

三, 字體 使用을 다음과 같이 定한다.

　1, 常用漢字表 및 人名用漢字表(285字)의 文字의 舊字體·異體라고 생각되는 것은 表內의 文字로 고쳐 쓴다.

　　(例) 山県(縣)有朋　西条(條)八十

　2, 常用漢字表·人名用漢字表에 없는 漢字(以下 表外字라고 함)는 原則的으로 正字를 쓴다.

　　(例) 森鷗外(鴎)　　　檜(桧)原村(注는 引用을 省略함)

　3, 選擧期間中의 候補者名은 申告한 字體를 따른 文字를 쓴다. 단, 候補者 本人에게 異論이 없을 경우, 常用漢字, 人名用漢字에 關해서는 新字體를 使用해도 좋다.

4, 本人으로부터 특히 강한 요청이 있을 시에는, 特別한 字體를 쓰는 것을 認定한다.

四, 表外字・表外音訓(傍點이 있는 것)이라도 다음 경우에는 使用해도 좋다.

1, 固有名詞 및 이에 準한 것. (c~m의 각 項目은 引用을 省略함)

 a 人名(姓名, 芸名, 通称 등)

   (例) 石橋湛山 大鵬親方 蝙蝠安

 b 地名(國名, 地域名, 地形名, 行政上의 地名, 場所名 등)

   (例) 韓国 奄美

2, 新聞用語懇談會 및 本社가 특히 認定한 것.

   (例) 一揆 弥生式 華僑

3, 記事 중에 引用하는 古文 기타 特別한 章句의 경우

五, 다음 表外字(44字) 및 熟字訓 등은 使用해도 좋다. (注 : 例는 引用을 생략함)

六, 다음 文字는 常用漢字表에 있으나 使用하지 않는다. (注 :「謁 虞 箇)」 등 11字)

七, (注 : 寄稿原稿를 취급하는 방법에 關한 內容. 引用은 생략함)

八, 一般原稿 중에 表外字, 表外音訓으로서 고쳐 말하기, 고쳐 쓰기 가 곤란할 경우, 仮名으로 쓴다. (注 : 以下 引用을 생략함)

Ⅸ. 今後의 問題

日本의 漢字使用에 關한 現在 狀況은, '5.'의 '國字에 대한 다섯 가지의 主張'으로 整理했다. 예를 들어, 몇 개의 漢字를 바꿔 넣는 것을 前提로 한 常用漢字表의 檢討, 읽기 위한 漢字와 쓰기 위한 漢字의 選定 등, 지금 까지 行해져 온 漢字 政策의 延長線上에 있는 問題는 얼마든지 생각해 낼

수 있으며, 실제로 實行에 옮길 필요도 있다. 그러나 여기서는 그 問題와 관련하여, 한층 더 檢討해야 할 事項으로서 다음의 세 가지 問題에 대해 言及하고자 한다.

[1 國民의 國語力에 關한 實態調査] 日本人 成人의 國語力에 關해서는 1948年의 「일본인의 읽기와 쓰기 調査」 및, 그 補充으로 行한 「國民의 읽기와 쓰기 能力」 이래 한번도 實施되지 않았다. 각자의 基本的 人權이나 프라이버시 등의 관계로, 學習者에 대해 실시하는 것과 같은 學力調査는 不可能하나, 國民의 國語力에 대해서는 可能한 手段을 모색하여 調査할 필요가 있다. IT社會라고는 하나, 國民이 어떠한 읽기 쓰기 능력을 가지고, 어떠한 수단으로 言語傳達을 행하고 있는가에 대한 調査도 必要하다.

[2 平仮名과 漢字의 意識調査] 올해 7月에 있은 日本 參議院 選擧에서, 選擧公報에 國會議員 候補者가 스스로의 宣傳에 내건 姓名은, 세 명 중 두 명 꼴로, 자기의 姓, 이름 내지 姓名 양쪽 다를 仮名表記로 고쳤었다. 投票所에서 姓名을 쓸 경우 仮名 表記 쪽이 錯誤가 없을 것이라고 생각했는지, 혹은 仮名 쪽이 더 鮮明한 印象을 준다고 생각했는지 등, 본래의 漢字表記가 아닌, 仮名으로 나타낸 各 候補者의 意圖를 調査할 필요가 있다. 그러한 仮名表示 가운데는 片仮名으로 表記한 候補者도 한 사람 있었다.

[3 漢字圈에 屬하는 국가들이 할 수 있는 일] 香港에 在住하는 日本語敎育 研究者인 兒島慶治氏가 『香港・日本漢字自體對照表』(向日葵出版社 1999年)를 刊行하고, 또한 中國, 香港, 臺灣, 日本이라는 네 개 나라 地域에 있어서의 漢字 字體의 對照表를 인터넷으로 配信하고 있다. 韓國은 康熙字典體를 그대로 따라가고 있는 것으로 알고 있으나, 今後 漢字圈의 국가 地域에서쓰는 漢字가 字體로 봐서 어떻게 되어 갈 것인가, 어떻게 해야 할 것인가, 다시 檢討할 필요가 있다.

參 考 文 獻

① 現代かなづかい　　1946年
② 当用漢字表　　1947年
③ 当用漢字別表　　1947年
④ 当用漢字音訓表　　1947年
⑤ 当用漢字字體表　　1948年
⑥ 人名用漢字別表　　1961年
⑦ 常用漢字表　　1981年
⑧ 表外漢字字體表　2002年
⑨ 情報交換用漢字符號系JIS X 0208 1997(『JIS漢字字典)日本規格協會 1997年)
⑩ 『國語調査沿革資料』 文部省教科書局國語課 1949年
⑪ 『國語審議會答申 建議集 平成13年3月』 文化聽文化部國語課 2001年
⑫ 『公用文の書き表し方の基準(資料集)』 增補2版 文化聽編 第一法規 2003年
⑬ 『國語審議會答申 建議集』 文化聽文化部國語課 2001年

『Abstract』

Japanese Current State of Using the Chinese Characters and Her Policies on the Chinese Characters

KAI Muturo
(The National Institute for Japanese Language)

This paper illuminates the Japanese policies on the promotion of literacy and the Chinese written characters in the last half century. After Meiji restoration Japan established a new school system and attempted to modernize Japan. Around this period, Japan had also a movement to modernize the Japanese language: to limit the usage of the Chinese characters or to write the Japanese language in hiragana, katakana or in Roman letters. The interim Japanese Language Research Association (the predecessor of Japanese Language Council) which was established, after newspaper companies limited the use of the Chinese characters in their newspapers, scrutinized the Chinese characters and made a table of daily-used Chinese characters. After 1946 Japanese Language Council re-made a table of daily-used Chinese characters and many tables related with it. The contemporary table of daily-used Chinese characters develops from the former table. Japanese policies on the Chinese written characters are based on the enhancement of the Japanese people's ability to read and write.

漢字環境學と情報通信政策

横　山　詔　一

(YOKOYAMA Shoichi；日本・國立國語研究所　情報資料部　第2領域長)

[要　旨]

　　日本人は，どのような漢字に囲まれて生活しているのであろうか。また，漢字について，いかなる心理を持っているのであろうか。このような点について，漢字環境學の視点から，いくつかのデータを報告する。そして，日本の漢字環境に影響を及ぼす可能性のある「電子政府文字情報データベース」について紹介する。

Ⅰ. 漢字環境について

　人間は，日々の暮らしのなかで，どのような漢字を，どのくらい目にしているのだろうか。日本では多くの人が毎日のように讀んでいる「新聞」というマスメディアを例に考えてみよう。新聞記事のなかで，もっとも多く登場する漢字は何か。この問いに，自信を持って答えられる日本人は少ないだろう。主觀的経驗や直觀だけに賴っていては，正しい答えにたどり着けない意外と難しい問題である(横山・笹原，2000)。

　漢字は，新聞だけではなく，書籍，ちらし，テレビのテロップや映畫の字幕，携帯メールやパソコン，書道での字，個人の手書き，看板，街で見かける字など，學校で習う文字や辭書に載っている字以外にも，さまざまなものが存在する。「人間はどのような漢字をどのくらい目にしているのか」という冒頭の問いに正確に答えるには，私たちを取り囲む「漢字環境」を科學的に觀測・調査し，その實態を十分に知り盡くす必要がある。

　新聞，書籍，看板，携帯メールなど各種のメディアに登場する漢字の使用狀況を丹念に調べ上げ，社會における漢字の使用頻度を明らかにできた段階ではじめて，私たちが日々の暮らしのなかでどの漢字をどのくらい目にしているのかを、かなり正確に予測できるようになるだろう。この漢字頻度表が有力な手がかりになるのは，社會でよく使われる漢字は高い確率で人間の目に入り，あまり使われない漢字は目に入る確率が低いという理由による。それゆえ，ある漢字を目にする確率(接触頻度)は，その漢字の使用頻度と密接な關係にある。そして，漢字の社會的な使用頻度を調べることは，図1－1に示すように，漢字環境の一部を明らかにすることでもある。

社會的な使用頻度　→　個人の接触頻度

図1－1 漢字環境の基本要素

　日本の漢字政策は，國民各層の言語生活の實態を踏まえて立案・施行されている。國民の言語生活に影響する要因として，「漢字流通(漢字政策や使用頻度)」と「漢字心理」が考えられる。それらは，図1－2に示すように，双方向に密接な關係を持つ。漢字流通は漢字心理の源であるが，逆も眞なりで，漢字心理は漢字流通の源ともなる。たとえば，漢字政策で學習漢字に指定された字は，社會での使用頻度が高くなり，國民一般がその字に「なじみ」を覺えるようになるだろう。使用頻度が漢字心理に影響を与えるケースである。逆に，人間が電子メールや携帯メールなど電子機器を用いて文章を生成する際は，使いたい字(好みの字)を選擇して數多く發信するので，その字の社會での使用頻度や流通機會を押し上げる壓力になると考えられよう。これは，漢字心理が漢字流通の在り方を左右する例である。

　以上の議論から，図1−2に示すように，漢字環境を成立させているのは漢字流通と漢字心理の兩者である，と考えてよいだろう。

漢字流通(漢字政策や使用頻度) ⟷ 漢字心理(なじみや好み)
漢字環境＝漢字流通＋漢字心理

図1−2 漢字環境の全体像

Ⅱ. 漢字に對する國民の意識：漢字心理

　さて，漢字心理について探ってみよう。日本國民は漢字に對してどのような意識を抱いているのか。文化廳國語課は，國語施策の參考にするため，毎年全國規模で「國語に關する世論調査」を實施している。そのなかから2002年の11月14日から12月2日にかけて行われた漢字に關する意識調査の結果を見ていく。調査對象は全國の16歳以上の男女3,000名で，個別面接調査法によってデータを收集し，有効回收數(率)は2,200名(73.3%)であった。質問項目を以下に示す。

あなたは，漢字についてどのような意識を持っていますか。この中から
当てはまるものがあれば，幾つでも選んでください。
(ア) 日本語の表記に欠くことのできない大切な文字である
(イ) 日本語の表記を難しくしている文字である
(ウ) 漢字を覺えるのは大変なので，なるべく使わない方がよい
(エ) 漢字を見るとすぐに意味が分かるので便利である
(オ) ワープロなどがあっても，漢字學習はしっかりやるべきである
(カ) ワープロなどがあるので，これからは漢字を書く必要は少なくなる
(キ) 漢字の使い方についてはかなり自信がある
(ク) 漢字の使い方についてはあまり自信がない

どのような結果を皆さんは予想するだろうか。たとえば，(ウ)の「漢字を
覺えるのは大変なので，なるべく使わない方がよい」を選んだ人は何パーセ
ントぐらいだと思うだろうか。表2−1に實際の結果を示す。パーセントの
高いものから順に並べてある。8個の選択肢の中からの複數選擇であった。

表2−1 文化庁調査の結果(2002年實施，n＝2,200)

(1位，ア) 日本語の表記に欠くことのできない大切な文字である	71.0%
(2位，エ) 漢字を見るとすぐに意味が分かるので便利である	60.5%
(3位，オ) ワープロなどがあっても，漢字學習はしっかりとやる べきである	37.9%
(4位，ク) 漢字の使い方については余り自信がない	22.1%
(5位，イ) 日本語の表記を難しくしている文字である	11.5%
(6位，キ) 漢字の使い方についてはかなり自信がある	8.9%
(7位，ウ) 漢字を覺えるのは大変なので，なるべく使わない方が よい	3.9%
(8位，カ) ワープロなどがあるので，これからは漢字を書く必要 は少なくなる	3.4%
分からない	3.5%

以上のデータから，「漢字を覺えるのは大変なので，なるべく使わない方
がよい」や「ワープロなどがあるので，これからは漢字を書く必要は少なく

なる」と考えている人は全國民の3〜4%程度であって，最下位に位置付くことが分かった。對照的に，(ア)「日本語の表記に欠くことのできない大切な文字である」は第一位で，70%以上の支持を集めている。

Ⅲ. インターネットを使う人の漢字心理

　インターネットを使いこなしている人の漢字心理はどうなのだろうか。2004年2月下旬に，Web調査というインターネットを活用した調査手法により，20歳以上の女性512人を對象にデータを收集してみた。(回收結果は，20歳代，30歳代，40歳代それぞれ120名ずつ，50歳代は102名，60歳代が50名。地域は，新潟縣，東京都，埼玉縣，千葉縣，神奈川縣，愛知縣，大阪府，京都府，兵庫縣。)

　この調査のサンプル(標本)は，日本全國12万人のパネル(調査協力者)のなかから無作爲(ランダム)に抽出したものである。サンプルにはWeb調査に特有の偏りがあり，生活樣式は一般の人よりも「やや革新的である」ことが事前の社會學的な調査であらかじめ明らかになっている。(データ收集は，Web調査で實績が豊富なインフォプラント社に委託した。)

　では，インターネットに慣れ親しんでいる革新的な人たちは，漢字についてどのように思っているのだろうか。漢字は「古くさい」というイメージを持っていて，心理的に敬遠しているのだろうか。これらの点を確かめるため，先の文化廳による世論調査とまったく同じ質問をしてみた。この人たちはワープロによる漢字變換の利便性を十分に享受しているので，(カ)「ワープロなどがあるので，これからは漢字を書く必要は少なくなる」という割合が，一般の人(文化廳世論調査)よりも高くなるのであろうか。

　表3−1にWeb調査の結果を示す。8個の選擇肢の中からの複數選擇である。ここでの質問項目の並び順は，先の文化廳世論調査の結果でパーセント

の高いものから順に並べた。Web調査で，　パーセントの高いものから並べ
た順位は，カッコの中に示した。

表3−1 Web調査の結果(2004年実施，n＝512，女性のみ)

(1位，ア)	日本語の表記に欠くことのできない大切な文字である		88.1%
(3位，エ)	漢字を見るとすぐに意味が分かるので便利である		74.6%
(2位，オ)	ワープロなどがあっても，漢字學習はしっかりとやる べきである		79.5%
(4位，ク)	漢字の使い方については余り自信がない		40.2%
(7位，イ)	日本語の表記を難しくしている文字である		7.0%
(5位，キ)	漢字の使い方についてはかなり自信がある		20.1%
(8位，ウ)	漢字を覺えるのは大変なので，なるべく使わない方が よい		0.8%
(6位，カ)	ワープロなどがあるので，これからは漢字を書く必要 は少なくなる		8.0%
分からない			0.0%

　　今回，明らかになった事實は「革新的な人は，一般の人よりも漢字の重要性
を強く認識している」ということである。(ウ)の「漢字を覺えるのは大変なの
で，なるべく使わない方がよい」を選んだ人は1%以下であった。逆に，（オ)
「ワープロなどがあっても，漢字學習はしっかりとやるべきである」は文化廳
世論調査の數値よりも40%以上も高くなっている。さらに，（ア)「日本語の表
記に欠くことのできない大切な文字である」は90%近くを占めて，　漢字に否
定的な意見を壓倒していた。その他にも，上記の結果を詳しくながめると，
いくつもの興味深い点に氣付くであろう。

Ⅳ. 情報機器と漢字

　情報機器の普及により，文字を手で書く必要性が低くなってきた。携帯メールなどで文字を入力するには，変換候補として示された文字(文字列)群の中から，自分が使いたい文字(文字列)を選擇すればよい。まさに，「見て選擇すれば書ける」時代になった。以下，横山(2004)の論を紹介する。

　文字を選擇するには，文字表象の形成が欠かせない。つまり，文字の形を認知する必要がある。文字の形を認知するという知的營みは，簡單なようで實はたいへん複雑な側面を含んでいる。たとえば「ツ」と「シ」を別の字と見るか，それとも同じ字と判斷するかは，かなり微細なパターンの違いに注意を向けて，兩者を區別しなければならない。そのほかにも，カタカナの場合は，「ソ」と「ン」と「リ」など，幼稚園兒や日本語學習者が混同しがちで，習得の難しい文字群が存在するようである。人間は，たとえ文字の形態やデザインに差があったとしても，それらを同じ字のカテゴリーとして包攝できるパターン認識の能力を持っているおかげで，文字によるコミュニケーションが成立している。

　文字論では「字形」と「字体」を區別して用いる。字形とは，現實に紙や畵面の上に印字・表示された文字の形狀を意味する。一方，字体とは，その文字の骨組みに關する抽象的な概念を指す。このような字形と字体の違いは，あたかも「音聲」と「音韻」の違いのようでもある。明朝体と楷書体の違いとか，フォントデザインの違いなどは，字形レベルの差とされている。それに對して，字体レベルの差とは，「桜―櫻」「篭―籠」の違いなどを指す。このように，漢字には讀みと意味が同じなのに形態だけが異なる字が多數存在し，それらは「異体字」と呼ばれる。

Ⅳ.1. 若者が情報機器で選擇する字体

　パソコンや携帯メールで「かんがい」を漢字変換したところ,「潅漑」と「灌漑」の二つの候補が出てきたとする。この二つの候補は「潅－灌」が違うだけだが,あなたはどちらを選ぶだろうか。同じく,英文學科の女子大學生に「桧－檜」のペアを呈示して,どちらの字を使いたいかを直觀的に選擇させると,彼女らがより好む字はどちらか。一般的に英文學科の學生は漢字に關心がそれほど高くないであろうから,「檜」(旧字体,83JIS第二水準)のような古くて複雑な字体は敬遠されるのではないか,とも予想されるが,果たしてそれはどの程度正しいのか。この問題に答える手がかりを求めて,笹原ほか(2003)は,「潅－灌」など263組の異体字ペアを女子大學生100名あまりに呈示し,それぞれのペアで,より使いたいと思う方の字体を選擇させた。調査に先立って,次のような教示を被調査者に与えた。

[ワープロ使用場面を喚起させる教示]
　「この調査は,漢字の使われ方を調べるものです。これから,字の形は違いますが,讀みと意味がまったく同じ漢字のペアをお見せします。たとえば「断－斷」は,同じ讀みで同じ意味の漢字のペアです。もし,あなたがワープロを打っているとしたら,どちらの字を使いたいか,教えてください。二つの漢字をよく見て,使いたいと感じる程度を比較し,より使いたいと思う方の字に○印をつけてください。両方とも使いたい,あるいは両方とも使いたくないと感じるペアがあるかも知れませんが,とにかく,どちらか一方の字だけに○印をつけてください。(以下略)」

　図4－1のような異体字ペアを呈示した結果,「潅」を選んだのはわずか15%に過ぎず,85%が旧字体の「灌」を支持することが分かった。「桧－檜」のペアについても同じ質問をしたところ,72%が旧字体の「檜」をより好むと回答した。つまり,現代の若い女性は,旧字体を常に嫌うわけではない,という事實が明らかになった。先に述べたように,「潅－灌」や「桧－檜」は異体字の一例である。人間が異体字をどう認知するのかという問題を取り上げた研究

はほとんどないので，異体字認知の機構を探った笹原ほか(2003)の報告をもう少し詳しく紹介する。

06	恢	恢	16	区	區
				欧	歐
07	会	會		躯	軀
	桧	桧		鴎	鷗
08	覚	覺	17	経	經
	攬	攪		頚	頸

図4-1　異体字ペアの例

　まず，常用漢字のように，被調査者に「なじみ」があるものについては，ほぼ新字体が選ばれることが明らかになった。逆に，旧字体の選択率が新字体のそれを統計的に有意に上回るケースもあった。異体字ペア258組全体の7％にあたる17組で，旧字体が新字体よりも好まれることが明らかになった。同様の結果が，別の被調査者を對象にした調査でも報告されており，データの信頼性(安定性)は高い。ここで注目されるのは，「潅ー灌，頚ー頸，篭ー籠，壷ー壺，桧ー檜，鴬ー鶯，賎ー賤」の7組の異体字ペアで形の複雑な旧字体が強く好まれている点である。これらは，JIS漢字符号規格の區点番号において，1978年版と1983年版で第一水準と第二水準の入れ替えがあって，新字体の方が第一水準となったという経緯を有する。この7組は，教科書や雑誌等といった活字メディアにおいては，旧字体の出現率が新字体と比較して相對的に高いことが知られている。

IV.2. 中年層以上は旧字体を敬遠か

　女子大學生を對象にした調査の結果，たとえば「桧」よりも「檜」の方が好まれることが示された。では，年齢層を廣げると，どうなるであろうか。旧字体を好む人の割合は年齢の要因と無關係に安定しているのだろうか。

　この点を確かめるために，全國約12万人のパネル(調査協力者)から480名
の女性を無作爲抽出し，Web畵面で異体字ペアを提示して調査を行った。調
査對象を20歳代，30歳代，40歳代，50歳代の四群にグループ分けした。サン
プル數は50歳代のみ102名で，それ以外の群は120名ずつ，計462名のデータ
を收集した。調査の敎示は先の調査と同様であった。

　図4−2に「桧−檜」の結果を示す。20歳代は旧字体「檜」を選択した割合が
七割近くを占めて新字体「桧」の三割を壓倒する。これは，先に述べた質問紙
法による數値とほぼ一致した。ところが，40歳代になると旧字体「檜」が約四
割に減少し，逆に新字体「桧」を選択した人が約六割に増加して逆轉現象が生
じる。さらに50歳代では「檜」が約三割に落ち込み，「桧」が約七割を占める。
つまり，20歳代と50歳代は異体字の選択傾向はまるで逆であり，中年層以上
は旧字体「檜」を選択しないことが明らかになった。

　おそらく，若年層は手で書くことを意識していないのに對して，中年層は
手で書く場合の筆記の經濟性を何らかの形で考慮に入れているのだろう。
Web調査はサンプルが偏る危險性もあるので一般的な結論は差し控えるが，
情報機器の操作に慣れている先進的な人を對象に異体字選擇調査を實施した
場合は年齢要因が影響する場合もあると言えよう。

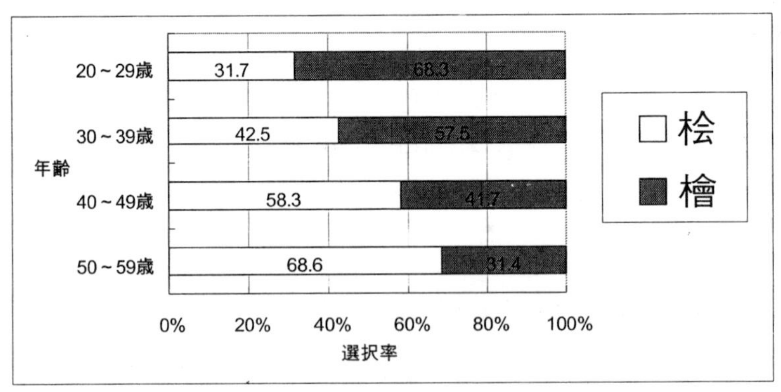

図4−2 「桧−檜」の選択率(2004年2月実施，n＝462)

V. 社會と漢字と心理の三者關係

　以上の結果から，ごく大まかに，次のように考えることができる。

① 異体字ペアの一方が常用漢字である場合は，新字体が統計的に有意に好まれることが多い(例：「会－會」の「會」)。少なくとも，旧字体・正字体の選擇人數が，新字体のそれを有意に上回ることはない。一般の社會生活においては，常用漢字の使用が壓倒的に多い。常用漢字は學生にも「なじみ深い」ものとなっている。ただし，今回の調査に參加した學生は，常用漢字とそうでない漢字の區別を意識したことはないようであるし，そもそも常用漢字とは何かを知っているものも少なかった。

② ペアの兩者とも常用漢字でない場合は，旧字体の使用頻度が高く，しかもペア間で字体差が大きいと，旧字体が選擇される(例：「桧－檜」の「檜」)。旧字体の選擇率が新字体のそれを統計的に有意に上回ったケースはすべてこれである。その背後には，「常用漢字でない漢字は正字体(旧字体)で表記する」という出版・印刷業界での規範・慣習が要因として働いていると考えられる。

　どうやら，異体字の選擇にもっとも大きな影響を及ぼす要因は，異体字ペア間での社會的な「使用頻度」の差のようである。文字生活の中で，人間は自然にある漢字に接觸し，その「接觸頻度」の高低によって，その漢字に對する「接觸意識」が生じ，それが「なじみ」，ひいては「好み」を形成すると考えられる。

　ここには示していないが，接觸頻度の要因以外に，未知の字を既知の字体との類似性判斷によって渡りをつける一種の推論作用のほか，漢字の規範意識や，書体差に注意を向ける傾向などによっても，字体に對する好み・なじみが影響される可能性がある。漢字の好み・なじみは，漢字心理の一部である。漢字心理は，人間が漢字を讀む(識別や包攝も含む)場合だけではなく，情報機器などを用いて漢字を書く(選擇する)際にも大きく影響し，その漢字が社會を流通して社會的使用頻度へとつながっていく。先に示した図1も，　漢字心理のどこかに位置付けることができる。結局のところ，漢字處理の認知機構は頭の中だけにあるのではなく，漢字と心理と社會の3者が相互作用する「漢字環境」の中に埋め込まれていると考えるべきであろう。

　漢字の將來を予測し，今後の指針を得ようとするとき，以上で紹介したようなデータも參考になるかもしれない。一つだけ確實なのは，情報化社會の中で，漢字は日本國民の大多數から，ますます愛され求められているという点であろう。

VI. 情報通信政策を支える漢字研究プロジェクト

　以上のような日本國民の漢字心理を視野に入れながら，國立國語研究所は，創立後初めての府省廳横斷プロジェクトに取り組んでいる。それが，「電子政府文字情報データベース」の構築プロジェクトである(正式名称は，　経済産業省委託研究「汎用電子情報交換環境整備プログラム」)。電子政府文字情報データベースの開發は，國立國語研究所，情報處理學會，日本規格協會の3者連合体が担当している。

　電子政府文字情報データベースの目的は，法務省や總務省が保有している戸籍・住民基本台帳などの電子化にかかわる文字すべてに對して，讀み情報・文字コード番号などの諸情報を付与し，個々の漢字が互いにどのような異体字關係にあるのかを示すことにある。これは，　いわば「漢字情報通信のための國家標準」となる。日本の人名や地名に實際に使われている文字のうち，これまでは電子化できなかったり，外字扱いされたりして，ネットワークを介して正確な情報交換ができなかった漢字の大部分を，確實にやり取りできる仕組みが實現するものと期待されている。

Ⅶ. 電子政府文字情報データベースの概要

　このプロジェクトは，漢字パターンの解析に關する研究も積極的に推進し，その成果を電子政府文字情報データベースに利用している。その特長の一部を紹介する。

　(1) 檢索の簡便性：各地方自治体職員や一般市民等が電子申請などにおいて利用することを視野に入れて，Webブラウザ等で必要な文字情報を檢索できるようにした。漢字の専門知識を持たない人であっても，簡便迅速に目的の文字を檢索できるよう，以下の仕組みを裝備している。

　　① **解字檢索機能**：部首・讀みなどの特定が困難な文字については，よく知られた文字を入力し，その文字を瞬時に分解して取り出した構成部品を檢索キーに用いることができる。この機能を實現するため，すべての登録文字について文字の構成部品が用意されている。
　　② **關連字表示機能**：互いに異体字關係にある文字の一覧や，規格内字と異体字との異同判別に役立つ異体字マップを表示できる。その例を図6－1に示す。

　(2) 文字化けしない文字グリフの配信：檢索畫面に表示される文字は一般市民になじみの深い明朝体(平成明朝体)でデザインし，「文字グリフ」として一般に提供することになっている。ここでの文字グリフとは，　字体の骨組みを示すための文字図形デジタルデータを意味し，1文字を1ファイルの畫像形式でWebブラウザ等に配信する。この技術の基礎は「文字グリフ配信サーバ」を利用した國立國語研究所のJiBOOKSプロジェクト(http://www.kokken.go.jp/jibooks)などによって培われたものである。

　このプロジェクトで得られた成果は，文字コードに關する日本工業規格の改正及び國際規格の提案に反映される予定である。その波及効果として，漢

字情報基盤の國際的共有化という文化的な側面でも國内外に貢献できるもの
と期待されている。

図7-1 異体字一覧の例

Ⅷ. まとめ

　電子政府文字情報データベースが公開され，世界中の人がそれを便利な道
具として利用し始めたとすれば，どのような変化が社會と人間(心理)に起こ
るのであろうか。その解答は，ここで述べた方法論などを驅使すれば，かな
り効率的に得られるであろう。先に図1-2で示したように，漢字環境を成立
させているのは漢字流通と漢字心理の兩者である。電子政府文字情報データ
ベースという情報通信政策の國家的標準が完成すれば，社會における漢字流
通の在り方が確實に変化する。その影響を受けて國民の漢字心理も変化し，
ある字体に對する好みが新たに生じ，結果的にその字体が情報通信機器を通
じて社會に多く流通するようになる。このような，社會と漢字と心理の3者
が一体となった循環サイクルが，國民の言語生活を支えていると言えよう。

引用・参考文獻：アルファベット順

文化厅文化部国语课(1999)『平成14年度　国语に关する世论调查[平成14年11月调查]』，文化厅

Chikamatsu, N., Yokoyama, S., Nozaki, H., Long, E., Fukuda, S.(2000)「A Japanese Logographic Character Frequency List for Cognitive Science Research」『Behavior Research Methods, Instruments, and Computers』32(3) pp.482−500, Psychonomic Society

国立国语研究所(1976)『现代新闻の汉字』(国立国语研究所报告56)，秀英出版

国立国语研究所(2002)『现代杂志の汉字调查』(国立国语研究所报告119)

Kučera, H., & Francis, W. N.(2000)『Computational analysis of present-day American English.』Providence, RI: Brown University Press.

笹原宏之・横山诏一・エリク＝ロング[著](2003)『现代日本の异体字——汉字环境学序说——』国立国语研究所プロジェクト选书No2, 三省堂

丰岛正之(1999)「书评　横山诏一・笹原宏之・野崎浩成・エリク＝ロング[编著]『新闻电子メディアの汉字—朝日新闻CD−ROMによる汉字频度表—』国立国语研究所プロジェクト选书1」『日本语科学』6号　pp.91−102, 国立国语研究所[编], 国书刊行会

横山诏一(2004)「文字处理の认知科学」月刊『言语』8月号「特集　言语にとって文字とは何か」pp.56−63, 大修馆书店

横山诏一・笹原宏之(2000)「文字と暮らし」『丰かな言语生活のために』(新「ことば」シリーズ11) pp.52−63, 国立国语研究所[编], 大藏省印刷局

横山诏一・笹原宏之(2001)「文字・表记分野での计量的研究概观」『日本语学』20卷5号　pp.157−165, 明治书院

横山诏一・笹原宏之・野崎浩成・エリク＝ロング[编著](1998)『新闻电子メディアの汉字——朝日新闻CD−ROMによる汉字频度表——』国立国语研究所プロジェクト选书No.1, 三省堂

横山诏一・笹原宏之・エリク＝ロング・谷本玲大(2001)「新闻汉字调查の现状と将来」『日本语科学』9号　pp.33−42, 国立国语研究所[编], 国书刊行会

漢字環境學과 情報通信政策

横 山 詔 一
(YOKOYAMA Shoihi ; 日本·國立國語研究所 情報資料部 第2領域長)

國文抄錄

日本人은 어떤 漢字들에 둘러싸여 생활하고 있을까? 또 漢字에 대해 어떠한 心理를 갖고 있는 것일까? 이러한 点들에 대해, 漢字環境學의 視點에서 몇 가지 데이터를 報告하고자 한다. 그리고 日本의 漢字 環境에 影響을 미칠 可能性이 있는 「電子政府 文字情報 데이터베이스」에 대해 紹介한다.

Ⅰ. 漢字環境에 대하여

사람은 日常生活 속에서 어떤 漢字를, 어느 정도 접하고 있는 것일까? 日本에서 많은 사람들이 매일같이 읽고 있는 「新聞」이라는 매스 미디어를 例로 들어 보자. 新聞記事 가운데 가장 많이 登場하는 漢字는 무엇인가? 이 물음에 자신 있게 對答할 수 있는 日本人은 많지 않을 것이다. 主觀的인 經驗이나 直觀만 가지고서는 正答을 얻을 수 없는, 意外로 어려운 問題인 것이다(横山·笹原, 2000).

漢字는, 新聞뿐만 아니라 書籍, 廣告, 텔레비전의 텔롭(telop)이나 映畵의 字幕, 핸드폰의 메일이나 컴퓨터, 書藝 글씨, 個人의 메모, 看板, 거리에서 보는 글자 등, 학교에서 배우는 文字나 辭典에 실려 있는 文字외에도 다양하게 존재한다. 「사람이 어떠한 漢字를, 어느 정도 접하고 있을까」라는 冒頭의 물음에 정확하게 대답하려면, 우리를 둘러싸고 있는 「漢字環境」을 科學的으로 觀測, 調査하여 그 實態를 충분히 알아낼 필요가 있다.

　新聞, 書籍, 看板, 핸드폰의 메일 등, 各種 미디어에 登場하는 漢字의 使用狀況을 細密히 調査하여, 社會에 있어서의 漢字의 使用頻度를 밝혀내는 段階가 되어야 비로소, 우리가 매일의 생활 속에서 어떤 漢字를 어느 정도 접하고 있는가를, 꽤 정확하게 豫測할 수 있게 될 것이다. 이러한 漢字頻度表가 有力한 실마리가 되는 것은, 社會에서 자주 쓰이는 漢字는 높은 確率로 사람들의 눈에 띄게 되며, 그다지 쓰이지 않는 漢字는 눈에 띌 確率이 낮다는 理由에 의해서이다. 그러므로 어떤 漢字의, 눈에 띌 確率(接觸頻度)은, 그 漢字의 使用頻度와 密接한 關係에 있다. 그리고 漢字의 社會的인 使用頻度를 調査하는 것은, 그림 1-1에 보인 바와 같이 漢字環境의 一部를 밝혀내는 일이기도 하다.

그림 1-1 漢字環境의 基本要素

社會的인 使用頻度 → 個人의 接觸頻度

　日本의 漢字政策은, 國民 各層의 言語生活의 實態를 基礎로 立案・施行되고 있다. 國民의 言語生活에 影響을 미치는 要因으로서 「漢字流通(漢字政策이나 使用頻度)」과 「漢字心理」를 생각할 수 있다. 이들은 그림 1-2에 보인 비외 같이, 双方向으로 密接한 관계를 갖는다. 漢字流通은 漢字心理의 根源이지만, <그 逆도 참이다>라는 말처럼, 漢字心理는 漢字流通의 根源이 되기도 한다. 예를 들어, 漢字政策에 의해 學習漢字로 指定된 글자는, 社會에서의 使用頻度가 높아지며, 一般 國民들이 이 글자에 「친숙함」을 느끼게 될 것이다. 使用頻度가 漢字心理에 影響을 주는 경우이다. 거꾸로, 사람이 電子메일이나 핸드폰 메일 등 電子機器를 써서 文章을 生成할 때에는, 쓰고 싶은 글자(선호하는 글자)를 選擇하여 자주 發信하게 되므로, 이

글자에 관한 社會에서의 使用頻度나 流通機會를 끌어 올리는 힘이 될 것
으로 생각된다. 이것은 漢字心理가 漢字流通의 모습을 左右하는 예일 것
이다.

　이상의 論議로부터, 그림 1-2에 보인 바와 같이, 漢字環境을 成立시키
고 있는 것은 漢字流通과 漢字心理의 兩者라고 생각해도 좋을 것이다.

그림 1-2 漢字環境의 全體像

漢字流通(漢字政策이나 使用頻度) ⟷ 漢字心理(익숙해짐 혹은 좋아함)
漢字環境＝漢字流通＋漢字心理

Ⅱ. 漢字에 대한 國民의 意識 : 漢字心理

　그러면 漢字心理에 대해 살펴보도록 하겠다. 日本國民은 漢字에 대해
어떠한 意識을 가지고 있는가. 文化廳 國語課는 國語施策의 參考가 되게
끔, 해마다 全國 規模로「國語에 關한 世論 調査」를 實施하고 있다. 그 가
운데서, 2002年 11月 14日부터 12月 2日에 걸쳐 행해진, 漢字에 關한 意
識調査의 結果를 살펴보겠다. 調査對象은, 全國의 16歲 以上 男女 3,000명
으로, 個別面接調査法에 의해 데이터를 수집했고, 有效回收數(率)는 2,200명
(73.3%)이었다. 質問項目은 다음과 같다.

　당신은 漢字에 대해 어떠한 意識을 갖고 있습니까? 아래 항목 가운데
서 들어맞는 것이 있을 시에는 몇 개든지 골라 주십시오.
　(ㄱ) 日本語를 表記하는 데 있어, 없으면 안 될 重要한 문자이다
　(ㄴ) 日本語 表記法을 어렵게 만들고 있는 문자이다
　(ㄷ) 漢字를 익히는 것은 힘이 들기 때문에, 되도록 쓰지 않는 것이 좋다
　(ㄹ) 漢字를 보면 금방 뜻을 알 수 있기 때문에 편리하다
　(ㅁ) 워드 프로세서 같은 것이 있어도 漢字學習은 제대로 해야 한다
　(ㅂ) 워드 프로세서가 있으므로, 앞으로는 漢字를 쓸 必要性이 낮아질

> 것이다
> (ㅅ) 漢字 사용법에는 제법 自信이 있다
> (ㅇ) 漢字 사용법에는 그다지 自信이 없다

여러분은 어떤 결과를 豫想할까. 예를 들어 (ㄷ) 「漢字를 익히는 것은 힘이 들기 때문에 되도록 쓰지 않는 것이 좋다」를 고른 사람은 몇 퍼센트 정도라고 생각할까.

표 2-1에 實際 結果를 제시하겠다. 퍼센트가 높은 것으로부터 順序대로 配列해 놓았다. 8개의 選擇肢 가운데서 複數 選擇을 하게 했다.

表 2-1 文化廳 調査結果(2002年實施, n=2,200)

(1位, ㄱ) 日本語를 表記하는 데 있어, 없으면 안 될 重要한 문자이다	71.0%
(2位, ㄹ) 漢字를 보면 금방 뜻을 알 수 있기 때문에 편리하다	60.5%
(3位, ㅁ) 워드 프로세서 같은 것이 있어도 漢字學習은 제대로 해야 한다	37.9%
(4位, ㅇ) 漢字 사용법에는 그다지 自信이 없다	22.1%
(5位, ㄴ) 日本語 表記法을 어렵게 만들고 있는 문자이다	11.5%
(6位, ㅅ) 漢字 사용법에는 제법 自信이 있다	8.9%
(7位, ㄷ) 漢字를 익히는 것은 힘이 들기 때문에, 되도록 쓰지 않는 것이 좋다	3.9%
(8位, ㅂ) 워드 프로세서가 있으므로, 앞으로는 漢字를 쓸 必要性이 낮아질 것이다	3.4%
모른다	3.5%

以上의 데이터에서 「漢字를 익히는 것은 힘이 들기 때문에, 되도록 쓰지 않는 것이 좋다」나, 「워드 프로세서가 있으므로, 앞으로는 漢字를 쓸 必要性이 낮아질 것이다」라고 생각하는 사람은 全國民의 3~4% 정도로, 最下位에 位置하는 것을 알게 되었다. 對照的으로 (ㄱ) 「日本語를 表記하

는 데 있어, 없으면 안 될 重要한 문자이다」는 第1位로, 70% 以上의 支持를 얻었다.

Ⅲ. 인터넷을 쓰는 사람의 漢字心理

인터넷을 日常的으로 쓰는 사람의 漢字心理는 어떠한가? 2004年 2月下旬에, Web調査라는, 인터넷을 活用한 調査手法에 의하여, 20歲 以上의 女性 512名을 對象으로 데이터를 收集해 보았다. (回收結果는 20代, 30代, 40代 각각 120名씩, 50代는 102名, 60代가 50名. 地域은 新潟縣, 東京都, 埼玉縣, 千葉縣, 神奈川縣, 愛知縣, 大阪府, 京都府, 兵庫縣.)

이 調査의 샘플(標本)은, 日本全國 12만 명의 패널(調査協力者) 가운데서 無作爲로 抽出한 것이다. 샘플에는 Web調査에 特有한 偏向이 있어, 생활 樣式은 一般 사람보다 「약간 革新的이다」라는 것이, 事前의 社會學的인 調査로 미리 밝혀졌다. (데이터 收集은, Web調査에서 實績이 豊富한 인포플랜트社에 委託했다.)

그러면, 인터넷에 익숙한 革新的인 사람들은, 漢字에 대해 어떻게 생각하고 있을까? 漢字는 「케케묵은 것」이라는 이미지를 갖고 있어 心理的으로 경원시하고 있는 것일까? 이 点들을 確認하기 위하여 앞에 든 文化廳에 의한 世論 調査와 똑같은 質問을 해 보았다. 이 사람들은 워드 프로세서에 의한 漢字變換의 便利性을 充分히 누리고 있으므로 (ㅂ) 「워드 프로세서가 있으므로, 앞으로는 漢字를 쓸 必要性이 적어질 것이다」라는 比率이 一般사람 (文化廳 世論 調査)보다도 높아질 것인가?

표 3-1에 Web調査의 結果를 提示한다. 8개 選擇肢 가운데서 複數選擇을 하게 했다. 여기서 質問項目의 配列 順序는 앞에 든 文化廳 世論 調査의 結果에서 퍼센트가 높은 것부터 順序대로 配列했다. Web調査에서 퍼센트가 높은 것부터 配列한 順位는 括弧 안에 제시했다.

表 3-1 Web 調査 結果(2004年 實施 n=512, 女性對象)

<table>
<tr><td>(1位, ㄱ) 日本語를 表記하는 데 있어, 없으면 안 될 重要한 문
자이다</td><td>88.1%</td></tr>
<tr><td>(3位, ㄹ) 漢字를 보면 금방 뜻을 알 수 있기 때문에 편리하다</td><td>74.6%</td></tr>
<tr><td>(2位, ㅁ) 워드 프로세서 같은 것이 있어도 漢字學習은 제대로
해야 한다</td><td>79.5%</td></tr>
<tr><td>(4位, ㅇ) 漢字 사용법에는 그다지 自信이 없다</td><td>40.2%</td></tr>
<tr><td>(7位, ㄴ) 日本語 表記法을 어렵게 만들고 있는 문자이다</td><td>7.0%</td></tr>
<tr><td>(5位, ㅅ) 漢字 사용법에는 제법 自信이 있다</td><td>20.1%</td></tr>
<tr><td>(8位, ㄷ) 漢字를 익히는 것은 힘이 들기 때문에, 되도록 쓰지
않는 것이 좋다</td><td>0.8%</td></tr>
<tr><td>(6位, ㅂ) 워드 프로세서가 있으므로, 앞으로는 漢字를 쓸 必要
性이 낮아질 것이다</td><td>8.0%</td></tr>
<tr><td>모른다</td><td>0.0%</td></tr>
</table>

이번에 밝혀진 사실은 「革新的인 사람은, 일반 사람보다 漢字의 重要性을 强하게 認識하 고 있다.」라는 것이다. (ㄷ)「漢字를 익히는 것은 힘이 들기 때문에, 되도록 쓰지 않는 것이 좋다.」를 選擇한 사람은 1%를 밑돌았다. 거꾸로 (ㅁ)「워드 프로세서 같은 것이 있어도 漢字學習은 제대로 해야 한다.」는, 文化廳 世論 調査의 數値보다 40%이상 높게 나타났다. 그 위에 (ㄱ)「日本語를 表記하는 데 있어 없으면 안 될 重要한 문자이다.」는 90% 가까이를 차지하여, 漢字에 否定的인 意見을 壓倒했다. 그 외에도, 위에 적은 結果를 詳細하게 보면, 몇 가지 흥미로운 점을 발견할 수 있을 것이다.

Ⅳ. 情報機器와 漢字

情報機器가 보급됨에 따라, 글씨를 손으로 쓰는 必要性이 낮아지고 있다.

핸드폰 메일 등을 써서 文字를 入力하려면 變換候補로 提示된 文字(文字列) 그룹 가운데, 자기가 쓰고 싶은 文字(文字列)를 選擇하면 된다. 바로「보고 選擇하면 쓸 수 있는」時代가 到來했다. 이하, 橫山(2004)에서 논의한 바를 소개하겠다.

文字를 選擇하려면 文字表象의 形成이 不可缺하다. 다시 말하면, 文字의 모양을 認知할 必要가 있다. 文字의 모양을 認知한다는 知的 營爲는, 簡單한 듯하면서도 實은 꽤 複雜한 側面을 內包한다. 예를 들어「ツ」와「シ」를 다른 글자로 보느냐, 혹은 같은 글자로 判斷하느냐는, 상당히 微細한 패턴의 差異에 注意를 기울여 兩者를 區別해야 한다. 그밖에도, 가타카나(片仮名)의 경우는「ソ」와「ン」와「リ」같은 것은, 幼稚園兒나 日本語 學習者가 混同하기 쉬운 것으로서, 習得하기 어려운 文字群이 存在하는 것 같다. 인간은, 비록 文字의 形態나 디자인에 差異가 있을지라도, 그것들을 같은 글자의 範疇로서 묶어 낼 수 있는(包攝할 수 있는) 패턴 認識 能力을 가진 덕택에, 文字에 의한 커뮤니케이션이 成立이 되는 것이다.

文字論에서는「字形」과「字體」를 구별하여 쓴다. 字形이란, 現實的으로 종이나 畵面 위에 印字·表示된 文字의 形狀을 뜻한다. 한편 字體란 그 글자의 뼈대에 關한 抽象的인 槪念을 가리킨다. 이러한 字形과 字體의 差異는 마치「音聲」과「音韻」과의 差異와 비슷하다 하겠다. 明朝體와 楷書體의 差異라든가 폰트 디자인의 差異 등은 字形 레벨의 差異로 생각되고 있다. 한편 字體 레벨의 差異란「桜 - 櫻」「篭 - 籠」과 같은 差異를 가리킨다. 이와 같이 漢字에는 읽기와 뜻은 같으나 形態만 다른 글자가 많이 있는데, 이들은「異體字」라고 불린다.

Ⅳ.1. 젊은 사람들이 情報機器로 선택하는 字體

컴퓨터나 핸드폰 메일로「かんがい」를 漢字變換시켰더니「漑漑」와「灌漑」두 가지 候補가 나왔다고 仮定하자. 이 두 가지 候補는「漑 - 灌」이 다를 뿐이나, 당신은 어느 쪽 을 選擇할 것인가. 같은 方法으로 英文學科

女大生에게 「桧 - 檜」의 짝을 묘示하여 어느 글자를 쓰고 싶은가를 直觀的으로 選擇하게 했다면, 그녀들이 더 선호하는 글자는 어느 쪽인가. 一般的으로 英文學科 學生은 漢字에 關心이 그리 높지 않을 테니까, 「檜」(舊字體, 83JIS 第二水準)와 같은 오래되고 複雜한 字體는 경원시 하지 않을까 하는 豫測도 可能하나, 과연 그 예측은 어느 정도 옳은 것인가? 이러한 문제에 대답해 줄 실마리를 찾아, 笹原 外(2003)는 「潅 - 灌」 등 263개의 異體字 짝을 百名 남짓한 女大生들에게 묘示하고 각각 어느 쪽의 字體를 더 쓰고 싶은가 選擇하게 했다. 調査에 앞서서 다음과 같은 敎示를 被調査者에게 제시했다.

■ 워드 프로세서 使用畵面을 喚起시키는 敎示

"이 調査는 漢字가 어떻게 쓰이고 있는가를 살펴보고자 하는 것입니다. 지금부터 글자의 모양은 다른데 읽기와 뜻이 똑같은 漢字의 짝을 보여 드리겠습니다. 예를 들어 '断 - 斷'은 읽는 법이 같고 뜻도 같은 漢字의 짝입니다. 만약 당신이 워드 프로세서를 치고 있다면, 어느 쪽 글자를 쓰고 싶은지 가르쳐 주십시오. 두 漢字를 잘 보고, 쓰고 싶다고 느끼는 정도를 비교해 더 쓰고 싶은 쪽의 글자에 O표를 하십시오. 둘 다 쓰고 싶다, 혹은 양쪽 다 쓰고 싶지 않다고 느껴지는 짝이 있을지도 모르나, 되도록 어느 한 쪽의 글자에만 O표를 해 주십시오. (以下省略)"

그림 4-1과 같은 異體字 짝을 묘示한 結果, 「潅」을 選擇한 것은 불과 15%에 그치고, 85%가 舊字體인 「灌」을 支持했음을 알았다. 「桧 - 檜」의 짝에 대해서도 같은 質問을 했던 바, 72%가 舊字體인 「檜」를 더 좋아한다고 回答했다. 다시 말하면 現代의 젊은 女性들이 舊字體를 언제나 싫어하는 것은 아니라는 사실이 밝혀졌다. 앞에서 말한 바와 같이, 「潅 - 灌」이나 「桧 - 檜」는 異體字의 一例이다. 인간이 異體字를 어떻게 認知하는가라는 問題를 取扱한 硏究는 거의 없으므로, 異體字 認知 機構를 探究한 笹原 外(2003)의 報告를 좀 더 仔細하게 紹介해 보겠다.

그림 4-1 異體字 짝의 例

06	恢	恢	16	区	區
				欧	欧
07	会	會		躯	軀
	桧	桧		鴎	鴎
08	覚	覺	17	経	經
	攪	攪		頚	頚

　우선 常用漢字와 같이, 被調査者에게 〈친숙한〉 것에 대해서는, 거의 新字體를 選擇하게 됨이 밝혀졌다. 거꾸로 舊字體의 選擇率이 新字體의 그것을 統計的으로 有意로 웃도는 경우도 있었다. 258개의 異體字 짝 중 全體의 7%에 해당되는 17개의 짝으로서, 舊字體가 新字體보다 選好됨이 밝혀졌다. 같은 結果가, 다른 被調査者를 對象으로 한 調査에서도 보고되었으며, 데이터의 信賴性(安定性)이 높다. 여기서 주목되는 것은 「灘-灌, 頚-頸, 篭-籠, 壷-壺, 桧-檜, 鴬-鶯, 賎-賤」의 7개 異體字 짝에서 모양이 複雜한 舊字體가 강하게 選好된다는 점이다. 이들은 JIS漢字符號規格의 區点番號에 있어서, 1978年版과 1983年版에서 第一水準과 第二水準과의 交替가 일어나, 新字體가 第一水準이 되었다는 經緯가 있었던 것이다. 이들 7개는 敎科書나 雜誌와 같은 活字 미디어에 있어서는, 舊字體의 出現率이 新字體와 比較해 相對的으로 높다는 것이 알려져 있다.

Ⅳ.2. 中年層 以上은 舊字體를 敬遠視하는가

　女大生을 對象으로 한 調査의 結果에 따르면, 예를 들어 「桧」보다 「檜」를 즐겨 쓰는 경향이 있음을 알았다. 그러면 年齡層을 넓히면 어떻게 될까? 舊字體를 좋아하는 比率은 年齡이란 要因과 無關하게 安定되어 있는 것일까?

　이 点을 確認하기 위하여, 全國 約 12만 명의 패널(調査協力者) 가운데서 480명의 女性을 無作爲 抽出하고 Web畵面으로 異體字 짝을 提示하여 調

査를 實施했다. 調査對象을 20대, 30대, 40대, 50대의 네 개 그룹으로 나누었다. 샘플數는 50대만 102명으로, 그 외의 그룹은 120명씩, 합쳐서 462명의 데이터를 收集했다. 調査에 關한 敎示는 먼저 번 調査와 같았다.

그림4-2에 「桧 - 檜」의 結果를 제시한다. 20대는 舊字體 「檜」를 선택하는 비율이 70% 가까이 점하여, 新字體 「桧」의 30%를 압도했다. 이는 앞에서 말한 質問紙法에 의한 數値와 거의 一致했다. 그런데 40대일 경우는 舊字體 「檜」가 約 40%로 줄어들어, 거꾸로 新字體 「桧」를 選擇한 사람이 約 60%로 늘어남으로써, 逆轉 現象이 일어난다. 게다가 50대에서는 「檜」가 約 30%로 떨어져 「桧」가 約 70%를 차지한다. 요컨대 20대와 50대에서는 異體字의 選擇 傾向은 正反對이며, 中年層 以上은 舊字體 「檜」를 選擇하지 않는 다는 것이 밝혀졌다.

아마도 젊은 層은 손으로 쓰는 것을 意識하고 있지 않은 데 비해, 中年層은 손으로 쓸 경우의 筆記의 經濟性을 어떤 형태로든 고려하고 있는 건지도 모른다. Web調査는 샘플이 치우치는 危險性도 있기 때문에 一般的인 結論은 삼가겠으나, 情報機器의 操作에 익숙한 先進的인 사람을 對象으로 異體字 選擇調査를 實施한 경우는 年齡이란 要因이 影響이 미칠 때도 있다고 하겠다.

그림 4-2 「桧-檜」의 選擇率(2004年 2月實施, n=462)

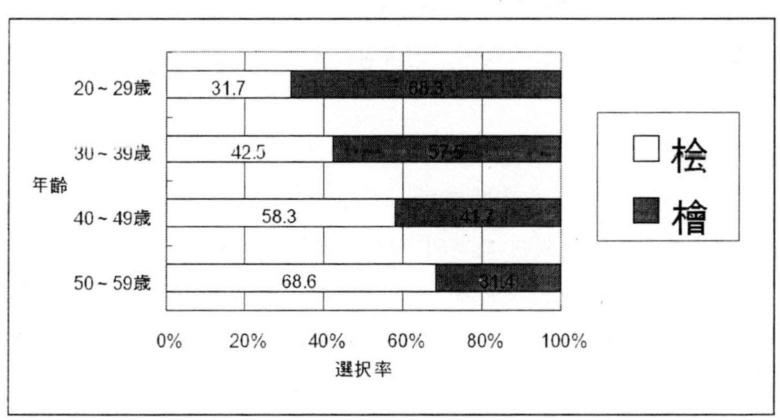

V. 社會와 漢字와 心理와의 三者關係

위에 보인 結果를 토대로, 대충 다음과 같이 생각할 수 있다.

① 異體字 짝의 한 쪽이 常用漢字일 경우는 新字體가 統計的으로 有意하 게 좋아하는 傾向이 많다(例：「会 - 會」의 「會」). 적어도, 舊字體·正字體 의 選擇 人員數가 新字體의 그것을 웃도는 일은 없다. 一般의 社會生 活에 있어서는 常用漢字의 使用이 壓倒的으로 많다. 常用漢字는 學生 에게도 「잘 아는 것」으로 되어 있다. 단, 이번 調査에 參加한 學生들 은 常用漢字와 그렇지 않은 漢字의 區別을 意識해 보지 않은 것 같고, 애당초 常用漢字가 무엇인가를 아는 사람도 적었다.
② 異體字의 짝이 둘 다 常用漢字가 아닌 경우는 舊字體의 使用頻度가 높고, 더구나 짝 사이에서 字體差가 크면 舊字體가 選擇된다(例：「桧 - 檜」의 「檜」). 舊字體의 選擇率이 新字體의 그것을 統計的으로 有意하게 웃돈 것은 모두 이러한 케이스이다. 그 背後에는 「常用漢字가 아닌 漢字는 正字體(舊字體)로 표기한다.」는 出版·印刷業界의 規範·慣習이 要因으로 作用하는 것으로 생각된다.

아마도 異體字 選擇에 가장 큰 影響을 미칠 要因은, 異體字 짝 사이에 서의 社會的인 「使用頻度」의 差異인 것 같다. 文字生活 속에서 人間은 自 然스럽게 漢字에 接觸하여, 그 「接觸頻度」의 높낮이에 따라 그 漢字에 대 한 「接觸意識」이 생겨, 그것이 「친숙함」, 나아가서는 「선호도」를 形成하 는 것이라 생각된다.

여기에는 提示하지 않았으나 接觸頻度의 要因 외에, 未知의 글자를 旣 知의 字體와의 類似性 判斷에 의해 理解의 실마리를 잡으려는 一種의 推 論作用이 있으며, 그 외에 漢字의 規範 意識이나 書體差에 注意를 기울이 는 傾向 같은 것으로도 字體에 대한 선호도·친숙함이 影響을 받을 可能 性이 있다. 漢字의 선호도·친숙함은 漢字心理의 一部이다. 漢字心理는 人 間이 漢字를 읽는(識別이나 包攝도 포함) 경우뿐만 아니라, 情報機器를 써서 漢字를 쓸(選擇할) 때에도 크게 영향을 미치고, 그 漢字가 社會에 流通되어

社會的 使用頻度로 이어져 간다. 앞에서 提示한 그림1도 漢字心理 어디엔
가 자리 잡게 될 것이다. 結局은 漢字處理의 認知機構는 머릿속에만 있는
것이 아니라, 漢字와 心理, 社會의 三者가 相互作用하는 「漢字 環境」속에
內包되어 있다고 생각해야 할 것이다.

漢字의 將來를 豫測하여 向後의 指針을 얻고자 할 때, 위에서 紹介한
데이터도 參考가 될지도 모른다. 한 가지 確實한 것은, 情報化社會 속에서
漢字는, 大多數의 日本國民이 더욱더 사랑 하고 必要로 하고 있는 存在라
는 점일 것이다.

Ⅵ. 情報通信政策을 지원하는 漢字硏究 프로젝트

以上과 같은 日本國民의 漢字心理를 考慮하면서 國立國語硏究所는 創立
後 처음으로 府省廳 橫斷프로젝트를 推進하고 있다. 그것이 「電子政府 文
字情報 데이터베이스」構築 프로젝트이다. (正式名稱은 經濟産業省 委託硏究 「汎
用 電子情報交換 環境整備 프로그램」). 電子 政府 文字情報 데이터베이스의 開
發은 國立國語硏究所, 情報處理學會, 日本規格協會의 3者聯合體가 擔當하고
있다.

電子政府 文字情報 데이터베이스의 目的은, 法務省이나 總務省이 保有
하는 戶籍·住民基本台張 등 電子化에 關聯된 모든 文字에 대하여, 읽기
情報·文字코드 番號 등 여러 情報를 附與하여, 각기 漢字가 서로 어떠한
異體字 關係에 있는가를 提示하는 데에 있다. 이는 이를 테면 「漢字情報通
信을 위한 國家標準」이 된다. 日本의 人名이나 地名에 實際로 쓰이는 글
자 중에, 지금까지는 電子化가 안 되었거나 外字 取扱을 받았거나 해서,
네트워크를 통해 正確한 情報交換을 하지 못했던 漢字의 大部分을 確實히
주고받을 수 있는 시스템이 實現 될 것으로 期待되고 있다.

Ⅶ. 電子政府 文字情報 데이터베이스의 槪要

이 프로젝트는 漢字 패턴 解析에 關한 硏究도 積極的으로 推進하여, 그 成果를 電子政府 文字情報 데이터베이스에 利用하고 있다. 그 特長의 一部를 紹介한다.

(1) 檢索이 簡便함 : 各 地方自治體 職員이나 一般市民들이 電子申請 등에 있어서 利用하는 것을 고려하여, Web 브라우저(browser) 등에서 필요한 文字情報를 檢索할 수 있게끔 하였다. 한자의 전문지식을 가지고 있지 않은 사람이라도, 간편하고 신속하게, 찾고 있는 문자를 검색할 수 있도록, 아래와 같은 시스템을 갖추고 있다.

① **解字檢索機能** : 部首 · 읽기 등을 特定하기 어려운 文字에 대해서는, 잘 알려진 文字를 入力하여, 그 文字를 순식간에 分解하여 집어낸 構成部品을 檢索키(key)로 使用할 수 있다. 이 機能을 實現하기 위해 모든 登錄文字에 대하여 文字의 構成部品이 마련되어 있다.
② **關聯字表示機能** : 서로 異體字 關係에 있는 文字의 一覽이나, 規格內 文字와 異體字와의 異同判別에 도움이 될 異體字 地圖를 表示할 수 있다. 그 例를 그림7-1로 提示하겠다.

(2) 글자가 깨지지 않는 文字 글리프의 配信 : 檢索畵面에 表示되는 文字는 一般市民들에게 친숙한 明朝體(平成明朝體)로 디자인하고, 「文字 글리프」로서 一般에게 提供하게 되어 있다. 여기서 말하는 文字 글리프란, 字體의 뼈대를 나타내기 위한 文字圖形 디지털 데이터를 뜻하며 1文字를 1화일의 畵像形式으로 Web 브라우저(browser) 등에 配信한다. 이 技術의 基礎는 「文字 글리프 配信서버(server)」를 利用한 國立國語硏究所의 JiBOOKS 프로젝트(http : //www.kokken.go.jp/jibooks) 등에 의하여 가꾸어진 것이다. 이 프로젝트로 얻어진 成果는 文字 코드에 關한 日本工業規格의 改正 및 國際規

格의 提案에 反映될 豫定이다. 그 波及效果로서 漢字情報基盤의 國際的 共有化라는 文化的인 側面에서도 國內外에 이바지할 수 있을 것으로 期待되고 있다.

그림 7-1 異體字 一覽의 例

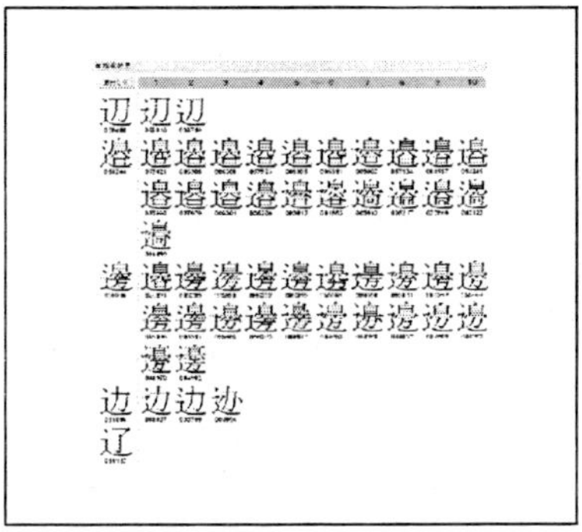

Ⅷ. 要　約

電子政府 文字情報 데이터베이스가 公開되어 世界 各國 사람들이, 이를 便利한 道具로서 利用하기 시작하면, 어떠한 變化가 社會와 人間(心理)에 일어날 것인가? 그 解答은 여기서 언급한 方法論을 驅使하면 제법 效率的으로 얻어질 수 있을 것이다. 앞에서 그림1-2로 나타낸 바와 같이, 漢字環境을 成立시키고 있는 것은 漢字流通과 漢字心理의 양자이다. 電子政府 文字情報 데이터베이스라는, 情報通信政策의 國家的標準이 完成되면, 社會에 있어서의 漢字流通의 모습이 確實히 變化한다. 그 影響을 받아 國民의 漢字心理도 變化하며, 어떤 字體에 대한 선호도가 새로 형성되고, 結果的으로 그 字體가 情報通信機器를 통하여 社會에 많이 流通되게 된다. 이와 같은 社會와 漢字, 心理의 3者가 一體가 된 循環 사이클이 國民의 言語生活을 지탱하고 있다 하겠다.

『Abstract』

Japanese Circumstances of Using the Chinese Characters and Her Electronic Government's Policies on the Information Database

YOKOYAMA Shoichi
(The National Institute for Japanese Language)

On the basis of a study on the circumstances in which the Japanese people have to use the Chinese written characters, this article shows several data on several questions: what Chinese written characters they use or what kind psychological attitude they have on the Chinese written characters. In addition, this paper introduces the electronic government's written language information database which has the possibility to have an influence on the Chinese written character environment in Japan.

Zur Methodik des Unterrichtens chinesischer Schriftzeichen im Unterricht Koreanisch als Fremdsprache

Prof. Dr. Werner Sasse

Koreanistik

Hamburg University 教授 / Germany

Um es vorab zu sagen : Meine Suche in der Sekundärliteratur nach sprachwissenschaftlich abgesicherten Methoden war erfolglos, und leider waren auch alle Artikel, die sich mit pädagodischen Aspekten der Lern- und Lehrmethoden chinesischer Schriftzeichen befassten, nur beschreibend und wissenschaftlich wenig ergiebig.

Mir bleibt also heute ebenfalls nichts weiter übrig, als ein paar grundlegende Überlegungen anzustellen, die aus meiner Beobachtung und meiner Erfahrung stammen. Meine Beobachtungen und Schlussfolgerungen basieren also auf Studenten, deren Muttersprache Deutsch ist, die eine Alphabetschrift schreiben, und die in den letzten 30 Jahren eine deutsche Schule besucht haben. Sie sind daher höchstens auf Studenten mit europäischer oder amerikanischer Muttersprache und Erziehung verallgemeinerbar, nicht aber für Studenten aus anderen Kulturen, z.B. japanische und chinesische Studenten.

Ich werde dabei zunächst vor allem über die Sorgen und Vorurteile sprechen, die der Student normalerweise den chinesischen Schriftzeichen gegenüber hat, und die abgebaut werden müssen, um die Motivation und Lernbereitschaft der Studenten zu maximieren. Als nächstes plädiere ich für eine neue Unterrichtstrategie und für eine Erziehung zu einem veränderten Lernverhalten der Studenten.

A. Vorurteile und psychologische Barrieren beim Studenten müssen überwunden werden

Das grösste Problem, wenn man Ausländern, die eine indogermanische Sprache sprechen und in Alphabetschrift schreiben, chinesische Schriftzeichen unterrichten will, ist das Überwinden von Vorurteilen und psychologischen Barrieren. Viele dieser Vorurteile existieren übrigens auch bei Koreanern und werden von ihnen leider Ausländern gegenüber oft geäussert, was die psychologische Barrieren beim Studenten verstärkt und seine Motivation sinken lässt. Zu einigen der häufigsten Vorurteile und Barrieren möchte ich im folgenden kurz Stellung nehmen.

Vorurteil # 1 :
"Chinesische Schriftzeichen sind schwer zu lernen, sie sind das schwierigste Schriftsystem der Welt"

Die Aussage beruht darauf, dass Schreiber von Alphabetschriften und Sprecher von Sprachen mit morphologischen Veränderungen am oder im Wort, vor der Fremdartigkeit dieser Schrift zurückschrecken. Man muss den Studenten aber klarmachen, dass auch beim Lesen von Texten in Alphabetschrift nicht einzelne Buchstaben gelesen werden, sondern ganze Wörter (e.g. "tree") oder Morpheme (e.g. "sick" + "-ness" = "sickness") als

Buchstabenkomplexe erkannt werden. Der Leser muss diese Wörter/ Buchstabenkomplexe beim Lesen von Texten in Alphabetschrift aus Buchstaben zusammensetzen (㉮), und dieser Vorgang gleicht insofern dem Lesen von chinesischen Schriftzeichen, die aus Strichen (㉯) und Strich-komplexen (㉰) zusammengesetzt werden.

Vorurteil # 2 :

Alphabetschriften sind einfacher, weil man die Lautung erkennt

Es ist richtig, dass man die Lautungen der Wörter in Alphabetschriften leichter erkennt, wenn man die Darstellungsregeln kennt, wobei aber auch hier nie 1 : 1-Entsprechungen bestehen, sondern Repräsentationsregeln(e.g. {ㅚ} in {되} unterscheidet sich von {ㅚ} in {외국}, {kn} in {knight} unterscheidet sich von {kn} in {sickness}).

Der wichtigere Punkt ist aber, dass es nicht ausreicht, aus der graphischen Repräsentation eine Lautung zu rekonstruieren, der Leser muss auch noch die Bedeutung kennen. Der Lesevorgang ist immer

㉮ graphische Repräsentation ➡ ㉯ lautliche Repräsentation ➡ ㉰ Bedeutung, der Schreibvorgang immer

㉮ graphische Repräsentation ⬅ ㉯ lautliche Repräsentation ⬅ ㉰ Bedeutung.

Nun besteht zwar bei Alphabetschriften zwischen ㉮ graphische

Repräsentation und ㉯ lautliche Repräsentation eine engere Beziehung, das Wichtige ist aber die gesamte Kette ㉮ ⟷ ㉯ ⟷ ㉰ Dem Studenten, der ja Wörter einer ihm unbekannten Sprache lernt, muss klargemacht werden dass der Vorteil bei ㉮ ⟷ ㉯ in Alphabetschriften nur in seiner eigenen Sprache besteht, nicht aber beim Lernen von Fremdsprachen.

Und beim Einführen neuer chinesischer Schriftzeichen muss darauf hingewiesen werden, dass es Elemente in den meisten Schriftzeichen gibt, die eine oder zwei/drei Aussprachen nahelegen, d.h. ㉮ ⟷ ㉯ ist nicht völlig arbriträr(面, 緬 麵 姵 恦 湎 糆 腼 usw., s.u.) Bei den chinesische Schriftzeichen gibt es zwar mehr solcher Elemente, aber dem Studenten muss das Vertrauen gegeben werden, dass deren Zahl nicht unbegrenzt ist

Vorurteil # 3 :

"Chinesische Schriftzeichen sind unnötiger Ballast beim Erlernen der koreanischen Sprache"

Gerade für Ausländer ist das Gegenteil der Fall. Den Studenten müssen Beispiele für die unbestreitbaren Vorteile der chinesische Schriftzeichen klargemacht werden, damit dieses Vorurteil überwunden wird, z.B.

1.) Für Ausländer ist besonders wichtig, dass bei der grossen Zahl der Homophone im Koreanischen sofort Eindeutigkeit hergestellt wird. (과정 : 科程, 課程, 過程, 가정 : 家庭 家政 假定, 전부 : 全部, 前部……)

2.) Auch das leichtere Erkennen von Wortstämmen bei sino-koreanischen Wörtern auf der einen Seite und grammatischen Endungen auf der anderen Seite in der Hangeul/chinesische-Schriftzeichen-Mischschrift ist (wieder besonders für Ausländer) eine grosse Hilfe. Das Thema unserer heutigen Konferenz 한국인 이외의 외국인에게 한국어를 가르칠 때 가장 효과적인 한자 및 한자어교육

ist in Hangeul/chinesische-Schriftzeichen-Mischschrift für einen Ausländer schneller zu verstehen, wenn er die chinesischen Schriftzeichen kennt :

韓國人 以外의 外國人에게 韓國語를 가르칠 때 가장 效果的인 漢字 및 漢字語教育

3.) Darüberhinaus werden auch heute noch ständig neue Wörter auf der Basis der chinesischen Schriftzeichen gebildet, die erst nach Jahren oder gar nie im Lexikon nachgeschlagen werden können. Wer chinesische Schriftzeichen kennt, kann sich hier helfen.

4.) Noch nie gesehene Wörter können oft, wenn die meisten anderen Vokabeln im Text bekannt sind, unmittelbar aus dem Textzusammenhang heraus in ihrer Bedeutung erkannt werden, wenn die einzelnen Zeichen eines Binomens bekannt sind.

Vorurteil # 4 :

"Im Koreanischen sind Wörter in chinesischen Schriftzeichen eigentlich Fremdwörter"

Man muss dem Studenten klarmachen, dass durch den jahrhunderte langen Gebrauch die chinesischen Schriftzeichen schon längst keine Fremdkörper im Koreanischen sind, sondern völlig adaptierte semantische Morpheme des Koreanischen. Dabei sind auch einige wenige der grundlegenden Regeln der chinesischen Syntax zu Regeln der Wortbildung in der koreanischen Grammatik geworden (s.u.).

Vorurteil # 5 :

Das wunderbare Schriftsystem Hangeul macht chinesische Schriftzeichen überflüssig. Ich kann Hangeul schreiben und lesen, das reicht aus. Und da in Süd-Korea und in Nord-Korea die chinesischen Schriftzeichen im täglichen Leben keine Rolle mehr spielen, braucht sie der Ausländer auch nicht.

Hier muss der Student auf den Unterschied zwischen Sprache im täglichem Leben (Grüssen, Einkaufen, usw.) und gehobener Sprache in einer gebildeten Unterhaltung oder im wissenschaftlichen oder sonstigen beruflichen Diskurs klargemacht werden, sowie der Unterschied zwischen gesprochener Umgangssprache und Schriftsprache. Und er muss auch in diesem Zusammenhang auf die o.a. Vorteile gerade für Ausländer hingewiesen werden.

Vorurteil # 6 :

"Es gibt so viele chinesische Schriftzeichen, die kann ich nicht alle lernen"

Hier täuscht die grosse Menge an Schriftzeichen, die in den Lexika zu finden sind, die aber nicht zum alltäglichen Gebrauch gehören. Dem Studenten muss gesagt werden, dass schon 800 bis 1000 chinesische Schriftzeichen ein sehr guter Grundstock sind, und dass viele von ihnen eine so hohe Häufigkeit in Texten haben, dass schon 300-500 der häufigen chinesischen Schriftzeichen eine Lese- und Verständnishilfe darstellen.

B. Unterrichtsstrategie I : Lernziele müssen klar definiert sein und klar getrennt unterrichtet werden

Nach meiner Beobachtung liegt der grösste Fehler beim herkömmlichen Unterrichten von chinesischen Schriftzeichen im ständigen Wechsel der Lernstrategien, die der Lehrer dem Studenten abverlangt.

Beim Lehren chinesische Schriftzeichen müssen mindestens 3 Unterrichtseinheiten bewusst getrennt werden :

    1.) Schreiben lernen(übendes Lernen, darstellen),

    2.) Lesen lernen(übendes Lernen, erkennen), und

3.) Vokabelaufbau(analytisches Lernen von Strukturen).

Jede dieser Einheiten muss eine bestimmte Zeit (z.B. abwechselnd je ca. 15-20 Minuten) getrennt und ohne Vermischung mit einer anderen Unterrichtseinheit unterrichtet werden, denn es werden dabei immer verschiedene Fähigkeiten vom Schüler verlangt. Und da für jede dieser Unterrichtseinheiten andere Fähigkeiten benötigt werden, muss der Schüler auch für jede davon eine andere Lernstrategie entwickeln.

Trennt man aber diese Einheiten nicht, dann muss der Student ständig zwischen den verschiedenen Lernstrategien wechseln. Das ist sehr anstrengend, er wird schnell müde und bekommt unnötigerweise das Gefühl, das Lernen chinesischer Schriftzeichen sei sehr ermüdend. In Wirklichkeit ist aber das Ermüdende nicht das Lernen der chinesischen Schriftzeichen sondern der ständige Wechsel der Lernstrategie.

Im Zusammenhang mit den Lernstrategien scheint mir die Beobachtung wichtig, dass offensichtlich die verschiedenen Lernstrategien individuell und deshalb nicht allgemein lehrbar sind. Sie müssen von jedem Studenten selbst entwickelt werden. Die Lernstrategien sind abhängig von den individuellen psychologischen und mentalen Einschränkungen eines jeden Studenten, und von seinen bisherigen Lernerfahrungen. Sie sind auch abhängig von Erfahrungen und Fähigkeiten, die analog angewendet werden können, davon, ob er viel mit der Hand schreibt oder eher mit dem Computor, ob er viel oder wenig liest, ob er lieber Texte liest oder lieber Comix (Bilder!), und überhaupt von allen seinen Verhaltensweisen und Gewohnheiten.

Dies ist möglicherweise einer der Gründe, warum eine allgemein gültige Lehrmethode oder gar "die beste" Lehrmethode bisher vergeblich gesucht wurde.

B.1. "Schreiben lernen" ist das Einüben einer "darstellenden Erinnerung."

Schreiben, gleichgültig in welcher Schrift, ist eine Tätigkeit, die automatisiert werden muss. Beim Schreiben in einer Alphabetschrift wie Hangeul oder dem römischen Alphabet darf der Schreibende nicht die einzelnen Buchstaben aus dem Gedächtnis abrufen, er muss vielmehr das Schreiben unbewusst ausüben. Das Gleiche gilt für das Schreiben der chinesischen Schriftzeichen : der einzelne Strich darf nicht mehr überlegt werden, selbst das Vorstellen ganzer Schriftzeichen unterbricht den Schreibfluss. Vielmehr muss das Schreiben unmittelbar aus der Hand kommen, die Erinnerung liegt sozusagen nicht im Kopf, sondern in der Hand, so wie ein Geiger oder Klavierspieler "automatisch" spielt.

Das bedeutet beim Lernen, dass der Lernende nicht aus der Vorstellung im Kopf heraus üben darf, er muss vielmehr die Bewegung der Hand üben. Nicht das Bild des chinesischen Schriftzeichens muss eingeübt und erinnert werden, sondern die Bewegung der Hand. Deshalb kann man auch immer wieder beobachten, dass ein Koreaner, wenn er versucht, sich an ein chinesisches Schriftzeichen zu erinnern, anfängt, in der Luft, in der linken Hand oder auf dem Tisch die Bewegung des Schreibens zu machen.

Während des Einübens der Bewegung der Hand sieht aber gleichzeitig der Student, was er schreibt. In anderen Worten, während er sich bewusst ganz auf die Bewegung der Hand konzentriert, wird gleichzeitig unbewusst das Bild des chinesischen Schriftzeichens in den Teil des Hirnes eingeprägt, der später beim Lesen aktiviert wird.

Fazit : Schreiben lernt man durch Schreiben, durch immer wieder konkret übende Wiederholung der Bewegung des Schreibens, durch wiederholtes Darstellen auf Papier : Einüben der "darstellenden Erinnerung".

B.2 "Lesen lernen" ist das Einüben einer "erkennenden Erinnerung"

Auch das Lesen, das Erkennen eines einzelnen chinesischen Schriftzeichens und eines Textzusammenhanges, muss automatisiert werden. Allerdings liegt hierbei die Erinnerung nicht in der Hand, sondern in den Augen und im erkennenden Teil unseres Gehirns. Beim Lesen sollte daher die Hand ruhig bleiben, da nicht das Darstellen, sondern das Erkennen der einzelnen chinesischen Schriftzeichen und das Herstellen des semantischen Zusammenhanges das Ziel ist.

Deshalb darf in diesem Teil des Unterrichtes der Student nicht mitschreiben, nur der Lehrer darf schreiben. Wenn ein Student ein chinesisches Schriftzeichen nicht erkennen kann, muss der Lehrer zwar das chinesische Schriftzeichen in deutlichen und grossen Schriftzügen zum besseren Erkennen an die Tafel schreiben, er darf aber den Schüler nicht zum Abschreiben auffordern, weil damit der Schüler zum Wechseln der Lernstrategie gezwungen würde. Der Lehrer muss sich vielmehr das chinesische Schriftzeichen merken und beim nächsten Mal im Unterrichtsteil "Schreiben lernen" / "darstellende Erinnerung" (B.1) wiederholen.

Zwei verschiedene Arten von "lesen" müssen gelernt und ebenfalls getrennt geübt werden. Lesen und Verstehen sind stark im Vorverständnis begründet und in der Erwartung, was der Text beinhalten könnte. Das Vorwissen zum Textinhalt, das für das Verstehen unumgänglich ist, wird durch eine andere Art des Lesens erworben, als das Lesen des Textes selbst. Der Student muss also lernen, zunächst einmal vor dem linearen "Lesen" jedes einzelnen Wortes im Text, sich durch "diagonales Lesen", bzw. "oberflächliches Erfassen des Inhaltes", ein ungefähres Bild vom Textinhalt zu machen. Dazu muss er sich einen Blick für oft vorkommende chinesische Schriftzeichen-Zusammensetzungen (Wörter) erüben. Erst nachdem dieser Hintergrund vorhanden ist, sollte das Wort-für-Wort-Lesen beginnen. Geübte Leser gehen automatisch so vor, der Student muss aber darauf aufmerksam gemacht werden, damit er die psychologische Barriere vor dem Text überwindet.

B.3 Vokabelaufbau ist abstraktes Erkennen von syntaktischen und semantischen Zusammenhängen.

Da chinesische Schriftzeichen im Koreanischen wie Morpheme sind, müssen die Kombinationsregeln gelernt werden. Dabei ist im Unterricht vor allem wichtig, nur solche Komposita aufzunehmen, die entweder schon bekannt sind, oder die eine hohe Häufigkeit besitzen oder dem alltäglichen Sprachgebrauch angehören. Allzu oft verfallen koreanische Sprachlehrer der Versuchung, nicht nur zu viele unbekannte Vokabeln auf einmal und ohne Textzusammenhang einzuführen, sondern - vor allem im chinesische Schriftzeichen-Unterricht - obskure und irrelevante Vokabeln, nur weil es die Kombination der chinesischen Schriftzeichen irgendwo gibt. Die Beschränkung auf schon bekannte, oder wenigstens häufige Vokabeln fällt ungeübten Lehrern schwer.

Einige einfache Regeln der chinesischen Syntax sind in der koreanischen Grammatik zu Regeln der Wortbildung geworden. Diese Regeln müssen dem Studenten beigebracht werden, z.B.

Prädikat + Objekt	上陸, 登山, 讀書
Genitive	國旗, 國基, 麥酒
double Genitive	面長室, 自然界
Adjektiv-Nomen-Modifikation	冷水, 溫泉,
Adverb-Verb-Modifikation	回送, 落下,
((Subjekt Prädikat) GEN Nomen)	草綠色
usw.	

Es muss auch darauf hingewiesen werden, dass chinesische Schriftzeichen und Kombinationen von chinesische Schriftzeichen im Koreanischen Nomina sind, d.h. 動詞 und 形容詞 als Ableitungen mit Hilfsverben gebildet werden.

Neben diesen Wortbildungsregeln müssen die Studenten semantische Zusammenhänge üben :

Wörter mit gleichen chinesische Schriftzeichen an erster Stelle	教科書 教務 教室
Wörter mit gleichen chinesische Schriftzeichen an letzter Stelle	教室 化粧室 1等室

Oder ein anderes Spiel mit Wörtern mit einem gleichen chinesische Schriftzeichen :

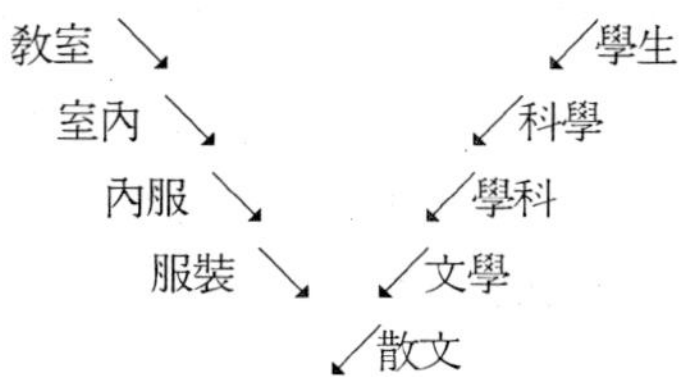

C. Unterrichtsstrategie II
: Einführen der chinesischen Schriftzeichen

C.1 Arbeitsbelastung und Zeitpunkt der Einführung

Nach meiner Erfahrung sind unsere Studenten nicht in der Lage, mehr als 10 bis maximal 15 neue chinesische Schriftzeichen in der Woche zu lernen. Bei 15 Wochen pro Semester sind das 150 bis 225 chinesische Schriftzeichen im Semester und 300 bis 450 im Jahr. Auch hier müssen koreanische Lehrer oft gebremst werden, die eine Tendenz haben, die Studenten mit soviel neuen chinesischen Schriftzeichen zu konfrontieren, dass die Studenten nicht mehr Schreiben üben, d.h. im Endergebnis noch weniger chinesische Schriftzeichen lernen···

Ich unterstütze die Vorstellung, so früh wie möglich mit der Einführung zu beginnen, spätestes 1 Monat, nachdem die Studenten Hangeul gelernt haben. Beginnt man wesentlich später, dann ist das Schreiben der chinesischen Schriftzeichen - weil es eine weitere Schrift ist - mit einer weiteren psychologischen Barriere belastet. Beginnt man aber früh, dann ist für den Studenten das Schreiben mit chinesischen Schriftzeichen so normal wie das Schreiben in Hangeul.

C.2 Zeicheninterne Syntax

Die Studenten sollten bei der Einführung neuer chinesischer Schriftzeichen auf Schriftzeichen-interne Zusammenhänge aufmerksam gemacht werden. Zum einen ist dies eine Erinnerungshilfe, zum anderen aber nimmt es dem Studenten das lähmende Gefühl, chinesische Schriftzeichen seien ein ungeordnetes Chaos, d.h. seine Lernbereitschaft wird erhöht.

1.) lautliche Elemente der chinesische Schriftzeichen,

z.B. 화 : 花 貨 靴 梳 등등
정 : 正 政 征 整 등등

Die phonetischen Bestandteile der Zeichen sind zwar durch sprachliche Veränderung nicht mehr eindeutig, aber gewisse Zusammenhänge bestehen auch heute noch. Die sprachhistorischen Regeln der Veränderungen sind natürlich für den Studenten irrelevant, aber die Reihen gleichlautender Zeichen helfen beim Erinnern, und der Student erkennt intuitiv die Zusammenhänge,

z.B. ㄱ-ㅎ, ㅏ-ㅗ, ㅘ-ㅚ :

工 ㄱ-ㅎ, ㅏ-ㅗ	黃 ㄱ-ㅎ, ㅘ-ㅚ :
강 : 江 舡 杠 茳 釭 ……	황 : 黃 潢 璜 簧 鱑 ……
항 : 肛 缸 啌 ……	광 : 廣 鑛 曠 壙 礦 ……
공 : 工 功 攻 貢 空 ……	횡 : 橫 鐄 嚝 黌 횡 ……
홍 : 紅 虹 訌 仜 葒 ……	

2) Bei vielen zusammengesetzten Zeichen ergeben sich durch die Klassenzeichen (部首) semantische Hinweise aus den chinesische Schriftzeichen, die aber oft schwer nachzuvollziehen sind, möglicherweise über Analogien entstanden sind, graphische Wortspiele oder auch eher zufällig sind :

氵 : 江 海 油 浴 酒 ……　　　心 : 忘 志 愛 惠 惡

3) Manchmal werden derartige zusammengesetzte Zeichen, die aus semantisch zu deutenden und phonetisch zu deutenden Bestandteilen bestehen, ihrerseits wieder zu phonetischen Bestandteilen :

氵 + 亡 = 汒　　　　　　　金 + 彔 = 錄
　　　汒 + 艹 = 茫　　　　　　　錄 + 竹 = 籙

Reihungen wie die hier genannten sollten vom Lehrer aber mit grösster Vorsicht in den Unterricht eingeführt werden und nur wenn die Reihung offensichtlich ist. Viele moderne Lehrbücher für Anfänger verwirren den Studenten mit sehr weit hergeholten "Erklärungen" (vor allem semantische), die aber allenfalls als nicht ernst gemeinte Eselsbrücken zur Erheiterung dienen können und Volksetymologien darstellen.

D. Erziehung des Schűlers zu einem veränderten Lernverhalten

Wenn es stimmt, was ich in B.1 ("Schreiben lernen" ist das Einüben einer "darstellenden Erinnerung") und B.2 ("Lesen lernen" ist das Einüben einer "erkennenden Erinnerung") gesagt habe, und B.1 die Vorbereitung von B.2 ist, dann folgt daraus, dass das Lernen von chinesischen Schriftzeichen durch täglich wiederholtes Schreiben geschehen muss.

Dies klingt einerseits trivial und andererseits traditionell, und sicher werden Vertreter modernerer Methoden hier Einspruch erheben. Haben wir nicht endlich Computor, Video, Fernsehen, overhead projector, usw., und warum sollen wir diese modernen Medien nicht einsetzen? Der Grund ist, dass das Schreiben von chinesischen Schriftzeichen eine der ältesten traditionellen Kulturtechniken ist, die auch nach traditionell gepflegten Lernmethoden verlangt. So wie jemand, der ein Musikinstrument beherrschen lernen will, täglich űben muss, muss auch derjenige täglich űben, der die "darstellende Erinnerung" der Kenntnis chinesischer Schriftzeichen einűben will.

Das Problem ist, dass nur wenige Schüler dieses Einüben einer "darstellenden Erinnerung" noch beherrschen, da die Schulen sich mehr und mehr auf Methoden mit Hilfe der modernen Medien verlegt haben (ich spreche hier von Europäern und Amerikanern). Es wird auch immer weniger mit der Hand und immer mehr mit dem Computor geschrieben. Hier muss also eine andere Lerntechnik vom Schüler akzeptiert werden : tägliches Üben : 學而時習之……

韓國人 以外의 外國人에게 韓國語를 가르칠 때 가장 效果的인 漢字 및 漢字語 敎育

Prof. Dr. Werner Sasse

Koreanistik

Hamburg University 敎授 / Germany

國文抄錄

「韓國人 以外의 外國人에게 韓國語를 가르칠 때 가장 效果的인 漢字 및 漢字語 敎育」은 獨逸人에게 韓國語를 가르치면서 漢字와 漢字語를 가르친 經驗을 土臺로 整理한 글이다. 우선 學生들이 갖는 漢字는 배우기 어려운 文字라는 心理的 障碍를 없애는 것이 중요하다. 漢字는 世界에서 第一 어려운 文字體系라는 偏見에 대하여 漢字는 알파벳으로 쓰여진 言語의 立場에서 보면 形態素나 單語에 該當된다는 사실. 漢字는 韓國語 學習에 不必要한 負擔이라는 誤解는 韓國語의 同音異議語를 分揀하게 해 주고 처음 대하거나 새로 나오는 單語들의 意味도 쉽게 理解할 수 있게 해 준다는 点. 漢字의 數가 너무 尨大하다는 見解에 대하여는 실제로 必要한 漢字는 800字나 1000字 정도만 알면 基本的인 바탕이 된다는 点. 韓國에서 日常生活言語의 理解는 漢字를 몰라도 가능하지만 學問的인, 職業的인 討論에 使用되는 用語 등의 수준 높은 言語는 漢字를 알아야만 이해할 수 있다는 点 등을 理解시켜야 한다. 漢字의 學習方法은 自動的으로 쓰는 버릇을 들일 것. 읽기 연습은 記憶하고 있는 것을 再認識하는 過程으로 삼고 텍스트를 理解하는 연습을 할 것. 語彙構築은 漢字가 形態素와 같으므로 이들 漢字들이 述語＋目的語, 形容詞＋名詞의 構成으로 되어 있는가와 같은 것을 把握하는 것 등을 이해시키는 것이 효과적이다. 漢字學習의 入門에서는 一週에 10字에서 15字를 익히는 것으로 하여 한 學期에 150字~225字 程度를 익히는 것이 效果的이다.

　먼저 言及하고 싶은 점 : 言語學的인 方法論에 基礎를 둔 參考書籍을 求하려는 저의 努力은 成果 없이 끝났으며 漢字의 學習과 學習方法을 教育的인 面에서 다룬 論文들도 遺憾스럽게 모두 說明 描寫에 置重한 것이 太半이며 實質的이고도 學問的인 論文은 찾기 힘들었습니다. 그리하여 여기에 本人의 觀察과 經驗에 根據한 몇 개의 基本的인 事項들을 紹介해 볼 까 합니다.

　저의 觀察과 그 結果의 對象은 母國語가 獨語이며 獨逸學校를 다닌 學生들입니다. 따라서 이들은 유럽 學生들이나 美國 學生들과 一般化시킬 수 있으나 다른 文化圈, 즉 日本 學生들이나 中國 學生들과는 比較할 수 없습니다.

　저는 무엇보다 먼저 漢字에 對해 學生들이 普通 말하는 걱정이나 偏見에 對해 말하겠으며, 이것을 먼저 解消하고 漢字를 배우려는 動機나 學習意慾을 積極的으로 鼓舞해야 한다는 것을 披瀝하겠습니다. 그리고 다음으로 새로운 講義法과 學生들의 變化된 學習態度에 對한 教育에 對해 論하겠습니다.

A. 學生들의 先入見과 心理的인 障碍는 克服되어야 한다

　印度게르만語를 말하고 알파벳으로 글을 쓰는 外國人 學生들에게 漢字를 가르칠 때 가장 큰 問題는 그들의 先入見과 心理的인 障碍를 克服하게 하는 것이다. 大槪 이런 先入見들은 遺憾스럽게도 많은 韓國人들도 가진 것으로 그들이 外國人들에게 말하게 된 것들로 外國人들의 心理的 障碍를 더 强하게 하고 學習動機를 減少하게 한다. 이 先入見과 心理的인 負擔에 對하여 簡單히 披瀝하겠다.

편견 ＃ 1 :
"漢字는 배우기 힘들다. 漢字는 世界에서 第一 어려운 文字體系이다."

　이 言及은 알파벳으로 글을 쓰고 單語나 單語안에 形態學的인 變化를 하는 言語를 말하는 外國人들에게 이 文字의 異質性에 놀라게 한다. 그러나 먼저 알파벳으로 쓰여진 텍스트를 읽을 때에도 綴字를 하나하나씩 읽지 않고 單語나 形態素 單位로 읽듯이 綴字의 集合體로 읽는다는 事實을 學生들에게 分明히 알도록 하여야 한다. 알파벳 文字로 쓰인 텍스트를 읽을 때는 이 單語 (cf. "tree")나 형태소 (cf. "sick-" + "-ness") 集合單位體를 綴字들로 集團化시켜야 한다. 이 過程은 劃과 劃集合體로 構成된 漢字를 읽는 것과 同一하다 :

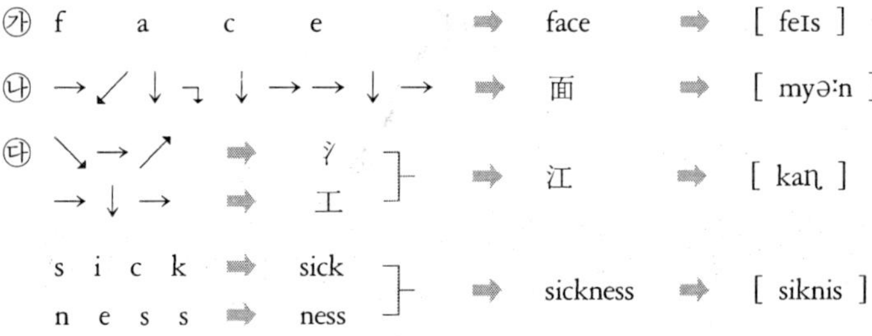

편견 # 2 :

"알파벳문자는 그 音을 斟酌할 수 있으므로 더 쉽다."

그 表現規則을 알면 알파벳 문자의 音을 더 쉽게 斟酌할 수 있다는 것은 事實이다. 그러나 여기에도 1 : 1의 對應規則이 있는 것은 아니며 表現規則에는 位置에 따라 差異가 있다. {되}에서의 {ㅚ}와 {외국}에서의 {ㅚ}와 差異가 있고, {knight}에서의 {kn}과 {sickness}에서의 {kn}도 다르다.

더욱 重要한 것은 表現된 文字에서 音을 再構하는 일 뿐이 아니고 또 그 意味를 알아야 한다. 읽는 過程은 恒常

㉮ 表現된 文字 ⇒ ㉯ 音의 把握 ⇒ ㉰ 意味 쓰는 過程은 恒常
㉮ 表現된 文字 ⇐ ㉯ 音의 把握 ⇐ ㉰ 意味

알파벳 文字에서는 ㉮ (表現된 文字)와 ㉯ (音의 把握) 사이에 密接한

關係가 있으나, 重要한 것은 ㉮ ⟷ ㉯ ⟷ ㉰의 全體的 聯關性이다. 外國語, 즉 모르는 言語를 배우는 學生들에게 分明히 알려주어야 될 事實은 알파벳 文字에서의 ㉮ ⟷ ㉯ 關係의 長點은 오직 自己 固有의 言語에만 適用되는 것이지, 外國語學習에는 適用되지 않는다는 事實이다.

새로운 漢字를 처음 紹介할 때 大部分의 漢字에 하나나 둘, 셋의 讀音이 있는 要素들이 있다는 것도 指摘해야 한다. 즉 ㉮ ⟷ ㉯ 關係는 全的으로 任意的인 것은 아니다.(面, 緬, 麵, 姬, 恛, 洰, 糆, 腼, 等等). 漢字에는 이러한 讀音要素가 흔하기는 하지만 無制限으로 있지는 않다는 것을 認識시켜 自信을 갖도록 해야 한다.

편견 # 3 :
"漢字는 韓國語 學習에 不必要한 負擔이다."

外國人에 있어서는 바로 그 偏見이 反對로 適用된다. 事實은 學生들에게는 漢字가 絶對的으로 韓國語 學習의 長點이 된다는 事實을 예를 들면서 分明히 해준다.

1) 外國人들에게 各別히 重要한 것은 漢字가 韓國語의 同音異義語를 分揀하게 해준다.
   (과정 : 科程, 課程, 過程 / 가정 : 家庭 家政 假定 / 전부 : 全部, 前部…)
2) 한편으로 漢字單語의 語幹을 쉽게 알 수 있도록 해주며 다른 한편으로는 한글·漢字 混用體에서,
   文法語尾를 쉽고도 빠르게 볼 수 있게 해준다. 오늘 우리 會의 主題인,

   "한국인 이외의 외국인에게 한국어를 가르칠 때 가장 효과적인 漢字 및 漢字어 敎育"은 "韓國人 以外의 外國人에게 韓國語를 가르칠 때 가장 效果的인 漢字 및 漢字語敎育"처럼 한글·漢字 混用體로 쓸 경우 外國人이 漢字를 알면 더 빨리 理解 할 수 있다.

3) 오늘날 漢字語를 基準으로 앞으로, 以前에 몇 년 간만 나왔었거나, 或은 辭典에서 결코 찾아볼 수 없는 새로운 單語가 아직도 形成되고 있다. 漢字를 아는 사람은 여기에서도 利點이 있다.

4) 한 번도 읽어보지 못한 單語도 텍스트의 다른 單語들을 알면, 또한 複
合語(Binomen)의 各 箇箇 漢字를 알면, 全體 텍스트의 相關性을 通하여
그 意味를 類推할 수 있다.

편견 # 4 :

"漢字는 中國文字이다. 따라서 韓國語에 나오는 漢字語는 外國單語
이다."

漢字는 數 百年 동안 使用된 文字로 이미 韓國語의 異質的인 要素가 아
니고 韓國語에 徹底하게 適應된 意味形態素라는 事實을 學生들에게 認識
시켜 주어야 한다. 이 오랜 過程에서 몇몇의 漢語 通語法의 基本文法規則
이 韓國語 文法의 單語形成法의 規則이 된 것이다.

편견 # 5 :

"한글은 놀랄 만큼 完璧하므로 事實 漢字는 不必要한 存在다. 한글
을 읽고 쓸 수만 있으면 그것으로 充分하다. 南韓이나 北韓이나 漢
字가 日常生活에 꼭 必要한 것은 아니기 때문에 外國人도 漢字가
必要하지 않다."

먼저 學生들에게 日常生活(人事말, 物件을 살 때 등)에 使用되는 言語와 學
問的인, 職業的인 討論이나 書籍 등에 使用되는 水準 높은 言語와는 그 差
異가 크다는 것, 또한 日常에 常用하는 口語와 文語의 差異를 分明히 해야
한다. 그리고 이와 關聯하여 위에 言及한 外國人으로서 漢字知識을 가짐
으로서 갖는 長點을 分明히 알게 해주어야 한다.

편견 # 6 :

"漢字의 數는 너무 尨大하기 때문에 다 배운다는 것은 不可能하다."

學生들은 玉篇에 있는 漢字의 莫大한 數字에 놀란다. 그러나 事實 그렇
게 많은 漢字가 다 日常生活에 쓰이지는 않는다. 800箇나 1000箇 程度의
漢字를 알면 基本的인 바탕이 된다는 것을 認識시켜 주어야 한다. 그 中

에 많은 漢字가 텍스트에 나타나는 頻度가 높으므로 300字내지 500字 程度의 漢字를 읽고 理解하는 데에 벌써 큰 도움이 되는 것을 强調해야 한다.

B. 講義戰略 I :
學習目標는 明白하게 定義되어야 하며, 따로 分離하여 講義해야 한다

本人의 觀察에 依하면 지금까지 漢字講義의 가장 큰 誤謬는 敎師가 學生들에게 要求하는 學習戰略을 變德스럽게 混用한다는 것이다.

漢字講義는 적어도 3 講義單位로 나뉘어야 한다.

1) 쓰기學習(表劃하는 記憶의 練習)
2) 읽기學習(再認識하는 記憶의 練習)
3) 語彙構築(單語構造의 分析的인 學習)

各 講義單位는 一定한 時間동안(예를 들어 15分 내지 20分 번갈아 가며) 別途로 다른 講義單位와 뒤섞이지 않게 進行되어야 한다. 왜냐하면 各 講義單位마다 그에 따른 能力이 要求되기 때문에 學生들 스스로 그때마다 講義單位에 맞는 學習戰略을 拾得해야 되기 때문이다.

이 講義單位를 別途로 區分하지 않으면 學生들은 끊임없이 學習戰略을 바꿔야 한다. 그렇게 되면 學生들은 쉽게 지치게 되고 漢字를 배운다는 것은 아주 힘든 일이라는 생각을 하게 된다. 그러나 事實上 힘들게 하는 것은 漢字를 배우는 것이 아니고 쉴 새 없이 學習戰略을 바꿔야 하는 데 있다.

學習戰略과 關聯하여 重要한 觀察은 多樣한 學習戰略은 各各 個人에 따라 다른 것이어서 一般化시킨다는 것은 困難하다는 것이다. 學生들은 各自 스스로 學習戰略을 養成해야 한다. 學習戰略은 學生들 個個人의 心理的, 精神的 條件에 따라, 또 지금까지의 學習經驗에 따라 形成되는 것이다. 學生들의 經驗과 能力, 또 그들이 손으로 쓰기 練習을 많이 하였는가, 아니면 컴퓨터로 하였는가, 많이 읽었는가, 적게 읽었는가, 책을 즐겨 읽는가, 漫畵를 즐겨 읽는가 等等 그리고 그들의 日常行動·態度와 習慣에 따라 다르다.

이러한 개개인의 差異는 一般的으로 適用 할 수 있는 學習戰略이나 "가장 效果的인" 學習戰略을 規定할 수 없었던 理由일 것이다.

B.1.
"쓰기學習"은 表劃하는 記憶의 練習

쓰기는 무슨 文字이건 自動化되어야 하는 作業이다. 한글, 로마자 같은 알파벳 문자를 쓸 때에는 箇箇의 한 綴字 하나씩 記憶에서 불러내려해서는 안 되며 自動(無意識的)으로 쓰는 버릇을 들여야 한다. 이와 똑같은 法則이 漢字에도 適用 된다 : 劃을 하나씩 깊이 생각해서는 안 된다. 漢字全部를 豫想하는 것마저도 쓰는 흐름을 망가뜨린다. 直接 손에서 나오듯 저절로 쓰여져야 한다.

마치 바이올린이나 피아노를 演奏하는 사람들이 그렇듯이 머리에서가 아니라 손에서 自動으로 演奏하는 것과 똑같다.

이 事實에 따라 쓰기學習에는 머리에서 생각하여 배우기보다는 손의 自動的인 움직임으로 練習해야 한다. 記憶하고 練習해야 되는 것은 머리 속에 있는 漢字의 形象이 아니라 손의 움직임이다. (그러므로 韓國人이 漢字를 記憶하려고 할 때 손으로 空中에 쓰려고 하거나 책상 위에 쓰는 몸짓을 하는 것을 흔히 볼 수 있다.)

그러나 손으로 쓰는 練習을 하는 동안 자기가 쓰는 것을 無心코 보게 된다. 다시 말해 손의 움직임에 集中하는 동안에 同時에 漢字의 形體를 뇌에 새겨서 後에 읽을 때 活性化 시켜야 된다.

要約하면 쓰기는 具體的으로 쓰는 動作의 反復으로, 종이 위에 反復的인 表現으로 쓰는 練習으로 배운다 : 表劃하는 記憶의 練習

B.2.
'읽기學習'은 再認識하는 記憶의 練習

읽기는, 즉 別個의 漢字나 텍스트 文脈을 알아보는 것, 亦是 自動化되어야 한다. 그러나 읽기에는 記憶力이 손에 놓인 것이 아니고 눈과 뇌의 認識部位에 놓여있다. 읽는 동안에는 손이 움직일 必要가 없다. 表現이 아니고 漢字를 認識하고 意味의 關聯性을 끌어내는 것이 目的이기 때문이다.

그러므로 이 部分의 講義에서 學生은 쓸 必要가 없고 先生만 쓰는 것이 좋다. 學生이 어느 漢字를 記憶할 수 없을 때는 先生이 그것을 分明하게 크게 漆板에 써야 되지만 學生에게 베껴 쓸 것을 要求해서는 안 된다. 왜냐하면 쓰라고 하면 學生이 學習戰略을 바꾸도록 强要하는 것이기 때문이다. 그 代身 先生이 그 漢字를 記憶하고 있다가 다음 쓰기學習 講義部分에 즉 "表劃하는 記憶의 練習"을 反復해야 한다.

그리고 두 種類의 "읽는 方法"을 區分해서 배워야 하며 또한 別途로 練習해야 한다. 읽기와 理解하기는 크게 事前의 理解와 텍스트가 가지는 內容에 對한 期待와 關聯되어 있다. 理解하기에 必須的인 텍스트의 內容에 對한 事前知識은 텍스트 自體의 읽기와는 다른 種類의 읽기에서 拾得된다. 學生들은 먼저 單語 하나하나를 一直線으로 읽기 前에 텍스트의 內容에 對한 輪廓을 잡기 爲해 所謂 '對角線'으로 그 大綱의 意味를 捕捉하기 爲해 읽는 것을 배워야 한다. 그렇게 하기 爲해서는 텍스트에서 자주 나오는 漢字나 單語를 捕捉할 수 있어야 한다. 먼저 이러한 背後知識이 있은 다음에 單語를 하나하나씩 읽는 方法이 始作 되어야 한다. 能熟한 讀者는 自動的으로 이렇게 읽는 것이 大部分이지만 이같은 방법을 學生들에게는 指摘해주어야 한다. 그럼으로써 學生들이 텍스트에 對한 障碍를 克服할 수 있다.

B.3.

語彙構築은 單語의 構造的 意味的 關聯性의 抽象的 認識이다.

韓國語에서 漢字는 形態素와 같으므로 그 複合規則을 배워야 한다. 여기서 考慮해야 하는 것은, 講義에서는 이미 알려졌거나 頻度가 높다거나 日常生活에 常用되는 그런 複合語만을 取扱해야 한다. 韓國의 言語講師는 한꺼번에 너무 많은 語彙를 텍스트 文脈에 關聯 없이 導入하거나 어디엔가 그런 漢字의 統合語彙가 있다는 理由로 曖昧하고 關聯性 없는 語彙를 取扱하는 境遇가 자주 있다. 미리 알고 있는 語彙나 자주 쓰이는 語彙로 規制시키는 것이 能熟하지 못한 講師에게는 어려운 일일 것이다.

몇몇 簡單한 漢語의 文章構造는 韓國語에서 單語合成法의 規則이 되었다. 規則은 學生들에게 가르쳐 주어야 한다.

例

述語 ＋ 目的語	上陸, 登山, 讀書
所有格	國旗, 國基, 麥酒
二重所有格	面長室, 自然界
形容詞-名詞 修飾	冷水, 溫泉,
形容形-動詞 修飾	回送, 落下,
((主語＋述語)所有格＋名詞)	草綠色
等等	

韓國語에서는 漢字나 漢字의 統合體는 例外 없이 名詞가 되는 것, 즉 動詞와 形容詞는 補助動詞와 派生함으로서 形成된다는 것도 가르쳐 주어야 한다.

學生들은 單語形成의 規則 外에도 語彙의 意味的인 關聯性도 練習해야 한다.

例

첫머리에 같은 漢字로 始作되는 單語들　　　教科書
　　　　　　　　　　　　　　　　　　　　　教務
　　　　　　　　　　　　　　　　　　　　　教室

끝자가 같은 漢字로 끝나는 單語들　　　　　敎室
　　　　　　　　　　　　　　　　　　　　　化粧室
　　　　　　　　　　　　　　　　　　　　　一等室
　　　　　　　　　　　　　　　　　　　　　會議室

或 漢字를 繼續 이어 만드는 單語놀이

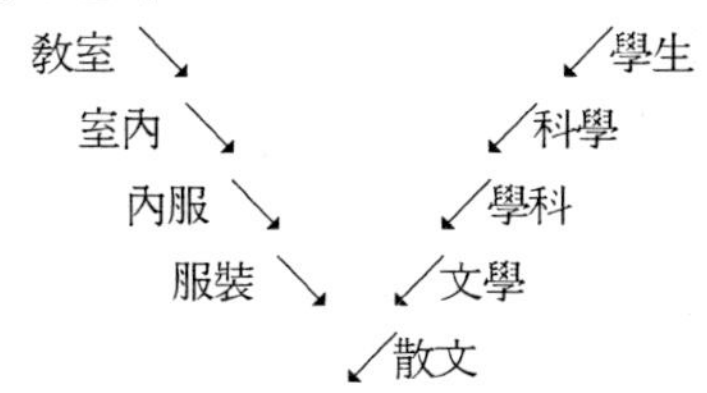

C. 講義戰略 Ⅱ : 漢字에 對한 入門

C.1. 漢字入門의 始點과 作業量

本人의 經驗에 依하면 우리의 學生들은 一週에 10字에서 最大한으로 15字의 새로운 漢字밖에는 배울 수가 없다. 한 學期는 15週이므로 한 學期에 150 내지 最大한 225字, 則 一年에 300字 내지 450字의 漢字를 배울 수가 있다. 韓國語를 講義하는 사람은 이 入門時期에 學生들이 너무 많은 漢字에 接하지 않도록 注意를 기울여야 한다. 學生들이 쓰고 외우는 練習을 할 수 있는 充分한 時間을 주지 않으면 結果的으로는 逆效果를 가져올 수 있기 때문이다.

本人은 可能한 한 일찍, 學生들이 한글을 배우기 始作한 늦어도 1個月 後에는 漢字의 入門이 始作되어야 한다고 생각한다. 너무 늦게 始作하면

漢字를 쓴다는 것이—왜냐하면 또 하나의 새로운 文字이므로—心理的인 負擔을 增加시키기 때문이다. 일찍 始作하면 漢字도 한글쓰기를 배우는 것처럼 當然한 일로 받아들여 질 것이다.

C.2. 字속의 記號 統合法

漢字를 새로 紹介할 때 學生들에게 漢字의 內的인 記號의 相互 關聯性에 注意를 기울이도록 해야 한다. 이것은 한편으로 漢字를 記憶하는데 補助役割을 하며, 다른 한편으로는 學生들이 漢字는 複雜한 混同體라고 생각하는 것을 덜어주어 學習姿勢를 鼓舞해준다.

1) 漢字의 音價, 例를 들어

    화:花 貨 靴 枙 등등
    정:正 政 征 整 등등

漢字의 音價的 部分은 言語의 變化로 말미암아 어느 程度 흐릿하지만, 어떤 一定한 相互 關聯性을 찾을 수 있다. 이 變化의 言語史的인 規則은 學生들에게는 不必要한 것이지만 같은 音을 가진 漢字를 羅列하면 漢字를 記憶할 때 도움이 되며 學生들은 直感的으로 그 關聯性을 把握할 수 있다.

例를 들어 ㄱ-ㅎ, ㅏ-ㅗ, ㅘ-ㅚ의 關聯性:

工　ㄱ-ㅎ, ㅏ-ㅗ　　　　　黃　ㄱ-ㅎ, ㅘ-ㅚ :
강:江 舡 杠 茳 釭 ……　　황:黃 潢 璜 簧 鱑 ……
항:肛 缸 啌 ……　　　　　광:廣 鑛 曠 壙 磺 ……
공:工 功 攻 貢 空 ……　　횡:橫 鐄 曠 鱹 횡 ……
홍:紅 虹 訌 仜 葓 ……

2) 많은 漢字는 그 意味를 暗示하는 部首로 構成된다. 그러나 때로는 그 意味를 쉽사리 알 수 없을 뿐 아니라 單純한 表記上의 장난이거나 偶

然의 結果인 境遇도 많다.

氵：江 海 油 浴 酒 ……　　　　　心：忘 志 愛 惠 惡

3) 때로는 다음과 같은 식으로 構成된다 : 意味를 나타내는 部分과 音價를 나타내는 部分으로 構成된 漢字가 다시 音價를 나타내는 部分이 된다

氵 ＋ 亡 ＝ 汒　　　　　　　金 ＋ 彔 ＝ 錄

汒 ＋ ＋＋ ＝ 茫　　　　　　　錄 ＋ 竹 ＝ 籙

다만 講師는 여기에 例로 들은 漢字와 같이 羅列할 때 操心스럽게 이러한 羅列에 한해서만 講義에 導入하여야 한다. 初步者를 爲한 많은 最近의 學習書籍들이 너무 尨大한 '說明'으로(무엇보다도 意味면에) 混同을 招來하는 境遇가 많다. 이러한 說明은 "民間字源說"을 表現한 것이거나 가벼운 이야기 거리로 學習雰圍氣를 풀어주는 役割을 할 수 있을 뿐이다.

D. 變化된 學習態度로의 教育

本人이 B.1 ("쓰기學習"은 "表劃하는 記憶의 練習")과 B.2 ("읽기學習"은 "再認識하는 記憶의 練習")에서 한 말이 맞다고 하면, 그리고 B.1이 B.2의 準備段階라면, 結論的으로 漢字를 배운다는 것은 날마다 反復하여 쓰는 練習으로 要約할 수 있다.

이는 한편으로 些少하고 다른 한편으로 傳統的인 所管으로 들릴지 모르고 分明 現代的 方法을 主張하려는 사람들은 異意를 달거나 反對하려는지 모르겠다. 우리는 컴퓨터, 비디오, 티브이, 오버헤드 프로젝터 等等 現代 器具가 있지 않은가? 이들을 왜 動員하지 않는다는 말인가? 그 對答은 漢字쓰기는 가장 오랜 傳統的인 文化技術이어서 傳統的으로 갈고 닦아온 學習方法을 必要로 한다는 것이다. 마치 樂器를 演奏하는 이가 날마다 練習해야 하듯이 "表劃하는 記憶의 練習"인 漢字學習도 날마다 練習해야

되는 것이다.

問題는 학교측에서 漸次的으로 現代 미디아의 도움을 받는 學習方法을 導入하여(유럽과 美國의 例) 小數의 學生들만이 이 "表劃하는 記憶의 練習"을 마스터한다는 事實이다. 그리고 앞으로도 學生들은 손 보다는 컴퓨터로 더 많이 쓸 것이다. 이 時點에서 이 다른 學習方法을 學生들이 배우고 受容하게 하여야 한다.

參 考 文 獻

김중섭(1997), 外國人을 위한 韓國語 漢字敎育 硏究, 語文硏究 95, 韓國語文敎育硏究會.

손연자(1984), "비한문 문화권의 외국인에 대한 한자교육 방법론 소고", 말 9, 연세대 한국어학당.

정승혜(1998), "외국인을 위한 국어 한자 교육 연구", 梨花女子大學校 碩士學位論文.

조남호(2002), 현대 국어 사용 빈도 조사−한국어 학습용 어휘 선정을 위한 기초 조사, 국립국어연구원.

韓在永(2003a), 외국어로서의 한국어 한자어교육을 위한 기초적 연구−한자문화권 학습자를 중심으로−, 이중언어학 23.

韓在永(2003b) 外國語로서의 韓國語 漢字敎育을 위한 基礎的 硏究−非漢字文化圈 學習者를 對象으로−, 語文硏究 130.

Sabine Ganter(1996), "Teaching Hancha in Korean Language Courses at Bonn University," 국제한국어교육학회 국제학술회의논문집, 국제한국어교육학회.

『Abstract』

The Most Effective Methods of Teaching the Chinese Characters in Teaching the Korean Language to Non-Koreans

Prof. Dr. Werner Sasse
Koreanistik
Hamburg University / Germany

This paper is based on my experience of teaching the Chinese written characters to the Germans while teaching them the Korean language. One of the most important things is to make students realize the fact that the Chinese written characters are not so difficult as they think. As for students' prejudice that the Chinese written characters are the most difficult language system in the world, teachers tell that a Chinese written character is a morpheme or a word from the view point of the Western alphabets: as for students' prejudice that the Chinese written characters are unnecessary in learning Korean, teachers tell that they are helpful to distinguish the Korean homonyms and the meaning of Korean words clear: as for students' prejudice that the number of the Chinese written characters are too huge, teachers tell that the number of the Chinese written characters to know is 800 or 1000 words only: as for students' prejudice that the Chinese written characters are not necessary in everyday life in Korea, teachers tell that they are necessary in an academic or vocational discourses.

The followings are some tips to teach the Chinese written characters. First, make students write them as often as they can. Second, give them a reading assignment of Korean texts, on the fact that reading practice is a process to confirm their knowledge on the Chinese written characters. Third, make them understand a basic constructing rule of the Chinese words as morphemes: their word order is usually the predicate and the object, or the adjective and the noun. Last, in the beginning of learning the Chinese written characters, it is efficient to memorize 10 to fifteen words in a week and 150 to 225 words in a semester.

『漢字教育과 漢字政策에 대한 國際學術會議』의 解說

南 豊 鉉

(檀國大 名譽教授, 韓國語文敎育硏究會 副會長)

I.

　韓國의 初·中等學校에서는 한글專用論을 根據로 漢字敎育이 荒廢化되어 國語敎育이 跛行을 免치 못하고 있다. 이로 인하여 國民들의 國語驅使能力과 知的能力이 低下되고 傳統과의 斷絶을 초래하게 되었다. 이를 바로잡기 위하여 우리 韓國語文敎育硏究會에서는 1969年 創立 以來 初·中·高等學校에서의 漢字敎育과 國漢混用을 통하여 國語生活이 正常化되어야 한다는 趣旨 아래 國語運動과 學術活動을 하여 왔다. 이러한 運動이 社會的인 共感을 얻게 되어 근래에는 韓國語文會가 主管하고 韓國漢字能力檢定會가 施行하는 漢字能力檢定試驗에 年 1百萬名 以上이 應試하고 있고 해마다 그 數가 늘어가는 趨勢에 있다. 國民들의 이러한 現實認識에도 불구하고 韓國의 敎育이나 文化生活의 政策當局은 漢字敎育을 通한 國語의 正常化를 外面하고 있다. 이를 克服하기 위한 答을 推究하는 一環으로 本 國際會議를 開催하기로 한 것이었다.

　이 會議는 漢字文化圈인 韓·中·日 三國의 學者 12 분과 유럽의 學者

한 분으로 構成하였다. 韓·中·日 三國의 學者는 각기 自己 나라의 敎育과 言語生活에서 漢字를 어떻게 敎育하며, 使用하고 있는가를 주로 論하고 유럽의 學者는 非漢字文化圈에서 漢字의 習得이 어떻게 遂行되고 있는가에 대하여 論하기를 期待하면서 이 會議가 構成되었다. 그 結果 參加한 모든 硏究者들이 誠意를 다한 硏究結果를 발표하여 期待 이상의 成果를 거둔 것으로 생각된다.

이에 각 學者들의 發表內容을 要約한 다음 이를 종합하여 정리하는 것으로 해설의 책임을 다할까 한다.

II.

우선 韓國發表者들의 發表內容을 要約한다. 發表者들은 韓國語文敎育硏究會長인 姜信沆敎授를 除外하고는 前現任 國語硏究院長으로 韓國의 國語政策을 위한 硏究機關을 책임져 온 분들이다.

李基文敎授의 '漢字와 한글'은 韓國의 文字生活에서 漢字가 重要한 位置를 차지함을 歷史的인 過程을 통하여 설명하고 한글專用論(이하 專用論)의 誤謬를 指摘한 글이다. 漢字는 漢語를 表記하기 위하여 發達한 文字이지만 우리의 三國時代에 文語로 受容되어 土着化되었다. 韓國化된 漢字음과 韓國의 特徵인 새김(訓)을 利用하여 韓國語를 記錄하는 表記法이 發達하였고 漢文도 韓國語로 풀어 읽는 法을 發達시켰다. 또 漢字의 略體인 口訣字를 만들었는데 이는 새로운 文字로서 中國의 簡體字와 같은 性格이다. 이것은 日本에 傳播되어 지금도 지켜지고 있다. 韓國語에는 固有語層, 漢字語層, 西歐諸語層이 있어 이들이 어우러져 韓國語가 文明語로 발전하게 된 것이다. 한글의 創制는 그 文字體系의 優秀性이 이미 밝혀졌지만 이는 또한 音節單位로 合字하여 쓰는 법을 만듦으로써 固有語와 漢字語를 섞어 쓰기에 알맞도록 創案된 것이다. 그리하여 固有語는 한글이, 漢字語는 漢

字가 擔當하게 하여 국어의 全面的 表記가 이루어진 것이다. 專用論의 元祖인 周時經은 國粹主義者가 되어 우리말의 漢字語層을 없애고 固有語層으로 돌리는 것을 理想으로 생각하였다. 이것은 無理한 試圖였는데 그 弟子 최현배가 이를 이어 받아 1945년 光復 직후 學務局에 자리를 잡고 '초등, 중등 교육에서는 原則的으로 한글을 쓰고 漢字는 안 쓰기로 하는' 조선교육심의회의 결의를 採擇하게 하였다. 이것이 오늘날까지도 學校教育을 支配하여 漢字를 學校教育에서 가르치지 않게 만들었고 漢字語層의 풍부한 造語力으로 學問, 藝術의 發展에 副應할 수 있는 힘을 잃게 하였다. 또 日本에서 만든 學術用語를 갖다 쓸 수 있었는데 앞으로는 이들도 理解할 수 없게 될 것이다. 이제 國語를 살리는 길은 漢字教育을 통하여 國語의 漢字語層을 回復하는 것임을 깨달아야 한다. 한글 가로쓰기는 한글의 字形을 알파벳과 같은 모양으로 바꾸는 段階까지 갔었으나 이는 한글의 長點을 모르고 機械에만 맞추려는 試圖로 결국은 失敗하였다.

姜信沆教授의 '한글專用政策과 漢字語'는 1945年 光復 以後 우리의 語文政策을 回顧하고 우리의 語文生活에서 漢字와 漢字語의 使用이 變遷해온 實狀을 具體的인 資料를 가지고 기술한 것이다. 1945. 12. 8. 美軍政廳에 설치된 朝鮮教育審議會에서 初・中等學校의 모든 教科書는 必要한 경우에만 漢字를 括弧 안에 쓰고(漢字倂記), 한글만으로 表記하도록 決議하고 다만 傳統文化와 이웃나라와의 교류를 생각하여 中等學校에서 漢文을 가르치도록 하였다. 그러나 教科書만 한글專用表記가 되고 新聞, 雜誌, 公文書는 國漢文混用體로 表記되었다. 1948. 10. 9.에는 한글 專用에 관한 法律을 公布하여 公文書까지 한글만으로 쓰도록 規定하였다. 이 이후 한글專用과 漢字混用이 서로 交替되는 과정을 밟아 오늘에는 한글전용이 우세하게 되었고 漢字教育은 漢文科를 통하여 施行하게 되었다.

다음은 國語生活에서 漢字와 漢字語 使用이 變化해 온 모습을 설명한 것이다. 1953年의 金斗憲의 글을 보면 漢字語의 漢字表記가 79인데 비하여 한글表記는 1 예에 불과했다. 그러던 것이 2002年 李元翼의 글에서는 漢字表記 6에 한글표기 159로 되었고 최근에는 한글표기로만 쓴 글들이 우세하게 나타난다. 新聞記事, 一般出版物, 廣告紙, 文學作品에서도 한글專用의 방향으로 나아가고 있다(北韓에서는 모든 간행물을 한글 표기를 위주로 하였으나 學術書籍에서는 괄호 안에 漢字를 倂記하였다. 1953年부터 漢字教育을 實施하여 初·中學校에서 技術學校까지 2000字 정도, 대학에서 1000字 정도, 합계 3000자 정도를 가르치고 있다). 현재 우리의 表記生活은 일부 學術論著와 法令 등을 제외하고는 거의 한글 위주로 쓰이고 있다. 그러나 書寫生活에서는 固有語보다 漢字語가 훨씬 많이 쓰이고 있다. 8·15 光復 이후 '우리말 도로 찾기' 운동이 進行되어 왔으나 學術用語 등 高級語彙는 漢字語가 그대로 쓰이고 있다. 文章言語는 文意가 빨리 把握될 수 있어야 한다. 일부 專用論者들은 글을 한글로만 쓰면 쉽게 읽을 수 있다고 主張해 왔다. 그러나 이것은 글을 읽을 수만 있으면 文意를 把握할 수 있다는 誤解에서 나온 것이다. 현재 西歐語 계통의 外來語를 固有語나 漢字語로 飜譯해서 쓰려고 하지 않고 原語의 발음대로만 씀으로써 이해할 수 없는 外來語가 대량으로 쓰이고 있다. 세계의 文字는 音만 表記하는 文字는 없다. 한글 맞춤법도 表意的으로 表記하는 면이 있음을 알아야 한다.

沈在箕教授의 '國漢混用論의 歷史·文化的 背景'은 開化期에서부터 1970年代까지 專用論과 混用論이 걸어온 過程을 說明하고 混用論이 민족의 正體性을 찾는 길임을 主張한 글이다. 文字政策의 흐름을 3期로 나누었는데 第1期(1880~1910)에는 言文一致의 運動이 일어나 自然히 國漢混用體가 成立되어 있었다. 이에 반하여 美國人과 美國文化의 影響을 받은 사람들에 의하여 專用論이 대두되었다. 美國의 宣教師들은 한국인들의 지나친 漢文崇尙과 한글 卑下態度를 비판하고 漢字가 없어질 때까지는 광범한 보통교육은 불가능한 것이라고 하였다. 심지어는 漢字·漢文 때문에 韓國人이 自主性을 잃게 된 것으로 보았고 聖經의 飜譯에 한글만을 使用하는 原則을 固守하였다. 이러한 文字觀에서 徐載弼은 '독립신문'을 통하여 한글만 쓰기와 띄어쓰기의 大原則을 闡明하였다. 그는 徹頭徹尾한 專用論者로 논설을 통하여 漢字使用이 獨立을 沮害한다고 주장하였다. '독립신문'의 일을 보면서 그의 影響을 받은 周時經은 著述과 講義를 통하여 한글전용이

時代的 召命임을 强調하였다. 第2期(1910~1945)는 日帝植民地統治下에 있었던 時期로 이 時代에 國權回復運動의 一環으로 國語硏究와 國語運動이 활성화되었다. 이 시대의 專用論을 요약하면, 中國의 簡字化運動과 日本의 漢字制限論에 비하면 한글전용은 훨씬 쉬운 것이다. 漢字·漢字語의 弊端을 벗어나려면 한자를 안 쓰면 된다. 文盲을 退治하려면 한글전용밖에 없다. 그리하여 國語를 硏究하고 한글을 지키는 것은 民族을 守護하는 것이요 일종의 救國運動이라고 하였다. 이것은 당시에 우리나라에서 활동한 英美系 宣敎師들의 지지를 받아 禮拜堂은 文盲退治를 위한 한글 普及의 據點이 되었다. 第3期(1945~2004)는 美軍政과 大韓民國의 시대이니 이를 또 둘로 나눌 수 있다. 즉 1945년에서 1969년까지와 그 이후이다. 前期는 한글전용론과 國漢混用論이 尖銳하게 대립하였지만 日常生活에서 漢字使用이 유지되었고 後期는 모든 敎科書와 一般書籍에서 한글전용이 普遍化되어 漢字文盲이 생기고 여러 분야에서 副作用이 생긴 時期이다. 解放直後 美軍政 命令 6號에서 韓國語 尊重 施策을 발표하고 그 해 12月 8日에 漢字廢止決議案이 나온다. 이 결의안은 大韓民國이 誕生하자마자 '대한민국의 공문서는 한글로 쓴다. 다만 얼마 동안 필요할 때에는 한자를 병용할 수 있다'라는 한글전용론으로 탈바꿈한다. 初代 大統領 李承晚은 美國에서의 亡命生活을 통하여 몸에 익힌 表音文字 至上主義를 執權其間 내내 일관되게 밀어왔다. 1957년 12월에 '한글전용실천요강'이 國務會議를 通過하여 發表되었으나 여전히 國漢混用이 지켜지고 있었다. 朴正熙大統領의 시대에는 上意下達式의 官權統治가 支配한 때였다. 그 初期에는 初等學校 敎科書에 600字의 漢字, 中學校 敎科書에 1000字, 高等學校에 1300字가 露出되게 하여 漢字使用이 命脈을 維持하여 왔다. 1968년에 漢字抹殺 政策이 本格的으로 진행되어 한글전용 5個年 計劃案이 發表되는 등 急激하게 그 政策이 施行되었다. 1970년에는 初·中·高等학교 敎科書에서 漢字가 완전히 자취를 감추게 되어 漢字文盲 世代가 생겨나고 모든 印刷·出版物이 한글전용을 實行하게 되었다. 1970년 이후 漢文科目을 獨立시키고 漢字敎育用 基礎漢字 1,800자를 制定하는 등의 彌縫策이 施行되었으나 漢字

文盲의 增加는 막을 수가 없었다. 최근에는 국립국어연구원에서 1,800字에 200字를 추가한 2,000字案을 연구하여 교육인적자원부에 보냈다. 2,000字 정도를 공부하는 것은 글자만을 익히는 것이 아니라 그 글자가 表象하는 單語를 익히는 것이니 2,000개의 活用度 높은 基本語彙素를 익히는 것이다. 이는 漢字語를 漢字로 씀으로써 그 意味를 明澄하게 밝히어 混亂을 없애려는 것이다. 文化를 大衆文化와 高級文化로 나눌 때 專用論은 大衆文化에만 迎合하는 것이니 大衆性과 專門性을 함께 지닌 高級文化의 길로 나가기 위하여 國漢混用을 해야 한다. 이를 文化主義라고 할 수 있으니 이 文化主義를 바탕으로 민족의 正體性을 確立하여 나가자는 見解가 國語教育을 생각하는 사람들에게 널리 퍼져 있다.

南基心院長의 '직관과 논리'는 專用論이나 混用論이—특히 混用論 쪽이 實驗的 證據와 實證的 資料에 根據를 두지 않고 直觀이나 慣習的 思考에 얽매어 自己主張만을 하므로 兩者가 合意點을 찾지 못하고 있음을 指摘하려고 한 글이다. '언어는 恣意的인 音聲記號의 體系'라는 公理에 의하여 입말(口語)을 통하여 음성을 익히고 형태소를 분석·조합하여 말을 배우고 理解하는 것이며 글말(文語)은 입말의 補助的 手段일 뿐이다. 語彙는 표기된 자료로 습득하는 경우가 있는데 이는 外國語의 境遇나 漢字語의 경우, 저빈도 전문용어나 글말의 낯선 어휘의 경우에 해당된다. 이런 어휘는 일반용어로 정착하는 일이 드물고 완전하게 습득되는 것도 아니다. 한자어의 의미 특성은 어원적 지식이나 구성형태소에 관한 지식만으로 학습되는 것도 아니다. 현재 초등학교 교과서에 쓰인 한자어 총목록 중의 전체 300위까지의 단어를 검토한 결과 60퍼센트 가량이 투명어라는 보고가 있다. 이들을 위하여 한자의 학습이 필요하다면 한자를 사용하지 않은 현행 교과서로 수업하는 데 있어 학생들의 교과학습이나 교사의 수업 진행 속도가 어느 정도 느려지고 어느 정도 장애를 받는 지에 대한 調査가 이루어져야 하는데 아직 조사되지 않았다. 국립국어연구원에서 조사한 바에 의하면 2002년도에 새로 만들어진 말이 408개이고 2003년도에 새로 생긴 말이 656개인데 이 가운데 고유어는 4%이고 한자어나 한자와 합성된 말이 54.3%나 된다. 이들은 한글 세대에 의하여 조어된 것이니 한자를 모르는 세대가 이러한 말을 만든다는 것은 한자어는 한자로 표기해야 한다는 주장에 반론이 될 수 있다. 초등학교 전교과목의 교과서에 쓰인 한자어 12,787개와 이들을 구성하고 있는 한자는 2,678개로 조사되었는데 혼용론자들이 이들을 제대로 인식해야 한다고 하면 초등학교 입학 전에 2,000자 이상의 한자를 교육해야 그 교육이 효과적이라든가, 이들을 가르쳐 나가면서 교육하는 것이 더 효과적이라는 것을 증명하지 않으면 그 근거가 약화된다. 한자가 우리 문자라는 주장에 대해서 한자의 학습은 訓과 音을 익혀야 하는데 訓은 對譯式 外國文字의 學習方法이란 점에서 한자는 외국문자인 것이다. 한자어는 동음어가 많아 한자로 표기해야 의미파악에 혼란이 없다는 주장은 단어는 문맥제약, 共起制約, 빈도의 차이로 혼동의 우려가 없고 그렇지 않은 것들은 예외 없이 대체어가 있어서 혼동될 염려가 없다. 혼용론은 어느 수준의 혼용이 적합한 것인지, 현토식 국한문체로 할 것인지, 일상용어화한 고빈도어까지 한자로 표기할 것인지, 투명어만 한자로 표기하는 방법, 상용한자와 관계없이 한자표기를 할 것인지 등등이 있는데 어느 것을 택하든지 그를 뒷받침할 근거가 있어야 한다. 이는 동양 삼국간의 문화적 교류, 전통 한문문화의 계승의 문제와 연결되는 것이다. 동양한자문화권이란 말은 동양한자사용권과 어떻게 다른지, 전통 한문문화의 계승을 논할 때도 한문문적을 이해할 수 있는 수준에서부터 전부터 써오던 한자어의 이해 정도까지 등의 수준이 규정되어야 한다. 한자어 중에는 전문용어가 있는데 이들은 사용빈도가 낮아서 쉬운 표현으로 바꾸어 쓸 수가 있고 한자로 기록한다고 하더라도 그 정의까지 파악할 수가 없는데 이러한 말들의 학습을 위해서 고빈도의 일상용어까지 한자표기를 할 필요가 없다는 주장에 대한 반론을 해야 한다. 전용론은 민족, 민본, 평등, 법치주의적 개화사상으로부터 비롯한다. 또 문맹이 없이 쉽게 선진사회의 지식을 흡수하여 후진성을 탈피하고 발전할 수 있다는 것이 밑바탕에 깔린 생각이다. 오늘의 전용론도 그와 맥락을 같이 한다. 그런 점에서 전용론은 두 눈이 다 앞을 보고 있어야 한다는 관점이고 혼용론은 과거와의 연계에 초점을 맞추고 있어 적어도 눈 한 짝은 뒤에 있어야 한다는 관점이다.

李翊燮敎授의 '漢字의 독서 능률'은 漢字는 세계 문자 중에서 비중이 큰 중요한 문자라 하고 이를 文字論的으로 풀어보려고 한 글이다. 오랫동안 언어학자들은 문자는 소리를 위해서 존재하는 것, 소리의 표기에 충실해야 한다고 생각해 왔다. 그러나 소리에 충실한 것은 轉寫記號일 뿐이지만 表記法은 그와는 다른 獨自性을 가진다는 主張이 擡頭되었다. 이것은 複雜한 表音을 보이는 英語의 綴字는 單語의 基底形을 보여 주는 것이기 때문에 가장 바람직한 正書法이라는 주장이 나와 表記法에 대한 認識의 轉換이 나오게 되었다. 또 漢字나 日本의 假名이 원시단계의 문자가 아니라 그 長點이 浮刻되어야 한다거나 한글의 모아쓰기가 독서에 能率的일 수 있다는 肯定的 方向으로 해석하려는 학자도 있다. 漢字는 글자가 많다고 하지만 中國에서도 1,000자가 현대 중국어 문헌의 90%를 담당하는 점, 形聲과 같은 字形으로 만들어져 學習에 큰 負擔이 아니라는 점, 漢字 1천 자를 익히는 것은 1천 개의 視覺化된 語彙를 익히는 것이란 점으로 볼 때 漢字 1천 자는 英語單語 1천 개를 익히는 것과 비교될 일이지 한글 24자를 익히는 것과 比較될 일이 아니다. 근래의 새로운 理論은 熟達된 讀者들은 글자를 직접 소리로 바꾸지 않고 바로 意味나 槪念으로 간다는 理論이다. 흔히 文字라 하면 쓰는 쪽에 焦點을 맞추고 읽는 쪽은 疎忽히 하는 傾向이었다. 그러나 文字는 쓰기보다는 읽히기 위하여 있는 것이니 우리가 하루에 읽는 양에 비하여 쓰는 양은 100분의 1도 안 되는 사실이 그것을 말해 준다. 읽는다는 것은 讀解를 의미해야지 朗讀만 한다는 뜻이 되어서는 안 된다. 이러한 表記法을 나는 表意的 表記法, 또는 表意主義 表記法이라고 부르는데 진정한 표기법은 이 方向의 表記法이어야 한다. 漢字는 表音에 어려운 면이 있다고 하더라도 讀解에 優秀性을 發揮한다면 환영받아야 할 것이다. 漢字 및 表意文字에 대한 最近의 關心은 이들이 우리 腦에서 어떻게 받아들여지는가인 듯하다. 이는 神經言語學者나 實驗心理學者의 관심인데 表意文字를 管掌하는 腦와 表音文字를 管掌

하는 腦가 다를 것이라는 說이다. 이는 失語症이나 失讀症에 걸린 사람들에 대한 觀察에서 얻은 것으로 그 결론은 表音文字를 管掌하는 腦는 왼쪽 半球이고 表意文字를 管掌하는 腦는 오른쪽 半球일 것이라는 推論이다. 이것이 맞는 것이라면 漢字混用은 우리의 腦를 最大한 利用하는 것이어서 理想的인 表記方式이라는 결론이 나온다. 이렇듯 腦를 最大限 活用하는 것이 漢字混用이라면 讀書能率의 향상에 이바지할 것은 自明하다.

安秉禧敎授의 '우리나라 漢文敎育에 대하여'는 현재 中·高等學校에서 施行되고 있는 漢文敎育의 實相을 檢討하고 改善策을 論議한 글이다. 1997年 12月에 確定, 告示된 現行 第7次 漢文敎育科程의 內容을 보면 한문 과목은 첫째, 국어어휘의 많은 부분을 차지하고 있는 한자어의 학습을 통하여 언어생활을 원활하게 하고, 다른 교과를 학습하는 데 도움을 주는 도구교과이며,…… 둘째, 각종 한문 기록과 고사성어, 격언, 속담, 명언, 명구 등의 학습을 통하여 선인들의 삶과 지혜, 사상과 감정을 이해하고……전통문화를 바르게 계승하고 창조적으로 발전하는 데 기여한다. 셋째, 과거와 현재는 물론이고 미래에도 한자문화권 내에서의 상호 이해 증진 및 조화로운 발전에 기여한다라고 되어 있다. 이는 國語敎科에서 除外된 漢字와 漢字語의 敎育도 漢文敎科가 補完한다는 내용이다. 또 漢字語로 된 學術用語를 이해하는데 필요한 능력을 길러 일반교과의 學習에 寄與하는 道具敎科의 性格도 지닌다. 과거에는 東洋文化圈이라고 하였던 것을 여기서는 漢字文化圈이라는 용어로 바꾸었다. 이는 한글 專用論者들이 漢字文化圈이란 존재하지 않는다는 주장에 반하는 것이다. 제7차 교육과정은 漢字·漢字語·漢文 領域의 內容을 水準과 體系를 동시에 把握할 수 있도록 構成하였다.

漢文敎科가 獨立되어 敎育된 지도 30년이 되었다. 敎科書도 編纂이 되풀이되면서 體裁와 內容이 充實해지고 洗練되었다. 大學의 漢文敎育科에서 敎師가 배출되면서 漢文敎育의 質的인 向上이 있었다. 그러나 國文科의 眼目에서 보면 問題點도 있다. 먼저 漢文敎育用 基礎漢字 1,800字는 半世紀 前에 制定된 것에 뒤에 400자와 또 400자를 추가한 것인데 이것을

1999년 韓國漢文敎育學會의 硏究를 바탕으로 44자를 제외하고 새로이 44자를 추가하였다. 그러나 여기에는 한국의 固有漢字가 빠져 있고 漢字의 이름(새김과 음으로 이루어짐)도 없다. 이 이름은 漢字를 效果的으로 익히는 데나 傳統文化의 繼承이라는 점에서 必要한 것이다. 현행 漢文敎科書에는 漢字와 漢字語만을 羅列하고 그 文脈은 주지 않고 있다. 簡單한 文章을 통하여 單語를 익히도록 하고 文章構造를 익혀 가는 것이 外國語 學習의 바른 길이다. 國漢文混用의 文體는 한글 創制 以來 사용되어 왔고 開化期 이후의 글은 近代 以前과 現代를 이어 주는 橋梁的 役割을 擔當하는 것이다. 國語敎科書나 漢文敎科書의 本文에 國漢文混用의 代表的인 文章을 收錄하여 傳統의 斷絶을 막고 漢字語를 正確하고 能率的으로 익히도록 하여야 한다. 현재 한글 專用論者들의 반발을 감안할 때 이 國漢文混用의 文章은 漢文敎科書에 싣는 것이 바람직하다. 北韓의 敎科書에는 俗字들도 들어 있지만 숫자의 大字와 한자의 이름까지 전통대로 사용하고 있다. 漢文敎科書의 本文은 漢文이 아니라 國漢文混用의 文章으로 되어 있다. 그 내용은 理念과 思想에 있어 우리에게 맞지 않는 것이지만 國漢文混用의 文章으로 漢字와 漢字語를 가르치는 方法은 옳은 것이다. 開化期 이래의 國漢文混用 文章이 우리의 漢文敎科書에서 利用되는 것이 바람직하다.

宋敏 敎授의 '漢字와 國語語彙의 近代化'는 開化期 時代에 日本 漢字語의 輸入이 國語語彙 體系의 近代化에 미친 影響을 考察하고 漢字의 價値를 評價한 글이다. 西洋文物을 받아들이고 消化함에 있어 日本은 漢字의 본고장인 中國에 앞서 語彙體系의 近代化를 이룩하여 그 新造語들이 舊韓末의 韓國語나 淸末의 中國語에 적지 않게 輸出되었다. 국어에 미친 影響을 日本語 學習書 「獨習日語正則」(1907)을 資料로 하여 考察한다. '經濟', '共和國' 등의 40에 가까운 單語는 惣鄕正明外의 「明治言語辭典」에 올라 있는 점으로 보아 日本의 新造語로 판단된다. 派生語나 複合語의 日本 漢字語로 '假-事務所', '金-時計' 등의 接頭辭에 의한 것. 財産-家, 地方-官 등과 같은 접미사에 의한 것. 2音節 漢字語가 다른 2音節 漢字語와 複合된 4音節 漢字語와 거기에 또 接辭가 結合된 '價格表記', '官立學校', 土地所有

者 등과 같은 漢字語들이다. 이들 일본어가 韓國語에 異質感 없이 受容 될 수 있었던 것은 漢字의 創造的 造語力과 東洋의 共通文字라는 便利性 이 크게 作用한 것이다.

　일본어의 漢字語에 抵抗(競爭)한 國語의 傳統漢字語들도 있다. ‘脚絆~行 纏’, ‘感情~情誼’ 등과 ‘負債~빗’, ‘洗濯~쌜닉’ 등도 있으나 미미하다. 訓 讀漢字語에 抵抗을 보인 國語單語는 ‘建物~家屋’, ‘見本~看色’과 같은 漢 字語가 주이고 ‘荷物~짐’ 등과 같은 固有語는 미미하였다. 開化期는 새로 운 개념들이 끊임없이 쏟아져 들어왔기 때문에 그를 消化하기 위한 方便 으로 日本의 新生漢字語를 收容할 수밖에 없었다. 이를 가능하게 해 준 것은 兩國語에 공통되는 漢字가 있었기 때문이다. 漢字는 東洋에서 長久 히 使用된 文字인데다가 造語力이 豊富하여 한 言語에서 造語된 單語가 隣接言語에 쉽게 收容될 수 있었다. 이들은 現代語까지 이어졌으므로 국 어의 傳統的 語彙體系, 특히 漢字語 體系에 큰 變化와 새로운 秩序를 만들 었다. 만약 漢字와 漢字語가 없었다면 開化期에 밀어닥친 새로운 文物을 收容하고 消化할 수 있는 手段이 없어 國語語彙體系의 近代化가 이루어지 지 못했을 것이다. 앞으로도 專門分野나 尖端分野의 知識과 情報를 위하 여 漢字를 創造的으로 活用하여 消化하는 것이 바람직하다.

Ⅲ.

　劉廣和敎授의 ‘漢字의 形音關係와 漢字 敎學 問題’는 漢字의 數가 많다 고 하지만 漢字의 六書의 하나인 形音(形聲)字의 原理를 應用하여 가르치 면 쉽게 習得할 수 있다는 点을 밝히고 있다. 上古時代에는 形과 音의 관 계가 單純하여 說文解字의 80%가 形聲字이어서 字形을 보면 音을 理解할 수가 있었다. 中古時代를 거치면서 音의 變遷이 있었고 漢字의 數도 增加 하였으나 聲符의 讀音을 알면 86%를 차지하는 形聲字의 讀音을 이해할 수 있었다. 現代에 와서 簡體字의 채용으로 形聲字의 傳承關係나 形과 音의 關係가 破壞된 경우도 있다. 그러나 現代漢語通用字 7,000字를 분석한 것을 보면 聲符와 形聲字의 音이 같은 것이 56%나 되어서 漢字의 學習에서 이 構成의 理解가 效果的임을 밝히고 있다. 현재 中國에서 漢字敎授方法은 集中識字法, 分散識字法, 字族識字法, 部件識字法 등을 應用하고 있다. 小學校에서 학년별로 가르치는 漢字를 非形聲字와 形聲字의 比率로 나누어 보면 低學年에서는 非形聲字의 比率이 높고 高學年으로 가면 形聲字의 比率이 높은데 이는 形聲字의 原理를 漢字學習에 應用하였음을 말하는 것이다.

張西平敎授의 '미첼 루지에리(羅明堅) 宣敎師의 中國語 學習을 通하여 살펴본 文字 爲主의 中國語 敎育'은 16世紀 後半에 마카오에 와서 中國語를 習得한 예수회 소속 宣敎師의 中國語 學習에 대한 연구이다. 미첼 루지에리(羅明堅-Michele Ruggieri 1543-1607)는 이탈리아의 하비에르에서 태어난 이탈리아인이다. 예수회에 入會하기 전 두 개의 法學博士 학위를 取得한 후 市廳에서 要職을 맡아 보다가 修道院에 들어가 31세에 마카오에 도착하여 中國에 대한 傳敎를 始作하였다. 당시 포르투갈語를 아는 中國語 선생이 없어 그는 그림을 보면서 中國語(漢字)를 배워 마카오에 도착한 지 몇 개월 안에 15,000개를 識別하고 初步的인 中國語 書籍을 읽었고 3년 뒤에는 中國語로 글을 쓰기 시작하였다. 그는 마카오에 최초로 宣敎所를 설립하여 '經言學校'라 하였는데 뒤에 '聖마느티노 經言學校'라 불렀다. 이것이 明나라 때에 세워진 最初의 傳敎機構이다. 그는 漢學者로도 顯著한 業績을 남겨 '葡漢辭典'을 編纂했고 最初의 天主敎 敎書인 '祖傳天主十戒'를 지었다. 유럽에 돌아가 『大學』을 라틴어로 飜譯하였다.

그의 中國語 學習狀況은 로마 예수회 書類 保存館에 保存된 그의 書信을 調査함으로써 把握할 수 있다. 그 첫째 文獻은 中國語와 포르투갈語의 語彙對照辭典이다. 이 文獻에 306자의 글자表가 있는데 이는 簡潔하며 常用漢字에 드는 것이다. 여기에는 또 그가 학습한 語彙表가 있다. 二音節語가 많고 주로 複合語 類型인데 反對複合語가 많은 것이 特徵이다. 이는 記

憶이 쉽고 理解하기 쉽기 때문이었던 것이다. 그는 口語보다는 書面語(文
語)를 學習하였다. 中國人이 書面語의 發展에 힘쓰기 때문에 그들과 交流
하기 위해서였다. 그는 당시에 蒙學敎科書인『三字經』,『千字文』 등에서부
터 시작하여 四書를 주로 배웠다. 이는 文化를 中心으로 하는 言語學習이
니 口語學習을 위주로 하는 現代의 學習法에 대한 反省을 要하는 것이다.
중국의 글을 自由自在로 쓸 수 있게 되면서 그의 代表的 中文 著書인 ‘天
主聖敎實錄’을 썼다. 이것은 중국에 온 예수회 宣敎師가 쓴 最初의 宗敎的
인 論文으로 語學的인 면에서도 價値가 크다. 以上으로 그가 書面語를 中
心으로 中國語를 배워 中國 文化를 깊이 理解할 수 있는 學者가 되었음을
알 수 있다.

  胡明揚敎授의 ‘簡化 漢字의 功績과 過失에 대하여’는 중국의 簡體字가
필요하게 된 이유와 그 過誤에 대하여 敍述한 글이다. 中國의 革命이 이
루어진 다음 文盲退治가 急先務였으므로 漢字를 簡素化하는 것이 必要하
였다. 그러나 너무 서둘러서 科學的인 考慮가 不足한 상태에서 이루어지
게 되었다. 簡體字는 현재 半世紀 동안 사용하여 試鍊을 견디어 냈고 지
금까지 非合理的인 점이 나타나지 않아 오히려 成功했다고 볼 수도 있다.
그러나 草書의 偏旁을 이용하는데 同音字로 代替한 잘못이 있고 簡化의
範圍가 包括的이어서 簡化할 必要가 없는 漢字를 簡化했고 簡化할 必要가
있는 漢字는 簡化하지 못한 것도 있다. 또 원래 구별할 수 있었던 漢字가
簡化 後 區別할 수 없게 되어 混亂을 일으켰다. 특히 古代中國語의 學習과
古代文獻을 閱覽할 때 어려운 짐이 생긴 것등이 短點이다. 文字는 區別機
能이 重要한데 이를 破壞하여 區別되지 않는 경우가 있고 音聲뿐만 아니
라 語源도 考慮해야 되는데 이를 無視하여 繁體字와 簡體字 間의 歷史的
繼承關係가 끊어진 것들이 있다. 簡體字는 筆劃을 줄이는 것도 重要하지
만 傳統關係를 고려하여 繁體字와 簡體字가 1대 1로 對應하여 컴퓨터가
自動轉換할 수 있게 하여야 한다. 그리하여 簡體字로 印刷한 古文獻을 읽
어도 잘못 읽는 문제가 일어나지 않아 漢字의 簡化가 文化傳統을 斷絶한
다는 短點을 없애야 한다. 앞으로 漢字를 使用하는 周邊國家와도 긴밀(한

協議를 거쳐 愼重하고 科學的인 文字方案을 만들어낼 수 있도록 노력해야 할 것이다. 그러나 현재 數億의 人口가 簡體字를 使用하고 있어 이를 고치는데는 愼重을 기하여야 한다.

Ⅳ.

日本은 韓國과 言語構造가 類似하고 漢字·漢文의 受容過程에 密接한 關係를 맺어왔으며 相互間의 交流도 頻繁하여 緊密한 漢字文化圈을 形成하여 왔다. 현재 日本은 가나[假名]와 漢字를 混用하여 傳統을 지키면서 效果的인 文字生活을 營爲하고 있다. 이러한 점에서 日本의 文字生活에 대한 情報는 우리에게 示唆하는 点이 큰 것이다.

甲斐睦朗院長의 '日本의 漢字使用 現狀과 漢字政策'은 현재 日本에서 사용되고 있는 假名·漢字混用의 變遷過程과 그 現況에 대하여 論議한 글이다. 日本의 明治時代를 前後해서 國字改良에 대한 見解로 1) 漢字廢止 假名採用, 2) 로마字 採用, 3) 漢字制限, 4) 片假名 採用의 4가지가 있었다. 이 가운데 3)의 漢字制限論에 바탕을 두고 國字運用이 進行되어 國語審議會는 1934年부터 檢討하여 온 漢字節減案에 따라 1946年 1,850字의 當用漢字表를 決定하였고 1981年에는 여기에 95字를 더하여 1,945字의 常用漢字表를 公布하였다. 1947年에는 敎育漢字 881字를 當用漢字表로 公布하였고 그 후 學年別 漢字配當表로서 996字로 늘렸다가 현재는 小學校 配當漢字를 1,006字로 늘렸다. 固有名詞를 나타내는 漢字는 제외한 것이다. 國語審議會는 2000年에 常用漢字表 이외의 1,022字를 印刷標準字體로 정하였다. 經濟産業省은 第1水準의 漢字 2,965字, 제2水準 3,384字, 補助漢字로 6,067字를 選定·公布하여 電子計算機에 넣었다(이와 같이 日本의 漢字使用은 여러 狀況에 맞추어 그 使用數를 달리하고 있다). 日本에서는 1905年부터 徵兵檢查 때에 壯丁敎育調査라 하여 國語의 學力을 調査하였다. 그 결과 漢字의 읽

기와 쓰기의 正答律이 낮다는 사실이 밝혀져 이것이 國語審議會가 1946
년 이후 現代假名表記法과 當用漢字表를 採用하는 根據가 되었다. 1945년
美國敎育使節團은 習得에 時間이 걸리는 漢字・假名混用文을 폐지하고 로
마字로 고칠 것을 勸告하였다. 이에 日美合同으로 漢字의 習得이 時間을
많이 뺏는지, 漢字・假名混用文이 읽기 쓰기 능력을 沮害하는 지에 대하
여 大規模의 調査를 實施하였다. 그 결과로 '일본인의 읽기 쓰기의 能
力'(1951)이 나왔는데 '글자를 전혀 읽고 쓸 줄 모르는 者는 극히 적으나
정상적인 社會生活을 해 나가는 데 필요한 文字言語를 이해하는 能力은
높다고 할 수 없다. literacy를 가졌다고 할 수 있는 者는 6.2%에 不過하
다'고 하였다. 1950年 美國敎育使節團의 2次 勸告에서는 當用漢字表의 制
定과 國立國語硏究所의 設置를 높이 評價하고 作家나 學者가 當用漢字와
現代假名表記法을 採擇하여 使用하도록 獎勵할 것등을 勸告하였다.

한편 가나모지會(1935年), 國立國語硏究所(1960~2002), 讀賣新聞(1999)
이 日刊新聞과 月刊雜誌에서 사용하고 있는 漢字總數를 調査하였는데 日
常生活에서 자주 使用하는 漢字는 2000字 內外로서 이는 常用漢字 1,945
字에 가까운 數値이다. 1945年 美國敎育使節團이 '어떤 形態로든 로마字
를 채용할 것'을 勸告한 데 대한 文部省의 見解(1950)는 '國民 모두가 肯
定하기에 이르지 않았다'고 하였다. 이는 일본에서는 當用漢字에 의한 文
字生活이 定着되어 있었기 때문이다. 1962년 國語審議會에서는 '國語는 漢
字假名混用文을 表記의 正則으로 한다. 이 前提下에서 國語의 改善을 審議
한다'고 하였는데 이는 日本이 美國의 統治로부터 解放된 것과 관련이 있
다. 日本이 만약 漢字・假名混用文을 廢止한다면 千數百年에 걸쳐 育成・
釀成되어 온 국어를 한낱 道具로서의 言語로 格下시킬 憂慮가 있고 또 漢
字나 漢字語가 있었기 때문에 豊饒롭고 깊이 있으며 含蓄性이 豊富한 日
本語가 存在할 수 있는 것인데 이러한 漢字語를 잘라 내는 것은 옳지 않
은 것이다.

横山詔一先生의 '漢字環境學과 情報通信政策'은 日本人이 어떤 漢字에
둘러싸여 생활하고 있는가, 또 漢字에 대하여 어떤 心理를 가지고 있는가

에 대하여 設問과 統計를 가지고 答한 글이다. 2002年 文化廳 國語課에서 16歲 以上 男女 3,000名에 대하여 ‘漢字에 관한 意識 調査’를 한 結果 ‘① 日本語를 表記하는 데 있어 없으면 안 될 重要한 文字이다’에 同意한 答이 71.0%, ‘② 漢字를 알면 금방 뜻을 알 수 있기 때문에 便利하다’에 동의한 답이 60.5%인데 反하여 ‘③ 漢字를 익히는 것은 힘이 들기 때문에 되도록 쓰지 않는 것이 좋다’에 동의한 답이 3.9%, ‘④ 워드프로세서가 있으므로 앞으로는 漢字를 쓸 必要性이 낮아질 것이다’에 동의한 답이 3.4%에 불과한 것으로 나왔다. 2004년 2月에 國立國語硏究所에서 인터넷에 익숙한 革新的인 사람을 대상으로 같은 물음을 가지고 設問調査를 한 結果도 ①에 대한 답이 88.1%, ②에 대한 답이 74.6%였고 ③에 대한 답이 0.8%, ④에 대한 답이 8.0%로 ‘革新的인 사람이 일반 사람보다 漢字의 重要性을 强하게 認識하고 있다’는 사실을 밝혔다. 또 日本의 젊은 層인 學生들에게 漢字의 簡化體와 繁字體를 두고 選好하는 便을 고르라고 하였을 때 이들은 繁字體 쪽을 골랐고 中年層은 오히려 簡化體를 選好하는 傾向을 보였다. 요컨대 情報化 社會에서도 大多數의 日本人은 漢字를 사랑하고 필요로 하고 있음을 보여 주었다.

V.

W. Sasse 敎授의 「韓國人 以外의 外國人에게 韓國語를 가르칠 때 가장 效果的인 漢字 및 漢字語 敎育」은 獨逸人에게 韓國語를 가르치면서 漢字와 漢字語를 가르친 經驗을 土臺로 整理한 글이다. 우선 學生들이 갖는 漢字는 배우기 어려운 文字라는 心理的 障碍를 없애는 것이 중요하다. 漢字는 世界에서 第一 어려운 文字體系라는 偏見에 대하여 漢字는 알파벳으로 쓰여진 言語의 立場에서 보면 形態素나 單語에 該當된다는 사실. 漢字는 韓國語 學習에 不必要한 負擔이라는 誤解는 韓國語의 同音異議語를 分揀하

게 해 주고 처음 대하거나 새로 나오는 單語들의 意味도 쉽게 理解할 수 있게 해 준다는 点. 漢字의 數가 너무 尨大하다는 見解에 대하여는 실제로 必要한 漢字는 800字나 1,000字 정도만 알면 基本的인 바탕이 된다는 点. 韓國에서 日常生活言語의 理解는 漢字를 몰라도 가능하지만 學問的인, 職業的인 討論에 使用되는 用語 등의 수준 높은 言語는 漢字를 알아야만 이해할 수 있다는 点 등을 理解시켜야 한다. 漢字의 學習方法은 自動的으로 쓰는 버릇을 들일 것. 읽기 연습은 記憶하고 있는 것을 再認識하는 過程으로 삼고 텍스트를 理解하는 연습을 할 것. 語彙構築은 漢字가 形態素와 같으므로 이들 漢字들이 述語＋目的語, 形容詞＋名詞의 構成으로 되어 있는가 같은 것을 把握하는 깃 등을 이해시키는 것이 효과적이다. 漢字學習의 入門에서는 一週에 10字에서 15字를 익히는 것으로 하여 한 學期에 150字~225字 程度를 익히는 것이 效果的이다.

VI.

이상의 論議들을 정리하면서 簡單한 見解를 덧붙여 볼까 한다.

韓國語에는 固有語層, 漢字語層, 西歐諸語層이 있어 이들이 어우러져 韓國語가 文明語로 발전하게 된 점이 새로이 提起되어 國語의 現實을 새롭게 理解할 수 있게 해 준다. 한글의 創制는 音節單位로 合字하여 쓰는 법을 만듦으로써 固有語와 漢字語를 섞어쓰기에 알맞도록 創案된 것으로 固有語는 한글이, 漢字語는 漢字가 擔當하게 하여 국어의 全面的 表記가 이루어진 것이란 見解는 傾聽해야 할 것이다. 周時經은 國粹主義者가 되어 우리말의 漢字語層을 없애고 固有語層으로 돌리는 것을 理想으로 생각하여 無理한 試圖를 하였다는 점, 최현배가 이를 이어 받아 '초, 중등 교육에서 漢字를 안 쓰기로 하는' 조선교육심의회의 결의를 採擇하게 하여 오늘의 問題가 생겼다는 指摘도 기억해 두어야 할 사항이다.

8·15 光復 이후 '우리말 도로 찾기' 운동이 進行되어 왔으나 學術用語 등 高級語彙는 漢字語가 그대로 쓰이고 있고 현재 漢字가 쓰이지 않는데도 漢字語는 예나 다름없이 쓰이고 있는 現實이 구체적인 자료를 통하여 밝혀졌고, 文字는 音만 表記하는 것이 아니라 表意的으로 表記하는 면이 있다는 지적도 경청할 내용이다.

專用論은 미국 宣敎師들에 의하여 제기되었고 미국에서 돌아와 독립신문을 간행한 徐載弼의 영향을 받아 주시경의 專用論이 성립되었다는 主張도 새로운 것이다. 日帝植民地 統治下에서 國權回復運動의 一環으로 國語硏究와 國語運動이 活性化되었고 國語를 硏究하고 한글을 지키는 것은 民族을 守護하는 것이요 일종의 救國運動이라고 認識하였다는 指摘도 새로운 감을 준다. 初代 大統領 李承晩이 表音文字 至上主義者였고 朴正熙大統領의 上意下達式 官權統治가 漢字抹殺 政策을 낳았고 한글전용 5個年 計劃案이 急激하게 施行되어 1970년에는 初·中·高等學校 敎科書에서 漢字가 완전히 자취를 감추게 되어 漢字文盲 世代가 생겨났다는 지적은 우리의 不幸한 過去를 回想하게 하는 내용이다.

'언어는 恣意的인 音聲記號의 體系'라는 公理를 가지고 말을 배우고 理解하는 것이며 文語는 口語의 補助的 手段일 뿐이라는 50년대의 이론으로 오늘의 漢字政策을 이해하려는 短見은 소리에 충실한 것은 轉寫記號일 뿐이고 表記法은 그와는 다른 獨自性을 가진다는 理論을 이해하지 못한 것이다. 外國語나 漢字語에 있어 低頻度 專門用語는 一般用語로 定着하는 일이 드물고 완전하게 습득되는 것도 아니니 버려야 한다는 생각은 모르는 것은 비켜가는 것이 상책이라는 便宜主義가 아닐까 한다. 초등학교의 교과서에 쓰인 한자가 2,678개로 조사되었으니 混用論者들의 主張대로라면 초등학교 입학 전에 2,000자 이상의 한자를 교육해야 효과적일 것이라는 것은 억지이다. 混用論은 국어능력의 下向平準化를 止揚하고 傳統文化의 理解와 享受를 꾀하는 것이지 일반생활용어를 한자로 표기해야만 理解가 된다는 것이 아니다. 초등학교 교과서에 成人들도 한자를 모르면 이해할 수 없는 용어들을 사용하면서 한자표기를 排斥하는 오늘의 교육현실도 바로 볼 줄 알아야 할 것이다. 한자의 학습은 訓과 音을 익혀야 하는데 訓은 對譯式 外國文字의 學習方法이란 점을 들어 한자는 외국문자라는 主張도 지나치게 단순한 생각이다. 글자를 어떻게 배우든 우리가 필요하여 漢字를 사용하면 그것은 우리의 문자라는 폭 넓은 雅量도 있어야 할 것이다. 전용론은 두 눈이 다 앞을 보고 있어야 한다는 관점이고 혼용론은 과거와의 연계에 초점을 맞추고 있어 눈 한 짝은 뒤에 있어야 한다는 관점이라는 비유는 전용론을 두둔하는 이론이다. 그러나 物理的으로는 혼용론이 억지인 것처럼 보이지만 정신적으로는 과거를 돌아보는 자세가 인간의 생활에서 필요하다는 점을 인식하면 현실밖에는 볼 줄 모르는 전용론이 반성해야 할 대목이다. 이러한 점에서 전용론이 얼마나 단순한 논리를 가지고 대중들에게 어필하여 그들을 현혹시켜 왔는지를 절실하게 느끼게 된다.

表音文字를 管掌하는 腦는 왼쪽 半球이고 表意文字를 管掌하는 腦는 오른쪽 半球일 것이라는 推論이 맞는 것이라면 漢字混用은 우리의 腦를 最大한 利用하는 것이어서 理想的인 表記方式일 것이라는 것은 아직 논증이 덜 되었다고 하더라도 이제까지 표의문자는 어려운 문자이어서 버려야 한다는 認識을 바꾸게 하는 것이다.

現行 第7次 漢文敎育課程의 內容을 보면 混用論에서 주장하고 있는 내용을 거의 다 담고 있다. 어느 면에서는 한문교과에서 국어에서 필요로 하는 한자교육이 다 이루어지는 것으로 볼 수 있다. 그러나 이렇게 중요한 교과가 選擇科目이라는 점은 불행이 아닐 수 없다. 또 그 履修時間도 절대적으로 부족하여서 이를 통한 한자어의 이해는 절름발이가 될 수밖에 없는 것도 유감스러운 것이다. 한자는 초·중등학교 교과서 전반에 노출시켜 학습자들의 눈에 익숙하도록 훈련을 하지 않으면 그 효과를 발휘할 수 없는 것이다. 이런 점에서 한문은 名文章의 理解를 中心으로 하는 본연의 모습으로 돌아가고 한자와 한자어의 학습은 국어과에서 익히도록 하는 것이 바람직한 것이다. 國漢混用의 文章을 漢文敎科書에서 반영해 주기를 바라는 발표자의 생각은 우리 敎育의 跛行을 안타까워하는

心情이 그대로 들어나는 苦肉之策이어서 오히려 안타까운 느낌마저 든다.

漢字와 漢字語가 없었다면 開化期에 밀어닥친 새로운 文物을 收容하고 消化할 수 있는 手段이 없어 國語語彙體系의 近代化가 이루어지기 어려웠으리라는 견해도 타당한 것으로 생각된다. 앞으로도 專門分野나 尖端分野의 知識과 情報를 위하여 漢字를 創造的으로 活用하여 消化하는 것이 바람직하다는 주장도 타당한 것이다.

漢字의 수가 많다고 하지만 그 수는 제한하여도 충분히 쓸 수 있고 形聲字들로 構成되어 있으므로 이를 理解하면 학습이 쉽다는 중국발표자의 견해는 우리에게도 적용되는 것이다. 16세기말에 중국에 온 宣敎師 미첼 루지에리는 文語를 통하여 中國語를 익혀 宣敎에 先驅的인 業績을 남겼고 또 뛰어난 中國學者가 된 것은 口語만을 익혀서는 높은 水準의 中國語는 익힐 수 없음이 이해된다. 중국의 簡體字 制定은 1950년대 서둘러 제정한 것이어서 그 效用性이 큰 것임에도 不拘하고 잘못된 점이 있으니 특히 繁體字에서 簡體字로 바뀌는 規則이 깨져서 古典과의 歷史的 繼承關係가 끊어진 것이 큰 短點이란 점이 指摘된 것은 傾聽할 사항이다.

日本의 假名漢字混用은 여러 異論들이 있었음에도 불구하고, 특히 美國 敎育使節團의 로마자 채용을 勸告했음에도 不拘하고 국민들이 肯定하지 않아 채용하지 않고 當用漢字와 常用漢字를 制定하여 文字生活을 원만하게 영위하고 있다는 점은 印象的이다. 이로써 日本이 千數百年에 걸쳐 育成·釀成하여 온 國語를 한낱 道具로서의 言語로 格下시킬 위기를 벗어날 수 있었고 漢字나 漢字語가 있었기 때문에 豊饒롭고 깊이 있으며 含蓄性이 豊富한 日本語가 存在할 수 있다는 主張은 높이 평가하고 싶다. 漢字에 관한 日本人들의 意識을 設問調査한 結果 '日本語를 表記하는 데 있어 없으면 안 될 重要한 文字이다'에 同意한 答과 '漢字를 알면 금방 뜻을 알 수 있기 때문에 便利하다'에 동의한 답이 絶對多數를 차지한다는 것은 우리의 專用論과 混用論의 論爭을 종식시키는 데도 크게 參考할 事項이 아닐까 한다.

알파벳에 길들여진 독일의 學生들이 韓國語 學習에 있어 漢字는 배우

기 어려운 文字라는 心理的 障碍를 없애는 것이 중요하다는 점. 漢字는
알파벳으로 쓰여진 言語의 立場에서 보면 形態素나 單語에 該當된다는 사
실. 韓國語 學習에서 실제로 必要한 漢字는 800字나 1,000字 정도라는 点.
韓國에서 學問的인, 職業的인 討論에 使用되는 수준 높은 言語는 漢字를
알아야만 이해할 수 있다는 点 등을 지적한 것은 한국어를 오랫동안 가
르치면서 터득한 것이어서 값진 것이라 하겠다.

필자소개

李基文(Lee, Ki-Moon ; 서울大 名譽敎授, 第3代 國語硏究所 所長)

姜信沆(Kang, Sin-hang ; 成均館大 名譽敎授, 韓國語文敎育硏究會 會長)

沈在箕(Shim, Jae-kee ; 서울大 名譽敎授, 第5代 國立國語硏究院 院長)

南基心(Nam, Ki-shim ; 現 國立國語院 院長)

李翊燮(Lee, Iksop ; 서울大 名譽敎授, 第4代 國立國語硏究院 院長)

安秉禧(Ahn, Pyong-hi ; 서울大 名譽敎授, 初代·第2代 國立國語硏究院 院長)

宋　敏(Song, Min ; 國民大 名譽敎授, 第3代 國立國語硏究院 院長)

劉廣和(Liu, Guang-he ; 中國·人民大學 敎授)

張西平(Zhang, Xi-ping ; 中國·北京外國語大學海外漢學硏究中心 敎授)

胡明揚(Hu, Ming-yang ; 中國·人民大學 敎授)

甲斐睦朗(KAI Muturo ; 日本·國立國語硏究所 所長)

橫山詔一(YOKOYAMA Shoichi ; 日本·國立國語硏究所 情報資料部 第2領域長)

Werner Sasse(Hamburg University 敎授 / Germany)

南豊鉉(檀國大 名譽敎授, 韓國語文敎育硏究會 副會長)

漢字敎育과 漢字政策에 대한 硏究

인　쇄　2005년 6월 21일
발　행　2005년 6월 28일
저　자　韓國語文敎育硏究會
펴낸이　이 대 현
편　집　권 분 옥
펴낸곳　도서출판 역락
　　　　서울 성동구 성수2가 3동 301-80
　　　　(주)지시코 별관 3층
　　　　전　화 : 3409-2058, 3409-2060　FAX : 3409-2059
　　　　홈페이지 : http://www.youkrack.com
　　　　이메일 : youkrack@hanmail.net
　　　　등　록　1999년 4월 19일 제2-2803호

정　가　23,000원
ISBN　89-5556-359-0-93370

■ 잘못된 책은 교환해 드립니다.